·黄海群 著

转型变革下的高校青年教师科研发展动力研究

——以福建省地方应用型本科高校为例

厦门大学出版社 国家一级出版社
XIAMEN UNIVERSITY PRESS 全国百佳图书出版单位

图书在版编目(CIP)数据

转型变革下的高校青年教师科研发展动力研究:以福建省地方应用型本科高校为例/黄海群著.—厦门:厦门大学出版社,2021.10
ISBN 978-7-5615-8396-8

Ⅰ.①转⋯ Ⅱ.①黄⋯ Ⅲ.①地方高校—科研管理—研究—福建 Ⅳ.①G644

中国版本图书馆 CIP 数据核字(2021)第 202619 号

出 版 人	郑文礼
责任编辑	李峰伟
美术编辑	李嘉彬
技术编辑	许克华

出版发行	厦门大学出版社
社　　址	厦门市软件园二期望海路 39 号
邮政编码	361008
总　　机	0592-2181111　0592-2181406(传真)
营销中心	0592-2184458　0592-2181365
网　　址	http://www.xmupress.com
邮　　箱	xmup@xmupress.com
印　　刷	厦门兴立通印刷设计有限公司

开本	787 mm×1 092 mm　1/16
印张	16
字数	370 千字
版次	2021 年 10 月第 1 版
印次	2021 年 10 月第 1 次印刷
定价	59.00 元

本书如有印装质量问题请直接寄承印厂调换

厦门大学出版社
微信二维码

厦门大学出版社
微博二维码

前　言

近年来，随着青年教师日益成为高校教师队伍的中坚力量，青年教师发展已经成为各类高校发展的战略性问题。高校青年教师发展研究是一个具有很强实践性的研究课题，它既受高等教育环境改变的影响，又受青年教师群体构成及其内在需求变化的影响。由于各高校的发展状况不同，青年教师发展的状况也不尽相同。作为我国高等教育重要组成部分的地方应用型本科高校，面临着高水平师资的短缺、青年教师已成为教师队伍的主体以及学校转型变革等多种状况，能否更具有核心竞争力，更好地可持续发展，使教学、科研和社会服务工作不断上水平、上档次，并促进区域经济和社会的协调发展，很大程度上取决于青年教师的学术水平。换言之，青年教师的学术水平已经直接影响到学校的办学水平和发展潜力，成为该类学校发展中迫切需要解决的核心问题。在我国高等教育从大国迈向强国发展的时代强音下，青年教师发展和地方应用型本科高校发展越来越受到政策制定者、理论界和办学实践者的高度关注。为此，笔者力图将两者有机结合作为研究视角上的创新点，以地方应用型本科高校为例，选择青年教师发展中的重要维度——科研发展动力为研究的切入点。开展转型变革下的高校青年教师科研发展动力研究具有重要的理论意义和价值，其成果不仅可以丰富和扩充地方应用型本科高校办学理论、高校教师发展理论以及高校管理理论，而且可以为地方应用型本科高校人力资源的开发，优化师资队伍结构，提高学校核心竞争力，培养和造就具有创新能力的应用型人才和队伍，增强学校社会服务功能，加速科研成果转化和应用等办学实践提供借鉴和参考，同时，也可以为政府及其教育行政部门相关决策的制定和进一步完善，提供有一定价值的思考方向和现实参考。

本书采用定性与定量研究方法相结合的"混合方法"研究范式，以"理论分析—调查问卷分析—叙事研究—影响因素分析—机制构建"为研究路径，对高校青年教师科研发展的动力现状、高校青年教师科研发展动力不足的影响因素，以及促进青年教师科研发展的动力策略进行较为系统而深入的研究，并探索构建促进青年教师科研发展的动力机制。除了绪论和结语，本书从结构上主要从以下五个方面展开研究：

其一，借助人性假设理论、人力资源管理理论、新制度主义理论等理论视角，从一般意义上解析影响高校教师科研发展动力相关因素，为构建促进高校教师科研发展的动力机制提供理论依托。

其二，通过问卷调查，以福建省为例，旨在较为总体地了解福建省高校青年教师科研发展现状,深入了解福建省国家重点建设高校、省重点建设老牌高校和地方应用型本科高校三类公立本科高校之间青年教师科研发展状况的差别,以进一步探讨地方应用型本科高校青年教师科研发展的有利因素与存在的具体问题。

其三,采用叙事研究方法,将研究的关注点聚焦于地方应用型本科高校的青年教师个体学术生活史,旨在把青年教师的学术活动经历及其高校工作中发生的故事放到当前我国高等教育的改革背景下进行分析,尤其是把地方新建本科高校向应用型转型变革过程中与青年教师的心路历程相联系而开展相关探析。本部分试图使人们不仅能够去关注青年教师的学术生活世界,而且能去关注他们所处地方应用型本科高校的发展状况,乃至关注我国高等教育发展的轨迹与脉络。

其四,高校教师的科研发展动力充足与否,其背后一定有与之相对应的激励和提供这些激励的制度安排。本部分试图拓宽研究视野,从政府、高校、青年教师个体三个层面分析探究影响地方应用型本科高校青年教师科研发展存在动力不足的深层因素。

其五,在前文研究的基础上,笔者认为,激发转型变革背景下的青年教师科研发展动力,既需要外部学术制度、政策环境的支持和支撑,又需要青年教师自身的科研自觉与践行,从政府、高校、青年教师个体三个层面,协同构建地方应用型本科高校青年教师科研发展立交桥式的动力机制。

黄海群

2021 年 8 月

目　录

第一章 绪 论

第一节 问题缘起

一、建设国家创新体系战略任务的要求

没有科学,人类就无法进步,甚至无法生存。知识是发展的核心,只有那些有能力生产知识、选择知识、变通知识,能够使知识商品化并且使用知识的国家才有能力实现经济的增长,为国民提供更好的生活条件。科研是获取知识的特殊手段;从某种意义上说,科研就是现代发展的推动力。[①] 鉴于此,联合国开发计划署发表了《2001 年人类发展报告》,以"让新技术为人类发展服务"为主题,专门研讨科研问题。高等教育因其在人才培养、科学研究、社会服务、传承与创新文化等方面具有难以比拟的优势,日益受到广泛关注。

高校是科研的重要力量,在国家和地方创新体系中占据了越来越重要的位置。2010年 7 月《国家中长期教育改革和发展规划纲要(2010—2020 年)》的颁布对高等教育明确提出:"建立高校分类体系,实行分类管理。发挥政策指导和资源配置的作用,引导高校合理定位,克服同质化倾向,形成各自的办学理念和风格,在不同层次、不同领域办出特色,争创一流。"2010 年 10 月,党的十七届五中全会提出,要深入实施科教兴国战略和人才强国战略,加快建设创新型国家,增强科技创新能力,完善科技创新体制机制,加快教育改革发展,建设人才强国,为加快转变经济发展方式、实现全面建设小康社会奋斗目标奠定坚实科技和人力资源基础。《中共中央关于制定国民经济和社会发展第十二个五年规划的建议》中鲜明提出,要深化科技体制改革,加强科学研究与高等教育有机结合,建设国家创新体系增强科研院所和高校创新动力。新时期国家战略对高校的自主创新和人才培养提出了新的目标,同时也对各类高校科研工作提出了更高要求。2012 年 11 月,党的十八大明确提出实施创新驱动发展战略;2016 年 5 月,中共中央、国务院正式发布《国家创新驱

---

① 盛正发.新建本科院校科研能力建设[M].长沙:湖南师范大学出版社,2012:39.

动发展战略纲要》,阐明科技创新是提高社会生产力和综合国力的战略支撑,必须摆在国家发展全局的核心位置,而高校作为创新驱动主体之一应该更有所作为。

二、地方应用型本科高校科研发展的必要性和重要性

自1999年我国高校扩招以来,地方应用型本科高校已占据了普通本科院校的"半壁江山",成为我国高等教育的重要组成部分。其虽然在总体数量上已经成为我国高等教育体系的重要组成部分,但由于我国高等教育地方化经历的时间非常短暂,至今办学历史长的将近20年,短的才几年。地方应用型本科高校的发展大都经历了从外延式发展逐渐向内涵式发展转型,特别是这类学校在通过教育部组织的本科教学工作合格评估后,都在进行着各自的"内涵式发展"探索,其办学质量的提高已成为高等教育改革的一个亟须破解的难题。

随着人类社会的发展和科学技术的进步,科学研究在高等院校的存在和发展已在世界范围得到普遍认同。大学进行科学研究不仅已成为世界大学办学所遵循的传统,而且也是大学发展的内在逻辑决定的。人才培养与社会服务职能的发挥都离不开科学研究。"科研兴教""科研兴校"已被实践证明是教育实现可持续发展的必由之路。一所大学科研能力的强弱与其出人才、出成果、上质量、上水平有着直接关系,科研实力和水平成为大学声誉和社会地位的主要衡量标志。在我国,学界把大学划分为研究型大学、研究教学型大学、教学研究型大学和教学型大学四种类型,或分为研究型大学、研究教学型大学和教学型大学三种类型的观点较为普遍。不过无论采用哪种分类,在理论上和实际操作中至今仍未有确切的定论。况且,无论哪一类大学都离不开科学研究,在高校积极开展科研工作对提高教师素质、提高院校自主创新能力、培养创新型人才等,都有着举足轻重的作用。地方应用型本科高校在实现由专科升格为本科、由相对低层次向相对高层次转型的过程中,随着人才培养目标和规格的转变,对高校教师的科研工作提出了更新更高标准的要求:不仅应该薪火相传地开展传统方式的研究工作,如申报各级纵向课题,而且要主动开展紧贴地方经济文化建设的包括技术创新或开发在内的应用性研究,如争取各类横向课题。因此,科学研究对于一所大学的发展特别是科研工作起步较晚的地方应用型本科高校的发展,具有尤为重要的战略意义。

三、青年教师发展的必要性和重要性

人们常说"百年大计,教育为本;教育大计,教师为本"。法国教育社会学家埃米尔·涂尔干认为"教育的成功在于教师,教育的不成功也在于教师"[①]。埃里克·A.哈努谢克(Eric A.Hanushek)通过研究发现"大多数国家都曾在某一时期试图改善学校。有些成功

---

① 眭依凡.大学:如何培养创新型人才——兼谈美国著名大学的成功经验[J].中国高教研究,2006(12):3-9.

了,许多国家却以失败告终。失败的一个原因很简单,没有充分关注教师的质量"①。联合国教科文组织发布的《世界高等教育宣言》更是指出"具有活力的教师发展政策是高等教育机构发展的关键"②。曾担任哈佛大学文理学院院长的罗索夫斯基(Henry Rosovsky)也认为:"衡量大学状况最可靠的指标是该校教师队伍的优秀程度。这几乎决定其余的一切:吸引优秀的学生、基金以及校友和公众的支持,并赢得国内和国际的认可。保持和提高学校声誉的最有效的办法,就是改善教师队伍的质量。"梅贻琦也曾说过类似的经典之语:"所谓大学者,非谓有大楼之谓也,有大师之谓也。"一言以蔽之,教师的发展是高校发展的基本保障,教师的良好素质是保证大学核心竞争力和确保高校战略愿景顺利实现的重要因素。

全面提高高等教育质量已成为我国高等教育发展的核心任务。高水平大学教师无疑是高等教育质量的基本保障。在大学教师的发展越来越受到关注的同时,作为大学教师队伍中的新生力量和可持续发展保证的青年教师也备受瞩目。"2006年,教育部在全国范围内对我国高校40岁以下青年教师队伍状况和科研状况,进行了全面调查。从调研情况看,这支队伍确实存在许多问题,其中以科学研究问题尤为突出,如不及时加以关注和培育,将导致高校发展后劲不足。尽快提高高校青年教师的科研能力和水平,充分挖掘这一群体的创新潜能,已成为高等教育亟待解决的重要问题。"③高校青年教师日益成为高校教师队伍的中坚力量。从一定程度上说,高校青年教师是标志高等教育事业发展最灵敏的晴雨表,其综合素质的高低与高校能否良性发展有着直接关系,他们与学生间存在较小的年龄差距和代沟,足以深刻影响学生的思想行为、整体素质以及大学的教育质量。

"青椒"是网络上对90万左右高校青年教师的戏称。这是一个占全国高校教师总数比例高达60%以上的庞大群体。近年来,"青椒"们的问题不时地被各大新闻媒体关注、报道,而且关注度越来越高。比如,2012年3月11日新华网报道《高校青年教师成长空间在哪里》。2012年12月17日《燕赵都市报》报道《工蜂一样工作:高校青年教师生存状态调查》。2012年12月24日《人民政协报》报道《高校青年教师面临困境,挣扎在科研和生存压力中》。2013年1月29日的《京华时报》报道社会科学文献出版社出版的《北京社会发展报告》出炉,其中,关于高校青年教师收入的调查引发广泛关注。报告显示,"刚入职的青年教师收入偏低,'月光族'偏多。但尽管如此,高校青年教师依然是不少应届大学毕业生的求职首选。过来人表示,任何行业刚起步都是如此,作为高校青年教师,更应该理性面对投入与产出的时间差,将教学和科研工作放在首位"。2013年5月16日中国新闻网发布了题为《高校青年教师吐槽:科研、教学、社会服务须三不误》的报道。2013年7月2日《广州日报》报道了《聚焦高校青年教师:高压之下,如何突围?》。2013年8月13

① 埃里克·A.哈努谢克.为什么教育质量至关重要[J].少陵,译.国外社会科学文摘,2005(12):18-20.
② 明轩.《世界高等教育宣言》概要[J].教育发展研究,1999(3):81-82.
③ 周静,乔开文.高校青年教师科研现状分析及应对措施研究[J].研究与发展管理,2008(5):115-118.

日《光明日报》报道了题为《关注高校青年教师》的调查报告,讲述了高校青年教师们的困惑以及一些高校和"青椒"们正身体力行地开始了困境中的突围。2015年7月19日,有学者撰写博文:"现在的大学青年教师面临着三座'大山':教学、科研、房子。大学围绕政绩转,政绩带动职称转,职称带动钱转,钱带动教师转,工作与生活的压力让青年教师喘不过气来,何谈梦想?面对大学行政化、学术腐败和各种潜规则盛行的体制,'青椒'们究竟何去何从?"①。2018年3月,在全国两会召开期间,有代表呼吁:"为高校青年教师营造良好的发展环境,给予更多学术和生活方面的扶持。"②上述仅仅是略举数例,由此可知近年来有关的网络、报纸等新闻媒体,都在不同的层面、不同的视角关注高校青年教师的发展问题。无疑,"青椒"们的问题,逐渐成了高校发展中的热点问题。

近20年来,我国地方高校在高等教育大众化发展进程中,为满足招生规模持续扩大的需要,各高校都不同程度地引入了大批青年教师,他们的整体状况已经直接影响到地方高校的办学水平和发展潜力。由于各高校的发展状况不同,青年教师的现状也不尽相同。对于地方应用型本科高校而言,面临着高水平师资的短缺、青年教师已成为教师队伍的主体以及学校转型变革的多种状况,青年教师发展成为该类学校发展中需要高度关注的迫切问题。

鉴于此,本研究试图把地方应用型本科高校科研发展问题与青年教师发展问题聚焦为一个新的视角进行探究。

第二节　相关概念解析

一、地方应用型本科高校

本研究主要针对的是地方应用型本科高校,也称新建本科高校,是指1999年以来经教育部批准由专科层次升格为本科层次的具有高等学历教育资格的普通高校,其转型主要指:办学层次向本科转型,办学定位向应用型转型。目前(截至2016年),我国新建本科高校有678所(含独立学院),占全国普通本科院校的55.6%,分布在196个地级及以上城市,布点率达57.8%。在非省会城市布点的院校有208所,占全部新建本科高校的51.6%。③

---

① 王伟华.中国高校青年教师生存状况揭秘[EB/OL].(2015-07-19)[2020-10-10].http://blog.sciencenet.cn/blog.php,2015-7-19.

② 刘博智,杜玮.王立峰代表:给予高校青年教师更多学术和生活支持[EB/OL].(2018-03-16)[2020-10-11].http://www.jyb.cn/list_gdjy/,2018-03-16.

③ 张大良.对焦需求聚焦服务变焦应用把新建本科院校办成新型本科院校[J].中国大学教学,2016(11):4-9,16.

二、转型变革背景

地方应用型本科高校自本科办学之始,办学层次由专科升格为本科(相对低层次向相对高层次转化),由相对单一学科向多学科转变,办学质量从外延式发展逐渐向内涵式发展转型。自 2015 年教育部等部门联合印发的《关于引导部分地方普通本科高校向应用型转变的指导意见》后,此类本科高校与研究型大学错位发展地向应用型转型成为大势所趋。在此转型变革背景下,地方应用型本科高校要真正实现办学定位向应用型转变、专业结构向需求导向转变、培养模式向产出导向转变、师资队伍向"双能型"转变、质量结果向"两个满意度"转变,培养下得去、用得上、靠得住、离不开的一线生产、服务、管理人员等地方性、应用型人才。

三、高校青年教师

根据教育部网站发布的中国教育统计数据的分段统计方式以及以"社会和事业标准来划分青年年龄,即把青年期分为低、中、高三个阶段。其中,以 14 岁至 18 岁这个年龄的青年为低龄青年,18 岁至 28 岁为中间层次的青年,28 岁到 40 岁以下为大龄青年。总体青年年龄的过渡期限,可把握在 14 岁至 40 岁之间"[①]。结合教育部"高校青年教师奖"获奖人员和"优秀青年教师资助计划"资助人员年龄条件,本研究把高校青年教师定义为 40 岁以下担任专任教师。

四、高等学校科学研究

谈到高等学校科学研究,必然与"学术""大学学术"等概念有紧密的联系,为了更好地理解高等学校科学研究概念及其内涵,有必要对"学术""大学学术"的定义和特性进行描述。

何为"学术"?"学术"的概念具有模糊性、复杂性和历史性等特性,不同的语境下有多种的理解。学术一词英语是 academic,源于 academy(柏拉图创建的高等教育学校)。在这种学校里,人们"探索哲理只是为想摆脱愚蠢,显然他们为求知而从事学术,并无任何实用的目的"[②]。《牛津高阶英汉双解辞典》、《剑桥国际英语辞典》和《美国传统辞典》等权威工具书对"学术"的解释有两个共同的主要特点:与学院有关和非实用性。换言之,所谓学术工作,就是由受过正规教育并在大学中工作的学者所进行的非实用性的研究工作。有学者称之为经典学术观。[③]

---

① 李光奇."青年"年龄划分标准管见[J].青年研究,1994(5):7-8.
② 亚里士多德.形而上学[M].吴寿彭,译.北京:商务印书馆,1981:5.
③ 涂艳国.多元学术观与大学学术发展[J].高等教育研究,2011,32(11):10-14.

随着现代高等教育的多样化发展,经典学术观日益暴露出其自身的局限性。学术概念的外延性仅限于研究,研究意味着发现知识,甚至把它与发表论著等同起来,而传播知识和应用知识则被排斥在外。20世纪80年代末以来,美国高等教育界针对当时高等教育的现状进行了深刻的反思和讨论。正如美国卡耐基教学促进基金会前主席博耶(Ernest Boyer)所述:"具有讽刺意味的是,正当高等教育的社会责任不断扩展的时候,对大学教授的激励机制却更为狭窄;正当高等教育的任务多样化的时候,学术却朝着单一化的方向发展。"①为了改变这种状况,他的研究团队在大量调查研究的基础上,于1990年发表了题为《学术的反思——教授工作的重点领域》的研究报告,提出了独树一帜的多元学术观。②博耶认为,学术不应该专指"发现"或基础研究,不应只是一个只为"发现"服务的术语,还应包括四种互相关联的学术,分别是探究的学术、整合的学术、应用的学术和教学的学术。第一,探究的学术乃是学术生命的心脏,处于研究工作的中心。第二,整合的学术,这是学术的另一种形式,整合就是把新的发现放到更大的背景中去考察,促进更多的跨学科交流与对话,发挥相邻学科的综合优势,进行具有开创性的研究工作。第三,应用的学术,为了避免理论和实践的脱节,用理论指导实践,又从实践回到理论,通过检验理论和提升理论,达到更好地为社会、国家提供学术性服务的目的。第四,教学的学术,它是一种通过咨询或教学来传授知识的学术,即传播知识的学术,通过知识的传播,才能确保学术薪火相传。

在我国,对学术的理解较有代表性的有:《辞海》(1999年版)在解释"学术"一词时,将"学术"定义为"指较为专门、有系统的学问"。按照中文词源学的解读习惯,学与术二字是不同的,如严复在《原富》按语中指出:"盖学与术异,学者考自然之理,立必然之例。术者据既知之理,求可成之功。学主知,术主行。"③其所谓的"术"含有今天的职业的内涵。梁启超在《学与术》中分析道:"学也者,观察事物而发明其真理者也;术也者,取所发明之真理而致诸用者也。""学者术之体,术者学之用。"④蔡元培亦认为:"学与术可以分为两个名词,学为学理,术为应用。各国大学中所有科目,如工商、医学,非但研究学理,并且讲求适用,都是术。纯粹的科学与哲学,就是学。学必借术以应用,术必借学为基本,两者并进始可。"⑤

由此可见,关于何为"大学学术",由于古往今来人们对"大学"一词有许多定义和描述,对"大学学术"的理解和阐释也变得多样复杂。比如,"大学区别于其他社会组织的特殊性就在于其教育性和学术性。在教学、研究和智力服务等学术活动中,大学创造自身的价值。大学的学术活动是以成熟的专业、学科为基础,各种学术活动都是在一定的专业、

---

① 欧内斯特·L.博耶.关于美国教育改革的演讲[M].涂艳国,方彤,译.北京:教育科学出版社,2003:72.

② 欧内斯特·L.博耶.关于美国教育改革的演讲[M].涂艳国,方彤,译.北京:教育科学出版社,2003:74-78.

③ 斯密.原富[M].严复,译.北京:商务印书馆,1981:1.

④ 李伯重.论学术与学术标准[J].社会科学论坛,2005(3):5-14.

⑤ 高叔平.蔡元培教育论著选[M].北京:人民教育出版社,1991:329.

学科领域中进行的……教师是大学学术活动的主体力量……大学的价值包括学术价值和社会价值"[①]。"大学是探究学术的殿堂、云集大师的胜地、发展科学的源泉、铸就人生的熔炉、人类精神的家园、社会发展的加速器和动力站、新思想新知识新文化的生长点、科技产业的孵化器"[②]"在大学里,围绕一定的目标,有关学科、专业等高深专门知识都称为大学学术。这是大学学术的核心内容。需要说明的是,根据实践或研究的不同目的,大学学术可有不同的认识路径,从不同的角度认识大学学术,自然有它不同的'图像',如从结构上划分,有学术理念、学术活动和学术成果;从性质上划分,有传承性学术和创新性学术;从知识门类上划分,有多少种知识门类,往往认为就有多少门类学术;从活动形式上划分,有教学、研究、智力开发与服务等;从现象上划分,有学术自身活动和学术事务活动;从工作序列划分,有教学、科研、招生、学位授予与证书发放、智力开发与服务、学术决策与规划、学术交流与合作、学术规范与评价、师资培训与提高、学术成果刊发与出版等。"[③]

上述是关于"学术""大学学术"的概念。关于"科学研究"一词的定义和解释又是如何呢?"科学研究"源于英文的 research,由前缀 re(再度、反复之意)与 search(探索、寻求之意)组成,合起来的意思是反复探索。[④] 联合国教科文组织用"研究与发展"(research and development,即 R&D)来表示科学研究的概念。对于科学研究的概念,英国《牛津大辞典》及经济合作与发展组织(Organization for Economic Co-operation and Development,OECD)指出:"研究与开发,是为了增加知识量,知识包括人类文化和社会知识的探索,以及利用这些知识去发明新用途所从事的系统创造性工作。"教育部给出的定义是:"科学研究是指为了增进知识,包括关于人类文化和社会的知识,以及利用这些知识去发明新的技术而进行的系统的创造性工作。"[⑤]美国资源委员会对科学研究的定义是:"科学研究工作是科学领域中的检索和应用,包括已经产生知识的整理、统计、图表及其数据的搜集、编辑和分析研究工作。"[⑥]科学研究包含两部分核心含义:整理、继承知识和创新、发展知识。科学研究按照研究内容一般分为基础研究、应用研究和实验与发展(技术创新或开发)三类。这一分类也是国家统计局关于项目研究类型的分类标准。基础研究是指为了获得关于现象和可观察事实的基本原理的新知识(揭示客观事物的本质、运动规律,获得新发现、新学说)而进行的实验性或理论性研究,它不以任何专门或特定的应用或使用为目的。其成果以科学论文和科学著作为主要形式。应用研究是指为获得新知识而进行的创造性研究,主要针对某一特定的目的或目标。应用研究是为了确定基础研究成果可能的用途,或是为达到预定的目标探索应采取的新方法(原理性)或新途径。其成果形式以科学论文、专著、原理性模型或发明专利为主。

① 别敦荣.中美大学学术管理[M].武汉:华中理工大学出版社,2000:3.
② 韩延明.大学教育现代化[M].济南:山东教育出版社,1999:15.
③ 刘贵华.大学学术发展研究:基于生态的分析[M].武汉:华中师范大学出版社,2005:86-87.
④ 郭晓晖.现代科学技术基础知识[M].兰州:甘肃人民出版社,2002:6.
⑤ 360 百科"科学研究"词条[EB/OL].[2020-11-02].http://baike.so.com/doc/5978478-6191439.html.
⑥ 吴岱明.科学研究方法学[M].长沙:湖南人民出版社,1987:7-8.

实验与发展是指利用从基础研究、应用研究和实际经验所获得的现有知识,为产生新的产品、材料和装置,建立新的工艺、系统和服务,以及对已产生和建立的上述各项做实质性的改进而进行的系统性工作。其成果形式主要是专利、专有技术、具有新产品基本特征的产品原型或具有新装置基本特征的原始样机等。在社会科学领域,实验与发展是指把通过基础研究、应用研究获得的知识转变成可以实施的计划(包括为进行检验和评估实施示范项目)的过程。人文科学领域除了个别学科的特定领域如艺术学的乐器方向等,一般来说没有对应的实验与发展活动。①

以上专家学者对"学术""大学学术""科学研究"的理念和观点诠释启发我们更为全面理解科研的内涵。本研究把高等学校科学研究界定为大学学术活动的表现形式之一。它包括以发现新知识为目的的学术研究(包括基础研究、应用研究和技术开发研究)和以提高教学质量为目的的教学研究。大学学术是通过教学、科研、社会服务等职能综合的发挥,从而显现其水平的高低。

五、科研动力

关于动力,在《辞海》中,"动"的基本含义是"起始;发动"。② "力"的基本含义是"凡能使物体获得加速度或者发生形变的作用被称为力"③。"动力"的本义是使机械做功的各种作用力,引申义为推动工作、事业等前进和发展的力量。④ 所谓动力,就是推动事物由低级到高级、由简单到复杂不断向前发展的、决定的力量和作用。动力存在于事物的联系和运动中。简言之,推动事物发展的动力,是影响这一事物发展的各种必要的条件(内部的和外部的),相互作用所构成的矛盾运动。⑤

关于动机,国内学者认为,"动机是行为的直接原因和内部动力"⑥"动机是激发和维持个体进行活动,并导致该活动朝向某一目标的心理倾向或动力"⑦。

关于科学研究的动机和动力,由于涉及私人隐秘而微妙的心理,并且与他人、学校组织和社会环境纠缠在一起,所以显得尤为多样性和复杂性。李醒民认为"'动机'一词在汉语中的意思是'推动人从事某种行为的念头','动力'一词是'比喻推动工作、事业等前进、发展的力量'。二者的词义虽然有些许差别,但是交集还是颇大的。在英语中,motive 和motivation 的主要含义是'动机'和'动力'。因此,在探讨科学探索或科学研究的动机或

---

① 教育部司局函件.2017 年度教育部人文社会科学研究一般项目申报常见问题释疑[EB/OL].(2017-02-07)[2020-11-10].https://max.book118.com/html/2017/0207/89080955.shtm.

② 《辞海》(词语分册 E 册)[M].上海:上海辞书出版社,1979:458.

③ 《辞海》(词语分册 E 册)[M].上海:上海辞书出版社,1979:459.

④ 李森.教学动力论[M].重庆:西南师范大学出版社,1998:5.

⑤ 邓京华,彭祖智.从系统论的观点看儿童心理发展的动力——兼谈对"内因动力说"的一点看法[J].湖南师大社会科学学报,1987(5):7-12.

⑥ 张大均.教育心理学[M].北京:人民教育出版社,2004:80.

⑦ 黄希庭.心理学导论[M].北京:人民教育出版社,1991:193.

动力时,我们对这两个词一般不加区分,实际上也很难把'推动人从事科学的念头'与'推动人研究科学的力量'区别开来,因为动机中每每包含动力,反过来也是一样。"①莫尔认为"'科学的动机'明显包括两个方面:社会支持科学的动机和个人成为科学共同体一员的动机,即社会动机和个人动机"②。莫雷认为"动机是推动人们从事某种行为的内部动力,是指引行为朝向某一目的,并将这一行为维持一段时间的种种内部状态和过程"③。

学者们从不同角度对科研动力进行分类,如从其作用力的方向或性质可分为正动力和负动力。正动力,即促进学术研究行为的力量;负动力,即阻碍和破坏学术研究行为的力量。④ 根据影响教师科研动力的主要来源分为自身内部的主动力,外界的压力、牵引力、助推力和阻力等。⑤ 有学者认为,个人动机一般包括外在功利动机和内在心理动机,前者又可细分为有形功利动机和无形功利动机。有形功利动机既有"大我"功利动机,也有"小我"功利动机。后者又可细分为消极心理动机和积极心理动机。积极心理动机又可再分为理性心理动机和情感心理动机。⑥ 有学者把高校教师的科研动机分为责任型动机、好奇型动机和对精神及物质的追求等几种。⑦

本书研究青年教师科研发展的动力主要是研究青年教师科研发展的动力要素的构成、内在作用方式以及环境和要素之间互动关系的总和。青年教师科研发展的动力是由内在心理要素和外在环境要素构成的,内外部要素只有协同作用,并在一定的前提条件下,才能促进青年教师科研健康发展。因此,不应单从青年教师这一主体的外在因素或内在需求入手,而应综合内外部影响因素,共同促进青年教师开展科研的动力。

第三节 文献综述

首先要说明的是,高校虽然包括大学,但在一定情况下大学的内涵和外延与高校相去甚远。为了行文的方便,本研究中的大学与高校、大学教师与高校教师等同。本研究以"转型变革下的高校青年教师科研发展动力研究——以福建省地方应用型本科高校为例"为题,中心问题主要涉及"高校青年教师""高校教师科研发展""地方应用型本科高校转型发展"等几个方面。下面笔者就学术界对这几个方面所做的研究进行文献综述,以厘清以往研究的现状,呈现以往研究的清晰脉络与特征。

---

①⑥ 李醒民.科学探索的动机或动力[J].自然辩证法通讯,2008(1):27-34,14,110.

② MOHR H.Structure & significance of science[M].New York:Springe-Verlay,1977.

③ 莫雷.教育心理学[M].广州:广东高等教育出版社,2002:403.

④ 宫麟丰.高校学术研究的动力机制研究[J].辽宁财专学报,2001(5):56-59.

⑤ 葛秋良.关于新建本科院校教师科研动力的调查与分析[J].惠州学院学报(社会科学版),2012(1):110-114.

⑦ 朱伟.高校教师的科研动机变化规律及激发研究[J].科技管理研究,2011(1):153-155.

一、关于"高校青年教师"研究

关于"高校青年教师"的研究,近年来逐渐被学术界关注,研究者越来越多。从中国知网(CNKI)以"高校青年教师""大学青年教师"为主题,搜索到全部期刊(1980—2017)5035篇,其中,核心期刊论文有818篇,全国优秀硕士论文552篇、博士论文55篇,从不同的视角、聚焦不同问题领域和运用不同的研究方法对高校青年教师展开研究。研究内容主要集中在教学、科研、教师队伍建设、专业发展、成长与培训、心理问题、师德建设、价值观、党建、职业发展等方面。

(一)期刊论文

1.关于青年教师科研创新能力问题研究

一是创新能力培养提升中的问题及其解决对策。例如,杜玲玲等人分析青年教师科研的重要性,对存在问题进行归因分析,从个人、学校、社会的角度或内部因素与外部因素等角度提出提高和培养科研能力的途径和对策[1][2][3][4][5][6]代文彬等人阐述了青年教师科研创新能力开发的重要性,通过专家访谈和小样本的问卷调查,对科研创新能力的归因分析,从管理的角度提出开发科研能力的途径。[7] 王建国等人运用双因素等激励理论论述了培养青年教师科研能力[8][9][10]刘明生提出青年教师开展科研要把握好研究方向、研究选题、研究方法以及处理好教学与科研的关系等新论。[11] 周静等人在2006年教育部对全国高校青年教师队伍状况和科研状况调查的基础上,指出培养青年教师科研能力的重要性,并从基金设立、政策调节、考核机制、外引内培等方面提出了解决问题的相关建议。[12] 陈要军等人通过实证研究,验证了高校青年教师自主发展对其科研能力与工作绩效的影响,

① 杜玲玲.提高高校青年教师科研能力的几点思考[J].江西教育科研,2006(4):45-46.

② 耿艾莉,王岩松.论高校青年教师科研能力的培养[J].教育与职业,2012(18):71-73.

③ 易帆.高校青年教师科研能力培养探索[J].教育探索,2013(4):87-88.

④ 刘扬.高校青年教师科研能力提升刍议[J].教育与职业,2014(2):70-71.

⑤ 杭慧.高校青年教师科研能力培养问题研究[J].中国成人教育,2013(19):111-112.

⑥ 王文辉.论提升高校青年教师科研能力[J].中国成人教育,2014(2):95-97.

⑦ 代文彬,纪巍.高校青年教师科研创新能力开发的管理途径探析[J].科技管理研究,2008(3):210-212.

⑧ 王建国.试论双因素理论在高校青年教师科研能力培养中的应用[J].黑龙江高教研究,2010(9):91-92.

⑨ 尚斌,王瑞祥.管理哲学视野下高校青年教师的科研评价与激励机制[J].中国成人教育,2010(21):70-72.

⑩ 郭淑兰,邬开俊.西部高校青年教师科研激励的调查与分析[J].开发研究,2009(2):153-156.

⑪ 刘明生.高校青年教师科研新论[J].河北师范大学学报(教育科学版),2010(6):19-22.

⑫ 周静,乔开文.高校青年教师科研现状分析及应对措施研究[J].研究与发展管理,2008(5):115-118.

同时探讨了组织支持在此过程中所起的作用。[①] 雷小生等人从地方院校的视角,对青年教师科研能力、创新能力现状及其原因进行分析,探索了青年教师科研创新素质和能力的培养对策与途径。[②③④⑤⑥⑦] 代君等人采用知识管理理论和 SECI 四化模型将大学知识创新分为群化、外化、融化和内化 4 个过程,分析了青年教师教学科研在这 4 个阶段上普遍表现欠佳的原因,提出了提升创新能力的改进路径。[⑧] 徐滢珺探讨了高校学术氛围对青年教师科研心理压力与科研绩效的影响,对提高青年教师科研水平、增强心理资本韧性具有重要意义,提出了提高高校青年教师科研绩效的对策和建议。[⑨] 吴琴等人通过对某高校某时段青年教师在获得国家自然科学基金项目资助、SCI(EI)检索期刊论文发表、专利申请及授权等科技成果相关数据进行整理和对比分析,指出了青年教师创新能力提升存在的问题,并提出了提升高校青年教师科技创新能力的具体策略。[⑩] 张蓉等人从高校评聘制度、淘汰降级制度、学术氛围监管制度等制度安排视角论述了制约青年教师创新意愿与能力提高的关键因素,并提出了针对性策略。[⑪] 杨冰认为提升高校青年教师科研生命力的有效途径和长效机制,应从内部的高校青年教师科研自觉和外部的制度支持层面加以努力。[⑫]

二是青年教师创新能力的结构与现状。张蓓从需求理论入手,构建了由健康状况、生活环境、福利待遇、思想动态、情感满足、角色认同、职业发展和创新活力八个结构变量构成的高校青年教师创新活力模型,并基于广东 33 所高校 400 多名青年教师的样本调查,

① 陈要军,聂鸣,海本禄.高校青年教师研究能力对工作绩效的影响机制研究[J].中国科技论坛,2013(12):109-115.

② 雷小生,刘淑春.高职院校教师科研素质现状及培养对策分析[J].中国高教研究,2009(5):66-67.

③ 伍玉凤.高职院校青年教师科研素质和能力培养中存在的问题及对策[J].学术论坛,2011(5):210-213.

④ 郑书深,李妍,冯晓勇,贾中骄.青年教师科研能力培养模式探索[J].中国高校科技,2011(12):30-31.

⑤ 闫健,王占武,栾忠权.地方高校青年教师科技创新能力服务区域经济发展的重要性[J].产业与科技论坛,2012(9):116-117.

⑥ 何光耀,容泽文,宁红英.新建地方本科高校青年教师科研能力培养探析——以钦州学院为例[J].钦州学院学报,2013(1):50-54.

⑦ 应卫平,龚胜意,罗朝盛,李钢.地方高校青年教师创新能力发展现状及对策研究[J].中国大学教学,2015(7):73-76.

⑧ 代君,张丽芬.基于知识管理理论的高校青年教师创新能力培养的若干思考[J].黑龙江高教研究,2014(6):84-86.

⑨ 徐滢珺.学术氛围对青年教师科研绩效的影响[J].中国高校科技,2015(12):27-29.

⑩ 吴琴,吴大中,吴昕芸.高校青年教师科技创新能力提升对策研究[J].科学管理研究,2015(3):100-103.

⑪ 张蓉,冯展林.制度安排下的高校青年教师创新意愿与能力提升对策研究[J].科学管理研究,2017(6):89-92.

⑫ 杨冰.提升青年教师科研生命力的长效机制[J].中国高校科技,2018(5):20-21.

运用结构方程方法验证了各因子对创新活动的影响机制。^① 周建忠等人采用包括内在的创新特质、科研与教学创新素质、教学创新表现和科研创新表现 4 个维度因子在内的调查问卷,对东北地区高校青年教师创新能力的结构与现状进行调查和分析。^②

2.关于青年教师发展问题

一是分析青年教师发展存在的问题以及解决策略。樊桂清等人认为高校科研领域内"马太效应"对青年教师发展既存在着积极影响又有消极影响,并提出了从青年教师个人和学校层面两方面应对的策略。^③ 乔雪峰等人探讨了高校青年教师生存和学术发展处于夹缝求存的状况,提出了高校需要为青年教师提供宽松的制度环境,激发其能动性,促其专业发展,同时给出了青年教师要自我发展规划与突围的建议。^{④⑤} 张行生探讨了高校支持青年教师专业成长政策的价值选择,分析了制约青年教师专业成长的学校政策,并提出了相应的对策。^⑥ 吴长法等人通过对新建本科院校青年教师的转型发展问题的探讨,提出了如何更好地促进新建本科院校青年教师发展的路径。^⑦ 周国华分析了高校青年教师专业发展在准入、培养、评价等方面存在的困境,并提出了相应化解困境的策略。^⑧ 李培利基于场域论的视角分析高校青年教师发展存在教学、学术、职业、经济等方面的资本都比较薄弱,在竞争中处于劣势的现实困境,并提出大学场域中青年教师的发展策略。^⑨ 陆露等人深度分析了普通高校的部分青年教师科研基础弱、底子薄和比较挣扎的原因,提出了要通过"学、做、专、积、酿、铸、提"六方面的路径进行摆脱挣扎和实现突破。^⑩ 廖志琼探讨了高校青年教师发展目标与特点以及发展中存在的问题,提出了高校青年教师发展途径应实现个体发展目标与组织目标的统一,形成自主发展和环境支持的制度体系,促进青年教师专业化成长。^⑪ 刘鸿等人分析了美国研究型大学青年教师发展的三个阶段的不同制度特征,是通过不同制度的设计与执行来完成对青年教师的全方位培训。^⑫ 黄岚等人分析了学校"非升即走"的人事管理制度的产生、实施以及对教师专业发展的影响,并针对

① 张蓓.高校青年教师创新活力影响因素实证分析——基于广东 33 所高校的调查数据[J].教育发展研究,2014(3):14-21.

② 周建忠,梁明辉.高校青年教师创新能力的结构与现状——基于东北三省高校青年教师的实证研究[J].黑龙江高教研究,2016(1):49-52.

③ 樊桂清,贾相如.高校科研领域内"马太效应"对青年教师发展影响研究[J].高校教育管理,2013(2):70-74.

④ 乔雪峰.夹缝生存:高校青年教师学术困境与出路[J].现代教育管理,2013(10):92-96.

⑤ 钱军平.制度夹缝中高校青年教师自我发展规划与突围[J].现代教育管理,2013(10):84-91.

⑥ 张行生.高校青年教师成长的外部环境支持问题探析[J].黑龙江高教研究,2015(12):100-102.

⑦ 吴长法,邬旭东.新建本科院校转型发展与青年教师发展研究[J].中国青年研究,2015(6):73-77.

⑧ 周国华.高校青年教师专业发展的问题与对策研究[J].江苏高教,2015(6):85-87.

⑨ 李培利.高校青年教师发展的现实困境分析——场域论的视角[J].国家教育行政学院学报,2015(9):60-63.

⑩ 陆露,于伟.普通高校青年教师科研上的挣扎与突破[J].中国高校科技,2015(12):11-13.

⑪ 廖志琼.自主发展与组织培养:高校青年教师发展的路径选择[J].江苏高教,2016(2):90-92.

⑫ 刘鸿,龙云敏.美国研究型大学青年教师发展的制度特征[J].现代大学教育,2016(6):46-51.

存在的问题提出了对策建议。① 谢永朋提出了高校青年教师专业发展是一个自觉有目的、自主有对话、自为有反思的过程,构建专业发展共同体是青年教师专业发展的理想境域。② 王杨分析了青年教师从业中面临的压力,认为"解决青年教师成长问题的关键在于自我成长,应通过'三期''四关'的磨炼,坚持和专注锻造核心竞争力的路径实现自身的成长"③。刘萍等人以中美高校青年教师发展机制比较为研究内容,系统比较不同制度、不同体制背景下青年教师的发展状况,并借鉴美国高校的成功做法,提出了我国高校青年教师发展的具体措施。④ 韩萌等人认为由于社会及大学内部存在"制度失范"造成大学青年教师存在经济刚性供给不足、科研超负荷运转、发展培训缺失、利益诉求不受重视等现实困境,并提出了应在高校薪酬分配、考核制度、激励机制、参与学校的政策决议机制等方面进行相应改革。⑤ 于安龙依据布迪厄场域-资本理论,分析了高校青年教师在资本积累上陷于底层困境,探讨要提高自身综合实力,实现资本积累提升,高校要从制度建设、氛围塑造等方面给予保障,从而实现夹缝突围。⑥ 高盼望认为当代高校青年教师遭遇到知识理解的简单化,知识追求的精致化,知识生产的功利化等困境,提出了要通过自我完善实现自我超越的途径。⑦ 刘晖等人基于需求理论视角,系统分析了高校青年教师专业发展动力要素构成及其相互关系,强调保持动力要素的方向与专业发展方向的一致的至关重要性。⑧ 张忠华等人认为中国高校教师在专业素质发展上存在着理念落后、素质结构缺失,入职培育中重理论轻实践、重科研轻教学等问题,提出了从源头上改革,为后继者提供发展的空间;加强对在职教师的培训,使其尽快完成由传统型教师向专业化教师转型的对策。⑨ 张剑从生态学理论视角对高校青年初任教师专业发展环境进行研究,提出"培养自我更新与反思意识、构建专业共同体、营造教师文化、整合教育资源是改善高校青年初任教师专业发展环境的有效路径"⑩。蒋苗等人以北京航空航天大学 5 个工科学院教师为样本进行问卷调研,分析了青年科技人才对自身发展环境的需求与困境。⑪ 王和强等人认为青年教师专业发展是学校规制、团队生态与个人成就的共同结果,不同类型、层次和

① 黄岚,樊泽恒."非升即走"对教师专业发展的影响和对策[J].江苏高教,2015(6):72-76.
② 谢永朋.专业发展共同体:高校青年教师专业发展的理想境域[J].江苏高教,2015(6):88-90.
③ 王杨.过三期闯四关,用坚持和专注锻造核心竞争力——浅谈青年教师的自我成长[J].中国大学教学,2016(1):83-86.
④ 刘萍,胡月英.中美高校青年教师发展机制比较研究[J].中国青年研究,2016(1):112-118.
⑤ 韩萌,张国伟.大学青年教师发展的现实困境与改革路径研究[J].教育科学,2017(1):43-49.
⑥ 于安龙.夹缝突围:高校青年教师的底层困境与出路[J].西南民族大学学报(人文社会科学版),2017(1):217-221.
⑦ 高盼望.当代高校青年教师的知识困境与超越[J].国家教育行政学院学报,2017(10):71-75.
⑧ 刘晖,钟斌.论高校青年教师专业发展动力——基于需求理论的系统分析[J].中国高等教育评论,2016(1):131-139.
⑨ 张忠华,况文娟.论高校教师专业发展的缺失与对策[J].高校教育管理,2017(1):79-85.
⑩ 张剑.生态学视阈下的高校青年初任教师专业发展环境研究[J].国家教育行政学院学报,2017(10):65-70.
⑪ 蒋苗,邓怡.高校青年科技人才发展的需求与困境[J].中国高校科技,2017(10):45-48.

定位的高校对教师发展目标的要求不同,提出了应用型高校青年教师专业发展的基本能力目标。① 夏素荣提出了职业生涯规划是地方高校青年教师专业成长的路径,并从青年教师个体职业规划及高校组织职业规划两个方面提出了具体的规划建议。②

二是侧重于青年教师培养问题的相关研究。田晶分析了地方高校向应用技术型转型的背景下对青年教师的新要求,探讨了构建完善的青年教师职前与在职培养机制的应对策略。③ 赵君等人基于能力发展规律构建了一个高校青年教师培养机制的三阶段模型,以及分析了青年教师培养的辅助机制在实践中的启示。④ 王时龙等人提出了以一流学科建设目标为依托,创新学科组织模式,通过学科团队培养研究型高校青年创新人才。⑤ 朱宁波等人阐述了"当前我国高校青年教师培养存在缺乏对青年教师主体地位的认识、对专业能力发展关注不够、考评机制不合理以及内生动力激发不足的问题,并提出了提升与完善高校青年教师培养体系的策略"⑥。刘锐剑等人探讨了高校师徒指导制度的特殊性,分别从高校组织层面、指导教师和青年教师个体层面提出了推行师徒指导制度助力高校青年教师职业成长的对策建议。⑦

3.关于青年教师激励机制问题研究

倪海东提出了"构建以高校教师成才需求为核心,以青年教师与学校共同发展为目标,以目标激励、精神激励、情感激励、绩效激励和发展激励为主要路径的高校青年教师成才激励机制"⑧。王红瑞认为以自我实现为导向来激发青年教师不断成长与进步,可以达到持久激励的效果,并提出了相应的构建策略。⑨ 杨丽分析了当前高校青年教师激励在物质、精神、情感、制度、目标、氛围方面存在的问题,提出了实施有效激励的改进策略。⑩ 郑忻从组织公平理论视角,"强调激励机制中的标准公平、分配公平、程序公平、互动公平,提出了高校要引导青年教师理解公平和注重公平的组织文化建设,有利于青年教师的成长和队伍的稳定"⑪。赵翔宇等人从期望理论视角出发分析了我国高校青年教师激励管理中存在的主要问题,并在此基础上提出了激励管理策略。⑫

① 王和强,马婉莹,赵晖.应用型高校青年教师专业发展能力目标论析[J].教育评论,2017(2):105-108.

② 夏素荣.职业生涯规划——地方高校青年教师专业成长的路径[J].中国成人教育,2017(6):128-131.

③ 田晶.地方高校转型背景下青年教师培养机制探究[J].高教探索,2015(9):125-128.

④ 赵君,赵书松.基于能力发展规律的高校青年教师培养机制研究[J].教育科学,2016(2):46-53.

⑤ 王时龙,曹华军.基于学科团队培养青年创新人才[J].中国高等教育,2016(10):46-47.

⑥ 朱宁波,曹茂甲.我国高校青年教师培养政策的文本分析[J].教育科学,2017(4):62-68.

⑦ 刘锐剑,叶龙.推行师徒指导制度助力高校青年教师职业成长[J].中国大学教学,2017(12):79-82.

⑧ 倪海东.高校青年教师成才动力及激励机制构建[J].国家教育行政学院学报,2014(5):10-13.

⑨ 王红瑞.自我实现导向下高校青年教师激励机制的构建[J].高教探索,2015(11):120-123.

⑩ 杨丽.高校青年教师激励的"六不"现象与改进建议[J].教育评论,2015(7):81-84.

⑪ 郑忻.组织公平理论视域下高校青年教师激励思路与举措探析[J].当代教育科学,2016(5):25-28.

⑫ 赵翔宇,张洁.期望理论视角下高校青年教师激励管理研究[J].教育评论,2017(10):125-128.

4.关于青年教师科研经费保障问题研究

徐晨飞等人提出了科研众筹在一定层面上能缓解目前高校青年教师面临的科研经费不足、分工不合理、成果难以转化等问题的观点,探讨了青年教师科研众筹模式设计及保障机制。[①]

5.关于青年教师队伍建设问题研究

张安富等人基于系统论的视角,分析了当前高校青年教师队伍建设存在制度性问题,"提出了要系统构建高校青年教师队伍建设制度体系,国家、社会、高校和青年教师'四位一体'协同推进,形成有利于青年教师发展的生态环境"[②]。胡中俊分析了现实中的高校青年教师在物质层面承受着高消费时代的经济压力,在心理层面则对工作和婚恋充满着焦虑等成长困境,提出了应从学校和个人两方面去破解困境。[③] 邹军等人从岗位设置角度出发,探讨了教学研究型大学青年教师发展的困境及其突破。[④] 李陈锋等人从战略人力资源管理的视角出发,分析了我国哲学社会科学青年教师队伍建设存在的问题,提出了激发青年教师的潜能,优化高校哲学社会科学教师队伍的策略。[⑤] 蒋茁等人深入分析了高校一线青年科技人才对自身发展环境的需求以及对现状的评价,归纳出青年科技人才发展面临的五个困境,为高校制定人才战略和相关政策提供参考。[⑥] 孙绪敏认为"人才评价与人才成长密不可分,现阶段高校教师绩效评价助推青年人才成长的效果不明显。在分析了高校青年人才绩效评价的困境基础上,提出了构建适合高校青年人才发展的绩效评价制度"[⑦]。周海涛等人分析了大学青年教师队伍建设存在的问题及其原因,提出了"应在大学招聘机制、福利待遇、岗位培训、教师发展项目、创建良好的大学教师专业发展生态方面强化青年教师队伍建设,构筑人才高地"[⑧]。

(二)硕士论文

1.专门围绕高校青年教师科研问题的研究

从激励的视角,如裴长安运用相关的激励理论,以甘肃省地方高校青年教师科研现状为个案,对甘肃省四所地方高校青年教师科研激励措施进行了比较分析,提出了相应

① 徐晨飞,卢鸣明.青年教师科研众筹模式设计及保障机制探究[J].中国高校科技,2017(7):23-26.
② 张安富,靳敏.高校青年教师队伍建设的系统思考[J].中国大学教学,2015(3):67-71,39.
③ 胡中俊.高校"青椒"的成长困境和出路[J].当代青年研究,2015(6):54-58.
④ 邹军,袁兴国.教学研究型大学青年教师发展的困境与突破——基于岗位设置的视角[J].江苏高教,2015(5):84-86.
⑤ 李陈锋,林新奇.我国哲学社会科学青年教师队伍建设——以战略人力资源管理为视角[J].社会科学家,2016(2):116-120.
⑥ 蒋茁,邓怡.高校青年科技人才发展的需求与困境[J].中国高校科技,2017(10):45-48.
⑦ 孙绪敏.高校青年人才绩效评价的困境与突破[J].黑龙江高教研究,2017(3):101-104.
⑧ 周海涛,胡万山.大学青年教师队伍建设的难题与对策[J].国家教育行政学院学报,2018(5):32-37,51.

的对策思考。① 高赟运用组织行为学、管理学和心理学等理论,把实证分析和理论分析相结合,把定性分析和定量分析相结合,对西部教学研究型大学青年教师科研激励机制方面存在的主要问题进行归因分析,提出了"构建西部教学研究型大学青年教师科研激励机制模型,试图给西部教学研究型大学青年教师科研管理提供一定的参考价值"②。从科研项目评价的视角,如张清采用层次分析法、模糊综合评价法和个案研究对现有的华北电力大学的青年教师科研项目综合评价指标提出了改进意见,为该校建立了一套青年教师科研基金项目综合评价指标体系,具有一定的可操作性和指导性。③ 从学术发展的视角,如谭泽基于个案对高校青年教师学术发展的影响因素进行分析,得出"青年教师学术发展的主要影响因素是高校青年教师的双重角色的冲突明显;高校青年教师的学术研究与高校现有的评价机制有冲突;高校青年教师在晋升中处于弱势地位;高校青年教师的自我定位意识较为模糊"④。

2.专门围绕一般地方本科高校青年教师发展的研究

研究主题集中在专业发展、队伍建设、教师成长和教师培训等方面。宋宏福以湖南科技学院为例,探讨了青年教师专业发展问题。⑤ 肖小聪提出了"当前我国新建本科院校青年教师队伍建设存在数量与质量、学历与能力、来源与稳定和职业满意度与职业道德缺失四大问题,分析并总结出了环境、管理、地域和青年教师等因素影响了新建本科院校青年教师队伍建设,提出了构建政府、学校、青年教师三位一体的新建本科院校青年教师队伍建设模式"⑥。郭春珍以大学教师发展理论为支撑,以龙岩学院为例,利用问卷调查和访谈所获得的资料,在前人研究的基础上,"从教师的发展内涵、发展动力、发展方式三个层面对新建本科院校青年教师的发展问题进行了探讨,再运用教育学、管理学的相关理论对实证研究的结论进行了解释,并从宏观和微观两个方面探讨了新建本科院校青年教师发展不足的原因,最后提出了现阶段促进新建本科院校青年教师发展的对策建议"⑦。邹敏以乐山师范学院为例,研究了青年教师的现状及其影响青年教师成长的因素、原因和问题,深入探究了西部新建高师院校青年教师专业成长的培育机制,"要坚持以专业发展为目的,立足现实校本培训,扶持青年教师过好三关(教学关、学历关和科研关),推行助教

① 裴长安.西北欠发达地区地方高校青年教师科研激励问题研究——以甘肃省为例[D].兰州:西北师范大学,2007.

② 高赟.西部教学研究型大学青年教师科研激励机制研究——以西北师范大学为例[D].兰州:兰州大学,2007.

③ 张清.青年教师科研基金项目综合评价研究[D].北京:华北电力大学,2010.

④ 谭泽.高校青年教师学术发展的影响因素分析——基于四川师范大学的案例研究[D].成都:四川师范大学,2012.

⑤ 宋宏福.地方新建本科院校青年教师专业成长研究——以湖南科技学院为例[D].长沙:湖南师范大学,2006.

⑥ 肖小聪.江西省新建本科院校青年教师队伍建设研究[D].南昌:南昌大学,2008.

⑦ 郭春珍.新建本科院校青年教师的发展研究——以龙岩学院为例[D].南昌:南昌大学,2007.

制,实施'青蓝工程',构建青年教师管理网络等"①。路华清从新教师培养模式视角对我国地方新建本科院校青年教师进行了研究。② 李硕对青年教师自主发展进行了个案研究,得出了"自主能力、自主行为、家庭环境、学校环境和社会环境是青年教师普遍认同的影响因素,而自主动机的影响却容易被青年教师所忽略"③。刘涛运用需求理论、激励理论、公平理论等社会学和社会心理学理论,选取了陕西一般高校中几所具有代表性院校的青年教师作为调查对象,对青年教师队伍的现状和存在的问题进行了深入调查和分析,对青年教师的发展提出了具有可操作性的建议。④

3.关于青年教师专业发展研究

与期刊论文相关研究有其相似之处,在专业发展的概念和内涵上,都包含了科研发展,但在专业发展的具体内容和策略上,倾向于培养和提高青年教师的教学素养和能力方面的发展研究,对青年教师的学术科研素养和能力发展方面的研究者少。

例如,吕春座认为"高校教师专业素质包括学术科研等四大方面,学术科研方面要求具备学术知识、学术技能、学术道德和学术成果"⑤。姚智超认为"高校青年教师专业成长是指高校青年教师在一定的专业知识、技能和情感的基础上,为了能够有效实施教育教学活动进行的课题和科学、学术研究到最终实现专业自主,为更好地服务社会而进行的促进自身的教育理念、服务精神、教育机智和科研内在能力等自我认知结构的完善、提高和成熟而进行的各种独立、合作、正式及非正式的活动"⑥。

(三)博士论文

1.关于青年教师群体的生存现状和发展需要的质性研究

张俊超以我国研究型大学青年教师为研究对象,在遵循质的研究方法中扎根理论的研究设计路径,通过深度访谈和实地观察等方法,深入高校青年教师的现实生活,通过"深描",全面呈现了青年教师在学术职业生涯初期的日常工作、生活图景及其复杂的内心世界,认为促使大学由科层场域走向科学场域,营造一个符合学术职业发展内部逻辑的大学生态环境,不仅是促进青年教师健康成长的根本出路,也是大学教师发展政策的基本走向。⑦ 李宜江以S大学为研究案例,采用教育叙事、口述史等研究方法,从教育、生活、学术等多种维度,考察了新中国成立以来三代大学青年教师在不同历史时期学术与生活的境遇,发现曾经同样年轻的他们,在客观历史与主观经验交互作用下却有着不同的历史境

① 邹敏.西部新建高师院校青年教师专业发展研究——以乐山师范学院为例[D].重庆:西南大学,2008.

② 路华清.我国地方新建本科院校青年教师培养模式研究[D].武汉:华中师范大学,2008.

③ 李硕.江西新建本科院校青年教师自主发展研究——以A学院为例[D].南昌:南昌大学,2010.

④ 刘涛.陕西一般高校青年教师队伍现状及建设路径探析[D].西北:西北大学,2012.

⑤ 吕春座.高校青年教师专业发展问题研究[D].厦门:厦门大学,2008.

⑥ 姚智超.高校青年教师专业成长模式研究[D].桂林:广西师范大学,2008.

⑦ 张俊超.大学场域的游离部落——研究型大学青年教师发展现状及应对策略[D].武汉:华中科技大学,2008.

遇;虽然处在不同的历史境遇中,却有着渴求知识、传播知识的共同坚守;面临不同时空且有着多样选择,却都是追求沉浸于日常教学与科研的"安心"人生。①

2.关于地方高校青年教师发展研究

吴庆华以地方高校青年教师发展的现实状况为逻辑起点,通过深度访谈与问卷调查,呈现出他们在就职时的职业选择,在任职初期遭遇的现实问题,他们在教学、专业、组织和个人四个方面的发展需求以及他们的行为策略,从政府和高校两个层面对地方高校青年教师获得的政策、组织和制度支持进行了剖析,并在借鉴美国高校新教师发展经验的基础上,分别从地方高校教师管理制度的深层变革和地方高校青年教师发展的实施策略两个维度提出了促进地方高校青年教师发展的对策。② 刘美云对独立学院青年教师这个群体的生存现状、问题、影响因素进行了理论与实证分析,并在探索青年教师发展评价机制的视角下提出了青年教师发展策略。③ 孙敬霞选择个案高校,围绕如何促进我国工科类地方本科高校教师发展进行深入分析和研究,构建了工科类地方本科高校教师胜任特征模型,提出了工科类地方本科高校教师发展策略建议。④

3.关于高校青年教师专业发展问题研究

赵惠君站在促进高校新进教师发展的立场,以岗前培训为视角,运用中美比较研究、问卷调研以及个别访谈等方法,对中美高校教师岗前培训的理念、组织运行方式、培训内容、培训方法、培训考核诸环节进行比较、剖析、解构和建构,指出了构建在校本培训与师本培训双重保障下的"校园内的公共服务"是我国高校教师岗前培训改革与发展的根本走向。⑤ 董薇从高校青年教师的职业生涯发展的视角,以重庆市 10 所普通本科院校的青年教师为例,对其职业生涯持续学习行为进行了探索,并提出了针对高校青年教师职业生涯持续学习行为的自主培养以及高校如何为青年教师的职业生涯持续学习提供支持等方面的建议。⑥ 徐彦红对大学青年教师专业发展的影响因素及其结构的理论分析、影响因素测度指标体系的构建、影响因素模型的构建与验证、大学青年教师分群体的影响因素等进行了系统分析,并探讨了促进大学青年教师专业发展的政策建议。⑦ 赖铮在其论文中也涉及高校青年教师,尤其是年轻的、入校不满三年的和刚开始步入职业生涯发展的"求生阶段"的新教师,指出了高校青年教师是个"被遗忘的角落",分析了高校青年教师的生存现状及其心理特征,并从人性理论、生命理论和价值理论的角度提出了应当对高校青年教

① 李宜江.青年教师学术与生活的历史境遇—以安徽省 S 大学为中心的考察[D].上海:华东师范大学,2013.
② 吴庆华.地方高校青年教师发展研究[D].武汉:华中科技大学,2013.
③ 刘美云.独立学院青年教师发展理论模型及策略研究[D].武汉:武汉理工大学,2014.
④ 孙敬霞.工科类地方本科高校教师发展研究[D].武汉:华中科技大学,2016.
⑤ 赵惠君."校园内的公共服务":高校教师岗前培训改革与发展研究[D].长沙:湖南师范大学,2011.
⑥ 董薇.高校青年教师的职业生涯持续学习:测量、特征及相关研究——以重庆市 10 所普通本科院校为例[D].重庆:西南大学,2016.
⑦ 徐彦红.大学青年教师专业发展影响因素研究[D].北京:首都经济贸易大学,2017.

师实行人性化管理的论点。[①]

4.关于青年教师学术价值观问题研究

程孝良通过梳理中国近现代学术体制创建之历史，"从社会、经济和文化系统等外源性因素和高校青年教师学术价值观形成发展的内生性因素的双重视角入手，对高校青年教师学术价值观培育问题进行了研究，以便构建一套适应现代市场经济发展需要的青年教师学术价值观体系，从而实现学术的良序发展"[②]。

5.关于青年教师成才动力问题研究

倪海东认为"青年教师发展的本质是青年教师成才，成才既是衡量青年教师发展的标准，也是实现青年教师发展的手段。要解决青年教师发展问题，根本在于激发青年教师的成才动力，因而研究了高校青年教师的成才动力的基本要素、结构和生成机制，探讨了激发和提升高校青年教师成才动力的策略"[③]。

（四）专　著

目前，专门研究高校青年教师的专著主要侧重于研究教师的专业发展特别是教学能力的发展，如梁君思研究了当前高校青年教师专业发展面临的挑战及其根源分析，详述了"注重师德建设，提高高校青年教师专业发展的道德修养；增强教学能力，夯实高校青年教师专业发展的学科基础；重视科学研究，增强高校青年教师专业发展的理论支撑等内容"[④]。李华主要研究了地方高校青年教师专业发展的理论基础、内容及途径。[⑤] 于畅研究了高校青年教师教学能力发展问题，"主要内容包括高校青年教师教学能力的内涵与特征、高校青年教师教学能力发展的理论基础、国外高校青年教师教学能力发展的经验与启示等方面"[⑥]。邹春花等人通过对高校青年教师发展的概念、相关理论以及研究现状进行了梳理分析，对青年教师教学发展工作的重点领域进行了系统深入的研究，包括教学能力与教学学术能力的内涵和形成机制、影响因素和促进方式，特别是对女性青年教师发展个案进行了研究。[⑦] 李兰巧等人以高校青年教师为研究对象，提出了提升高校青年教师心理素质的对策和建议。[⑧] 徐彦红以青年教师为从业主体，研究了其从业的学校环境、社会环境客体以及主客体间的复杂联系，从多元视角建立起大学青年教师专业发展影响因素文体研究的综合性框架，系统梳理了国内外关于教师发展及其影响因素研究的成果，界定了教师专业发展的概念和内涵。[⑨] 姚利民认为高校教师发展包括专业发展、教学发展、

---

①　赖铮.高校教师的人性化管理：生命关爱和价值发挥[D].厦门：厦门大学，2007.

②　程孝良.高校青年教师学术价值观培育研究[D].成都：西南交通大学，2017.

③　倪海东.高校青年教师成才动力研究[D].北京：中央财经大学，2015.

④　梁君思.高校青年教师专业发展问题研究[M].南昌：江西人民出版社，2013.

⑤　李华.地方高校青年教师专业发展研究[M].成都：西南交通大学出版社，2014.

⑥　于畅.高校青年教师教学能力发展研究[M].沈阳：辽宁人民出版社，2016.

⑦　邹春花，黄连杰.多元视角下我国高校青年教师发展研究[M].北京：北京理工大学出版社，2017.

⑧　李兰巧，肖毅.高校青年教师心理特征实证研究[M].北京：知识产权出版社，2017.

⑨　徐彦红.大学青年教师专业发展影响因素研究[M].北京：首都经济贸易大学出版社，2018.

组织发展与个人发展四个维度,其中教学发展是高校青年教师发展的重要维度。高校青年教师要增强教学发展意识、丰富教学知识、提高教学能力、进行教学反思与开展教学研究,高校要完善教学发展制度、加强教师教学发展机构建设、推行教学发展项目、改进教学培训。①

有学者专门对大学青年教师群体发展现状进行了质性研究,如张俊超对一所研究型大学的青年教师发展现状开展了质性研究②(博士论文有引用)。陈先哲通过对三所不同类型大学(研究型、教学研究型、教学型大学各一所)开展了田野调查,和几十位"青椒"进行了细致观察和深度访谈,勾勒了学术制度变迁背景下"青椒"内心与行动变化的日常图景,分析了学术锦标赛制对"青椒"的学术激励机制以及其带来的激励扭曲,不但解释了中国近年来学术繁荣的因果机制,而且深刻揭示了当代青年知识分子生存和发展困境的制度根源。③ 廉思对全国40岁以下高校青年教师进行了大量深入细致的调查工作,调查涉及全国上百所高校、5000余名高校青年教师,全面描绘出了当前中国大学青年教师生活和思想的全图。④

其他的是一些针对高校青年教师培训的论著。例如,孟新等人论述了"高校青年教师的地位作用、劳动特点、基本素质、职业道德、成才之路及高校的教学科研等问题"⑤。郑秉洳等人介绍了青年教师必备的基本原理知识、思想素质、业务素质等问题。⑥ 孙宝元等人探讨了教学科研管理、青年教师的素质培养等高校当前存在的一些管理问题。⑦ 龚绍文从理念、操作、探索、高端经验四个方面介绍了有关大学青年教师教学入门的基本问题。⑧ 高芸以高等学校青年教师培养为主题,探讨了在社会转型时期加强高等学校青年教师培养的基本对策和主要途径,分别从教育学、社会学、政治学、心理学、教师专业化等方面对高等学校青年教师成长过程进行了理论分析和实践总结。⑨ 任友洲等人从高校教师职业生涯规划、教学、科学研究、人事管理、职业道德、法律法规等方面论述了对新进教师的指导。⑩

从科研发展视角专门研究高校青年教师的专著则几乎是空白的。

---

① 姚利民.高校青年教师教学发展论[M].北京:中国社会科学出版社,2019.
② 张俊超.大学场域的游离部落:大学青年教师发展现状及应对策略[M].北京:中国社会科学出版社,2009.
③ 陈先哲.学术锦标赛制下大学青年教师的制度认同与行动选择[M].广州:广东人民出版社,2017.
④ 廉思.工蜂:大学青年教师生存实录[M].北京:中信出版社,2012.
⑤ 孟新,顾寅生,等.高等学校青年教师成才向导[M].哈尔滨:哈尔滨工业大学出版社,1991.
⑥ 郑秉洳,等.大学青年教师必读[M].天津:南开大学出版社,1992.
⑦ 孙宝元,等.新编高等院校管理[M].哈尔滨:黑龙江人民出版社,2000.
⑧ 龚绍文.大学青年教师教学入门[M].北京:北京理工大学出版社,2006.
⑨ 高芸.高等学校青年教师培养的理论与实践[M].武汉:中国地质大学出版社,2008.
⑩ 任友洲,杨万文,李欢.高等学校新进教师入岗必读[M].武汉市:华中师范大学出版社,2013.

(五)国外研究

国外学者对青年教师研究体现在高校教师发展运动过程中,有从学术职业发展的角度,把大学教师职业递进阶梯划分为助教、讲师-副教授-教授及其以后等初期、中期和第三阶段。密歇根州立大学的 Baldwin 教授分别用春天、秋天和冬天三个季节喻示每个阶段的特征,并从获得终身教授前(pre-tenure)和获得终身教授后(post-tenure)两个阶段分别给出激励发展的应对策略,但其研究重点放在了获得终身教授后的阶段。[①]

从 2003 年开始,哈佛大学教育学院主持了一项针对大学新学者的研究——"The Study of New Scholars",其主旨就在于评价青年教师对他们所在大学(机构)的满意度,该项目选择了 12 个试点院校的全职终身教职方向的初级教师(full-time tenure-trackjunior faculty),通过调查问卷、个别访谈和相关政策分析的方式,调查了新教师对专业发展、期望度、生活质量、平等(公平感)以及所在机构的氛围等的看法,研究者在比较各机构的政策和实践的基础上,给予评价并总结出了新教师对所在工作机构的满意度以及最满意工作机构和个人具备的特征。[②]

对影响高校青年教师学术发展因素的研究,Scott 教授认为,"个人特质和外在机构因素对高校青年教师学术的发展都有影响"[③]。Gregorutti 认为,"高校青年学术发展影响因素与青年教师的学术背景和所在工作机构有关。高校青年教师的学术背景,比如学历包,它含本科、硕士、博士;青年教师的工作机构,比如学校是否是国家重点高校,所在学院是否是学校重点院系等"[④]。Kear 认为,"影响高校青年教师学术发展的因素主要在青年教师的内在因素上面,比如说青年教师的个人特质的差异,比如情商、智商、天赋、个人勤奋程度等"[⑤]。

(六)研究述评

在研究内容上,关于青年教师的专业发展、职业发展、成长与培训、心理问题、教师队伍建设的研究文献,与本研究的主题——科研动力有一定的关联,笔者在本研究中也会参照或借鉴其中的相关结论。但是,这些研究都没有集中地对高校青年教师科研动力现状及促进青年教师科研动力的策略进行系统而深入的研究。与本研究主题最接近的青年教师专业发展研究中,也只把教师的科研作为教师专业发展的组成部分,但在专业发展过程中以描述教学发展为多,而青年教师是通过什么途径获取科研能力和经验的研究较少。

[①] BALDWIN R G.The seasons of faculty life:promoting vitality pre- and post-tenure[Z].2007 年 6 月 12 日在华中科技大学教科院的演讲。

[②] http://www.gse.harvard.edu/newscholars/newscholars/design.html.

[③] SCOTT L J. Productivity and academic position in the scientific [J]. American sociological review,1978,43(6):889-908.

[④] GREGORUTTI G.A mixed-method study[J].Sex roles,2005,53(9/10):727-738.

[⑤] KEAR C L.Faculty research productivity:institutional and personal determinants of faculty publications[J].The review of black political economy,2007,34(1-2):53-85.

如上所述,高校是如何促进青年教师科研动力的文献颇少,比较深入、系统地研究国内高校青年教师科研动力的文献鲜有。

纵观已有的相关研究成果,在研究视角、研究方法上,主要以研究型大学青年教师为研究对象的多;研究方法大多采取历史文献法、定量统计法、政策分析法,而选择质的研究方法的少;在运用实证研究方法上,问卷与访谈多以一所高校为调查对象获取数据,从中得出研究结论的代表性小;多种研究方法有机结合的鲜有。

总之,目前学术界对国内地方应用型本科高校青年教师科研发展动力问题的研究,还没有形成系统全面的研究,也没有相关的专著出现,一般都以论文的形式出现,或在一些专著中提及。所以,对地方应用型本科高校青年教师科研发展动力问题的研究亟待加强。

二、关于高校教师科学研究

从中国知网(CNKI)对中国学术期刊网络出版总库、中国优秀硕士学位论文全文数据库和中国博士学位论文全文数据库这三个数据库以"高校教师科研""大学教师科研"为题名,搜索到全部期刊论文(1990—2017)220篇,其中核心期刊62篇,硕士论文35篇,博士论文3篇。研究者主要从以下视角进行研究。

(一)期刊论文

对高校教师科研研究主要聚焦在科研管理、科研素质与能力、科研发展等方面。

1.关于科研管理问题研究

主要从科研观、科研业绩评价、科研激励、科研产出、科研伦理这五个方面进行科研管理问题研究。

一是科研观问题研究。廖小平等人通过对大学教师科研的期望的影响进行研究,认为"当前中国大学对大学教师的科研有一种过高的期望和失当的评价。原因之一就是忽视了对大学中知识创造和知识传授的区别以及大学教师科研能力的差异,强求所有大学教师都必须从事创造知识的科研,势必导致对教师这一人力资源的滥用、科研领域的浮躁和虚假之风以及对师生关系的伤害等结果"①。王飞等人对大学教师科研与教学逻辑关系进行分析,认为"在大学里,研究在先,教学在后,二者有特定的逻辑关系。从事研究时,研究赋予大学教师的主要角色是知识的'一次消化者',是'深入';进行教学时,教学赋予大学教师的主要角色是知识的'二次消化者',是'浅出'。从'深入'到'浅出',才是受学生欢迎的研究者与传播者。建议学校管理层要真正引领且兼顾研究与教学的平衡与融合,一线教师要力行使自己的研究与教学处于平衡和融合状态"②。

二是科研绩效评价问题研究。席与亨等人从定性与定量研究方法、指标体系建设及

---

① 廖小平,高峰.两种科研与对大学教师科研的合理期望[J].自然辩证法研究,2009(11):84-88.

② 王飞,王运来."一次消化者"与"二次消化者"——大学教师科研与教学逻辑关系撷谈[J].中国大学教学,2016(5):15-18.

其分析方法等方面总结分析了国内学者对如何进行大学教师科研业绩评价问题的研究，概括了学者们针对当前评价体系提出的不足和改进建议，认为在评价方法上，如何建立完善的定性与定量相结合的评价体系；在评价指标上，如何设置差异性指标以激发各个级别教师的科研积极性等两个方面的问题是我国大学教师科研业绩评价研究的重点和方向，并提出我国科研业绩评价体系是否可以借鉴欧洲国家建立中介机构评价大学科研等问题也有待于进一步研究和探讨。[①] 安敏等人通过分析"我国高校教师科研业绩评价活动的历史发展情况，归纳总结了当前评价体系的主要特点及存在问题，并系统梳理了相关研究进展，为进一步研究提供理论和实践价值"[②]。郭涛等人引入一种多准则决策分析模型对高校教师科研绩效进行评价，验证了多准则决策分析模型在对高校教师科研绩效评价中的科学性和有效性。[③] 顾全对美国匹兹堡大学教师科研报酬体系进行了研究，发现匹兹堡大学科研报酬体系体现了"市场化"与"重公平"的薪酬理念、制度完备且实施高效、尊重科研劳动价值这三大特征，建议我国要推进学术劳动力市场化改革、提高劳务费比例、完善科研成本核算制度、构建合理的科研薪酬理念等。[④] 刘睿等人探讨了学术氛围以及科研投入对高校教师科研绩效的影响，认为学术氛围对高校教师的科研绩效具有显著的正向影响；在学术氛围与科研绩效的关系中，科研投入起中介作用；学历负向调节了"学术氛围—科研投入—科研绩效"的前半路径。[⑤] 蒋凤丽对高校教师科研绩效评价指标框架进行了研究。[⑥]

三是科研激励问题研究。刘宇文等人根据高校教师及科研创新的特点，提出了科研创新的动力需要转型，即从外部激励机制转向内部激励机制的观点。[⑦] 吴艳萍从需求层次理论的视角，探讨了高校教师科研需求的层次性以及科研激励管理面临的问题，以有效解决科研激励制度的结构化缺陷。[⑧] 朱茜等人从非物质激励角度，探讨了激发高校教师科研工作积极性的措施，为实现高校科研工作的可持续发展和有效遏制学术腐败提供了有益的参考。[⑨] 蒲勇健等人运用委托代理理论，通过建立重复道德风险模型，分析了终身教职制度作为高校科研激励机制的有关特征和相关解释，提出在重复道德风险下，终身教

---

① 席与亨,张丹,司徒唯尔.大学教师科研业绩评价体系研究综述[J].科技管理研究,2011(10):71-76.

② 安敏,曾旸,于晓斐.中国高校教师科研业绩评价研究综述[J].科技管理研究,2011(24):83-86.

③ 郭涛,林盛,刘金培.高校教师科研绩效评价:一种多准则决策分析模型[J].统计与决策,2012(9):66-69.

④ 顾全.美国匹兹堡大学教师科研报酬体系研究[J].外国教育研究,2015(12):27-36.

⑤ 刘睿,郭云贵,张丽华.学术氛围、科研投入对高校教师科研绩效的影响[J].现代管理科学,2016(10):97-99.

⑥ 蒋凤丽.高校教师科研绩效评价指标框架研究[J].中国成人教育,2016(5):59-61.

⑦ 刘宇文,张鑫鑫.从外部激励走向内部激励:高校教师科研创新的动力转型研究[J].湖南师范大学教育科学学报,2009(1):16-20.

⑧ 吴艳萍.基于需求层次理论的科研激励管理研究[J].科技管理研究,2010(21):103-105.

⑨ 朱茜,施晓峰.论对高校科研教师的非物质激励的思考[J].科技管理研究,2010(4):185-186.

职制度具有重要的激励效果。[①] 曹爱华对大学教师科研激励制度的前提假设进行探析，发现"现行的大学科研激励制度所产生的负功能表面上是制度本身的不完善，但深层次的原因在于低估了大学教师的'科学人'假设，过多关注了大学教师的理性'经济人'假设。因此，要解决科研激励的问题必须正视大学教师的'科学人'角色，实现'科学人'与'经济人'的统一"[②]。

四是科研产出问题研究。黄艳霞探讨了美国高校教师科研产出评估方法选择问题，得出"政府、高校、教师三大利益相关者的科研价值观存在差异。在存在分歧的情况下，高校最终方法的选择是三方力量博弈的结果。教师虽然是科研活动的主体，但在最后评估方法的选择中政府和高校依然具有更大的话语权"[③]。黄艳霞还分析了美国高校教师科研产出差异与评估困境，认为"美国高校教师科研产出量存在着一定的群体差异和时间差异，分别表现在二八定律现象、种族差异、性别差异、学科差异以及教师获得终身教职前后产出的变化。这些科研产出的差异对教师科研产出评估的结果改进、实施、结果使用带来了各种挑战"[④]。杨希对一流大学建设与高校教师科研产出问题进行了研究并提供了政策建议，研究发现"一流大学建设计划对发表国际学术论文和专利有促进作用，但对国内论文没有显著影响。获得一流大学建设计划的高校相比普通高校，横向项目经费投入-产出效率更高，但纵向科研项目投入-产出效率在两类高校之间没有显著差别"[⑤]。袁玉芝对高校教师科研产出性别差异及其原因进行了个案探析，研究发现"家庭负担和合作是影响教师科研产出的关键变量。家庭负担对教师科研产出的影响完全是通过工作努力程度的中介效应实现的，与男性教师相比，女性教师为了平衡家庭负担带来的消极影响会投入更多的时间用于科研。女性教师参与合作的比例低于男性教师也是导致其产出低于男性教师的一个原因。建议高校应对女性教师尤其是女性青年教师给予更多的科研支持及激励措施鼓励女性教师多参与科研合作"[⑥]。李璐基于中国28所公立高校的调查，探讨了组织气氛对高校教师科研生产力的影响，研究发现，"高校教师科研发表的数量会受到组织气氛的显著影响，良性的组织氛围主要体现在组织目标清晰、扁平化的决策结构、有效的信息沟通、功能专化、成就取向和支持性环境等方面。绩效导向的组织气氛对科研生产力有显著的负影响"[⑦]。

① 蒲勇健，李攀艺.高校教师科研激励机制：终身教职制度的经济学分析[J].科技进步与对策，2006(4):151-153.

② 曹爱华.大学教师科研激励制度的前提假设探析[J].高教探索，2007(4):24-26.

③ 黄艳霞.利益相关者视角下美国高校教师科研产出评估方法选择[J].中国高教研究，2015(11):76-80.

④ 黄艳霞.美国高校教师科研产出差异与评估困境[J].高教探索，2017(1):51-56.

⑤ 杨希.一流大学建设与高校教师科研产出[J].复旦教育论坛，2017(1):70-75.

⑥ 袁玉芝.高校教师科研产出性别差异及其原因探析——基于某研究型大学教育学教师的经验分析[J].高教探索，2017(3):5-12.

⑦ 李璐.组织气氛对高校教师科研生产力的影响——基于中国28所公立高校的调查[J].教育学术月刊，2017(8):41-49.

五是科研伦理问题研究。许宏等人对全国范围内 621 名教师的专业伦理状况进行了问卷调查,"调查结果显示,各种科研伦理项目抽样基本都有超过 50% 的结论,甚至有超过 80%,科研行为的发生率在所有 18 个科研行为中均有统计学差异(p 均小于 0.05),表明高校教师的科研伦理意识和伦理行为既有不足,也有合乎伦理要求之处,且其科研伦理意识与科研伦理行为有统计学相关,可以通过提高教师的科研伦理意识来改善其科研伦理行为"[①]。郑海武等人"对高校教师科研诚信档案建设的意义和建设中存在的问题进行了分析,并提出了注重过程管理、谋划档案内容、公开信息资源三项建设策略,为完善学术监督机制提供参考"[②]。李雪燕认为我国高校的科研诚信问题日益凸显,分析了当前我国高校科研诚信问题的表现及其存在的原因,并提出了加强高校科研诚信建设的若干对策。[③] 付淑琼探讨了美国大学教师科研诚信系统及其对我国的启示,认为美国有一个相对完善的大学教师科研诚信系统,其中联邦政府负责制定相关政策与调查处理,大学实施一般性和针对性的诚信教育,社会第三方力量实施监督。我国加以借鉴,结合自身实际,构建一个有章可循、具操作性的智能大学教师科研诚信系统。[④]

2.关于科研素质和能力问题研究

主要从科研能力、科研心理这两个方面进行科研素质和能力问题研究。

一是科研能力问题研究。卫芳菊提出了"教师需要着重提高获取信息的能力、勤于思考的能力、勇于攻关的能力、开拓创新的能力和成果转化的能力,学校应当提供良好的人文环境、学术环境和科研环境,为教师科研水平提升提供有力的保障的观点"[⑤]。雷小生等人提出了"高职院校教师科研素质培养的途径,为提高高职院校教师科研素质提供了理论依据"[⑥]。白景永提出了"高校教师的科研能力将成为各高校考核教师的一个重要组成部分,也是高校教师职业成长的一个重要组成部分。对高校教师科研能力进行量化评价是各高校管理水平提升的标志,也是各高校未来发展的趋势。高校教师通过自我评价、自我反思和自觉提高,才能实现从'新手型'教师或'教书匠'到'专家型'教师的转变,促进其职业成长"[⑦]。李兰春等人提出了"高校教师科研能力评估的贝叶斯网络聚类方法,以提高评估判断的可靠性"[⑧]。陈平对高校教师科研能力评价指标体系进行了探讨。[⑨] 吴小妹对高校教师科研能力评价模型构建进行了研究。[⑩] 肖薇薇分析了大学教师在科研创新意

---

① 许宏,赵静波.高校教师科研伦理意识和伦理行为状况调查分析[J].科技管理研究,2013(9):99-103.

② 郑海武,周秀芝.高校教师科研诚信档案建设的问题和策略[J].兰台世界,2014(11):81-82.

③ 李雪燕.基于诚信背景下高校教师科研问题研究[J].中央财经大学学报,2014(S1):103-108.

④ 付淑琼.美国大学教师科研诚信系统及其对我国的启示[J].高等教育研究,2015,36(1):92-97.

⑤ 卫芳菊.提升高校教师科研能力刍议[J].山西师大学报(社会科学版),2011(3):150-152.

⑥ 雷小生,刘淑春.高职院校教师科研素质现状及培养对策分析[J].中国高教研究,2009(5):66-67.

⑦ 白景永.基于职业成长的高校教师科研能力评价体系设计[J].继续教育研究,2011(7):38-41.

⑧ 李兰春,王双成,王婧.高校教师科研能力评估的贝叶斯网络聚类方法[J].科技管理研究,2011(12):114-116.

⑨ 陈平.高校教师科研能力评价指标体系研究[J].科技管理研究,2009(12):187-188.

⑩ 吴小妹.高校教师科研能力评价模型构建研究[J].科技管理研究,2010(22):72-74,62.

识和水平方面存在的问题,提出要从科研意识、科研能力、管理机制等方面加以提升。[①]
汪美侠针对目前地方高校教师科研发展的现状,探讨构建"区域互培"机制加强教师专业
水平和教师科研能力全面发展的有效策略。[②]

二是科研动机、压力、倦怠等心理问题研究。谢玉华等人探讨了高校教师科研动机因素,认为"高校教师科研动力不足且内部动机低于外部动机,不同大学教师群体在科研动机方面存在显著差异。需要激发高校教师科研动机尤其是内部动机,并进行差异化科研管理"[③]。刘志成等人对中部和东部六所高等院校教师的心理压力情况进行了调查,发现高校教师科研压力排在诸多压力之首,认为高校自身发展的要求和高校职称评定制度是高校教师科研压力最主要的两个因素,并提出了应采取健全考核评估体系、完善评价机制和学会自我调整等相应措施来缓解高校教师科研压力。[④] 梁振东等人以高校教师科研倦怠为研究对象,论述了科研倦怠的表现形式,从个体特征、高校科研条件与氛围、社会因素三个方面阐述了导致科研倦怠的原因,提出了缓解或改善科研倦怠的建议。[⑤] 徐灵等人探讨了高校教师科研压力对学术不端行为的直接影响,以及组织支持在其间的调节作用。研究发现,"相对于挑战性科研压力,阻断性科研压力更易引发学术不端行为。同时,工具性组织支持能显著降低挑战性科研压力对学术不端行为的正效应;情感性组织支持能显著削弱阻断性科研压力对学术不端行为的正效应"[⑥]。王仙雅等人对挑战性与阻碍性科研压力源是否会对高校教师的科研绩效产生差异性影响进行了探讨。[⑦] 张珣等人"引入了科研投入和薪酬满足作为中介变量,构建了科研压力对科研绩效的作用机制模型进行实证研究,发现科研压力与科研投入呈倒 U 形关系;科研压力通过科研投入的中介作用,对科研绩效产生显著正向影响。科研压力与薪酬满足呈显著负向关系,并通过薪酬满足的中介作用对科研绩效产生显著负向影响;薪酬满足对科研投入没有正向作用"[⑧]。张奇勇等人通过开放式问卷广泛征集了高校教师科研倦怠的表现形式,经过探索性因素分析、信度分析与项目分析、效度分析等方法对数据进行处理,编制高校教师科研倦怠感问卷并探讨问卷的信度与效度。[⑨]

① 肖薇薇.大学教师科研创新能力的培养路径[J].中国高校科技,2016(9):27-30.

② 汪美侠.地方高校教师科研能力"区域互培"机制研究[J].中国成人教育,2016(10):126-128.

③ 谢玉华,毛斑斑,张新燕.高校教师科研动机实证研究[J].高教探索,2014(4):156-159,176.

④ 刘志成,孙佳.高校教师的科研压力及其缓解措施[J].湖南农业大学学报(社会科学版),2009(4):67-70.

⑤ 梁振东,张艳辉.高校教师科研倦怠的特征及原因探析[J].沈阳大学学报,2011(6):101-104.

⑥ 徐灵,魏彤春,侯光辉.科研压力下的高校教师学术不端行为:组织支持的调节效应[J].科技管理研究.2013(7):86-91.

⑦ 王仙雅,林盛,陈立芸.挑战-阻碍性科研压力源对科研绩效的作用机理——科研焦虑与成就动机的中介作用[J].科学学与科学技术管理,2014(4):23-30.

⑧ 张珣,徐彪,彭纪生,等.高校教师科研压力对科研绩效的作用机理研究[J].科学学研究,2014(4):549-558.

⑨ 张奇勇,闫志英,卢家楣.高校教师科研倦怠感问卷的编制与信效度检验[J].心理学探新,2015(1):84-89.

3.关于科研发展问题研究

袁声莉等人运用勒温场心理学等理论分析了影响地方高校教师科研发展的相关因素。个体科研动力、科研投入和创新能力是影响地方高校教师科研发展的三大主要因素，创新能力不足是当前制约地方高校教师科研发展的最突出的问题。学术风气、团队合作、科研政策等组织软硬环境是影响地方高校教师科研发展的关键性环境因素。① 程芳以十种管理类期刊 2005—2009 年 7234 名作者为样本，阐述了教师科研生涯在年龄、专业和性别上的差异。在分析传统职业生涯阶段理论缺陷的基础上，构建了基于年龄、专业、性别"三维"匹配的科研生涯管理曲线，并且提出了改善高校教师科研生涯的措施。② 王春雷认为调动高校教师参与合作的积极性值得深入研究，以广西为例，对高校教师参与科研合作的意愿与现状展开调查分析，并从利益分配、内部资源整合及研究环境三个层面提出了促进科研合作的制度建议。③ 于敏捷基于 IVprobit 模型考察了浙江省六所高校教师信任与科研合作的关系，研究发现"信任对高校教师科研合作产生积极作用，同时信任关系会在高校教师间相互影响并随着高校发展水平的提升得以强化。此外，专业关联度与竞争度以及学校内部沟通也将在不同程度上影响教师科研合作"④ 叶永玲对大学教师科研合作的博弈及合作动力进行分析，认为"大学教师在工作实践中，科研合作有名无实。总体上，科研合作发起者与参与者生态位差距越大，博弈的讨价还价能力越不对称，越容易合作（如导师与学生、领导与教师、权威与新手容易合作）。合作各方利益均衡始终是科研合作博弈的核心内容，它对科研合作或不合作起着决定作用"⑤ 梁文艳等人对研究型大学教师科研合作与科研生产力进行了个案研究，发现"合作对教师科研生产力的积极影响主要体现在产出质量维度。尽管合作已成相对普遍选择，但合作范围多限于二级学科内部，跨学科、跨机构、跨地区合作仍然不多；年轻教师群体科研产出质量优势明显、合作内在动机更强、合作对质量的影响效应更明显，需有针对性支持教师学术发展，避免人力资本浪费"⑥

4.关于专门研究科研动力问题

宋强侧重以我国高校文科教师为研究对象，分析了当下从事科研工作的动力主要来自外在，内发动力明显不足，科研创新美好愿景与怠缓行动并存，存在多层次的科研动力差异，并从动力之源——科研动力系统分析、动力释放——科研动力引导机制的构建等方

---

① 袁声莉,李亚林,陈金波.制约地方高校教师科研发展的影响因素分析——从人力资本等理论的视角[J].教育与经济,2010(4):51-55.

② 程芳."三维"匹配的高校教师科研生涯管理研究:基于管理类期刊数据的实证[J].科技管理研究,2012(16):106-109.

③ 王春雷.高校教师科研合作影响因素研究:以广西为例[J].科技进步与对策,2012(21):145-149.

④ 于敏捷.基于 IVprobit 模型的信任与高校教师科研合作关系研究[J].科技管理研究,2013(17):84-87.

⑤ 叶永玲.大学教师科研合作的博弈及合作动力分析[J].高教探索,2013(3):43-47.

⑥ 梁文艳,刘金娟,王玮玮.研究型大学教师科研合作与科研生产力——以北京师范大学教育学部为例[J].教师教育研究,2015(4):31-39.

面进行了探讨,提出了相应建议。[1]

(二)硕士论文

在研究高校教师科研主题中,多集中在科研管理、科研人员心理等问题的研究。

1.关于科研管理问题研究

主要从科研业绩评价,科研信息、项目、成果管理,科研激励等方面进行科研管理问题研究。

一是关于科研业绩评价问题研究。例如,苏力在高校教师科研业绩评价有效性的研究中认为,"科研评价是为了营造公平氛围,建立有效的激励机制,以鼓励和促进教师科研和教学并重,多出成果,出好成果,促进教学,培养人才;但绝对公正、准确、有效的评价是人的实际行为不可能达到的极限"[2]。胡骏对高校教师科研业绩考核进行了研究,"提出了要以教师科研业绩源生指标的学术水平为标准的考核指标,摆脱以科研课题、科研成果、科研奖励和学术兼职等以行政级别为标准的考核指标,在考核过程中应该注意考核的相对性、动态性和独特性"[3]。庞鹤峰提出了"应针对高校教师学科与专业之间的差异以及教师个体发展阶段的不同来进行绩效评价指标体系的设计,以提高绩效评价指标体系的科学性"[4]。冉明会"以某高校人事改革中先后推出的教师科研绩效考核体系进行比较研究,对该校科研队伍以"导师加学生"为主、科研团队缺乏协作、科研目的带有功利性、科研方向不稳定等现状,推出新的科研绩效评估体系"[5]。李海燕通过对大学教师科研评价目的的研究,认为"当前我国大学教师科研评价目的是激励教师及科研人员的科研积极性,为学校争取声誉,作为确定科研选题,拨付科研经费的依据,作为晋升职称和确定岗位津贴的依据。解决我国大学教师科研评价目的偏离的关键在于鼓励教师做为己之学,促进教师的专业发展"[6]。梁爽从高校组织气氛的维度对教师科研绩效的影响进行了研究,发现"学术交流、激励、工作自主和支持这几个维度对教师科研绩效具有显著的正向影响作用,其中,学术交流影响作用最大,工作压力对教师科研绩效具有显著的负向影响作用"[7]。张宏琴从研究型大学的视角对教师科研业绩评价体系建设进行了探讨。[8] 梁敏乐对研究型大学教师的科研成果评价进行了研究。[9] 王东山"以北京地区部分高校教师为

① 宋强.国际视野下高校文科教师科研动力及引导机制[J].东北师大学报(哲学社会科学版),2015(5):216-220.

② 苏力.我国高校教师科研业绩评价有效性的研究[D].苏州:苏州大学,2004.

③ 胡俊.高校教师科研业绩考核研究[D].广州:暨南大学,2006.

④ 庞鹤峰.我国高校教师绩效评价指标体系研究[D].南京:南京理工大学,2006.

⑤ 冉明会.重庆市某高校教师科研现状调查与科研绩效考核体系对比研究[D].重庆:重庆医科大学,2008.

⑥ 李海燕.大学教师科研评价目的研究[D].长沙:中南大学,2009.

⑦ 梁爽.高校组织气氛对教师科研绩效的影响研究[D].大连:大连理工大学,2008.

⑧ 张宏琴.研究型大学教师科研业绩评价体系研究[D].哈尔滨:哈尔滨工程大学,2010.

⑨ 梁敏乐.我国研究型大学教师科研成果评价方法研究[D].兰州:兰州大学,2011.

研究样本,通过文献分析、理论分析等方法总结出对高校教师科研绩效造成影响的各种因素,根据国内外成熟量表编制研究所需量表并进行了调查研究。研究通过信度、效度检验,因子分析等定量分析方法发现激励、教师引进及培养等对教师科研绩效造成影响,并通过调查发现生源质量也是教师科研绩效的影响因素之一"①。刘采璐以湖南大学为例,对该校绩效考核进行探讨,提出了"学校层面应对科研绩效考核在思想上重视,在组织上加强学术道德建设以确保学术自由,在实施上加强指标的针对性,特别是促进青年教师的发展等具体改进措施的建议"②。陈忆佩"选取上海第二工业大学为研究对象,较全面地研究了该校科研绩效考核的现状和目前存在的问题以及整改措施,并指出只要各高校能探索出最适合自己本校教师的科研绩效考核体系,那就是最有效的考核体系"③。丁磊聚焦于数据挖掘技术在高校教师科研业绩评价领域的应用研究,利用某高校教师 2014 年的科研和人事数据,围绕教师科研业绩的度量与评价问题、教师自身的特征属性与其科研业绩之间的关联规则、学校科研投入对教师科研产出的影响三个问题开展了相关研究。④

二是关于科研信息、项目、成果管理问题研究。杨丽英对国内外科研信息管理系统的现状进行了分析,设计并实现了基于 B/S 模式的高校教师科研信息管理系统,并对高校教师科研信息管理系统进行了总结和描述,提出了下一步可完善的工作,并展望了其广阔的应用前景。⑤ 于智国讨论了我国高校科研信息管理系统的发展状况,分析了目前高校科研管理的需求情况,基于 MVC 设计模式设计了科研信息管理系统,经测试应用,系统界面友好、操作顺畅、功能实现完善,基本达到预期目标,实现了有效的教师维护、院系审核和学校统计决策的三级科研信息管理模式。⑥ 丁雯以清华大学为例,以访谈文本分析的扎根理论为研究方法,探讨了影响高校教师科研项目申请行为的因素,构建相应的解释性框架,进而提出了采用多样化的科研项目激励手段和措施,适当提高劳务费比例,完善以专家决策为主的项目评审体制等政策建议。⑦ 聂慧慧研究了高校教师科研成果管理系统的设计与实现问题,认为"依靠计算机技术的信息化管理方式可以实现科学的信息管理,并且可以充分压缩工作流程,使得日常的教师科研信息管理得到了进一步的加强,不仅为学院以及学校提供了真实有效的科研信息数据,而且提升了高校的科研信息管理水平。通过充分借助计算机的网络信息管理,开发完善的针对高校的教师科研成果管理系统是发展的必然趋势"⑧。

三是关于科研激励问题研究。季晓磊对我国高校科研激励机制所存在的问题进行了

①　王东山.高校教师科研绩效影响因素研究[D].北京:北京林业大学,2012.
②　刘采璐.湖南大学教师科研绩效考核研究[D].长沙:湖南大学,2012.
③　陈忆佩.高校教师科研绩效考核体系研究——以上海第二工业大学为例[D].上海:华东政法大学,2014.
④　丁磊.数据挖掘技术在高校教师科研管理中的应用研究[D].大连:大连海事大学,2016.
⑤　杨丽英.高校教师科研信息管理系统的设计与实现[D].长春:吉林大学,2016.
⑥　于智国.高校教师科研信息管理系统设计与实现[D].北京:北京工业大学,2016.
⑦　丁雯.高校教师科研项目申请行为影响因素研究—以清华为例[D].北京:清华大学,2014.
⑧　聂慧慧.高校教师科研成果管理系统的设计与实现[D].长春:吉林大学,2013.

研究与探讨。在研究的基础上,其认为为提高我国高校教师的科研积极性,我国高校应当注意:必须深入了解高校教师的需要结构,根据高校教师不同年龄、性别、职称、学历等所具有的不同需求,坚持'能力'激励、'需要'激励、'长效'激励原则,采用多种激励方式相结合、权变激励机制等方法,制定最有利于激发教师科研积极性的激励机制。[①]

2.关于教师科研的压力、动机、态度、人际关系等心理与行为研究

例如,武传艳从动机的视角出发,运用相关动机理论,分析大学教师科研动机的种类及其变化规律,提出激发高校教师积极科研动机的原则与途径。[②] 许宏对医学高校教师进行了群体的科研心理(态度)和行为的调查研究。[③] 张峰主要从社会资本的角度来探讨影响教师科研发展的社会软环境,将教师的社会资本划分为三类:亲缘社会资本、业缘社会资本和友缘社会资本,选取华中科技大学的教师群体作为研究对象,对教师社会资本的总体状况、不同社会资本对教师科研发展所起的不同作用、教师培育社会资本的意愿和行动等问题做了较为深入的探讨,提出了相应的高校教师如何有效利用社会资本的建议。[④] 徐成东通过结构方程建模的方式,对来自 13 所高校的 232 个样本数据进行分析,探究科研绩效压力对高校教师科研诚信的影响,以及作为个体因素的教师科研自我效能感和成就动机在这个影响中的作用。结构方程模型分析结果显示,科研绩效压力影响教师的科研诚信,自我效能感和科研成就动机也在这个过程中发挥了作用。在此基础上,其从科研绩效管理制度和有助于增强教师诚信的道德环境建设两个角度,提出了有助于促进高校科研诚信建设的可行措施。[⑤] 冯骏针对民办高校的特殊性质,提出了从心理契约的视角出发,对民办高校教师科研动机及激励策略进行研究。[⑥] 王思惠以人本主义理论和社会遵从理论为基础,以科研遵从的四种类型——认从、顺从、服从和盲从的探索为目标,对高校教师科研遵从行为进行问卷调查分析,并对高校教师科研行为管理提出了建议。[⑦] 胡夏婕依据 S 大学的教师科研工作满意度调查问卷数据,深入分析了地方高校教师科研工作满意度现状及影响因素,提出了改善教师科研工作满意度的建议,如进一步完善相关科研政策,合理制定财务部门报销规定,加强财务部门信息化建设,提升财务部门服务质量与效率,为教师提供更多的学习培训机会,加大科研工作技术设备的支持力度,提高教师的科研能力,促进项目组成员之间的关系,规范并严格执行科研薪酬与晋升政策等。[⑧]

① 季晓磊.基于人性假设的高校教师科研激励机制研究[D].青岛:青岛大学,2013.

② 武传艳.高校教师的科研动机及激发方式研究[D].苏州:苏州大学,2009.

③ 许宏.医学高校教师科研行为和心理的调查研究[D].广州:南方医科大学,2009.

④ 张峰.社会资本与教师科研发展——华中科技大学个案研究[D].武汉:华中科技大学,2005.

⑤ 徐成东.基于结构方程模型的高校教师科研绩效压力与科研诚信影响机制研究[D].杭州:浙江大学,2010.

⑥ 冯骏.心理契约视角下民办高校教师科研动机及激励策略研究——以上海市民办高校为例[D].上海:上海师范大学,2015.

⑦ 王思惠.高校教师科研遵从及引导策略研究[D].沈阳:沈阳:东北大学,2016.

⑧ 胡夏婕.地方高校教师科研工作满意度研究——以 S 大学为例[D].西安:山西师范大学,2017.

3.关于科研发展问题研究

张建刚提出了基于邻域粗糙集和粒子群优化支持向量机方法,构建了科研能力评价模型,对提高教师科研能力评价模型的训练速度和预测准确率进行了测试与检验,为评价模型的应用提供一定的科学依据。① 李驰腾探讨了对河北省高校教师科研合作中知识共享行为具有促进和阻碍的影响因素,进而提出了加强河北省高校教师科研合作中的知识共享行为的有效策略。②

(三)博士论文

关于高校科研问题研究的博士论文主要侧重于地方高校科研发展与科研评价、科研压力与科研绩效考核关系等方面进行研究。

1.关于高校科研发展与科研评价研究

王志刚基于地方高校科学研究的现状分析,探讨了地方高校科学研究的功能、地位、特点和定位,阐述科研发展的战略与对策,以影响和决定发展地方高校科研的主要因素为主线,着力构建发展地方高校科研的指导体系,为地方高校科学研究实现跨越式发展提供借鉴的思考路径。提出科研带头人是科学研究的核心,是知识创新、科技创新和技术创新的关键,是科研发展和科研特色培育的决定因素;科研平台是科学研究的基础,是科研人才成长的基本条件,是创造高水平科研成果的重要手段;科研特色培育是科学研究的突破口;科技创新体系建设是发展地方高校科研的重要机遇,是实现地方高校科学研究与区域发展相结合的最佳途径。③ 曹如军立足于指向实践、贴近实践,力求较全面、系统地审视应用型本科教师评价的现实状态,深度揭示了应用型本科教师评价的发展趋势和存在问题。依据对应用型本科特殊性征的分析和阐释,提出以应用型人才的培养要求决定教学评价,以教学评价和不同课程的教学要求规约与引导科研评价、服务评价的总体评价定位。同时在这一定位引领下,提出分类评价的思路,即根据应用型本科的课程教学,将应用型本科教师划分为理论教学岗教师和实践教学岗教师,并试图为两类岗位教师构建起有区别的评价指向。④ 刘燕以知识产权制度及其功能为立足点,从高校教师科研现状和特点出发,分析知识产权制度对教师科研行为产生影响的理论依据及实际效果。从教师科研方向选择、教师科研成果意愿以及知识产权保护意识等方面考察知识产权制度实施的积极影响和消极影响,客观评价知识产权制度对高校教师科研行为的影响。⑤ 王丽丽以高校教师科研绩效为研究对象,以高校教师专业发展、高校教师知识创新等相关理论为基础,综合运用科学计量学和智能信息处理技术,尝试量化方法与技术化路径,提出更加

① 张建刚.基于粗糙集与支持向量机的高校教师科研能力评价模型的研究[D].重庆:重庆理工大学,2014.
② 李驰腾.河北省高校教师科研合作背景下知识共享影响因素研究[D].保定:河北大学,2016.
③ 王志刚.论发展地方高校科学研究[D].武汉:华中科技大学,2004.
④ 曹如军.应用型本科教师评价研究[D].厦门:厦门大学,2010.
⑤ 刘燕.知识产权制度对高校教师科研行为的影响[D].长春:东北师范大学,2016.

科学、合理、有效的高校教师科研绩效评价模式。[①]

2.关于高校科研压力与科研绩效考核关系研究

张桂平把科研考核压力分为挑战性压力和阻断性压力,研究了这两种压力对高校教师科研非伦理行为和教学非伦理行为的影响机制,发现"挑战性科研考核压力对科研非伦理行为具有负向影响,阻断性科研考核压力对科研非伦理行为具有正向影响,科研考核压力会影响到个体的认知和情绪,在面对同样的科研考核压力时,个体的行为是不同的,不是所有的教师都会从事非伦理行为"[②]。王仙雅借鉴压力源二维结构理论,把科研压力源分为挑战性科研压力源和阻碍性科研压力源,并探讨了两种压力源对高校教师科研绩效的作用机理。通过问卷调查分析,得出研究结论为挑战性与阻碍性科研压力源对科研绩效有差异性影响;成就动机和科研焦虑在挑战性与阻碍性科研压力源和科研绩效的关系中起显著的中介作用;科研自我效能、情绪智力和学术氛围对挑战性与阻碍性科研压力源和科研绩效的关系有不同程度的正向调节作用,且提出了相应的研究启示,力图为高校科研工作健康、和谐、有序的发展提供有益指导。[③]

(四)专 著

符祥青的编著主要阐述了教师科研成功的条件和方法,侧重于实际操作。[④] 胡建华等人从价值观、模式、动因和目的等方面阐述了大学制度改革的理念,并对学科制度、教学制度、科研制度、管理制度和教师制度进行了较为切实且有针对性研究。[⑤] 汪文贤认为在教师培养中要特别重视素质教育,提出教师职前职后培训理念以及举措,认为"教研、科研、培训"三者融为一体是一种行之有效的职后培训模式。[⑥] 景丽珍在行动理论的框架下检验高校教师的工作压力、组织承诺和工作投入对教学和科研成果的影响。[⑦] 刘新跃主要研究高校哲学社会科学科研管理创新主体多元性,教育行政部门的主导作用,高校科研管理部门的组织作用,教师科研人员的基础性作用以及研究多元主体在创新中的和谐耦合与政策设计。[⑧] 范怡红运用国外学者欧内斯特·博耶提出的关于"多维学术观"的大学教师发展理论,深入探讨该理论对全面提升高校教师在教学、科研、整合及应用知识等方面综合能力与素质的理论意义与实践价值,构建了系统整合的中国大学教师发展框架。[⑨]

---

① 王丽丽.高校教师科研绩效量化评价研究[D].哈尔滨:哈尔滨师范大学,2017.

② 张桂平.科研考核压力对高校教师非伦理行为的影响机制研究[D].武汉:华中科技大学,2012.

③ 王仙雅.挑战-阻碍性科研压力源对高校教师科研绩效的影响机制研究[D].天津:天津大学,2014.

④ 符祥青.科学研究的成功之路[M].海口:海南出版社,1993.

⑤ 胡建华,等.大学制度改革论[M].南京:南京师范大学出版社,2006.

⑥ 汪文贤.教师教育概论[M].杭州:浙江大学出版社,2008.

⑦ 景丽珍.高校教师教学科研成果的影响因素研究[M].北京:中央民族大学出版社,2012.

⑧ 刘新跃.地方高校哲学社会科学科研管理创新研究[M].合肥:安徽人民出版社,2012.

⑨ 范怡红.中国与欧洲大学教师发展比较研究:基于多维学术的视角[M].成都:西南交通大学出版社,2013.

全京等人在总结相关管理学理论发展历程的基础上,结合人性假设理论、激励理论、人本管理理论等现代管理理论,对高等院校人事及科研管理中的师资队伍建设、科研团队建设、人事、科研管理制度改革等一些具体问题进行深入探索及分析,并提出了具体看法及改革思路。[①]

(五)国外研究

直接研究国外高校教师科研发展的不多,多是从学术工作、教师专业发展、高等教育改革发展、学校建设、学术职业压力等方面侧面谈及科研发展。

例如,Caplow 和麦吉 McGee 等通过研究大学教师的流动、聘任与评价等,剖析其中彰显出来的学术目标与价值及其与行政目标的冲突,坦诚地对美国学术界的一些做法进行了批评性分析。[②] 科塞尤其关注学院派知识分子,归纳了大学有利于知识分子生存的制度背景,分析了学术人员面临的职业压力和由知识分化所引发的专业化,探讨了学术人的时间压力与角色冲突,剖析了官僚化管理对学术人的束缚等。[③] Wilke 等人通过实证研究,得出高校教师所承受的压力与业绩间的关系:无论是在教学、科研还是社会服务领域,压力高低程度与教师业绩之间呈倒 U 形曲线关系,即处于两端的压力低和较低或者压力高和较高状态,教师的业绩表现都比较一般,而压力为一般或适中则教师的业绩最高。[④] Thorsen 研究指出高校教师的工作压力主要来自有限的时间与过重的工作负担两个方面,时间不足最突出地体现在科研方面,如用于从事科研与撰写论文的时间极为紧张。[⑤] Watts 等人研究得出高校教师的压力来自工作负担不断加重、获得外部研究资金难度、学术发表要求提高、聘用合同的临时性与工作缺乏保障、收入缩水、评估考核制度的强化、准备不足与不良的学生行为、工作与生活失衡等。[⑥] 2017 年《自然》杂志针对全球 5700 名 PhD 学生调查发现,有 45% 的学生把他们的精神健康列为最值得关注的选项之一,只有 31% 的博士生对获得一份满意的工作拥有信心,说明作为学术入门者对未来从事学术职业所面临的压力与困境。[⑦] Boyer 尖锐地指出,在高等教育的社会责任不断扩展的时候,对大学教授的激励机制却更为狭窄;当高等教育的任务多样化的时候,学术却朝着单一化的方向发展。他认为应该更宽泛地理解"学术"的内涵,尊重各种形式的学术活动并让从

①　全京,安雪飞.应用型大学人力资源与科研管理研究:理论与实践[M].北京:中国质检出版社,中国标准出版社,2013.

②　CAPLOW T,MCGEE R J.The academic marketplace[M].New York:Basic Books,1958.reprint,Brunswick,N.J.:Transaction Publishers,1999.

③　刘易斯·科塞.理念人:一项社会学的考察[M].郭方,等译.北京:中央编译出版社,2001.

④　WILKE P K,GMELCH W H,LOVRICH N P.Stress and productivity:evidence of the inverted U function[J].Public productivity review,1985,9(4):342-356.

⑤　Thorsen E J.Stress in academe:what bothers professors[J].Higher education,1996,31(4):471-489.

⑥　WATTS J,ROBERTSON W N.Burnout in university teaching staff:a systematic literature review[J].Educational research,2011,53(1):33-50.

⑦　WOOLSTON C.Graduate survey:a love-hurt relationship[J].Nature,2017,550(25):549-552.

事这些活动的教师有尊严地在大学校园里生存。[①] Clark 从组织基础、学术工作、学科发展、学术文化等方面,描述了在庞大、复杂、多样的美国高等教育机构中学术人员的工作与生活。[②] Blackburn 等人从研究、教学、服务、管理等方面对大学教师的动机、期望、满意度等进行研究。[③] 卡耐基教育基金会在 1991—1993 年对美国、英国、德国、以色列、墨西哥等 14 个国家的学术职业进行了研究,其中就涉及了高校教师科研项目与学术职称的关系、科研和教学的地位、科研的评价等方面的内容。[④]

(六)研究综述

关于高校教师科研问题研究,国内研究集中在科研观,科研业绩评价、科研激励、科研伦理、科研项目、科研产出等科研管理,科研素质与能力,科研的压力、动机、态度等科研心理与行为等方面,侧重于教师科研的某个侧面进行研究,各研究主题是教师科研发展动力这一主题研究的某个影响因素,缺乏将教师的科研发展动力作为一个中心问题进行系统的聚焦研究。国外学者则是把教师科研发展动力置于宽泛的学术工作中进行研究。

第四节　研究意义

一、理论意义

从理论意义上讲,地方应用型本科高校能否更具有核心竞争力,更好地可持续发展,使科研工作不断上水平、上档次,并促进区域经济和社会的协调发展,关键取决于青年教师研究潜力的发展,取决于合理的青年教师科研发展动力机制能否得到有效的建立。目前,系统研究地方应用型本科高校青年教师科研发展动力问题的成果较少,本研究将基于文献理论分析和吸收借鉴国内外已有的研究成果,通过对地方应用型本科高校青年教师科研发展现状进行实证分析,深入了解影响青年教师科研发展的因素,探究青年教师科研发展在实践中的境况,有的放矢地构建地方应用型本科高校青年教师科研发展动力机制,这对于丰富和扩充地方应用型本科高校办学理论、高校教师发展理论以及高校管理理论

---

① BOYER E L.Scholarship reconsidered:priorities of the professoriate[DB].New York:Library of Congress Cataloging-in-Publication Data,1997.

② CLARK B R.The academic life:small worlds,different worlds[M].Princeton:Princeton University Press,1987.

③ BLACKBURN R T,LAWRENCE J H. Faculty at work:motivation,expectation,satisfaction[M].Baltimore and London:The Johns Hopkins University Press,1995.

④ ALTBACH P G.The international academic: portraits of fourteen countries [M].Princeton,N. J.:Carnegie Foundation for the Advancement of Teaching,1996.

等具有一定的学术价值。

二、实践意义

随着高等教育的蓬勃发展,特别是改革开放以来,中国高等教育跨越式发展进程的加快,中国的高校逐渐形成了不同类型、不同层次的院校。从学术声誉角度看,社会公认中国本科大学基本可以分为四个层次:一流院校(或称进入国家"面向21世纪教育振兴行动计划"的21所国家重点大学,现又有"双一流大学"之称);其他重点大学(或"211"院校);普通大学(或称老本科院校);介于普通大学和大专之间的本科院校。处于第四层的院校由于建校历史短、科研水平低、经费不足、生源较差、基础设施陈旧、图书资源匮乏等因素,特别是在其他高校迅猛发展的过程中,稍有怠慢,就会成为办学实力较差的"弱势院校"。从全面提升综合国力的角度来说,中国不但要建立世界一流大学,培养一流的人才,同时也要提高所有大学的水平,使中国大学整体水平能占世界高等教育一席之地。因此,地方应用型本科高校这些弱势院校应该有怎样的发展战略,才能更快地提升自身的办学实力,是一个非常现实的问题。

根据大学发展标准的评估指标,主要包含学科、师资、学术声誉、学术成果、经费、学生、设施、校长、办学理念等要素,这些要素中的软件建设,最终都要由人来实现。因此,笔者认为在目前我国大学学术发展的现状下,青年教师的科研发展实力将是影响地方应用型本科高校办学实力的潜在关键因素。这不仅关系到青年教师自身的发展,而且关系到地方应用型本科高校发展的质量和可持续性;从长远和整体看,更关系到我国高等教育结构优化与均衡发展,关系到高校人才培养、科学研究和社会服务功能的实现。本研究旨在探究地方应用型本科高校青年教师科研发展的理念、机理及其发展路径的实现。这不仅对地方应用型本科高校青年教师进行自我发展规划有参考价值,而且对地方应用型本科高校人力资源的开发与培养,加快高校优秀人才队伍建设,提高地方应用型本科高校核心竞争力,培养和造就具有创新能力的应用型人才队伍,提升高校社会服务功能、科研成果转化和应用等,都具有较强的现实意义。

第五节 研究方法

一、文献分析法

文献分析法指通过查阅大量相关文献,摘取其中有价值和具有代表性的资料,作为本研究的依据或论据。同时运用理论思辨法对青年教师科研发展动力影响因素及其相互关系的厘清、内涵的界定以及问题成因方面进行分析。

二、量化研究方法

量化研究方法主要采用问卷调查法。为调查高校青年教师科研发展动力状况,在综合理论研究基础上,根据文献查阅以及对专家的咨询结果,结合我国地方应用型本科高校青年教师科研的具体特点,形成青年教师科研发展动力的影响因素初步问卷,然后反复筛选,确定调查项目和备选答案,编制了一份《影响高校青年教师科研发展动力状况调查问卷》,对福建省地方应用型本科高校以及"211""985"等若干所高校的不同学科、不同年龄、不同职称、不同性别教师进行调查,了解青年教师对科研的看法和态度及其影响科研发展动力的因素,并对问卷调查的结果进行了分析。

三、质性研究方法

质性研究方法主要采用叙事研究方法。选取若干所地方应用型本高校青年教师进行访谈,了解学校对青年教师科研发展动力现状及其改革措施,试图以叙事研究的方法加以呈现与描述青年教师自身的处境、担忧及其需求,力图从点上加以具体深度分析。

四、比较分析法

比较分析法是选取"985""211"等若干高校如何促进青年教师科研发展动力的先进经验进行研究,以资借鉴。

总之,将定性研究方法和定量研究方法结合起来使用的"混合方法"①研究,其目的是"意义提升"(significance enhancement),其价值在于:①"三角互证",即把定量数据结果与定性数据进行比较;②"互补",即在一种方法的结果与其他方法的结果比较中寻求解释、例证、改进和澄清;③"发展",用某个方法的结果来丰富另外一种方法的结论。④"引发"(initiation),即揭示研究问题重构过程中似是而非的观点和矛盾,描述数据中出现的新观点;⑤"扩展",通过使用多种方法来扩大研究的广度和范围。② 换言之,在混合研究中,量化与质性方法共同实现研究目的,在运用量化方法进行数据收集和统计分析的同时,运用质性方法收集资料来探索问题的深度和广度③。混合研究方法有助于提升教育研究方法论上的严谨性和规范性,提高研究过程和结果的科学性。

---

① 混合方法研究,被西方学者看成是继定性和定量方法之后的"第三条道路"(GORARD S,TAY-LOR C.Combining methods in educational and social research[M].London:Open University Press,2004.)、"第三种研究范式"(JOHNSON R B,ONWUEGBUZIE A J.Mixed methods research:a research paradigm whose time has come[J].Educational researcher,2004,33(7):14-26.)。

② 范国睿.走进人文社会科学研究[J].学位与研究生教育,2011(11):45-51.

③ WALSH S.A mixed methods case study of early childhood professionals' perception and motivations of choosing self-directed learning[D].California:University of La Verne,2014.

第六节　研究思路与框架

高校青年教师发展研究是一个具有很强实践性的研究课题,它既受到高等教育环境改变的影响,又受到青年教师群体构成及其内在需求变化的影响。青年教师科研水平是衡量青年教师质量的重要指标之一。本研究选择青年教师发展中的重要维度——科研发展动力为切入点进行系统研究,研究青年教师科研发展的动力要素的构成、内在作用方式以及环境和要素之间的互动关系,以构建促进青年教师科研发展动力为目的的制度环境。

第一,以地方应用型本科高校青年教师为研究对象,以转型变革下的高校青年教师科研发展动力研究为视角,在探究国内外已有的高校教师发展理论、管理学、心理学、社会学等相关理论分析基础上,厘清高校教师发展内涵中科研动力与个人发展、专业发展、教学发展和组织发展之间的逻辑发展关系,对青年教师科研发展动力进行进一步的理论分析,揭示科研发展动力的内涵和规律。

第二,针对当前地方应用型本科高校青年教师科研发展动力的现状,以福建省为例,选取福建省内若干所"985""211"等高校以及地方应用型本科高校的青年教师科研发展问题进行问卷调查统计分析,在比较与借鉴中,揭示"985""211"等高校以及地方应用型本科高校青年教师科研发展的普遍性与个性问题,为地方应用型本科高校青年教师发展的研究提供有益的启示。

第三,通过对一定数量的相关人员的深度访谈,运用叙事研究的方法探究影响地方应用型本科高校青年教师科研发展动力因素,将研究的关注点聚焦于青年教师个体学术生活史,旨在把地方应用型本科高校青年教师科研发展的经历及其在高校工作中发生的故事放到当前我国高等教育的改革背景中去分析,放到向应用型转型变革中去分析,力图揭示地方应用型本科高校青年教师科研发展的深层次影响因素。

第四,在实证研究的基础上,从宏观、中观和微观的视角对地方应用型本科高校青年教师科研发展存在动力不足的根源进行归因分析。

第五,对青年教师科研发展动力的制度环境进行较为系统的探讨,在研究中不断提高科学性,为促进政府与学校制定科学合理、可控可行的相关政策提供依据和建议,以期改善青年教师进行科研和学术发展的制度环境,激发地方应用型本科高校青年教师科研发展的动力。

第二章 高校教师科研发展动力的理论分析

理论为我们提供了行动依据,实践与理论密不可分。保罗·莫特说:"好的理论没有什么不切实际的……没有理论指导的行为就像是新迷宫里急窜的老鼠。好的理论就是以最少的失误去实现目标的方法的动力。"①恰当的理论具有强有力的解释力,在实践过程中,对经验具有先行激发、共时构建、事后解释等作用。本章试图借助人性假设理论、人力资源管理理论、新制度主义理论,从一般意义上解析影响高校教师科研发展动力相关因素,为构建促进高校教师科研发展动力的动力机制提供理论依托。

第一节 人性假设理论与高校教师科研发展动力

人性假设理论是管理学中的重大基本理论问题之一,是管理理论研究的逻辑起点、根本出发点和理论基石,是进行管理实践活动的必要前提,也是管理政策和制度制定的基本依据。正如美国行为科学家道格拉斯·麦格雷戈所言:"每一管理决定或行动背后都隐藏有关于人的本性和行为的假设,尽管这些假设通常是隐含的、没有被意识到的、自相矛盾的,但它们却决定着人们的预测活动。"②管理的中心是人,管理本质上是对人的管理。人是经济社会发展的决定力量,人的管理是经济社会管理的决定因素。毋庸置疑,管理理论必然要建立在一定的人性假设基础上的。因此,建立任何管理制度、制定任何管理措施,都必须对人的本性有一个准确而科学的认识。换言之,在研究如何管理之前,首先要对人的本性及主要特征进行科学研究,有一个基本前提假设。对人性的不同假设,就有不同的管理理论、不同的管理模式、不同的管理组织内的人际关系乃至不同的领导风格。人性假设理论的作用在于揭示人的本性、人的动机以及行为背后的决定因素,从而在管理活动中充分调动人的积极性、主动性。这种假设的正确与否,直接关系着政策的制定、管理方式的变革和事业的兴衰成败。

高校教师在大学进行科研活动,是大学的基本职能之一,是大学管理活动的重要组成

---

① 罗伯特·G.欧文斯.教育组织行为学[M].窦卫霖,等译.上海:华东师范大学出版社,2001:61.

② 道格拉斯·麦格雷戈.企业的人性面[M].韩卉,译.北京:中国人民大学出版社,2008:33.

部分。高校教师的科研发展动力何在？如何激发高校教师的科研活力？高校教师从事科研活动背后隐藏着怎样的人性假设？这是探究高校教师科研发展动力的前提和理论基础。本节对人性假设理论的分析，将为我们诠释高校教师科研发展动力研究提供新的视角。

一、人性假设理论分析

纵观西方管理理论百余年的发展史，西方管理理论中人性假设的形成与变迁是西方社会的政治、经济、文化发展到一定历史阶段下的产物，各种管理理论、管理模式的产生和演变，都是以一定的人性假设作为基础前提的，都有其历史合理性，在一定程度上促进了管理理论的发展。现代管理思想的发展，折射出人性理论发展的脉络，也体现了管理者对人的本性及人的个人和群体行为的认识变迁。具有代表性的人性假设理论主要有"工具人"假设、麦格雷戈的 X 理论和 Y 理论、沙因的四种人性假设、彼得·圣吉的"学习人"假设等经典假设，各种人性理论从不同的观测点对人性问题做出了识读。

(一)"工具人"假设

"工具人"假设是西方最早的人性假设理论，产生于农业经济时代。"工具人"假设认为，在生产活动中管理对象被看成是活的机器或是机器的一个组成部分，并在暴力的逼迫之下劳动，任由管理者奴役，自身价值根本得不到体现。显而易见，"工具人"假设实质在于管理者认为被管理者并不具备"人"的资格和本性，只是其实现生产目的的手段。按照"工具人"假设对工人进行管理会导致管理者与被管理者之间的对立，劳动者的积极性和创造性被完全压抑。显然，"工具人"假设随着社会的发展逐渐失去了合理性。

(二)麦格雷戈的 X 理论和 Y 理论

1960 年美国工业心理学家麦格雷戈在其著作《企业的人性方面》提出了 X 理论，认为"人们工作的动机根源于经济诱因，换言之，人们为了获得最大的经济报酬而工作。其内涵包括：一是一般人天性好逸恶劳，只要有机会就会逃避工作，没什么工作目标，也不愿意负任何责任，甘于听从指挥，安于现状，没有创造性；二是人生来就以自我为中心，大多数人的个人目标与组织目标是冲突的，必须靠外力严加管制才有可能实现组织目标；三是大多数人没有自律意识，很容易受他人的影响，必须用强制、惩罚的方法严加管理；四是大多数人都是为了满足基本的生理需要而工作，为此他们总是选择那些在金钱和地位上获利最大的事情去做"[①]。基于这种假设，人被认为是一种被物质力量驱使的，被动接受的"经济动物"。

由于传统管理方式的缺陷日益明显，随着行为科学的发展，麦格雷戈认为 X 理论是建立在错误的人性假设基础上的，为此，又提出了与 X 理论相对的 Y 理论。Y 理论对工

---

① 孙绵涛.教育组织行为学[M].福州:福建教育出版社,2012:90-92.

作中人的本性提出了完全不同的假定,这种假设的内涵主要体现在:一是人性并非懒惰和不可信任,组织成员对工作的好恶,取决于他们所处的环境,如果组织给予积极引导和激励,成员将积极发挥其才智,反之则视工作为一种痛苦;二是强制和惩罚并非使组织成员完成组织目标的唯一方法,他们能够自行确定目标并完成自愿的任务;三是人在适当的条件下,一般人在工作中具有主观能动性,但在现代社会条件下,实际上人的才智仅有一部分得到发挥;四是对组织成员来说,按成果付酬和委以重任是两种相关的报酬方式,而最大的报酬是使成员自我实现的需求得到满足。基于这一假设,麦格雷戈称 Y 理论实现了"个人目标与组织目标的结合",认为组织成员会致力于共同目标,组织成员认为自己被高度信任和尊重,从工作中得到满足,以及建立真诚坦率的关系。

(三)沙因的四种人性假设

在对前人和自己的研究加以归纳分类的基础上,美国心理学家和行为科学家沙因提出有关人类特性的四种假设。

1."理性经济人"假设

古典经济学家和古典管理学家将理性人假设奉为圭臬,该理论与麦格雷戈的 X 理论有一定的相同之处。该假设主要观点包括:一是人的工作动机是为了获得最大的经济利益;二是由于组织控制了经济分配,因此人们在工作中只能被动地接受组织的操纵、激励和控制;三是人以一种合乎理性的精打细算的方式行事;四是组织必须设法控制个人的情感,因为人的情感是非理性的,会影响人对经济利益的合理追求。这一假设所阐述的论点,都可以在你、我或他人身上找到某些相对应的表征。经济条件是人维持生命的基础,而把人单纯视为"经济动物"是对人性的贬抑;但如果一味漠视人的经济基础和经济需要,则又是对人性的无知。

2."社会人"假设

"社会人"假设是在批判"理性经济人"假设的基础上产生的。20 世纪 30 年代,梅奥的"霍桑实验"提出的著名的"人际关系学说",为"社会人"假设的诞生奠定了理论基础。这一假设关注人的社会性,认为人是有思想、有意识、有感情、有人格的活生生的"社会人",人不是机器或动物;认为驱使人的主要行为动机是交往需要,是在工作中发展起来的人际关系,人们最重视的是工作中与周围人的友好相处,物质利益不是首要因素;认为合作使得工作不会变得单调而毫无意义,因此必须从工作的社会关系中寻求工作的意义;认为正式组织中管理者的管理措施和激励对人的影响力不及非正式组织中通过人际关系而形成的社会影响力;人们最期望的是管理者对他们成绩的承认并满足他们的社会需求。尽管如此,"社会人"假设也存在不可避免的局限性,即在强调人的社会与心理需要的同时却自觉不自觉地忽视了人的最基本需求——生存的经济需要;过于偏重非正式组织的作用,对正式组织研究有放松倾向,对人的积极主动性及其动机研究还缺乏深度。

3."自我实现人"假设

行为科学和人力资源学派的一些代表人物提出了"自我实现人"的假设理论,最有代表性的是马斯洛的需要层次理论、阿基里斯的成熟-不成熟理论和麦格雷戈的 Y 理论,三者理论具有异曲同工之妙,认为"自我实现人"假设中的人确信只有充分发挥自己的潜力,充分表现自己的才能,在工作中才会感到最大的满意。沙因总结马斯洛、阿基里斯和麦格雷戈的观点,认为"自我实现人"假设的内涵包括:当人们最基本的需要得到满足时,他们会转向较高层次的需要,并努力实现这个需要;个人总是追求在工作中变得成熟起来,力求在工作上有所成就,实现自治与独立,他们通过行使一定的自主权,立足发展自己的专长和能力,以较大的灵活性去适应环境,最终使自己真正能变得成熟起来;个人自我实现的要求和组织目标并不冲突,在适当条件下人们会自我调整,使个人目标和组织目标有机结合起来;缺乏抱负和逃避责任并非人的本性,在正常情况下,人们会主动承担责任,力求有所成就;大多数人都具有高度的想象力和创造力。而在现代工业社会,受到周围环境、管理制度等的限制,人的潜能只能得到部分发挥。

"自我实现人"假设,承认个人尊严,提倡员工在工作中的自觉,通过对权力平均化的追求实现个人和组织的和谐,引起了组织理论、激励理论和领导方式理论的变化,为全新的管理模式奠定了基础。不过,这种以人的自主与自觉意志为前提的人性假设难免陷入过于理想化的状态之中。因为人的"自主性不是绝对的可能的,而是有条件的和相对的可能的"①,所以总体上来说,"自我实现人"假设存在对人性认识过于乐观、期望过高的缺陷。

4."复杂人"假设

"复杂人"假设是在 20 世纪 60 年代末 70 年代初提出的。沙因等人经过长期研究,认为以往的"理性经济人""社会人""自我实现人"的人性假设各自反映出当时的时代背景,有其合理的一面,但都无法完整地认识人性问题,失之于简单和绝对化,并不适用于一切人。因为"人们的需要与潜在的欲望是多种多样的,而且这些需要的模式也是随着年龄与发展阶段的变迁,随着所扮演的角色的变化,随着所处境遇及人际关系的演变而不断变化的"②。事实上,人是复杂的、多变的,不能把所有人归为一类,人如其面,各不相同。至于人的动机,则是由生理、心理、社会、经济等方面因素再加上不同的情境因素和时间因素构成的。由此,提出"复杂人"假设,其内容包括:每个人的需要各不相同,表现形式因人而异、因势而别,形成错综复杂的动机模式,不存在普遍适用的唯一正确的管理方式和管理策略;人在组织中可以产生新的需要和动机,在某一特定的阶段和时期,人的动机是内部需要和外部环境相互作用的结果;非正式组织可能会满足成员在正式组织中寻求不到的自我价值和满足感;人感到满足、致力于组织工作的程度取决于本人的需要结构及其与组织之间的相互关系,能否实现个体需要的满足和组织目标的实现,在很大程度上取决于激励的性质和程度;人们依据自己的动机、能力及工作性质等方面情况,对不同的管理方式有着不同的反应。

"复杂人"假设为我们对人性的认识提供了新的分析视角,避免出现线性思维方式。然而,"复杂人"假设及其应用也存在局限性,表现在过分强调人的复杂性、人的个别差异,

---

①　埃德加·莫兰.复杂性理论与教育问题[M].陈一壮,译.北京:北京大学出版社,2004:215.

②　沙因.组织心理学[M].余凯成,译.北京:经济管理出版社,1987:116.

强调管理措施的应变性和灵活性,不利于发挥组织管理及制度的相对稳定性,在某种程度上忽视了员工的共性,忽视了集体主义精神、团体意识和良好团体风气及组织气氛在管理中的作用。

(四)彼得·圣洁的"学习人"假设

随着彼得·圣吉学习型组织理论的提出,一种新的对人性假设的观念——"学习人"假设被提出。俞文钊教授对"学习人"假设概括出以下基本观点[①]:21世纪,人的唯一持久的竞争优势,就是具备比你的竞争对手学习得更快的能力;在现代组织中,通过学习不仅要提高个人的素质,还要提高整个组织的素质;通过学习掌握全新的理念与独特的操作方法,不断了解自身的思维方式、心理类型、克服自身个性能力的不足;学习的内容主要为微观心理层面的心理修炼,即建立共同愿景、自我超越、改善心智模式、团队学习、系统思考;经过学习—修炼—提升的过程,在一条无休止的发展道路上做个终身的学习者,最终达到自我管理、自主管理、自我超越的目的。

"学习人"假设把人看成是不断成长的人。这种视角的转变是人性认识的一大进步。这种人性观使管理者不回避员工(包括管理者自己)人性中的种种局限性,将原来固定于员工的不变的人性转变成管理者与被管理者之间的共同发展和创造。因此,把人看成是不断成长的人性观,促使组织也必须转变为学习型组织,只有这样,组织才能不断为其全体成员的成长创造条件,同时也能为自己提供发展的机会和动力。这种假设为人性的组织化和组织的人性化提供了理论基础。

二、人性假设理论视野下的高校教师

人性假设是依据一定的价值取向对人性的现实表现有选择的抽象。[②] 高校教师是在大学中承担人才培养、科学研究和社会服务职责的专业人员,在人性假设理论的视野下,高校教师作为以职业为标准划分的人的一个类属,具备自然人和社会人的双重属性,具有教师角色的基本特征以及大学学术职业人特征,从中可抽象出高校教师具有经济人、社会人和学术人的本征。

(一)高校教师具备自然人和社会人的双重属性

高校教师首先是人,人具有动物属性或自然属性,也具有社会属性。所以,高校教师既是有生命的自然存在物,又是社会存在物,他必须在社会中存在,在社会中生活,在社会中发展。根据美国人本主义心理学家马斯洛的需要层次论,需要是人类行为的积极的动因和源泉,需要引起动机,动机驱动行为。人的基本需要按照其重要性和发生的先后顺序,具有生理、安全、社交、尊重、自我实现的五大需要。人的自然生命力的充盈是价值创

---

① 俞文钊.管理的革命:创建学习型组织的理论与方法[M].上海:上海教育出版社,2003:90.
② 王凯.教师应该了解教育中的"人性假设"[J].上海教育科研,2007(5):38-39.

造的源泉,而生存需要的本能就是人自然生命力的重要部分。[①] 作为自然人,必须满足其生存的需要,这是第一需要,也是最基本的需要。为了生存,首先就需要衣、食、住、行等基本的物质条件维持生命存在和人体的健康。如果连生存都受到威胁,其他层次的需要就无从谈起,更谈不上调动工作积极性了。作为社会人,除了物质生活的需要,还具有精神生活的需要;有生物性需要,也有社会性需要。马克思在《关于费尔巴哈的提纲》中指出:"人的本质并不是单个人所固有的抽象物。在其现实性上,它是一切社会关系的总和。"所以,人具有七情六欲,不仅要有生理上的需要,而且要有安全、社交、尊重、自我实现等多方面、多层次的需要。

(二)高校教师具备教师角色的基本特征

人类社会是由充当不同角色的社会群体构成的。教师作为复杂社会的一员,和其他的社会个体一样,拥有多重身份,扮演着不同的社会角色,每种社会角色都伴随着特定的行为规范和行为模式,并发挥不同的作用。换言之,教师是一个多种角色并存的、复杂的"生命存在"。教师角色是指在教育系统内的身份、地位、职责以及相应的行为模式。在人类历史发展长河中,教师角色的定位是一个动态建构的过程。从职业角色的角度而言,社会赋予教师充当社会文化代言人身份,教师承担文化传承、培养新的社会成员的角色。为此,教师不仅有着社会人所具有的一般属性和需求,而且有其特殊性,这种特殊性体现在教师职业上。首先,教师作为"人师",应具有高尚师德,才能"身正为范";其次,教师是"传道、授业、解惑"者,应具备专业知识、教育理论、广博文化素养和广泛兴趣爱好、实践性知识等,具有教书育人实际能力的人,才能胜任传授者、指导者、组织者、参与者的角色,做到"学高为师";最后,教师必须顺应社会的变革,应当成为终身学习者和研究者,具备与时俱进的创新能力。

(三)高校教师具备大学学术职业人特征

高校教师不仅具有教师作为教育者角色的基本特征,而且因其是教师群体中的一个特殊的社会群体,具有属于这个特殊群体的本质特征,具有特定的社会角色,这一特殊性体现在从事高等教育事业上。教育是永恒的,但高等教育则是历史的。高等教育是历史发展到一定阶段的产物,也是社会发展对教育发展要求的产物。"高等教育是建立在普通教育(或基础教育)基础上的专业性教育。高等教育区别于普通教育的两个基本特点分别为:一是以培养各种专门人才为目标,所培养的专门人才将直接进入社会各个职业领域从事专门工作;二是高等教育的对象一般是18岁以上的青年,他们的身心发展已趋于成熟。这两个基本特征是高等教育最本质、最根本的特征,高等教育几乎所有的特殊问题都是由这两个特点直接或间接派生的。"[②]美国高等教育学者约翰·S.布鲁贝克认为:"高等教育与中等、初等教育的主要差别在于教材的不同:高等教育研究高深的学问。在某种意义

---

①　岳伟.教师的利益与教师的道德[J].教育评论,2002(6):36-38.

②　潘懋元等.新编高等教育学[M].北京:北京师范大学出版社,2009:5-6.

上,所谓'高深'只是程度不同。但在另一种意义上,这种程度在教育体系的上层是如此突出,以致使它成为一种不同的性质。教育阶梯的顶层所关注的是深奥的学问。这些学问或者还处于已知与未知之间的交界处,或者虽然已知,但由于它们过于深奥神秘,常人的才智难以把握。"①作为实施高等教育的机构——高等学校有多种的类型和不同的层次,本研究对象是指实施本科生以上层次教育的高等学校,传统上习惯称之为大学。由于大学研究的是高深学问,因此"学术应然是大学发展的内在逻辑,是大学的存在形式。大学的根本属性在于学术性,学术性是贯穿大学组织活动的始终并决定和支配大学一切活动进程的根本之所在。它决定了大学的发展方向,影响着大学内部其他活动的存在和发展"②。为此,高校教师从事的是一种学术性职业,高校教师因其特殊的职业背景和职业规律,决定其具有学术职业人的特征。

马克斯·韦伯在其《学术与政治》书中,首先把学术职业界定为"学术作为一种物质意义下的职业",其次认为"学术作为一种志业"。③ 换言之,学术职业是一种从事学术工作以获得报酬的社会职业,首先是一种谋生的职业,它具有一般职业的共性;其次,学术职业者应当超越狭隘的功利性目的,将学术视为实现生命价值和意义的目标、一种应当怀着虔诚心情从事的事业。学术职业本身隐含着物质性和精神性的双重属性,但它与其他职业的根本区别在于它是以学术工作为内容,而不在于仅仅强调是否获得报酬。学术职业的学术性表现形式是知识的传播、发展、综合和应用。从大学承担的人才培养、科学研究和社会服务三大社会职能看,高校教师从事学术活动是由多种角色实现的,高校教师角色至少应该是教育者、研究者和社会服务者。作为教育者,通过传授专门的、系统的高深学问,担负起促进学生人格完善、知识发展和职业能力增强的责任;作为研究者,通过探究未知世界,发现新知,拓增知识,创造知识,促进学术发展;作为社会服务者,还得关注现实世界,运用专业知识服务学校、区域、国家乃至整个世界。高校教师的多角色扮演体现了其工作特点:"传授文化科学和专业知识与技能,经常注意本专业本学科最新成就与发展趋势,把教学、科研与社会服务结合起来,不断提高教学质量和科学研究水平以及社会服务效果,以较高的学术水平影响学生,并在促进社会进步方面起良好的作用。"④从高校教师的多重角色及其学术性工作特点可以推知,高校教师必须受过专门知识的训练,遵从共同学术规范和学术伦理;有专门的教学或研究领域,依存于某种学科和专业;受学术劳动力市场的影响,可流动性强;以知识作为获得薪酬的条件;以知识的传播、研究、创新、应用为己任;以发展学术、追求真理为志业;追求学术的自由性、独立性和精神性。

三、人性假设理论视野下高校教师科研发展动力的激发

以人性假设理论及人性假设理论对高校教师的识读为视点,笔者认为,实然层面上激

---

① 约翰·S.布鲁贝克.高等教育哲学[M].王承绪,等译.杭州:浙江教育出版社,2002:2.
② 康翠萍.学术自由视野下的大学发展[J].教育研究,2007(9):55-58,70.
③ 马克斯·韦伯.学术与政治[M].钱永祥,等译.桂林:广西师范大学出版社,2004:155,166.
④ 潘懋元,等.新编高等教育学[M].北京:北京师范大学出版社,2009:135.

发高校教师科研发展动力,应遵循以下一些分析思路。

(一)激发高校教师科研发展动力,必须正视教师的各种需要和诉求

高校教师是具有高深知识的人,是有需要、有情感、有思想的人,是具有独立人格的人,是具有积极的能动性和创造性的生命体。因为其承担着"教师"的天职,往往被视为社会文明的代言人和道德的楷模,社会期望其应当志存高远、淡泊名利,应当安贫乐道、甘于奉献等,并赋予其许多崇高的描述:教师是春蚕、是蜡烛、是人类灵魂的工程师、是太阳底下最光辉的职业等。长期以来,社会在这种文化观念的支配下,过多地强调教师的社会责任,而忽略了其具有一般人的本质特征,具有自然属性和社会属性,拥有马斯洛所讲的多层次的需要,并会主动寻求满足自身的需要。因此,人性假设总是和人的需要紧密结合在一起的。激发高校教师科研发展动力,应该以普通"社会人"来定位高校教师,必须正视教师的各种需要和诉求,这是制定与教师相关的管理制度的认识论前提。

学术管理机制是高校运用一定的手段和方法推动学术生产活动规范化和相对固定化的制度体系,旨在引导和促进学术活动的健康发展和繁荣,为实现高校三大职能提供可靠的保障。但从现实情况看,学术管理中的激励机制在实践中往往出现失效或者过度激励问题(连续性和权威性缺乏保障)。比如,千校一面的科研政策与评价体系的趋同性,衡量学术水平内容和标准的简单化和一元化,唯成果论的功利化,往往导致教师为职称而科研、为科研而科研,严重抑制高校教师科研创新活力。因此,面对遏制高校教师科研发展动力的种种弊病,无论是理论者还是实践者,应透过现象看本质,不能仅仅从某个方面查找原因,进行线性分析,单纯运用某种激励措施或者一味偏执于某种激励方式,采用头痛医头、脚痛医脚的方法解决问题,只会犯复杂问题简单化的错误;而应该从人性视角审视,从高校教师角色的多重性和需要的多样性、差异性等特征出发,进行全面系统、深入地考察和评估各种影响因素,以预设性和建构性相统一的思路探寻高校教师科研发展动力的有效激励机制。

(二)激发高校教师科研发展动力,应该认识到高校教师群体在价值追求上存在分化

"1918 年 4 月,爱因斯坦在普朗克 60 岁生日庆祝会上,以'探索的动机'为题发表讲演。他说,在科学的庙堂里有许多房舍,住在里面的人真是各式各样,引导他们到那里去的动机实在各不相同。有许多人之所以爱好科学,是因为科学给他们以超乎常人的智力上的快感,科学是他们自己的特殊娱乐,他们在这种娱乐中寻求生动活泼的经验和雄心壮志的满足;另外还有许多人之所以把他们的脑力产品奉献在祭坛上,为的是纯粹的功利目的。如果上帝有位天使跑出来把所有属于这两类的人都赶出庙堂,那么聚集在那里的人就会大大减少。如果庙堂里只有被驱逐的那两类人,那么庙堂绝不会存在,正如只有蔓草就不成其为森林一样。因为对于他们来说,只要有机会,人类活动的任何领域他们都会去

干;他们究竟成为工程师、官吏、商人还是科学家,完全取决于环境。"①"爱因斯坦论述阐明,一是研究人员可分为三种:一种人从事科学工作是因为科学工作给他们提供了施展他们特殊才能的机会,他们之所以喜好科学正如运动员喜好表现自己的技艺一样;一种人把科学看成是谋生的工具,如非机遇也可能成为成功的生意人;最后一种人是真正的献身者,这种人为数不多,但对科学知识所做的贡献却极大。二是科学的庙堂存在着形形色色的动机不一的科研工作者。"②我们借鉴爱因斯坦对研究人员的分类视角,从高校教师从事科研活动动机出发,也可相应地把高校教师分为不同类型的群体。在现实中,大学里确实存在不少独立自由之精神、学术创新研究之能力的纯粹知识分子和教育家,但也不乏诸多"为稻粱谋"者,或既有"知识分子""教育家"又有"小市民"意识的"混血儿"。

换言之,按理存在这样两种情形:在我们的大学中,既存在以"学术为生"的教师,同时也存在以"学术为业"的教师;在一个学者的学术生涯中,应该不同程度地包括以"学术为生"和以"学术为业"这两种层面,所不同的只是这两者在每个人那里所占的比例不同。③不同人性假设下的高校教师对学术活动的价值认知取向和行为选择方面各有不同。以"经济人"假设为前提,大学教职是高校教师谋取物质生活资料赖以生存的一种手段,在学术活动中反映出科研行为取向更多的功利性色彩,视科研成果为一种"我卖、你买"的商品。以"学术人"假设为前提,那么高校教师就能超越现实,把努力追求"以学问为乐趣作为一种境界,把所从事的学术活动与个体生命意义联结起来,追求学术声望,期望赢得荣誉和同行的尊敬,以学术为志业,以做学问为生存方式"④。所以,我们不能单纯地以某种人性假设为前提来判定高校教师从事学术活动的价值选择和行为取向,应综合考虑高校教师具有经济人、社会人和学术人的本征属性,突出其学术人的特性,采取不同的措施激发高校教师科的研发展动力。

(三)激发高校教师科研发展动力,应谋求管理的人性化与制度化之间的平衡

规范与自由是制度的两个主要价值存在,两者之间既相互冲突,又互相依存。⑤从组织维度考量,由于个体的复杂性,人性假设的多元性,组织首选追求制度的规范价值,所谓无规矩不成方圆;从个体维度考量,个体始终以追求自由的价值为先,才能更好地绽放生命意义;从制度的生成维度看,是为了使更多的人在更大范围实现生命自由提供可能,为此,制度都是一些人为设计的、形塑人们互动关系的约束。⑥换言之,制度既是人为的,也是为人的。我们在构建制度时应充分考虑"人"的因素,揭示制度之于人的意义,让制度有助于个体活力的释放。

在高校管理中,制度化和人性化应是相辅相成的,激励机制的效果正是制度化与人性

① 李醒民.科学探索的动机或动力[J].自然辩证法通讯,2008(1):27-34,14,10.
② W.I.B.贝弗里奇.科学研究的艺术[M].陈捷,译.北京:科学出版社,1979:146.
③ 刘鸿.学术活动的反思与大学制度的重建[J].高等教育研究,2004(4):57-60.
④ 刘海峰.大学教师的生存方式[J].教育研究,2006(12):29-33.
⑤ 李霞.关怀生命:大学制度的基本价值诉求[J].高等教育研究,2011(6):6-10.
⑥ 道格拉斯·C.诺思.制度、制度变迁与经济绩效[M].杭行,译.上海:格致出版社,2008:3.

化相结合的结果。很难想象,缺乏制度保障的高校,仅仅依靠人性化因素就能保证高校的有序发展;同样,仅仅幻想一套激励机制单独就能起作用。激励高校教师科研发展动力的效应如何,最终是通过高校教师人性方面的因素作用后体现的。在实践中,高校管理制度形式的精细化、功能的功利化和设计的行政化,导致高校教师学术活力的逐步削弱或丧失,高校教师创造力的停滞的种种弊端,反映学术管理制度中人性化的缺失。所以,高校应在最大程度上以弘扬个体生命自由为追求目标,构建一种柔性化制度,谋求管理的人性化与制度化之间的平衡,实现不同的个体在宽松的环境中达到身心和谐,从而焕发出勃勃生机。

第二节　人力资源管理理论与高校教师科研发展动力

人力资源管理及其理论经过近半个世纪演变,已经发展成为管理学的一个重要的分支学科,引起了学术界越来越多的关注。正如有学者认为,"人力资源管理与开发是一门迅速发展的学科,是一门系统地研究微观组织人力资源的吸收、选拔、培训、使用、考评、激励等管理活动的客观规律和具体方法的科学"[①]。如何充分开发和利用高校人力资源,凸显高校教师人力资本价值,在实践中推动高校人力资源管理战略性变革,与促进高校教师科研发展动力问题息息相关。

一、人力资源管理理论的演变与发展

人力资本理论是人力资源理论的基础和重点,它肯定了人力资源的资本性质,彻底改变了对人力资源这一生产要素地位的传统认识,直接推动了管理科学的革命,使人力资源管理理论正式走到了管理科学的前沿。

(一)人力资源与人力资源管理的概念

"人力资源,是指一个国家或地区范围的人口总体所具有的劳动能力的总和,或者说是指为该国家或地区创造物质财富和精神财富所具有从事智力劳动和体力劳动能力的人的总称。它是一种人体内可通过劳动过程释放出来的生产能力。"[②]

1954年,著名管理学家彼得·德鲁克在《管理的实践》一书中提出了"人力资源"一词。他认为,"人力资源与其他所有资源相比较而言,唯一的区别就是它是'人',并且是具有'特殊资产'的资源,拥有其他资源所没有的素质,即协调能力、融合能力、判断力和想象力。企业的经理们可以利用其他资源,但是人力资源只能自我利用,人对自己是否工作绝

---

① 郑赤建.高校人力资源管理研究[M].长沙:湖南人民出版社,2007:1.
② 陈昌文.公共部门人力资源开发与管理[M].成都:四川人民出版社,2000:1.

对拥有完全的自主权"①。为此,必须通过有效的激励机制才能开发利用,为企业带来可见的经济价值。

随后,社会学家怀特·巴克在1958年发表了《人力资源功能》一书,详细阐述了有关管理人力资源的问题。他认为,"人力资源管理的职能包括人事行政管理、劳工关系、人际关系以及行政人员的开发等各个方面。人力资源的管理职能对于组织的成功来讲,与其他管理职能如会计、生产、金融、营销等一样是至关重要的"②。有学者认为,"最初的人力资源管理的概念是指组织中所拥有的智力劳动和体力劳动能力的人的总称,包括数量和质量两种。当时的人力资源管理概念仍然偏重于事务性工作,普遍的观点是指一个组织对人力资源的获取、维护、激励、运用与发展的全部管理活动与过程"③。在彼得·德鲁克和怀特·巴克提出的人力资源管理早期理论基础上,众多学者从不同的侧面深化和拓展该理论,推动人事管理理论向人力资源管理理论转变。

(二)战略人力资源管理概述

在20世纪70—90年代,许多学者在经过对人事管理和人力资源管理之间论争后,越来越倾向于把人力资源视为组织的战略贡献者,提出了战略人力资源的概念。一些学者认为,"人力资源管理活动计划的制定必须和组织的总体战略计划相联系,这个战略计划的目的是提高组织的绩效,人力资源管理则成为这一计划中的一个重要组成部分"④。"有些学者认为战略就是'适应性',即人力资源管理实践和系统与组织竞争战略之间的适应性。还有一些学者认为战略是一种'关系',即人力资源管理实践和系统与组织绩效之间的关系。"⑤

鉴于"战略"与人力资源管理结合的观点,我们可以看出战略人力资源管理不同于一般的人力资源管理,更不同于传统的人事管理,它更加强调在人力资源管理中贯彻组织战略意图,强调人力资源、工作岗位和组织发展战略目标的匹配度。传统的人事管理以身份管理和薪酬管理为主,强调的是对组织中人的管理是一项内容简单的、非生产性的、附属性的且只重视现有人员参与的管理活动。现代人力资源管理注重工作管理和人力资源的发展定位,把对组织中人的管理看作是生产性的、复杂且重视人力资源开发培育的活动。而战略人力资源管理具有更高的要求,对人力资源管理者的专业知识和技术要求更高,应具备统筹全局的基本观念和战略眼光,具备战略管理核心能力。概言之,"与传统劳动人事管理不同,现代人力资源管理的主要特性表现在'战略性'层面上:①在战略指导思想上,现代人力资源管理的'以人为本'的人本管理;②在战略目标上,现代人力资源管理是

---

① DRUCKER P F.The practice of management[M].New York:Harper & Brothers,1954.

② BAKKE E W.The human resource function[M].New York:Harcourt Brace,1958.

③ 严进,邓靖松.析人力资源管理概念发展的逻辑[J].软科学,2003(1):71-73,81.

④ DYER L.Studying human resource strategy:an approach and an agenda[J].Industrial relations,1984(23):6-10.

⑤ 李佑颐,赵曙明,刘洪.人力资源管理研究述评[J].南京大学学报(哲学·人文科学·社会科学),2001(4):128-139.

为了‘获取竞争优势’的目标管理;③在战略范围上,现代人力资源管理是‘全员参与’的民主管理;④在战略措施上,现代人力资源管理是运用‘系统化科学方法和人文艺术’的权变管理"①。战略人力资源管理,就是以组织整体发展战略为基础,以符合组织长远发展目标的人才战略为核心,通过合适的管理举措,有效提升组织的人力资本价值,进而提升组织的绩效,推动组织发展和战略目标实现。

为此,针对高校和高校教师这一特定的组织和群体,构建高效的人力资源开发与管理机制,使组织绩效和个人满意度达到最大化,人力资源管理理论提供了切实的理论基础。

二、人力资源管理与国家实现自主创新战略

(一)我国提出实现自主创新战略的背景

当今,经济全球化趋势持续发展,世界科技发展日新月异,综合国力竞争日趋激烈。"人类社会已经步入一个科技创新知识经济时代,《全球竞争力报告》中对技术能力给予较高的评价。对技术核心国家,技术经济的贡献是 1/2,对包括我国在内的非核心创新经济国家,技术经济的贡献也达到 1/3。"②这就表明国际竞争的焦点不再是以自然资源为基础的各种生产活动的最终产品,而是建立在经济基础上的各种知识活动的成果,国际竞争的实质已转变为人才的竞争。一场无硝烟、无国界、无期限的人才资源"争夺战"正在全球愈演愈烈。人才是一个国家经济和社会发展最重要的战略资源,是决定一个国家兴衰存亡的关键。正如西奥多·舒尔茨所言:人类的未来并不取决于空间、能源和耕地,而将取决于人类智力的开发。

我国科学发展取得令人瞩目的成绩,但同时也面临挑战。"研究表明,2004 年,我国技术创新能力还较弱,在 49 个主要国家中列第 24 位,处于中等水平;我国科技投入不足,2004 年投入尚未有效增加,距离 1.5% 目标的实现仍需努力;我国对外技术依存度高达50%,设备投资关键技术尚有 60% 依赖进口;高新技术产品有数量而缺质量,资源消耗大,综合能力利用效率为 33%,比发达国家低 10 个百分点。"③造成这一结果的原因是多方面的,其中人力资源匮乏是至关重要的因素。2006 年,党的十六届六中全会审议通过的《中共中央关于构建社会主义和谐社会若干重大问题的决定》把增强自主创新能力提高到了治国理政的高度,并明确指出:"增强自主创新能力,建设创新型国家。"为此,据报道我国科研经费的投入和产出取得如下成绩:"在‘十一五’‘十二五’期间,随着政府可支配财力的快速增长,科研经费也步入增长的快车道,从 2006 年的 3003 亿元猛增到 2014 年的 13312 亿元,增长了 3.43 倍,年均增长 16.7%。科研经费投入与国内生产总值之比由2006 年的 1.39% 增加到 2014 年的 2.09%,超过世界平均水平 1.6%,达到发达国家 2% 以

①　李宝元.现代组织人力资源管理要义探析[J].北京师范大学学报(社会科学版),2003(3):72-77.

②　柳卸林.如何解读中国竞争力的世界排名[J].科学学与科学技术管理,2003(10):17-22.

③　中国科学院.2005 科学发展报告[M].北京:科学出版社,2005.

上的水平。截至 2013 年,我国科研经费投入占世界 13.3%,世界排名第二,多项产出位居世界前列。发明专利授权量占世界 19.9%,世界排名第二。SCI 收录论文占世界 13.5%,世界排名第二。EI 收录论文占世界 28.9%,世界排名第一。CPCI-S(原 ISTP)收录论文占世界 17.1%,世界排名第一。"①

(二)我国人力资源开发与利用现状

与此同时,中国人力资源竞争力进入"爆发式增长"时期。根据国家教育发展研究中心与北京科技大学合作进行的《2015 年人力资源强国竞争力评价报告》表明,2012 年,中国在 54 个有完整数据的国家中居于第 14 位,具备了成为人力资源强国的核心优势。"中国人力资源竞争力综合排名已经超过爱尔兰、瑞士、奥地利、比利时、意大利和冰岛等发达国家,成为发展中国家人力资源开发的样板。在人力资源数量结构、开发质量、开发能力和开发贡献四个一级指标中,2012 年,中国科学家和工程师人数指数为 202,每十万人口在校大学生指数为 411.43,人均公用教育经费指数为 914.81,人均基本公共卫生服务经费指数为 1118.83。中国人力资源的物质贡献能力和知识贡献能力快速提升。2015 年全球人力资源竞争力数据表明,中国人力资源贡献指标大大提升,先后从 2000 年的第 20 名,到 2005 年的第 8 名,再到 2010 年的第 5 名,2012 年进一步提升到第 4 名。其中在物质贡献上,中国从 2000 年的 24 位,提升到 2012 年的第 8 位;知识贡献上,中国从第 19 名提升到第 4 名,进入知识创新最重要的国家行列。2000 年,中国人力资源贡献竞争力排名世界第 20 位,2010 年进入前 10 名,2012 年上升为第 7 位。其重要原因是,在此期间中国经济总量进入世界第二,专利申请总量上升为世界第一。中国对于世界知识创新的贡献明显提升,中国已经从一个科技山寨大国,转变为一个科技创新大国,发展模式受到世界高度关注。"②

但是,在中国人力资源强国的建设中存在的主要问题有:人力资源开发进程中存在"二元现象"。一方面,中国人力资源在数量结构方面的优势依然存在,人力资源开发质量小区间波动;另一方面,人力资源开发能力提升速度不快以及开发能力不足成为制约人力资源强国建设的主要瓶颈。研究表明,中国人力资源开发优势仍然主要表现为数量方面,尚没有实现从人力资源数量开发为主向质量提升为主的战略性转变。③ 人力资源开发是经济社会可持续发展的最终基础。人力资源能力建设的本质是通过对于物质、能量和信息的结构增效、替代增效、转化增效和产出增效,并有效地克服传统生产力要素投入的边际效益递减的规律,有效地提高国家创新能力和国际竞争能力。"可以说,加强人力资源的开发和能力建设直接关系到一个国家的经济发展和国际竞争力的提高。"④

① 刘俊贵,朱明.科研经费怎么管才能没问题[N].光明日报,2016-04-26(13).
② 韩民,高书国.跨越门槛:进入人力资源强国行列——2015 年人力资源强国竞争力评价报告[J].国家教育行政学院学报,2016(3):3-8.
③ 韩民,高书国.跨越门槛:进入人力资源强国行列——2015 年人力资源强国竞争力评价报告[J].国家教育行政学院学报,2016(3):3-8.
④ 孙诚,冯之浚.自主创新与人力资源开发[J].科学学研究,2006(3):460-465.

三、战略人力资源管理与高校发展

高校是培养人才的摇篮,科技创新的基地,肩负着培养数以千万计的高素质专门人才和一大批拔尖创新人才的历史使命。高校在科教兴国和人才强国的发展战略中处于基础和先导的重要地位。

(一)高校面临人才全球性竞争的挑战

经济全球化带来高等教育国际化,加上信息化和高等教育大众化,对高等学校的管理提出了挑战,特别是人才的市场流动加快,人才市场的形成并不断完善,人才的全球性竞争的冲击,使得大学与其他组织一样不得不充分利用他们的一切资源以确保自身的生存和发展。当今的高校竞争是全方位的,不仅体现在资金、土地等物质条件的竞争上,还包括高素质的学者、教授等人才的竞争。教师对个人才能发挥的程度、物质利益的高低、学校的满意度等现实指标的关注,并据此自由选择高校。归根到底,这种竞争是人力资源能力的竞争,是人力资源的素质和活力、人才资源的数量和质量的竞争,也是人力资源开发与管理水平的竞争。人才竞争正在成为各个大学在全球竞争中拉开差距的主要因素。换言之,大学核心竞争力和可持续发展的关键是人才。面对全球化的趋势,面对建设创新型国家、高等教育强国的新要求,面对科学技术的迅猛发展,面对市场化、大众化带来的种种新问题,这种竞争给高校发展的影响将是广泛而深刻的。因此,高校如何把握机遇,谋求发展,迎接人才匮乏和流失带来的严峻挑战,是摆在高校领导者和管理者面前的重大问题。

据 2015 年国际高等教育研究机构 QS(Quacquarelli Symonds)公布的世界大学排行榜显示,我国高校跻身世界前 100 名者仅有清华大学(第 25 名)、香港科技大学(第 28 名)、香港大学(第 30 名)、北京大学(第 41 名)、香港中文大学(第 51 名)、复旦大学(第 51 名)、香港城市大学(第 57 名)、国立台湾大学(第 70 名)、上海交通大学(第 70 名)。祖国大陆仅有 4 所大学进入全球百强大学。[①]　由此可见,中国高校的竞争力不强,在与其他国家的竞争中处于不利的位置。因此,必须认真研究如何提升高校竞争力,为我国的经济社会各项事业发展提供与之配套的人才。为此,制定正确的高校发展战略显得尤为重要,高校发展战略既要符合其自身的基本逻辑和精神内涵,又要与市场经济发展相适应,选用和培养适合高校战略发展的人力资源,为当前的经济社会变革提供有力保障。

(二)战略管理在高校管理实践中的运用

20 世纪 70 年代,战略管理首先是在企业管理学术研究和实际运用领域获得长足的发展。著名战略管理大师戴维将战略管理定义为"制定、实施和评价使组织能够达到其目

---

① 　2015—2016 年 QS 世界大学排名 200 强［EB/OL］(2015-09-15)［2021-04-10］.http://edu.people.com.cn/n/2015/0915/c1053-27583247.html.

标的,跨功能决策的艺术与科学"①。"企业实施战略管理就是围绕企业生存和长期发展的目标,在对自身与竞争对手实力的充分分析、对客观环境的清醒认识以及对未来发展的预测的基础上,对企业资源做出合理配置与规划,对企业各项活动实施制定出具有指导作用的、全局性的、长期性的行动方案。"②随后,战略作为一种理念、思想以及提升组织竞争力的工具引入高等教育领域,从某种意义上对于大学自身发展来说,既是理论的呼唤,也是现实的需要。

战略管理是一个组织寻求成长和发展机会及识别威胁的过程,其实质是使组织能够适应、利用环境的变化,提高组织整体优化程度,注重组织长期、稳定的发展。③高校发展战略是战略理论在大学管理实践中的运用,是企业战略理论在高等学校组织中的借鉴与发展。"高校战略是指高校在国家宏观高等教育政策与法规的指导下,以国家和所在地区的国民经济和社会发展为背景,针对学校自身的历史、现状和发展目标,对教育教学活动通过制定和实施发展战略规划所实行的总体性管理。高等学校通过实施战略管理,使全校师生员工都能明确学校的发展方向、办学目标和个人所能起的作用,对内可以协调各个职能部门的关系,优化配置和有效利用各种资源,提高管理水平和办学效益;对外可以增强对环境变化的适应性,强化办学特色,形成学校的核心竞争力和持续的竞争优势。"④因此,战略思维和战略管理是一个富有价值的思想和管理策略,高校无论是长远规划还是阶段性发展计划,都应该认真地谋划之、运用之。

(三)基于高校发展战略的人力资源开发与利用

高校战略人力资源管理是服务于高校事业发展的,属于二级战略,"是一种基于学校整体发展战略的人力资源管理模式,它以研究制定和规划实施符合学校发展长远目标的人才战略为核心,以充分调动和发挥全校各级管理者的人力资源管理作用为基础,以提高符合学校战略目标的团队和个人绩效为根本任务,以提升全校人才的整体性竞争力为最终目标。它与传统的人事管理相比,具有全局性、整体性、系统性、方向性、竞争性、针对性等方面的显著特征"⑤。

高校具有自身发展的逻辑,同企业相比,在人力资源战略上具有战略的共同特征,也具有明显的个性特征。其具体表现在,一方面,高校人力资源战略具有战略的共同特征,即关系到学校全局成败的谋划,同样着眼于发展与未来目标,它体现的是高校发展核心的思想与方法;另一方面,在个性特征上,高校在实施战略管理过程中,必须遵循自身内部学术发展逻辑。高校作为教育组织和学术组织,其人力资源发展战略具有学术性;作为一个以人才和技术为产品的组织,高校人力资源发展战略具有显著的复杂性;作为一个以人为

① 弗雷德·R.戴维.战略管理[M].李克宁,译.北京:经济科学出版社,1998:17.
② 段从清.企业战略管理[M].北京:人民出版社,2005:1.
③ 刘献君.论高校战略管理[J].高等教育研究,2006(2):1-7.
④ 张泽麟.高等学校战略管理研究[D].长沙:湖南大学,2003.
⑤ 汪平,彭省临.高校人事管理应转入战略性管理新阶段[J].现代大学教育,2002(4):79-81.

核心的教育、科技与服务的大系统,高校人力资源战略具有强烈的导向性;作为一个超稳态的组织,高校人力资源发展战略具有相对的稳定性;作为一个从边缘走向社会中心的组织,高校人力资源发展战略还必须具有与社会环境及自身条件相协调的适应性。

高等学校的特殊地位要求必须拥有一支数量充足、高素质、结构合理的师资队伍以适应学校的发展战略。然而,我国高校的人力资源管理多数还停滞于传统的人事管理阶段,在配置结构、培训开发、竞争与激励、聘任与薪酬等机制方面还存在问题。要提高高校人才培养质量,实现学校的发展战略,关键在于领导者和管理者必须明白人的因素在战略管理过程中的价值,引入战略人力资源管理理念,并在实践中进行深入的、创新性的研究,在选人、育人、用人、留人等方面提供切实可行的具体措施。为此,无论是制定良好的发展战略,还是将其贯彻落实,都离不开人的作用。正如克拉克·克尔所说的那样:"生存之路现在导向了市场,一场新的学术革命已经来临。"[①]建立与我国高校发展战略相匹配的人力资源管理制度迫在眉睫且具有深远的意义。

四、战略人力资源管理与高校教师人力资本价值提升

(一)高校战略人力资源的内涵

人力资源、物力资源、财力资源、信息资源是高校发展必备的四种战略资源,其中人力资源是支配其他三种资源产生效益和效率的主体性资源。高校人力资源开发和管理就是指为实现组织的战略目标,通过运用现代化的科学方法,不断获取高层次的教育人力资源,并把其整合到高校教学、科研和社会服务活动中去,不断开发他们的潜能,保持和激励其积极性,控制他们的绩效并做相应调整,使人力资源由潜能转变为高校的现实资本和财富的过程。这其中包含了量和质两个方面:一方面,必须根据战略资源要素的变化,对人力资源进行合理的培训、组织、协调和开发,使要素之间经常保持有机的结合达到相对平衡,使人和物都充分发挥其最佳效应;另一方面,应充分发挥人的主观能动性,对人的思想、心理和行为进行恰当的诱导、控制和调节,达到人尽其才、事得其人、人事相宜的效果。

当今知识经济时代,一方面,经济全球化加剧了人才全球化竞争,人才市场的形成和流动不断冲击过去的单位制下的人事管理,教师们开始关注个人才能发挥的程度、物质利益的高低、对学校的满意度等现实指标,并以此相对自由地选择高校;另一方面,经济全球化和科技发展的日新月异促进了高等教育国际化,高校之间的竞争越来越白热化,为了在有限的资源配置条件下能有效提升高等教育质量,人力资源的开发和管理成了关键。为此,承认人力资源的作用和地位,视人力资源为高校最重要的资本,俨然成为国家、社会和高校的共识。《国家中长期教育改革和发展规划纲要(2010—2020 年)》指出:"教育是开发人力资源的主要途径""中国的未来发展、中华民族伟大复兴,关键靠人才,基础在教

---

① 克拉克·克尔.高等教育不能回避历史:21 世纪的问题[M].王承绪,译.杭州:浙江教育出版社,2001:35.

育"。发展教育,则要依靠高水平的教师。高校教师是高校人力资源的主体,高校的发展取决于高校教师乃至基础教育师资人力资源的素质和活力,开发和管理高校教师人力资源,应成为学校人才战略的重中之重。而高校教师人力资本的价值是高校组织绩效的客观体现。鉴于此,怎样提高高校教师人力资本使用效率,或者说如何让高校教师人力资本提升自身的价值,以提高人力资本的存量,对高校教师人力资本进行有效的激励? 这是高校战略人力资源管理的主题。

(二)高校教师人力资本的特征与价值

高校教师人力资本的特征既具备一般人力资源的特征,又具有其特殊特征。[①] 从人力资本的内在特征看,与物质资本相比较而言,人力资本因根源于劳动力,它是以无形的、非物质的知识和技能形态凝结和储存在特定的人身上的"人力",具有私有性、能动性、异质性和流动性。高校教师的人力资本依附于教师本人,且永久占有。因为人力资本这一显著私有性,高校教师人力资本能否有效发挥,有其显著的主观能动性。因为人力资本依附于具体的个人,而每个个体又是千差万别的,每个高校教师受遗传基因、成长环境等方面的影响,又具有个体异质性特征。相对于物质资本而言,人力资本具有更强的流动性,这是由于个人的知识、技能、能力、体力可以被多家单位共有和重复使用,这些资本依附于人的身上,它必然会随着人的流动而流动,在市场经济条件下,人才市场的逐步形成,高层次人才因其稀缺性而更容易流动。从人力资本的外在特征看,"人力资本具有不同于一般人力的'资本'特征。人力资本是可以作为获利手段使用的一种'资本'"[②]。换言之,人力资本具有价值增值性。对于高校教师人力资本来说,具有高层次性。高校教师在就业之前,为自身人力资本价值提升进行的教育性投资所支出的时间、精力、财力上的花费和牺牲,是未来产生物质和精神收益的基础。

从高校教师从事的学术职业特性看,一是高校教师人力资本的形成具有高投入性,无论是直接教育费用、继续教育费用还是从业的机会成本都比一般人力资本投资大。二是高校教师人力资本的价值创造具有不可度量性,无论是从人才培养质量的效益,还是学术成果的价值不具体与耗时性,其价值的创造具有显著的不可计量性。三是高校教师人力资本的使用具有不确定性和高度自主。大学是现代社会发展与创造知识的中心,高校教师从事对高深知识的传承与创新,高校教师的学术劳动特点决定其劳动过程目标及过程的不确定性和高度自主性。四是高校教师人力资本具有利他性和公益性。教师职业通过对人的发展和促进,为社会历史的发展创造更完善的主体力量,从而满足个人或社会一定的需要。所以,教师职业强调教师要有更大的社会责任,决定了高校教师人力资本具有利他性和公益性。

"不断增加高校教师人力资本的存量,不仅是高校组织发展的需要,同时也关系到国

---

① 李碧虹.论大学教师人力资本的特征[J].现代大学教育,2006(1):18-21.

② 亚当·斯密.国民财富的性质和原因的研究[M].郭大力,王亚南,译.北京:商务印书馆,1972:28.

家战略的实现乃至整个民族的兴衰强盛。要最大限度地发挥人力资本效能须具备两个基本条件：第一，人力资本效能发挥的制度和环境；第二，人力资本运营各方包括人力资本使用者、人力资本承载者等的既得利益。"①鉴于高校教师人力资本的特征，高校教师人力资源开发和管理的原则应以制度性激励为核心构建高校人力资源战略管理框架，以促进高校教师人力资本价值的提升，达到最大限度地发挥人力资本效能。

第三节　新制度主义理论与高校教师科研发展动力

新制度主义理论源于不同的学科，是对当代社会科学研究中重视制度要素的学术流派的概括性称谓。20 世纪七八十年代，"西方社会科学领域在反思政治学中以个人主义假设为基点的行为主义理论和经济学中简化论倾向的新古典经济学理论的基础上，再度关注制度解释现实问题的强大地位和作用，进而形成了新制度主义分析范式，并逐步遍及政治学、经济学、社会学乃至整个社会科学领域。就学理而言，不同学科具有各自独特的'学科之眼'"②。不同门类的社会科学从自己的学科视野出发，对新制度主义理论的理解和运用也必然存在差异，为此形成了流派众多、理论驳杂的特点。详细考察新制度主义的理论谱系是必要的，但并不是本研究所关注的中心。在新制度主义理论的诸多流派中，制度与行为的关系研究在新制度主义政治学学科中较为成熟和完善，具有很多独特的研究内容。由于本研究主要是研究高校教师科研发展动力问题，与制度和行为的互动结果有密切的关联性，为此，以新制度主义政治学相关理论为指导，对高校学术管理制度和地方应用型本科高校及其教师的科研行为取向的逻辑关系进行分析，探究地方应用型本科高校的教师科研发展动力表现与学术管理制度之间的关系，构建与地方应用型本科高校发展相适应的学术管理制度的策略，力图最大限度地激发高校教师科研发展动力。

一、新制度主义流派概述

（一）新制度主义政治学流派分类

新制度主义政治学研究"始于詹姆斯·马奇和约翰·奥尔森在 1984 年的《美国政治科学评论》上发表《新制度主义：政治生活中的组织因素》一说"③。在新制度主义政治学理论演进中，其内部观点也具有较大的差异。因此，这一标签下的所有观点并没有一个统

---

①　李文群.论中国高校教师人力资本产权制度的构建[J].清华大学教育研究,2007(5):105-110.

②　吴康宁.社会学视野中的教育[J].教育研究与实验,2006(4):1-5.

③　MARCH J G,OLSEN J P.The new institutionalism:organizational factors in political life[J]. American political science review,1984,78:734-749.

一的、完全一致的看法,从而形成了各种各样的流派。"美国学者彼特斯曾概括出了新制度主义分析范式的 7 种流派,即规范制度主义、理性选择制度主义、历史制度主义、经验制度主义、社会学制度主义、利益代表制度主义和国际制度主义。"①最著名的为后来学者大体上沿用的分类是彼得·豪尔和罗斯玛丽 C.R.泰勒提出的新制度主义"三分法",即历史制度主义(historical institutionalism)、理性选择制度主义(rational choice institutionalism)和社会学制度主义(sociological institutionalism)。②新制度主义政治学三个流派各有所长,并采用了完全不同的理论假设和分析路径。正如阿斯平沃和施耐德提出,"社会学制度主义是一种方法论上的整体主义,适合于做宏观层面上的长时段研究;理性选择制度主义是一种方法论上的个体主义,适合于在微观层面上做短期研究;历史制度主义在方法论上是一种修正的个体主义,适合于在中观层面上做中长期的研究"③。它们从不同侧面对被行为主义者所忽略的制度和行动者的行为关系有着独到的理解。

(二)新制度主义政治学视角中的制度含义

"制度是社会思想和理论中最古老、使用频率最高的概念之一,并且在漫长的理论历程中不断展现出新的含义;这就像一艘船的外壳,旧的一层附着物还没有脱落,新的一层又附着其上。"④经济学、政治学、社会学、哲学、教育学等学科,都有很多学者开展制度研究。学者们的学科背景和主观偏好的不同,对制度的理解也千差万别。如日本制度经济学家青木昌彦所说:"关于制度的定义不涉及谁对谁错的问题,它取决于分析的目的。"⑤由于学科间交融是当代社会科学发展的趋势之一,虽然在研究过程中经济生活和政治生活存在着巨大的差异,但是政治学家在建构理论框架时还是从制度经济学中借鉴基本概念、术语和方法论,诸如制度的概念、制度变迁、路径依赖、个体主义和整体主义方法论等。

制度是新制度主义的核心概念,也是制度分析方法的理论基石和逻辑起点。"新制度主义政治学对制度的理解,典型的看法有:休·E.S.克劳福德和埃里诺·奥斯特罗姆在《制度的语法》一文中把对制度的看法归纳为三种:①制度是一种均衡。制度是理性个人相互理解偏好和选择行为的基础上的一种结果,呈现出稳定状态,稳定的行为方式就是制度。②制度是一种规范。它认为许多观察到的互动方式是建立在特定的形势下,一组个体对"适宜"和"不适宜"共同认识基础上的。这种认识往往超出当下手段——目的的分

① PETERS B G.Institutional theory in political science[M].London and New York:Wellington House,1999.

② HALL P A,TAYLOR R C R.Political science and the three new institutionalisms[J].Political studies,1996,XIIV:936-957.

③ ASPINWALL M D,SCHNEIDER G.Same menu,separate tables:the institutionalist turn in political science and the study of European integration[J].European journal of political research,2000:1-36.

④ W.理查德·斯科特.制度与组织:思想观念与物质利益[M].3 版.姚伟,王黎芳,译.北京:中国人民大学出版社,2010:3.

⑤ 青木昌彦.比较制度分析[M].周黎安,译.上海:上海远东出版社,2001:11.

析,在很大程度上来自一种规范性的义务。③制度是一种规则。这种观点建立在一种共同理解基础上,如果不遵循这些制度将受到惩处或带来低效率。"①"简-埃里克·莱恩和斯瓦特·厄斯桑在《新制度主义政治学:绩效和结果》一书中详细讨论了制度的含义。他们认为从个体主义看,制度是规则,规则指导行为。制度约束行动者实现自我利益的最大化;或者说制度是互动个体之间节约交易成本的一种设置;或者说制度是一种寻租机制,如此等等。从整体主义看,制度是组织。既然组织被认为是行动的角色,那么制度将不是规制行动者活动的规则或规范,而它本身就是一个行动角色。"②

"对制度更为全面的理解来自彼得·霍尔和罗斯玛丽·C.R.泰勒的《政治科学和三个新制度主义》一文,他们通过三个学派的比较指出,历史制度主义把制度理解成为扎根于政体的组织结构或政治经济中的正式或非正式程序、惯例、规范和风俗。其范围涵盖从宪政规则或科层制中执行的标准程序到影响工会行为的习惯和风俗。一般而言,历史制度主义把制度与组织或由正式组织内颁布的规则和在组织内传播的风俗联系在一起。理性选择制度主义把制度理解成为影响到结果的规则,它的出现是为了解决类似与'囚徒困境'或'公用地悲剧'之类的集体行动的难题。在社会学制度主义者看来,制度不仅是一种规则或规范,这种规则或规范约束了人们的行为,而且还包括为人的行动提供'意义框架'的象征系统、认知模式和道德模板。社会学新制度主义对制度的界定除了继承了'制度是一种规则体系',最重要的是打破了制度与文化之间的界限,倾向于将文化本身也界定为制度。"③

从上述各学派对制度的理解和定义的多样性和复杂性特征来看,应将"制度"理解为一个多层级、多维度、动态的复合概念。首先,制度包括正式制度和非正式制度。正式制度指人们有意识地设计并创造出的一系列政策、法律和规则;而非正式制度则是人们在长期交往中自发形成并被无意识接受的伦理道德、传统文化、风俗习惯、意识形态等因素。非正式制度广泛存在于社会的各个层面,是人类文化遗产的一部分。非正式制度是对正式制度的拓展、说明和修正。"无论是正式制度还是非正式制度,制度都是一些人为设计的、形塑人们互动关系的约束。制度的约束主要包括两个方面:有时它禁止人们从事某种活动;有时则界定在什么样的条件下某些人可以被允许从事某种活动。"④其次,"制度可分为内在制度和外在制度。内在制度是一个群体内随经验而演化的规则,外在制度是设计出来并依赖正式的、有组织的机制来实施。内在制度包括了历史制度主义和社会学制度主义中的习惯、习俗、文化等形成的认知网络,被内化于个体或组织行动中,其特点是实施依靠自律,不需要第三方的强制执行。外在制度包括了理性选择制度主义以及历史制度主义中的各种正式规则、各种指令和程序性规则等,其特点是由政治权力机构自上而下

① CRAWFORD S E S,OSTROM E.A grammar of institutions[J].American political science review,1995,89(3):582-599.

②③ 朱德米.新制度主义政治学的兴起[J].复旦学报(社会科学版),2001(3):107-113.

④ 道格拉斯·C.诺思.制度、制度变迁与经济绩效[M].杭行,译.上海:格致出版社,2008:3-4.

地设计出来,并需要第三方来实施"①。

二、关于制度与行动者的行为逻辑关系

(一)新制度主义政治学各学派在制度与行为关系研究中的共识

新制度主义政治学关于"制度与行为关系研究是建立在对传统制度主义政治学和行为主义政治学的发展和反思基础之上。传统制度主义政治学强调正式制度的重要性,而行为主义政治学则强调个体行为对政治研究的重要性,而新制度主义政治学则在此基础上建立起了更为平衡的制度与行为关系研究。虽然新制度主义政治学不同学派对制度与行为如何发生互动关系的理解存在差异,但新制度主义政治学制度与行为关系研究仍具有整体性,各学派在制度与行为关系研究方面存在基础性的共识"②。

新制度主义政治学各学派在制度与行为关系研究中的共识主要有三点:一是认为制度与行为是相互影响、相互约束的关系;二是认为新制度主义政治学制度与行为关系研究的前提和基础之一是因为行为具有稳定性和可认知性的特征;三是认为制度会对行为有引导作用。制度不仅可以减少行为的不确定性、增加行为的可预期性,而且制度以诱发行为者的理性计算或为行为者提供认知范本的形式引导有利于实现行为目标或社会目标的行为。

(二)新制度主义政治学主流学派的制度分析方式

新制度主义政治学各学派对制度与行为如何发生互动关系的理解存在分歧。从新制度主义政治学的三个主要流派的观点看,历史制度主义认为,在既定制度结构下的制度赋予了一部分人更多的权力,相应地,这些获得较多权力的人所获得的利益也多于他人,无形之中,那些被制度结构赋予较多权力的人便会进一步维护该制度,从而形成所谓的"路径依赖"效应。彼得·豪尔等人曾经指出:"历史制度主义在进行制度分析时,突出权力的不平衡性,关注制度在不同的社会集团间不平衡的分配权力的方式,即制度给予了某些集团在决策过程中更大的发言权和相关的利益分配"③"制度塑造政治行动者追求特定目标的方式和在政治行动者之中构造结构性权力关系的方式,即制度是如何赋予某些人以特权而将另外一些人置于不利地位的"④。所以,强调在制度的产生和运作过程中权力的非对称性特征是历史制度主义区别于其他新制度主义政治学流派的主要特征。

---

① 朱德米.新制度主义政治学的兴起[J].复旦学报(社会科学版),2001(3):107-113.

② 芦艳.制度与行为的双向互动:新制度主义政治学的基本命题与论证逻辑[D].长春:吉林大学,2012:10.

③ 彼得·豪尔,罗斯玛丽·泰勒.政治科学与三个新制度主义[J].何俊智,译.经济社会体制比较,2003(5):20-29.

④ 凯瑟琳·西伦,斯温·斯坦默.比较政治学中的历史制度主义[M]//何俊志,任军锋,朱德米.新制度主义政治学译文精选.天津:天津人民出版社,2007:143.

　　理性选择制度主义更偏重从个体主义出发解释制度,它对制度作用于行为的分析有浓厚的利益算计色彩,认为制度对行为的作用是通过相关行为者的策略性计算而发挥作用的。换言之,制度本身能否存在和延续则取决于它能否为相关行动者带来最大的利益,行动者在选择行动过程中追求自身效用最大化是驱动行为者行为的主要动力。理性选择制度主义认为制度可以通过两种途径影响行动者行为:一是充足的信息和惩罚奖励机制对个人行为进行提前规制;二是制度通过影响个体的期望而最终达到约束其行为的目的。理性的制度相关人在交往中总是策略性地互动,因而处于重复博弈情况下的制度行动者在自身利益的驱动下会根据具体情况调整自己的行动策略。

　　在社会学制度主义的分析中,认为个体的行为应从其所在的整体来解释,行为者是深深地嵌入制度世界之中的,行为是在特定的世界观、价值观所形塑的文化环境中展开的,特定的行动是在经过制度的筛选之后才被构建出来的。因此,制度相关人不仅仅受其利益驱动,还要受到其经验、价值观念、文化等复杂因素的驱动。制度不仅仅是一种互动信息的提供者,更是一种"道德和认知范本的提供者"。[1] "制度不仅提供了何种策略是有用的信息,而且还影响着行动者的身份认同、自我印象和偏好。"[2]"他们认为,制度影响、制约甚至决定行为的方式,为特定社会化过程中的角色提供了某种内在化的"行为规范"和认知模板,即指明行动者在特定情景下把自己想象和建构成何种角色。因此,制度之所以能够得到扩展,现存世界的制度之所以会出现大量的同质化想象,并不是来自理性人的算计和合作意图,而是来自这种制度能够适应特定文化背景,能够在某种文化背景和组织场域中体现出合法性。"[3]

　　新制度主义政治学的三个理论学派从各自的理论视角建立自己的制度分析方式,正如彼得·豪尔和罗斯玛丽·泰勒所言:"每个流派的文献都真实地揭示了人类行为的不同维度,以及制度对人类行为所产生的不同影响。没有一个流派看起来是错误或不真实的。而且,每个流派都对既定制度下的作用力提供了部分解释,或者说都抓住了人类行为及相应制度影响的不同维度"[4]。它采取一种多元的思维对社会现象进行不同角度的解释,特别是它们对制度与行为的关系的阐释,体现出新制度主义政治学关于"制度攸关"的核心主张,即制度是重要的,但不是制度决定论。对此,古丁进行了精辟的分析,他认为:"个体或集体在追求行为目标时,通常受制于彼此互动所形成的环境;虽然这些约束可能有不同的表现形式,但最后都将会形成'制度',这些制度引导行动者的行为,同时也不断地被创造或塑造;行动者在受到约束的同时,制度也会给他们提供便利,以更好地实现预期目标;制度能够改变行动者的偏好、价值观与动机;制度对行为或行为选择的约束与便利,可以从历史进程中得到解释;制度是集体互动的结果;这种互动过程,不仅生成了制度,而且是

　　① 曹胜.制度与行为关系:理论差异与交流整合——新制度主义诸流派的比较研究[J].中共天津市委党校学报,2009(4):57-61.

　　②④ 彼得·豪尔,罗斯玛丽·泰勒.政治科学与三个新制度主义[J].何俊智,译.经济社会体制比较,2003(5):20-29.

　　③ 何俊志.新制度主义政治学的流派划分与分析走向[J].国外社会科学,2004(2):8-15.

整个政治生活存续的基本动力。"①简言之,一个行动者的行为,也许会受到来自有关其他行动者可能出现的利益算计的影响,或者是受到类似于道德或认知模板的影响,但是具体受到何种影响又往往依赖于既定的制度。鉴于此,本研究将不囿于学派壁垒,而是以问题为中心,根据解决问题的需要来选择相关的理论观点,综合运用新制度主义政治学各流派的理论和方法开展研究。

三、新制度主义理论与地方应用型本科高校行为策略的选择

当今在与国家经济社会发展越来越紧密的高等教育领域里,除了"双一流"建设备受国人特别是学界的关注,关于地方本科高校向应用型本科"转型"的相关话语也此起彼伏,引发学界的热切关注和争论。自 2015 年 10 月,教育部、国家发展改革委、财政部正式共同出台《关于引导部分地方普通本科高校向应用型转变的指导意见》之后,部分地方本科高校的转型发展,既是国家经济社会发展和高等教育体系多样化的外部客观需求,也成为学校自身生存发展的内生性需求。

(一)新制度主义政治学主流学派对大学变革的解释视角

理性选择制度主义学派从理性策略算计的行动者行为的角度解释大学变革,强调决策者的理性特征,将利益和效率放在突出位置,将资源的获取和交易成本的降低视为组织变革的动力。为此,如果现有大学组织形式不能满足行动者从交易中获利的需要,组织创新就会发生。这一解释路径对分析地方本科高校转型发展出现的问题能做出很好的解释,诸如:大学制度从何而来?为什么一些地方本科高校向应用型转型模式的创新得到扩散而另外一些则没有?为什么地方本科高校向应用型转型模式创新在扩散速度和最终程度上不同?一种大学模式如何变成式微乃至转型?但是,理性选择制度主要学派的这一解释路径,无法回答地方应用型本科高校转型过程中的许多变革并不指向单纯地提高效率的现实。

而历史制度主义学派则主张在组织创新过程中,偏重于制度的产生和运行过程中权力的非对称性特征,认为大学组织是一个竞争场所,具有不同利益和影响力的联盟主导大学变革而竞争。大学变革是行动者为了完成他们的目标而做出政治努力的产物。这一路径解释用于当下地方本科高校向应用型转型发展动力,一方面既可能来自学校内部行政权力和学术权力之间的冲突和竞争、抵牾与争执,另一方面也有来自政府、市场等高校外部环境因素的影响和推动。组织转型的成功以及由此采用的组织形式,依赖于支持和反对或竭力影响它的行动者的力量对比。

政治科学中的社会学制度主义流派主要源于社会学的组织理论从 20 世纪 70 年代以

---

① GOODIN R. The theory of institutional design[M]. Cambridge: Cambridge University Press, 1996:19-20.

来的革新。该学派的典型代表人物迪马吉奥和鲍威尔认为,组织体制同质化过程的动力,已经再也不是马克斯·韦伯所指的竞争和效率需求,而在更大程度上是源于"权力"和特定的组织场域之内的"合法性"压力。这一学派打破了过于强调行动者的利益驱动在大学变革中作用的理性选择制度主义和历史制度主义的解释路径,开辟了文化-价值观解释路径。"这一解释基于这样的假设:制度影响人们行为的方式与途径,是为特定社会化过程中的角色提供某种内在化行为规范和认知模板,即指明行动者在特定情景下把自己想象和建构为何种角色。这种解释认为,一种新制度的诞生可能是在旧的制度文化氛围中自然演进的结果,也可能是新旧文化之间产生冲突的结果。"[①]"一旦一种组织形式是嵌入(制度)性的,其生存和繁荣的能力就较少依赖绩效,而较多依赖其所传播的可靠的秩序意义。"[②]这样就不难理解,地方应用型本科高校为了提高组织变革的正当性和稳定性,内部组织结构、组织行为及其学术制度的建构具有同构性特征。

(二)地方应用型本科高校转型发展行为策略的选择取向

制度的趋同源于强制、模仿和社会规范机制所产生的实质性影响。在强制机制下,组织为生存必须依赖其他组织和社会文化,以期组织形成正式和非正式压力;在模仿机制下,当组织的技术难以理解,当目标比较模糊,或者当环境不确定时,组织自身无力选择行为最佳方案时,就会根据成功了的组织的做法来塑造自身,以减少不确定性;在社会规范机制下,职业化所要求的规范性也会影响一个场域中组织形式的扩散。同理,学术职业化过程也会导致组织变革的趋同,通俗地说,相同的职业背景会塑造出行动者相似的认知结构,相似的认知结构会导致选择相似的大学组织形式。[③]

应该说,政治科学中的理性选择制度主义、历史制度主义和社会学制度主义在分析大学变革动力方面有不同的解释路径,各有所长,也都具有其局限性。理性选择制度主义善于微观的技术分析,社会学制度主义长于宏观的背景探讨,历史制度主义则是一种中层意义的综合解释。[④] 本书运用这三种解释路径理解地方应用型本科高校转型发展现象的不同方面,以整合而不是对立的视角进行分析,以便更好地从制度变迁的视角探究组织的转型行为取向与组织中的个人行为取向之间的相互关系。

---

① 彼得·豪尔,罗斯玛丽·泰勒.政治科学与三个新制度主义[J].何俊智,译.经济社会体制比较,2003(5):20-29.

② 沃尔特·W.鲍威尔,保罗·J.迪马吉奥.组织分析的新制度主义[M].姚伟,译.上海:上海人民出版社,2008:366.

③ 周光礼.大学变革与转型:新的思路与新的分析[J].教育学术月刊,2013(4):74-80.

④ 周光礼.大学治理模式变迁的制度逻辑——基于多伦多大学的个案研究[J].高等工程教育研究,2008(3):55-61.

四、新制度主义理论与高校教师学术行为策略的选择

(一)新制度主义政治学主流学派对个体行为的解释视角

新制度主义研究制度常常是从个人与制度互动的关系着手开始研究的。理性选择制度主义强调人是在一定的行动舞台上进行选择的,这种选择受到制度的强烈制约,制度的引入消解了理性选择中"个体理性导致集体行动困境"的难题,认为个人的行为要受到规则、合约的影响,如果同时把个人看作是独立的决策者,个人还会影响制度。理性选择分析中的个人与制度的关系可以概括为:人们设计和创造制度的同时又要受到制度的约束;社会学制度主义强调制度对个人的影响而不是个人影响制度,制度是一种规范、象征、意义结构、组织结构等多要素复合体,制度能通过意义解释、规范来影响个人的偏好并进而影响个人的行为选择,个人在组织中会通过习惯化、客观化、沉淀化而最终形成对组织或规范的认同。①

豪尔和泰勒认为,新制度主义政治学在解释行动者的行为与制度互动机制的问题上,理性选择制度主义主要采取了"算计途径"(calculus approach),其关注人们在策略性算计基础上的工具性行为,它假定个体最大化地寻求实现自己的一系列目标。换言之,个体行动者会在既定偏好的基础上彻底考察每一个行动方案,最终采取那些能够使自己效用最大化的行动方案。社会学制度主义主要采用"文化途径"(cultural approach),这一路径的分析是假定个人行为不仅仅受利益驱动,更重要的是它还受个人价值观念的限制。因此,个人在选择行动方案时所运用的手段也不总是策略性的,而是在价值影响下的选择。而历史制度主义则大体采取一种包容的态度,同时利用这两种分析途径来具体地阐述制度和行为之间的关系。②

发展是大学面临的永恒主题,大学发展不仅仅是规模的扩大,更在于内涵的发展,而内涵的发展表现即为学术之繁荣。学术制度的本质功能在于规范学术行为、保护学者研究探索学问的自由、激励学术繁荣,学术制度的工具性和强制性使学术活动便于开展和管理,同时,学术制度也存在着时效问题和优劣之分。学术制度是人们围绕学术活动而构建的影响学术生产行为和结果的一切规则的总称,旨在保障和推进学术发展的行为规范和准则,包括激励、约束、惩戒、评价、晋职、管理等机制。从制度产生方式看,学术制度有外在学术制度和内在学术制度之分;从制度的表现载体看,有正式制度和非正式制度之分。

(二)高校教师学术行为策略的选择取向

根据理性选择制度主义的观点,学术制度作为"游戏规则"形塑着高校教师个体的行

---

① TOLBERT P S,ZUCKER L G.The institutionalism of institutional theory[M]//CLEGG S,HARDY C.Handbook of organization studies,thousand oaks.CA:Sage,1996.

② 彼得·豪尔,罗斯玛丽·泰勒.政治科学与三个新制度主义[J].何俊智,译.经济社会体制比较,2003(5):20-29.

为举止,然而,高校教师作为一个又一个个体,并不会一味被动地接受学术管理制度的束缚,还有可能通过重新认识学术制度的合理性并对学术管理制度所建立起来约束和激励机制做出理性反应,或采取一些方式来规避对他们不利的管理规则,或利用潜规则的形式来规避不利于自己利益的规则,或在管理制度的刺激下产生一些与组织目标不相符合的行为。

从历史制度主义观点看,其强调在制度的产生和运作过程中权力的非对称性特征。当前,我国大学组织中存在的"行政泛化"现象,表现为行政权力强大,学术权力相对弱势,行政权力超越甚至取代学术权力的现象时有发生。在这种状况下,大学管理者在学术管理制度制定时拥有绝对的权力和话语权,在制定学术管理制度过程中由于急功近利、操之过急或者出于自身利益的考量等因素,常常可能忽视高校教师的利益,如此就势必造成制度设计的缺陷,影响到制度有效性的发挥,导致在制度安排中利益分配的不均衡。

按照社会学制度主义的观点,制度相关人不仅仅受其利益驱动,还要受到其经验、价值观念、文化等复杂因素的驱动。制度对行为的影响机制主要是通过两种途径展开的:一是制度为行动者的行为提供"认知版本";二是制度为行为提供"规范版本"。这就是说,生活在一定制度下的高校教师不但要在利益的基础上考虑问题,其行为选择还需要受一定的价值观念和文化符号的直接影响,虽然一些文化符号可能具有隐性特征,但其行为仍然需要受广为人们接受的制度及其价值观念所控制。

所以,从制度与行为的关系视角来研究地方应用型本科高校教师的科研发展动力问题时,一方面,应从人的自身的因素入手来理解人的行为,从人的思想感情、经历和个体需要方面理解人的行为,根据人的经历和价值体系来解释他们的活动和行为;另一方面,也不能忽视人的行为背后的社会背景,要根据外部环境因素来解释人的行为,考察其外部环境因素变化对人的行为的影响。换言之,个人行为不可能发生在真空之中,而是镶嵌于具体的制度环境内,只有发生在具体制度背景下的个人行为才能完整地被理解,才能准确地判断学术制度是如何促进或者抑制地方应用型本科高校教师的科研发展动力的。

第三章　高校青年教师科研发展动力的问卷调查分析

—— 以福建省为例

　　量化研究方法,强调研究者对事物可观测的部分及其相互关系进行测量、计算和分析,以达到对事物本质的把握。本章以福建省为例,采用量化研究方法,旨在较为总体地了解福建省高校青年教师科研发展现状,深入了解福建省国家重点建设高校、省重点建设老牌高校和地方应用型本科高校三类公立本科高校之间青年教师科研发展状况的差别,探讨地方应用型本科高校青年教师科研发展有利因素与存在的具体问题。

第一节　问卷调查设计与实施

一、研究对象

　　本研究采取分层分类抽样的方法,从福建省 22 所(截至 2017 年 5 月)公立本科高校中按照隶属关系和地域确定了 14 所高校作为调研对象,分别将其分为国家重点建设高校、省重点建设老牌高校和地方应用型本科高校三类公立本科高校,并根据年龄、性别、学位、职称、学科等特点,选取 3000 名 40 岁以下青年专任教师作为调查样本,共发放问卷3000份,回收 2807 份,回收率 93.6％,其中有效问卷 2629 份,有效率 87.6％。

二、研究内容及研究工具

　　为了较为全面地了解福建省高校青年教师科研发展现状,笔者在查阅相关文献资料的基础上,结合研究需要,设计了高校青年教师科研发展动力研究调查问卷。问卷内容涉及青年教师对学术职业的态度、科研意识、科研环境、科研动机、科研参与状况、科研需求、科研定位、科研成果、科研形式与方法以及青年教师对学校学术制度的评价等方面,采用SPSS 19.0 软件进行统计分析,具体主要运用频率分析法、交叉分析法和单因素方差分析等基本的描述性统计分析对调查数据进行统计与分析。

三、调查研究样本的分布

(一)学校抽样分布

学校抽取样本比例分别为:国家重点建设高校 488 份,占 18.6%;省重点建设高校 529 份,占 20.1%;地方应用型本科高校 1612 份,占 61.3%(图 3-1)。因三类高校数呈金字塔结构,为此地方应用型本科高校抽取的样本量占多数。

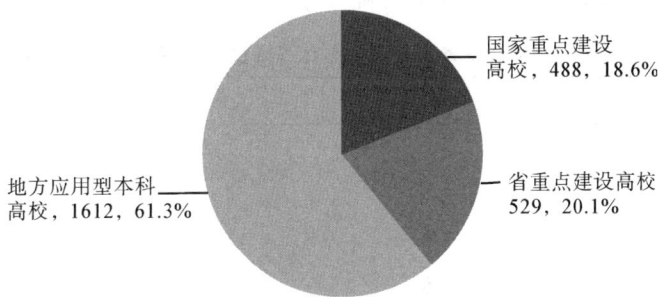

图 3-1　接受调查学校样本分布

(二)个体样本分布

从个体抽样调查的结果看(表 3-1),在年龄层面分布上,25 岁以下共有 72 人参加了调查,占 2.7%;25～30 岁中共有 605 人参加了调查,占 23.0%;30～35 岁中共有 1173 人参加了调查,占 44.6%;35～40 岁中共有 779 人参加了调查,占 29.6%,说明抽样青年教师中 30～35 岁年龄段的青年教师居多。

在性别层面分布上,男教师共有 1204 人参加了调查,占 45.8%,女教师共有 1425 人参加了调查,占 54.2%,说明抽样青年教师中女教师略高于男教师。

在婚姻状况分布上,已婚青年教师共有 1972 人参加了调查,占 75.0%;未婚青年教师共有 600 人参加了调查,占 22.8%;丧偶青年教师共有 36 人参加了调查,占 1.4%;离异青年教师共有 21 人参加了调查,占 0.8%,说明抽样青年教师中已婚人数居多。

在学历层面分布上,第一学历为专科学历共有 51 人参加了调查,占 1.9%;本科学历共有 1058 人参加了调查,占 40.2%;硕士研究生学历共有1007 人参加了调查,占 38.3%;博士研究生共有 513 人参加了调查,占 19.5%,说明抽样青年教师第一学历中本科和硕士所占比率高。

在学位层面分布上,无学位共有 16 人参加了调查,占 0.6%;学士学位共有 250 人参加了调查,占 9.5%;硕士学位共有 1546 人参加了调查,占 58.8%;博士学位共有 817 人参加了调查,占 31.1%,说明抽样青年教师中硕士学位所占比率最高。

在职称层面分布上,分为未定级、助教、讲师、副教授和教授五级,教授共有 62 人参加了调查,占 2.4%;副教授共有 443 人参加了调查,占 16.9%;讲师共有 1708 人参加了调查,占 65.0%;助教共有 352 人参加了调查,占 13.4%;未定级共有 64 人参加了调查,占 2.4%,说明抽样青年教师中讲师职称高居第一。

在学科层面分布上,哲学共有 95 人参加了调查,占 3.6%;文学共有 406 人参加了调查,占 15.4%;历史学共有 89 人参加了调查,占 3.4%;法学共有 126 人参加了调查,占 4.8%;经济学共有 117 人参加了调查,占 4.5%;管理学共有 312 人参加了调查,占 11.9%;理学共有 296 人参加了调查,占 11.3%;工学共有 667 人参加了调查,占 25.4%;农学共有 137 人参加了调查,占 5.2%;医学共有 15 人参加了调查,占 0.6%;教育学共有 200 人参加了调查,占 7.6%;军事学共有 4 人参加了调查,占 0.2%;艺术学共有 165 人参加了调查,占 6.3%,总体看,抽样青年教师中文科与理工科的占比相对均衡。

表 3-1　接受调查青年教师的个体样本的人口学特征及其分布

变量名称	类　别	人数/个	百分比/%
年龄	25 岁以下	72	2.7
	25～30 岁	605	23.0
	30～35 岁	1173	44.6
	35～40 岁	779	29.6
性别	男	1204	45.8
	女	1425	54.2
婚姻	已婚	1972	75.0
	未婚	600	22.8
	丧偶	36	1.4
	离异	21	0.8
第一学历	专科	51	1.9
	本科	1058	40.2
	硕士研究生	1007	38.3
	博士研究生	513	19.5
学位	无学位	16	0.6
	学士	250	9.5
	硕士	1546	58.8
	博士	817	31.1
职称	教授	62	2.4
	副教授	443	16.9
	讲师	1708	65.0
	助教	352	13.4
	未定级	64	2.4

续表

变量名称	类 别	人数/个	百分比/%
学科	哲学	95	3.6
	文学	406	15.4
	历史学	89	3.4
	法学	126	4.8
	经济学	117	4.5
	管理学	312	11.9
	理学	296	11.3
	工学	667	25.4
	农学	137	5.2
	医学	15	0.6
	教育学	200	7.6
	军事学	4	0.2
	艺术学	165	6.3

按照高校类型对个体第一学历样本分布的交叉分析显示(表 3-2),样本中地方应用型本科高校青年教师的第一学历中硕士人数比例多些,省重点建设老牌高校的本科人数比例略高于硕士人数比例,国家重点建设高校的博士人数比例多些。

表 3-2 高校类型 * 第一学历交叉分析

高校类型		第一学历				合 计
		专科	本科	硕士研究生	博士研究生	
国家重点建设高校	计数/个	5	186	91	206	488
	高校类型中的占比/%	1.0	38.1	18.7	42.2	100.0
省重点建设老牌高校	计数/个	12	234	206	77	529
	高校类型中的占比/%	2.3	44.2	38.9	14.6	100.0
地方应用型本科高校	计数/个	34	638	710	230	1612
	高校类型中的占比/%	2.1	39.6	44.0	14.3	100.0
合计	计数/个	51	1058	1007	513	2629
	高校类型中的占比/%	1.9	40.3	38.3	19.5	100.0

按照高校类型对个体学位样本分布的交叉分析显示(表 3-3),样本中地方应用型本科高校和省重点建设老牌高校的青年教师硕士学位比例大,国家重点建设高校则博士比例高。

表 3-3　高校类型 * 学位交叉分析

高校类型		学　位				合　计
		无学位	学士	硕士	博士	
国家重点建设高校	计数/个	2	33	139	314	488
	高校类型中的占比/%	0.4	6.8	28.5	64.3	100.0
省重点建设老牌高校	计数/个	1	57	349	122	529
	高校类型中的占比/%	0.2	10.8	66.0	23.0	100.0
地方应用型本科高校	计数/个	13	160	1058	381	1612
	高校类型中的占比/%	0.8	9.9	65.6	23.7	100.0
合计	计数/个	16	250	1546	817	2629
	高校类型中的占比/%	0.6	9.5	58.8	31.1	100.0

按照高校类型对个体职称样本分布的交叉分析显示(表 3-4),样本中地方应用型本科高校、省重点建设老牌高校、国家重点建设高校三类高校的青年教师讲师的比例最大。

表 3-4　高校类型 * 职称交叉分析

高校类型		职　称					合　计
		教授	副教授	讲师	助教	未定级	
国家重点建设高校	计数/个	19	131	287	36	15	488
	高校类型中的占比/%	3.9	26.8	58.8	7.4	3.1	100.0
省重点建设老牌高校	计数/个	5	60	368	82	14	529
	高校类型中的占比/%	0.9	11.3	69.6	15.5	2.7	100.0
地方应用型本科高校	计数/个	38	252	1054	233	35	1612
	高校类型中的占比/%	2.4	15.6	65.4	14.4	2.2	100.0
合计	计数/个	62	443	1709	351	64	2629
	高校类型中的占比/%	2.4	16.8	65.0	13.4	2.4	100.0

整体看,2629 名接受调查青年教师的个体样本的人口学特征及其分布状况,从学校抽样分布看,因三类高校数呈金字塔结构,为此地方应用型本科高校抽取的样本量占多数。从个体抽样分布看,30～35 岁年龄段的青年教师居多;女教师略高于男教师;已婚人数居多;第一学历中本科和硕士所占比率高;硕士学位的所占比率最高;讲师职称高居第一;文科与理工科的青年教师人数占比相对均衡。从高校类型对个体样本特征交叉分析显示,在第一学历方面,地方应用型本科高校青年教师的第一学历中硕士人数比例多些,省重点建设老牌高校的本科人数比例略高于硕士人数比例,国家重点建设高校博士比例大;在学位方面,地方应用型本科高校和省重点建设老牌高校的青年教师硕士学位比例大,国家重点建设高校则博士比例高;在职称方面,地方应用型本科高校、省重点建设老牌高校、国家重点建设高校三类高校的青年教师讲师的比例最大。

四、调查的具体实施过程

为保证调查的有效性，笔者先将问卷初稿送交专家、导师审阅，审阅主要内容包括问卷各个项目的语义表达和内容效度；再根据专家、导师审阅反馈意见，进行问卷项目的删除、补充、修改和完善；然后在两所学校进行了 50 人试点调查，并根据所发现的问题对问卷再次做了修改和完善。为保证调查问卷有较高的回收率，笔者联系福建省各高校的科研部门，请他们帮忙发放和回收问卷，以保证问卷的回收率和有效性。

第二节　高校青年教师科研发展现状调查
结果统计分析

一、青年教师对学术职业的选择与规划

学术职业的选择与规划是个体对职业稳定性、职业满意度和职业成就感形成的前提。本调查的第一部分为了解青年教师对学术职业的选择与规划，笔者设计了三个问题：一是青年教师对高校教师职业吸引力的倾向程度；二是高校青年教师未来 5 年的职业规划情况；三是影响青年教师选择所在高校的因素状况。

(一)青年教师对高校教师职业吸引力的倾向程度

调查结果显示（表 3-5），抽样青年教师总人数 2629 人，其中本题的有效份数为 2622，数据的有效率达 99.7%，有效率高。整体看青年教师对高校教师这一职业较有吸引力的因素倾向程度，有 70.8% 的青年教师选择"时间相对自主"；有 59.9% 的青年教师选择"工作稳定"；有 45.8% 的青年教师选择"社会认可度高"；有 38.3% 的青年教师选择"自我实现"；有 17.5% 和 15.3% 的青年教师分别选择"工资与福利"和"集体归属感"，说明青年教师对高校教师这一职业较有吸引力的倾向程度因素排前四的为时间相对自主、工作稳定、社会认可度高和自我实现。

表 3-5　高校教师职业较大吸引力因素倾向程度

高校教师职业较大吸引力因素	人数/个	百分比/%	个案百分比/%
工作稳定	1570	24.2	59.9
时间相对自主	1856	28.6	70.8
社会认可度高	1200	18.5	45.8
工资与福利	460	7.1	17.5

续表

高校教师职业较大吸引力因素	人数/个	百分比/%	个案百分比/%
集体归属感	402	6.2	15.3
自我实现	1005	15.4	38.3
总计	6493	100.0	247.6

按照高校类型对高校教师职业较大吸引力因素进行交叉分析显示(表 3-6),不同类型高校的青年教师对高校教师较大吸引力因素的认同上是一致的,均认为高校教师这一职业较有吸引力的因素倾向程度首先是"时间相对自主"和"工作稳定";其次是"社会认可度高"和"自我实现";最后是"工资与福利"和"集体归属感"。其中,国家重点建设高校的青年教师选择"自我实现"比"社会认可度高"的比率高,而省重点建设老牌高校和地方应用型本科高校的青年教师"社会认可度高"比"自我实现"的比率高,说明国家重点建设高校的青年教师自信心强,自我发展的愿望最强烈。

表 3-6 高校类型 * 高校教师职业较大吸引力因素交叉分析

高校类型		高校教师职业较大吸引力因素倾向程度						合 计
		工作稳定	时间相对自主	社会认可度高	工资与福利	集体归属感	自我实现	
国家重点建设高校	计数/个	269	354	206	70	54	246	1199
	高校类型中的占比/%	22.4	29.5	17.2	5.9	4.5	20.5	100.0
省重点建设老牌高校	计数/个	343	384	263	107	83	192	1372
	高校类型中的占比/%	25.0	28.0	19.2	7.8	6.0	14.0	100.0
地方应用型本科高校	计数/个	958	1118	731	283	265	567	3922
	高校类型中的占比/%	24.4	28.5	18.6	7.2	6.8	14.5	100.0
合计	计数/个	1570	1856	1200	460	402	1005	6493

(二)高校青年教师未来5年的职业规划情况

调查结果显示(表 3-7),抽样青年教师总人数 2629 人,其中本题有效份数为 2628,数据的有效率高。高校青年教师对未来 5 年的职业规划情况频率分布从高到低依次是"准备在本校晋升高一级职称"占 71.8%、"提升学历后继续留在本校"占 19.2%、"提升学历后会考虑到条件更优越的单位工作"占 4.7%、"会考虑转到国内其他大中专院校或科研机构工作"占 2.7%、"会考虑到企事业单位工作"占 1.6%,显然,大部分青年教师选择"准备在本校晋升高一级职称",其次是选择"提升学历后继续留在本校",这与高校教师职业的自由度和稳定性呈正相关关系。

表 3-7　高校青年教师未来 5 年的职业规划情况

职业规划	人数/个	百分比/%
无	1	0
准备在本校晋升高一级职称	1887	71.8
提升学历后继续留在本校	505	19.2
提升学历后会考虑到条件更优越的单位工作	123	4.7
会考虑转到国内其他大中专院校或科研机构工作	72	2.7
会考虑到企事业单位工作	41	1.6
合计	2628	100.0
缺失	1	0.0
合计	2629	100.0

按照高校类型对高校青年教师未来 5 年的职业规划情况交叉分析显示（表 3-8），三种类型高校的青年教师选择基本一致，首选"准备在本校晋升高一级职称"；其次选择"提升学历后继续留在本校"的青年教师人数较多。在选择"提升学历后继续留在本校"的青年教师的比率从高到低依次为地方应用型本科高校、省重点建设老牌高校和国家重点建设高校。

表 3-8　高校类型 * 高校青年教师未来 5 年的职业规划情况交叉分析

高校类型		高校青年教师未来 5 年的职业规划情况					
		准备在本校晋升高一级职称	提升学历后继续留在本校	提升学历后会考虑到条件更优越的单位工作	会考虑转到国内其他大中专院校或科研机构工作	会考虑到企事业单位工作	合　计
国家重点建设高校	计数/个	390	60	17	12	8	487
	高校类型中的占比/%	80.1	12.3	3.5	2.5	1.6	100.0
省重点建设老牌高校	计数/个	394	92	24	10	9	529
	高校类型中的占比/%	74.5	17.4	4.5	1.9	1.7	100.0
地方应用型本科高校	计数/个	1103	353	82	50	24	1612
	高校类型中的占比/%	68.4	21.9	5.1	3.1	1.5	100.0
合计	计数/个	1887	505	123	72	41	2628
	高校类型中的占比/%	71.8	19.2	4.7	2.7	1.6	100.0

（三）影响青年教师选择所在高校的因素状况

调查结果显示（表 3-9），抽样青年教师总人数 2629 人，其中本题有效份数为 2542，数据有效率达96.7%,有效率高。影响青年教师选择所在高校主要因素前五位依次是"城市环境"(44.2%)、"地理位置"(39.2%)、"离家较近"(37.1%)、"发展前景"(32.2%)、"高校声誉"(22.7%)。

表 3-9　影响青年教师选择所在高校的因素

影响因素	人数/个	百分比/%	个案百分比/%
地理位置	997	16.7	39.2
城市环境	1123	18.8	44.2
高校声誉	578	9.7	22.7
发展前景	819	13.7	32.2
薪酬待遇	385	6.4	15.1
人文环境	503	8.4	19.8
工作压力	269	4.5	10.6
具体岗位	368	6.1	14.5
离家较近	942	15.7	37.1
合计	5984	100.0	235.4

按照高校类型对影响青年教师选择所在高校的因素进行交叉分析显示(表3-10),国家重点建设高校的青年教师选择所在高校的主要因素侧重考虑"城市环境"、"发展前景"和"高校声誉",省重点建设老牌高校的青年教师主要侧重考虑"城市环境"、"地理位置"和"离家较近",地方应用型本科高校的青年教师则主要侧重考虑"离家较近"、"城市环境"和"地理位置"。

表 3-10　高校类型 * 影响青年教师选择所在高校的因素交叉分析

高校类型		影响青年教师选择所在高校的因素									合计
		地理位置	城市环境	高校声誉	发展前景	薪酬待遇	人文环境	工作压力	具体岗位	离家较近	
国家重点建设高校	计数/个	176	238	189	198	78	107	21	59	134	471
	高校类型中的占比/%	37.4	50.5	40.1	42.0	16.6	22.7	4.5	12.5	28.5	
省重点建设老牌高校	计数/个	224	270	109	153	94	146	65	73	179	508
	高校类型中的占比%	44.1	53.1	21.5	30.1	18.5	28.7	12.8	14.4	35.2	
地方应用型本科高校	计数/个	597	615	280	468	213	250	183	236	629	1563
	高校类型中的占比%	38.2	39.3	17.9	29.9	13.6	16.0	11.7	15.1	40.2	
合计	计数/个	997	1123	578	819	385	503	269	368	942	2542

二、青年教师的科研意识

科研意识是指进行科学研究的意识,具体来说,包括创新意识、攻关意识、竞争意识、超前意识、精品意识、法律意识、协作意识等。[①] 科研意识是开展科研活动的内在动力,是从事科研的前提。科研意识越强烈,科研行为也将会越自觉,也就越容易在教育教学及科研工作中取得创造性的成果,较强烈的科研意识表现在对科研的重要性、意义有充分的认识,有强烈的从事科研的愿望。[②] 为此,本调查的第二部分为了解高校青年教师的科研意识状况,笔者设计了六个方面的问题:一是科研对学校发展的重要性;二是科研对个人发展的重要性;三是科研对个人在学生中的声誉的重要性;四是科研对社会的发展的重要性;五是科研与教学的关系;六是学生参与青年教师的科研活动频率。

(一)科研对学校发展的重要性

调查结果显示(表 3-11),青年教师认为科研对学校发展非常重要占 38.4%、重要占 48.7%,显然有 87.1%的青年教师认为科研对于学校的发展是重要的;认为科研对于学校发展的重要程度是一般的占 11.3%,认为不重要及很不重要的只占 1.6%。

表 3-11　科研对学校发展的重要程度

重要程度	人数/个	百分比/%
非常重要	1008	38.4
重要	1281	48.7
一般	298	11.3
不重要	27	1.0
很不重要	15	0.6
合计	2629	100.0

按照高校类型对青年教师认为科研对学校发展的重要程度的交叉分析(表 3-12),可看出,认为科研对学校发展的重要程度人数比率从高到低依次为国家重点建设高校的青年教师占 92%、省重点建设老牌高校的青年教师占 87.9%和地方应用型本科高校的青年教师占 85.3%,特别是在认为科研对学校发展的非常重要的人数比率中国家重点建设高校的青年教师占 54.7%,高于省重点建设老牌高校和地方应用型本科高校的青年教师。

①　雷小生,刘淑春.高职院校教师科研素质现状及培养对策分析[J].中国高教研究,2009(5):66-67.
②　杜玲玲.提高高校青年教师科研能力的几点思考[J].江西教育科研,2006(4):45-46.

表 3-12　高校类型 * 科研对学校发展的重要程度交叉分析

高校类型		科研对学校发展的重要程度					合　计
		非常重要	重要	一般	不重要	很不重要	
国家重点建设高校	计数/个	267	182	36	1	2	488
	高校类型中的占比/%	54.7	37.3	7.4	0.2	0.4	100.0
省重点建设老牌高校	计数/个	212	253	56	6	2	529
	高校类型中的占比/%	40.1	47.8	10.6	1.1	0.4	100.0
地方应用型本科高校	计数/个	529	846	206	20	11	1612
	高校类型中的占比/%	32.8	52.5	12.8	1.2	0.7	100.0
合计	计数/个	1008	1281	298	27	15	2629
	高校类型中的占比/%	38.4	48.7	11.3	1.0	0.6	100.0

(二)科研对个人发展的重要性

调查结果显示(表 3-13),青年教师认为科研对个人发展非常重要占 38.6%、重要占 48.3%,显然有 86.9% 的青年教师认为科研对于个人的发展是重要的;认为科研对于个人的发展的重要程度是一般的占 11.7%,认为不重要及很不重要的只占 1.4%。

表 3-13　科研对个人发展的重要程度

重要程度	人数/个	百分比/%
非常重要	1016	38.6
重要	1270	48.3
一般	307	11.7
不重要	26	1.0
很不重要	10	0.4
合计	2629	100.0

按照高校类型对青年教师认为科研对个人发展的重要程度的交叉分析(表 3-14),可看出,认为科研对个人发展的重要程度人数比例从高到低依次为国家重点建设高校的青年教师占 90.8%、省重点建设老牌高校的青年教师占 88.8% 和地方应用型本科高校的青年教师占 85.2%,特别是在认为科研对个人发展的非常重要人数占比中国家重点建设高校的青年教师占 55.9%,高于省重点建设老牌高校和地方应用型本科高校的青年教师。

表 3-14　高校类型＊科研对个人的发展的重要程度交叉分析

高校类型		科研对个人的发展的重要程度					合　计
		非常重要	重要	一般	不重要	很不重要	
国家重点建设高校	计数/个	273	170	41	1	3	488
	高校类型中的占比/%	55.9	34.9	8.4	0.2	0.6	100.0
省重点建设老牌高校	计数/个	192	278	48	8	3	529
	高校类型中的占比/%	36.3	52.5	9.1	1.5	0.6	100.0
地方应用型本科高校	计数/个	551	822	218	17	4	1612
	高校类型中的占比/%	34.2	51.0	13.5	1.1	0.2	100.0
合计	计数/个	1016	1270	307	26	10	2629
	高校类型中的占比/%	38.6	48.3	11.7	1.0	0.4	100.0

(三)科研对个人在学生中的声誉的重要性

调查结果显示(表 3-15),青年教师认为科研对个人在学生中的声誉非常重要占21.0%、重要占43.1%,有64.1%的青年教师认为科研对个人在学生中的声誉是重要的;认为一般的占29.3%,认为不重要及很不重要的占6.6%。

表 3-15　科研对个人在学生中的声誉的重要程度

重要程度	人数/个	百分比/%
非常重要	552	21.0
重要	1134	43.1
一般	770	29.3
不重要	135	5.1
很不重要	38	1.5
合计	2629	100.0

按照高校类型对青年教师认为科研对个人在学生中的声誉的重要程度的交叉分析(表 3-16),可看出,认为科研对个人在学生中的声誉的重要程度人数比率从高到低依次为国家重点建设高校的青年教师占69.5%、省重点建设老牌高校的青年教师占66.6%和地方应用型本科高校的青年教师占61.7%。

表3-16 高校类型＊科研对个人在学生中的声誉交叉分析

高校类型		科研对个人在学生中的声誉					合　计
		非常重要	重要	一般	不重要	很不重要	
国家重点建设高校	计数/个	146	193	121	24	4	488
	高校类型中的占比％	29.9	39.6	24.8	4.9	0.8	100.0
省重点建设老牌高校	计数/个	114	238	142	29	6	529
	高校类型中的占比％	21.6	45.0	26.8	5.5	1.1	100.0
地方应用型本科高校	计数/个	292	703	507	82	28	1612
	高校类型中的占比％	18.1	43.6	31.5	5.1	1.7	100.0
合计	计数/个	552	1134	770	135	38	2629
	高校类型中的占比％	21.0	43.1	29.3	5.1	1.5	100.0

(四)科研对社会的发展的重要性

调查结果显示(表3-17),青年教师认为科研对社会的发展非常重要占34.5％,重要占44.1％,有78.6％的青年教师认为科研对社会的发展是重要的;一般占18.2％,不重要及很不重要的仅占3.2％。

表3-17 科研对社会的发展的重要程度

重要程度	人数/个	百分比/％
非常重要	906	34.5
重要	1161	44.1
一般	478	18.2
不重要	60	2.3
很不重要	24	0.9
合计	2629	100.0

按照高校类型对青年教师认为科研对社会的发展的重要程度的交叉分析(表3-18),可看出,认为科研对社会的发展的重要程度人数比例从高到低依次为国家重点建设高校的青年教师占82.8％、地方应用型本科高校的青年教师占77.9％和省重点建设老牌高校的青年教师占77.0％。

表 3-18　高校类型＊科研对社会的发展交叉分析

高校类型		科研对社会的发展					合　计
		非常重要	重要	一般	不重要	很不重要	
国家重点 建设高校	计数/个	226	178	73	6	5	488
	高校类型中的 占比/%	46.3	36.5	15.0	1.2	1.0	100.0
省重点建设 老牌高校	计数/个	176	231	100	19	3	529
	高校类型中的 占比/%	33.3	43.7	18.9	3.6	0.5	100.0
地方应用型 本科高校	计数/个	504	752	305	35	16	1612
	高校类型中的 占比/%	31.3	46.6	18.9	2.2	1.0	100.0
合　计	计数/个	906	1161	478	60	24	2629
	高校类型中的 占比/%	34.5	44.1	18.2	2.3	0.9	100.0

(五)科研与教学的关系

调查结果显示(表 3-19),75.4%的青年教师认为高校的科研与教学的关系是相互促进与提高的,18.9%的青年教师认为科研与教学的关系是相互影响与干扰的,5.7%的青年教师认为科研与教学互不相关。

表 3-19　科研与教学的关系

关　系	人数/个	百分比/%
相互促进与提高	1982	75.4
相互影响与干扰	497	18.9
互不相关	150	5.7
合　计	2629	100.0

按照高校类型对青年教师认为科研与教学的关系的交叉分析(表 3-20),可看出,认为科研与教学的关系是相互促进与提高的人数比例从高到低依次为国家重点建设高校的青年教师占 80.9%、省重点建设老牌高校的青年教师占 77.9%和地方应用型本科高校的青年教师占 72.8%;认为科研与教学的关系是相互影响与干扰的人数比例从高到低依次为地方应用型本科高校的青年教师占 21.7%、省重点建设老牌高校的青年教师占 16.6%和国家重点建设高校的青年教师占 12.3%;认为科研与教学的关系是互不相关的人数占比从高到低依次是国家重点建设高校的青年教师占 6.8%、省重点建设老牌高校的青年教师占 5.5%和地方应用型本科高校的青年教师占 5.5%。

表 3-20　高校类型 ＊ 科研与教学的关系交叉分析

高校类型		科研与教学的关系			合　计
		相互促进与提高	相互影响与干扰	互不相关	
国家重点建设高校	计数/个	395	60	33	488
	高校类型中的占比/%	80.9	12.3	6.8	100.0
省重点建设老牌高校	计数/个	412	88	29	529
	高校类型中的占比/%	77.9	16.6	5.5	100.0
地方应用型本科高校	计数/个	1175	349	88	1612
	高校类型中的占比/%	72.9	21.6	5.5	100.0
合　计	计数/个	1982	497	150	2629
	高校类型中的占比/%	75.4	18.9	5.7	100.0

(六)学生参与青年教师的科研活动频率

调查结果显示(表 3-21),21.7％的青年教师认为学生从未参加自己的科研活动,51.4％的青年教师认为学生偶尔参加自己的科研活动,22.6％的青年教师认为学生经常性地参加自己的科研活动,4.3％的青年教师认为学生常常参加自己的科研活动。

表 3-21　学生参与青年教师科研活动

活动频率	人数/个	百分比/%
从未	570	21.7
偶尔	1351	51.4
经常	594	22.6
常常	114	4.3
合计	2629	100.0

按照高校类型对学生参与青年教师科研活动频率的交叉分析显示(表 3-22),三种类型高校的青年教师在学生参与自己科研活动的频率有所差异,经常与常常的活动频率从高到低的排序是国家重点建设高校占 33.4％、地方应用型本科高校占 26.5％、省重点建设老牌高校占 22.1％;学生从未参加自己的科研活动的青年教师人数从高到低排序为省重点建设老牌高校占 30.1％、地方应用型本科高校占 20.8％和国家重点建设高校占15.6％。

表 3-22　高校类型 * 学生参与青年教师科研活动频率交叉分析

高校类型		学生参与青年教师科研活动频率				合 计
		从未	偶尔	经常	常常	
国家重点建设高校	计数/个	76	249	115	48	488
	高校类型中的占比/%	15.6	51.0	23.6	9.8	100.0
省重点建设老牌高校	计数/个	159	253	96	21	529
	高校类型中的占比/%	30.1	47.8	18.1	4.0	100.0
地方应用型本科高校	计数/个	335	850	383	44	1612
	高校类型中的占比/%	20.8	52.7	23.8	2.7	100.0
合计	计数/个	570	1352	594	113	2629
	高校类型中的占比/%	21.7	51.4	22.6	4.3	100.0

三、高校科研环境

浓郁的学术氛围是高校的生命与灵魂,是培养学术人才的重要条件,办大学就是要办一种氛围。[1] 良好的学术氛围意味着教师能积极主动参与学术活动,拥有端正的学术态度、崇高的学术精神和浓厚的学术热情,长期受这种环境的熏陶,教师可树立学术研究的信心,提升学术研究的期望水平、乐观精神及面对学术困难的坚韧毅力。[2] 为此,本调查的第三部分为了解高校科研环境状况,笔者设计了七个方面的问题:一是学校对科研的重视程度;二是学校学术协作情况;三是青年教师所在科研组织的学术氛围;四是青年教师所在院系的科研平台情况;五是青年教师加入科研团队情况;六是青年教师所在研究团队的科研带头人表现;七是目前制约学校科研发展的主要因素。

(一)学校对科研的重视程度

调查结果显示(表 3-23),总体看,26.7%的青年教师认为所在高校非常重视科研工作,54.7%的青年教师认为所在高校重视科研工作,重视及以上程度达 81.4%;重视程度为一般的占 17.0%,只有 1.6%的青年教师认为学校对科研不重视及很不重视。

---

① 邓文琳,刘鸿.大学学术氛围及影响因素理论探析[J].黑龙江教育(高教研究与评估),2008(Z2):18-20.

② 王仙雅,林盛,陈立芸.科研压力对科研绩效的影响机制研究——学术氛围与情绪智力的调节作用[J].科学学研究,2013,31(10):1564-1571,1563.

表 3-23　学校对科研的重视程度

重视程度	人数/个	百分比/%
非常重视	702	26.7
重视	1437	54.7
一般	447	17.0
不重视	30	1.1
很不重视	13	0.5
合计	2629	100.0

按照高校类型针对学校对科研的重视程度的交叉分析（表 3-24），可看出，三种类型的高校对科研的重视程度从高到低排序依次为国家重点建设高校占 88.1%、地方应用型本科高校占 81.1%和省重点建设老牌高校占 76.0%。

表 3-24　高校类型 * 学校对科研的重视程度交叉分析

高校类型		学校对科研的重视程度					合　计
		非常重视	重视	一般	不重视	很不重视	
国家重点建设高校	计数/个	191	239	52	3	3	488
	高校类型中的占比/%	39.1	49.0	10.7	0.6	0.6	100.0
省重点建设老牌高校	计数/个	127	275	106	14	7	529
	高校类型中的占比/%	24.0	52.0	20.0	2.7	1.3	100.0
地方应用型本科高校	计数/个	384	923	289	13	3	1612
	高校类型中的占比/%	23.8	57.3	17.9	0.8	0.2	100.0
合计	计数/个	702	1437	447	30	13	2629
	高校类型中的占比/%	26.7	54.7	17.0	1.1	0.5	100.0

（二）学校学术协作情况

调查结果显示（表 3-25），整体看，福建省高校内部学术协作情况表现为"偶尔合作，分工研究"状态占 54.3%，居首位；"经常合作，共同发展"状态占 28.2%，位于第二；"极少合作"状态占 16.2%；"从不合作"状态占 1.3%。

表 3-25　高校学术协作状况

学术协作关系	人数/个	百分比/%
经常合作，共同发展	740	28.2
偶尔合作，分工研究	1427	54.3
极少合作	427	16.2
从不合作	35	1.3
合计	2629	100.0

按照高校类型对所在高校学术协作状况的交叉分析显示(表 3-26),青年教师选择"经常合作,共同发展"中,国家重点建设高校占 35.2%、地方应用型本科高校占 27.9% 和省重点建设老牌高校占 22.3%;青年教师选择"偶尔合作,分工研究"中,省重点建设老牌高校占 56.3%、地方应用型本科高校占 55.3% 和国家重点建设高校占 48.6%;青年教师选择"极少合作"中,省重点建设老牌高校占 19.7%、地方应用型本科高校占 15.5% 和国家重点建设高校占 15.0%;青年教师选择"从不合作"中,省重点建设老牌高校占 1.7%、地方应用型本科高校占 1.3% 和国家重点建设高校占 1.2%。

表 3-26　高校类型 * 所在学校学术协作状况交叉分析

高校类型		所在学校学术协作状况				合　计
		经常合作,共同发展	偶尔合作,分工研究	极少合作	从不合作	
国家重点建设高校	计数/个	172	237	73	6	488
	高校类型中的占比/%	35.2	48.6	15.0	1.2	100.0
省重点建设老牌高校	计数/个	118	298	104	9	529
	高校类型中的占比/%	22.3	56.3	19.7	1.7	100.0
地方应用型本科高校	计数/个	450	892	250	20	1612
	高校类型中的占比/%	27.9	55.3	15.5	1.3	100.0
合计	计数/个	740	1427	427	35	2629
	高校类型中的占比/%	28.2	54.3	16.2	1.3	100.0

(三)青年教师所在科研组织的学术氛围

调查结果显示(表 3-27),所在科研组织的学术氛围状况中,有 44.8% 的青年教师选择"一般";有 36.9% 的青年教师选择"较浓厚";有 9.3% 的青年教师选择"很浓厚";有 6.9% 的青年教师选择"不浓厚";有 2.1% 的青年教师选择"很不浓厚"。

表 3-27　所在科研组织的学术氛围

学术氛围	人数/个	百分比/%
很浓厚	245	9.3
较浓厚	969	36.9
一般	1178	44.8
不浓厚	182	6.9
很不浓厚	55	2.1
合计	2629	100.0

根据高校类型对青年教师所在科研组织的学术氛围情况的交叉分析显示(表 3-28),国家重点建设高校的青年教师选择所在科研组织的学术氛围较浓厚及很浓厚的占

64.9%,居首位;地方应用型本科高校的青年教师选择所在科研组织的学术氛围较浓厚及很浓厚的占42.9%,居第二;省重点建设老牌高校的青年教师选择所在科研组织的学术氛围较浓厚及很浓厚的占38.9%。

表 3-28 高校类型 * 所在科研组织的学术氛围交叉分析

高校类型		所在科研组织的学术氛围					合 计
		很浓厚	较浓厚	一般	不浓厚	很不浓厚	
国家重点建设高校	计数/个	87	230	147	17	7	488
	高校类型中的占比/%	17.8	47.1	30.1	3.5	1.5	100.0
省重点建设老牌高校	计数/个	44	162	265	44	14	529
	高校类型中的占比/%	8.3	30.6	50.1	8.3	2.7	100.0
地方应用型本科高校	计数/个	114	577	766	121	34	1612
	高校类型中的占比/%	7.1	35.8	47.5	7.5	2.1	100.0
合计	计数/个	245	969	1178	182	55	2629
	高校类型中的占比/%	9.3	36.9	44.8	6.9	2.1	100.0

(四)青年教师所在院系的科研平台情况

调查结果显示(表 3-29),青年教师所在院系的科研平台状况为:有14.0%的青年教师选择"无";有34.6%的青年教师选择"校级";有18.2%的青年教师选择"市厅局级";有26.1%的青年教师选择"省部级";有7.1%的青年教师选择"国家级"。总体看,青年教师选择科研平台人数从高到低依次为校级、省部级、市厅局级和国家级。

表 3-29 所在院系的科研平台情况

科研平台	人数/个	百分比/%
无	368	14.0
校级	909	34.6
市厅局级	479	18.2
省部级	685	26.1
国家级	188	7.1
合计	2629	100.0

按照高校类型对青年教师所在院系的科研平台情况的交叉分析显示(表 3-30),国家重点建设高校的省部级平台占36.1%、国家级平台占21.5%、校级平台占21.1%、市厅局级平台占8.6%;省重点建设老牌高校的校级平台占31.4%、省部级平台占23.8%、市厅局

级平台占21.2%、国家级平台占5.3%;地方应用型本科高校的校级平台占39.7%、省部级平台占23.7%、市厅局级平台占20.2%、国家级平台占3.4%。

表3-30 高校类型*所在院系的科研平台情况交叉分析

高校类型		所在院系的科研平台情况					合 计
		无	校级	市厅局级	省部级	国家级	
国家重点建设高校	计数/个	62	103	42	176	105	488
	高校类型中的占比/%	12.7	21.1	8.6	36.1	21.5	100.0
省重点建设老牌高校	计数/个	97	166	112	126	28	529
	高校类型中的占比/%	18.3	31.4	21.2	23.8	5.3	100.0
地方应用型本科高校	计数/个	209	640	325	383	55	1612
	高校类型中的占比/%	13.0	39.7	20.2	23.7	3.4	100.0
合计	计数/个	368	909	479	685	188	2629
	高校类型中的占比/%	14.0	34.6	18.2	26.1	7.1	100.0

(五)青年教师加入科研团队情况

调查结果显示(表3-31),整体看,青年教师未加入科研团队的占30.7%;青年教师加入校级科研团队的占37.5%;青年教师加入市厅局级科研团队的占12.2%;青年教师加入省部级科研团队的占15.6%;青年教师加入国家级科研团队的占4.0%。

表3-31 青年教师加入科研团队情况

科研团队	人数/个	百分比/%
无	808	30.7
校级	985	37.5
市厅局级	322	12.2
省部级	409	15.6
国家级	105	4.0
合计	2629	100.0

按照高校类型对青年教师加入科研团队情况的交叉分析显示(表3-32),青年教师未加入科研团队比率从高到低依次为省重点建设老牌高校、国家重点建设高校、地方应用型本科高校。从青年教师加入的科研团队级别看,国家重点建设高校青年教师中加入科研团队级别比率从高到低依次为校级、省部级、国家级、市厅局级;省重点建设老牌高校青年教师中加入科研团队级别比率从高到低依次为校级、市厅局级、省部级、国家级;地方应用

型本科高校青年教师中加入科研团队级别比率从高到低依次为校级、省部级、市厅局级、国家级。三类高校青年教师均为加入校级科研团队比率大,对于地方应用型本科高校,青年教师加入各类级别科研团队占71.5%,高于国家重点建设高校和省重点建设老牌高校,其中校级科研团队居多,占42.6%,但省部级和国家级科研团队较少。

表 3-32　高校类型＊青年教师加入科研团队情况交叉分析

高校类型		青年教师加入科研团队情况					合　计
		无	校级	市厅局级	省部级	国家级	
国家重点建设高校	计数/个	151	143	22	109	63	488
	高校类型中的占比/%	31.0	29.3	4.5	22.3	12.9	100.0
省重点建设老牌高校	计数/个	197	155	85	77	15	529
	高校类型中的占比/%	37.2	29.3	16.1	14.6	2.8	100.0
地方应用型本科高校	计数/个	460	687	215	223	27	1612
	高校类型中的占比/%	28.5	42.6	13.4	13.8	1.7	100.0
合计	计数/个	808	985	322	409	105	2629
	高校类型中的占比/%	30.7	37.5	12.2	15.6	4.0	100.0

(六)青年教师所在研究团队的科研带头人表现

调查结果显示(表 3-33),抽样青年教师总人数 2629 人,扣除未参加科研团队青年教师数 808 人,有 1821 人参与本题问答,其中有效份数 1781,占 97.8%,有效率高。有51.7%的青年教师认为科研带头人具有较高的学术水平;有42.6%的青年教师认为科研带头人经常对其进行指导和帮助;有19.1%的青年教师认为科研带头人名不副实,作用不大。

表 3-33　青年教师所在研究团队的科研带头人表现

青年教师所在研究团队的科研带头人表现	人数/个	百分比/%	个案百分比/%
科研带头人具有较高的学术水平	920	45.6	51.7
科研带头人经常对其进行指导和帮助	758	37.6	42.6
科研带头人名不副实,作用不大	340	16.8	19.1
合计	2018	100.0	113.4

按照高校类型对青年教师所在研究团队的科研带头人表现的交叉分析显示(表3-34),在国家重点建设高校中,有 62.5%的青年教师选择"科研带头人具有较高的学术水平",比率高于省重点建设老牌高校和地方应用型本科高校;在地方应用型本科高校中,有44.5%的青年教师选择"科研带头人经常对其进行指导和帮助",比率高于国家重点建设高校和省重点建设老牌高校;在地方应用型本科高校中,有 20.6%的青年教师选择"科研带头人名不副实,作用不大",比率高于国家重点建设高校和省重点建设老牌高校。

表 3-34　高校类型 * 青年教师所在研究团队的科研带头人表现交叉分析

高校类型		青年教师所在研究团队的科研带头人表现			合　计
		科研带头人具有较高的学术水平	科研带头人经常对其进行指导和帮助	科研带头人名不副实,作用不大	
国家重点建设高校	计数/个	203	116	58	325
	高校类型内的占比/%	62.5	35.7	17.8	
省重点建设老牌高校	计数/个	180	141	50	329
	高校类型内的占比/%	54.7	42.9	15.2	
地方应用型本科高校	计数/个	537	501	232	1127
	高校类型内的占比/%	47.6	44.5	20.6	
合计	计数/个	920	758	340	1781

(七)目前制约学校科研发展的主要因素

调查结果显示(表 3-35),抽样青年教师总人数 2629 人,有效份数 2583,占 98.3%,数据有效率高。青年教师选择目前制约学校科研发展的主要因素比率由高到低依次是科研投入占 49.8%、科研队伍占 46.9%、科研氛围占 43.6%、科研体制占 41.9%、科研政策占 40.9%、科研平台占 36.5%、学术评价体系占 28.1%、学科建设占 27.3%。

表 3-35 目前制约学校科研发展的主要因素

目前制约学校科研发展的主要因素	人数/个	百分比/%	个案百分比/%
科研体制	1081	13.3	41.9
科研政策	1057	13.0	40.9
科研投入	1286	15.8	49.8
科研队伍	1212	14.9	46.9
学科建设	704	8.7	27.3
学术评价体系	727	8.9	28.1
科研平台	942	11.6	36.5
科研氛围	1126	13.8	43.6
合计	8135	100.0	315.0

按照高校类型对目前制约学校科研发展的主要因素的交叉分析显示(表 3-36),制约国家重点建设高校科研发展的主要因素排在前三的分别是科研体制占 54.8%、学术评价体系占 41.8%、科研政策占 40.1%;制约省重点建设老牌高校科研发展的主要因素排在前

三的分别是科研投入占 52.6%、科研队伍占 51.1%、科研氛围占 51.1%；制约地方应用型本科高校科研发展的主要因素排在前三的分别是科研投入占 53.0%、科研队伍占 49.2%、科研氛围占 45.2%。

表 3-36　高校类型 * 目前制约学校科研发展的主要因素交叉分析

高校类型		目前制约学校科研发展的主要因素								合　计
		科研体制	科研政策	科研投入	科研队伍	学科建设	学术评价体系	科研平台	科研氛围	
国家重点建设高校	计数/个	261	191	171	166	132	199	151	143	476
	高校类型内的占比/%	54.8	40.1	35.9	34.9	27.7	41.8	31.7	30.0	
省重点建设高校	计数/个	218	224	274	266	155	154	211	266	521
	高校类型内的占比/%	41.8	43.0	52.6	51.1	29.8	29.6	40.5	51.1	
地方应用型本科高校	计数/个	602	642	841	780	417	374	580	717	1586
	高校类型内的占比/%	38.0	40.5	53.0	49.2	26.3	23.6	36.6	45.2	
合计	计数/个	1081	1057	1286	1212	704	727	942	1126	2583

四、青年教师的科研动机

教师的科研动机衍生于教师的内驱力与需求，对教师的科研行为有激活、维持和调节的作用，在科研活动中发挥着主导性和制约性的功能，其正确性与否、强度大小会直接或间接地影响着科研态度的优劣、科研内容的确定、科研原则的把握、科研方法的选择以及科研创造性的发挥，最终会影响教师的科研成效。[①] 为此，本调查的第四部分为了解高校青年教师的科研动机，笔者设计了两个方面的问题：一是青年教师从事科研的主要原因；二是当前制约青年教师创新能力发挥的相关因素。

(一)青年教师从事科研的主要原因

调查结果显示（表 3-37），抽样青年教师总人数 2629 人，本题有效份数 2619，占 99.6%，数据有效率高。总体看，"晋升职称"是青年教师从事科研的首要动机，占总人数的 73.7%；其次，选择"通过科研提高学术水平"和"完成岗位职责"的比例也比较高，分别是 46.1% 和 44.7%；再次，有 29.4% 的青年教师选择"兴趣爱好"；最后，有 24.8% 的青年教师选择"教学工作需要"。

---

① 武传燕.高校教师的科研动机及激发方式研究[D].苏州：苏州大学,2009:13.

表 3-37　青年教师从事科研的主要原因

青年教师从事科研的主要原因	人数/个	百分比/%	个案百分比/%
完成岗位职责	1170	15.6	44.7
晋升职称	1929	25.7	73.7
兴趣爱好	771	10.3	29.4
通过科研提高学术水平	1208	16.1	46.1
教学工作需要	650	8.6	24.8
发展学科理论	282	3.8	10.8
为地方发展服务	386	5.1	14.7
想获得更多更高或保住已获得的社会学术或荣誉地位	313	4.2	12.0
增加经济收入	415	5.5	15.8
学校转型的要求	387	5.1	14.8
合计	7511	100.0	286.8

　　按照高校类型对青年教师从事科研的主要原因的交叉分析显示（表 3-38），国家重点高校类型的青年教师从事科研的主要原因排前六的占比从高到低依次为"晋升职称"占62.4%、"通过科研提高学术水平"占 54.0%、"完成岗位职责"占 48.0%、"兴趣爱好"占46.6%、"教学工作需要"占 22.2%、"增加经济收入"占 19.1%；省重点建设老牌高校的青年教师从事科研的主要原因排前六的占比从高到低依次为"晋升职称"占 77.8%、"通过科研提高学术水平"占49.8%、"完成岗位职责"占 47.1%、"教学工作需要"占 34.6%、"兴趣爱好"占 27.4%、"想获得更多更高或保住已获得的社会学术或荣誉地位"占 14.8%；地方应用型本科高校的青年教师从事科研的主要原因排前六的占比从高到低依次为"晋升职称"占 75.7%、"完成岗位职责"占 42.8%、"通过科研提高学术水平"占 42.5%、"兴趣爱好"占 24.9%、"教学工作需要"占22.4%、"为地方发展服务"占 18.7%。总体看，三种类型高校的青年教师从事科研的主要原因集中在"晋升职称"、"提高学术水平"、"完成岗位职责"、"兴趣爱好"和"教学工作需要"这五个因素。但是，不同类型高校存在差异，省重点建设老牌高校和地方应用型本科高校的青年教师比国家重点建设高校类型的青年教师的选择晋升职称的比率更多，目的性更强烈；国家重点建设高校类型的青年教师比省重点建设老牌高校和地方应用型本科高校的青年教师出于对科研的兴趣爱好所占比率更高；地方应用型本科高校的青年教师选择"学校转型的要求"为从事科研的原因之一比其他两类高校更明显。

表 3-38　高校类型 * 从事科研的主要原因交叉分析

高校类型		从事科研的主要原因										合　计
		完成岗位职责	晋升职称	兴趣爱好	通过科研提高学术水平	教学工作需要	发展学科理论	为地方发展服务	想获得更多更高或保住已获得的社会学术或荣誉地位	增加经济收入	学校转型的要求	
国家重点建设高校	计数/个	234	304	227	263	108	82	46	74	93	37	487
	高校类型中的占比/%	48.0	62.4	46.6	54.0	22.2	16.8	9.4	15.2	19.1	7.6	
省重点建设老牌高校	计数/个	248	409	144	262	182	49	39	78	74	64	526
	高校类型中的占比/%	47.1	77.8	27.4	49.8	34.6	9.3	7.4	14.8	14.1	12.2	
地方应用型本科高校	计数/个	688	1216	400	683	360	151	301	161	248	286	1606
	高校类型中的占比/%	42.8	75.7	24.9	42.5	22.4	9.4	18.7	10.0	15.4	17.8	
合计	计数/个	1170	1929	771	1208	650	282	386	313	415	387	2619
	高校类型中的占比/%	44.7	73.7	29.4	46.1	24.8	10.8	14.7	12.0	15.8	14.8	

（二）当前制约青年教师创新能力发挥的相关因素

调查结果显示（表 3-39），抽样青年教师总人数 2629 人，本题有效份数 2621，占 99.7%，数据有效率高。总体看，目前制约青年教师创新能力发挥的相关因素中，第一，选择"时间和精力不足"，占总人数的 60.7%；第二，选择"科研能力有待加强"和"掌握信息和资料有限"的人数也比较多，占比分别为 48.2% 和 44.1%；第三，选择"缺乏必要指导"和"自感身单力薄"，占比分别为 33.3% 和 32.2%；第四，选择"不容易得到科研经费资助"和"成果难以出版（发表）"，占比分别为 26.5% 和 25.6%；第五，选择"存在浮躁风气，不容易潜心科研"和"家庭负担重，存在后顾之忧"，占比分别为 21.1% 和 20.6%。

表 3-39　当前制约青年教师创新能力发挥的相关因素

当前制约青年教师创新能力发挥的相关因素	人数/个	百分比/%	个案百分比/%
时间和精力不足	1592	15.5	60.7
掌握信息和资料有限	1156	11.3	44.1
科研能力有待加强	1264	12.3	48.2
不容易得到科研经费资助	695	6.8	26.5
缺乏必要指导	873	8.5	33.3
成果难以出版（发表）	670	6.6	25.6

续表

当前制约青年教师创新能力发挥的相关因素	人数/个	百分比/%	个案百分比/%
自感身单力薄	844	8.2	32.2
科研工作不受重视,认可度低	193	1.9	7.4
存在浮躁风气,不容易潜心科研	554	5.4	21.1
现有的科研评价体系或职称评定体系的制约	440	4.3	16.8
科研设备与条件制约	336	3.3	12.8
缺少独立自主的科研空间与环境	492	4.8	18.8
学术诚信制度缺失	204	2.0	7.8
工资水平较低,待遇不高	393	3.8	15.0
家庭负担重,存在后顾之忧	540	5.3	20.6
合计	10246	100.0	390.9

按照高校类型对目前制约青年教师创新能力发挥的相关因素的交叉分析显示(表3-40和表3-41),国家重点建设高校的青年教师对制约其创新能力发挥的相关因素中有62.9%的青年教师选择了"时间和精力不足",比率最高;有40.6%的青年教师选择"科研能力有待加强";有29.1%的青年教师选择了"不容易得到科研经费资助";分别有27.8%和27.0%的青年教师选择"掌握信息和资料有限"和"现有的科研评价体系或职称评定体系的制约";有24.1%的青年教师选择"自感身单力薄";有21.0%的青年教师分别选择了"缺乏必要指导"和"存在浮躁风气,不容易潜心科研"。

省重点建设老牌高校的青年教师对制约其创新能力发挥的相关因素中有66.7%的青年教师选择了"时间和精力不足",比率最高;有53.8%的青年教师选择"科研能力有待加强";有47.2%和43.2%的青年教师分别选择"掌握信息和资料有限"和"缺乏必要指导";有36.7%的青年教师选择"自感身单力薄";有29.9%的青年教师选择了"成果难以出版(发表)";有24.8%和23.9%的青年教师分别选择"存在浮躁风气,不容易潜心科研"和"不容易得到科研经费资助"。

地方应用型本科高校的青年教师对制约其创新能力发挥的相关因素中有58.1%的青年教师选择了"时间和精力不足",比率最高;有48.7%和48.0%的青年教师选择了"科研能力有待加强"和"掌握信息和资料有限";有33.8%和33.1%的青年教师选择了"缺乏必要指导"和"自感身单力薄";有26.6%和25.9%的青年教师选择了"不容易得到科研经费资助"和"成果难以出版(发表)";有21.6%和20.0%的青年教师选择了"家庭负担重,存在后顾之忧"和"存在浮躁风气,不容易潜心科研"。

总体看,三类高校的青年教师都选择"时间和精力不足"和"科研能力有待加强"为影响其创新能力发挥的相关因素的前两位。针对本科应用型高校建校历史短、本科办学时间短等因素,较多青年教师选择"掌握信息和资料有限"、"缺乏必要指导"和"自感身单力薄"等因素与学校的硬件条件和制度建设的关系十分密切。

表 3-40　高校类型 * 当前制约青年教师创新能力发挥的相关因素交叉分析之一

高校类型		当前制约青年教师创新能力发挥的相关因素								合计
		时间和精力不足	掌握信息和资料有限	科研能力有待加强	不容易得到科研经费资助	缺乏必要指导	成果难以出版（发表）	自感身单力薄	科研工作不受重视，认可度低	
国家重点建设高校	计数/个	305	135	197	141	102	95	117	34	485
	高校类型中的占比/%	62.9	27.8	40.6	29.1	21.0	19.6	24.1	7.0	
省重点建设老牌高校	计数/个	352	249	284	126	228	158	194	55	528
	高校类型中的占比/%	66.7	47.2	53.8	23.9	43.2	29.9	36.7	10.4	
地方应用型本科高校	计数/个	935	772	783	428	543	417	533	104	1608
	高校类型中的占比/%	58.1	48.0	48.7	26.6	33.8	25.9	33.1	6.5	
合计	计数/个	1592	1156	1264	695	873	670	844	193	2621
	高校类型中的占比/%	60.7	44.1	48.2	26.5	33.3	25.6	32.2	7.4	

表 3-41　高校类型 * 当前制约青年教师创新能力发挥的相关因素交叉分析之二

高校类型		当前制约青年教师创新能力发挥的相关因素							合计
		存在浮躁风气，不容易潜心科研	现有的科研评价体系或职称评定体系的制约	科研设备与条件制约	缺少独立自主的科研空间与环境	学术诚信制度缺失	工资水平较低，待遇不高	家庭负担重，存在后顾之忧	
国家重点建设高校	计数/个	102	131	64	76	26	78	88	485
	高校类型中的占比/%	21.0	27.0	13.2	15.7	5.4	16.1	18.1	
省重点建设老牌高校	计数/个	131	105	44	105	31	64	104	528
	高校类型中的占比/%	24.8	19.9	8.3	19.9	5.9	12.1	19.7	
地方应用型本科高校	计数/个	321	204	228	311	147	251	348	1608
	高校类型中的占比/%	20.0	12.7	14.2	19.3	9.1	15.6	21.6	

续表

高校类型		当前制约青年教师创新能力发挥的相关因素							合　计
		存在浮躁风气,不容易潜心科研	现有的科研评价体系或职称评定体系的制约	科研设备与条件制约	缺少独立自主的科研空间与环境	学术诚信制度缺失	工资水平较低,待遇不高	家庭负担重,存在后顾之忧	
合计	计数/个	554	440	336	492	204	393	540	2621
	高校类型中的占比/%	21.1	16.8	12.8	18.8	7.8	15.0	20.6	

五、青年教师的科研参与

青年教师参与科研状况直接反映了教师对科研的重视程度以及他们对教学或研究的偏好。为此,本调查的第五部分为了解高校青年教师的科研参与状况,笔者设计了四个问题:一是青年教师参与科研活动的态度;二是青年教师每周工作时间;三是青年教师每周科研工作的平均时间;四是近三年青年教师参加学术会议、业务培训、进修、访学的次数。

(一)青年教师参与科研活动的态度

调查结果显示(表 3-42),整体看,青年教师很积极参与科研活动的比率占 15.7%,较积极参与科研活动的比率占 47.8%,偶尔参与科研活动的比率占 33.8%,从不参与科研活动的比率占 2.7%,说明能积极参与科研活动的比率占 63.5%。

表 3-42　青年教师参与科研活动的态度

态　度	人　数/个	百分比/%
很积极	413	15.7
较积极	1256	47.8
偶尔	889	33.8
从不参与	71	2.7
合计	2629	100.0

按照高校类型对青年教师参与科研活动情况的交叉分析显示(表 3-43),国家重点建设高校青年教师参与科研活动积极性高,占 78.5%;地方应用型本科高校青年教师参与科研活动的积极程度占 61.2%;省重点建设老牌高校青年教师参与科研活动的积极程度占 56.7%。相比较而言,青年教师参与科研活动积极性从高到低依次为国家重点建设高校、地方应用型本科高校、省重点建设老牌高校。

表 3-43　高校类型 * 青年教师参与科研活动情况交叉分析

高校类型		青年教师参与科研活动情况				合　计
		很积极	较积极	偶尔	从不参与	
国家重点建设高校	计数/个	145	238	97	8	488
	高校类型内的占比/%	29.7	48.8	19.9	1.6	100.0
省重点建设老牌高校	计数/个	54	246	203	26	529
	高校类型内的占比/%	10.2	46.5	38.4	4.9	100.0
地方应用型本科高校	计数/个	214	772	589	37	1612
	高校类型内的占比/%	13.3	47.9	36.5	2.3	100.0
合计	计数/个	413	1256	889	71	2629
	高校类型内的占比/%	15.7	47.8	33.8	2.7	100.0

按照性别对青年教师参与科研活动情况的交叉分析显示（表 3-44），男性青年教师参与科研活动积极程度占 75.8%，女性青年教师参与科研活动积极程度占 53.0%。相比较而言，男性青年教师参与科研活动积极程度高出女性 22.8%，而女性青年教师偶尔参与科研活动程度高出男性 20.7%，整体反映出男性比女性参与科研活动的态度更积极主动。

表 3-44　性别 * 青年教师参与科研活动情况交叉分析

性　别		青年教师参与科研活动情况				合　计
		很积极	较积极	偶尔	从不参与	
男	计数/个	276	637	272	19	1204
	性别中的占比/%	22.9	52.9	22.6	1.6	100.0
女	计数/个	137	619	617	52	1425
	性别中的占比/%	9.6	43.4	43.3	3.7	100.0
合计	计数/个	413	1256	889	71	2629
	性别中的占比/%	15.7	47.8	33.8	2.7	100.0

按照学位对青年教师参与科研活动情况的交叉分析显示（表 3-45），拥有博士学位的青年教师中参与科研活动态度积极的占 89.1%，偶尔参与科研活动的占 10.4%，从不参与科研活动的占 0.5%；拥有硕士学位的青年教师中参与科研活动态度积极的占 52.0%，偶尔参与科研活动的占 44.6%，从不参与科研活动的占 3.4%；拥有学士学位的青年教师中参与科研活动态度积极的占 52.0%，偶尔参与科研活动的占 42.8%，从不参与科研活动的占 5.2%；无学位的青年教师中参与科研活动态度积极的占 50.0%，偶尔参与科研活动的占 43.8%，从不参与科研活动的占 6.2%。总体看，绝大部分博士积极参与科研活动，而硕士、学士和无学位的青年教师中各只有一半的老师积极参与科研活动。

表 3-45　学位＊青年教师参与科研活动情况交叉分析

学　位		参与科研活动情况				合　计
		很积极	较积极	偶尔	从不参与	
无学位	计数/个	1	7	7	1	16
	学位中的占比/%	6.2	43.8	43.8	6.2	100.0
学士	计数/个	14	116	107	13	250
	学位中的占比/%	5.6	46.4	42.8	5.2	100.0
硕士	计数/个	118	685	690	53	1546
	学位中的占比/%	7.7	44.3	44.6	3.4	100.0
博士	计数/个	280	448	85	4	817
	学位中的占比/%	34.3	54.8	10.4	0.5	100.0
合计	计数/个	413	1256	889	71	2629
	学位中的占比/%	15.7	47.8	33.8	2.7	100.0

　　从职称对青年教师参与科研活动情况的交叉分析显示(表 3-46)，教授参与科研活动的积极程度最高，积极程度占比 95.2%；副教授参与科研活动的积极程度居第二，积极程度占比 81.3%；未定级的青年教师参与科研活动的积极程度居第三，积极程度占比 64.0%；讲师参与科研活动的积极程度居第四，积极程度占比 60.9%；助教参与科研活动的积极程度居最后，积极程度占比 48.2%。总体看，高级职称的青年教师参与科研活动的积极性高于中级职称和初级职称的青年教师，未定级的青年教师参与科研活动的积极性高于中级职称和初级职称的青年教师。

表 3-46　职称＊青年教师参与科研活动情况交叉分析

职　称		青年教师参与科研活动情况				合　计
		很积极	较积极	偶尔	从不参与	
教授	计数/个	30	29	3	0	62
	职称中的占比/%	48.4	46.8	4.8	0.0	100.0
副教授	计数/个	107	253	79	4	443
	职称中的占比/%	24.2	57.1	17.8	0.9	100.0
讲师	计数/个	234	806	629	40	1709
	职称中的占比/%	13.7	47.2	36.8	2.3	100.0
助教	计数/个	35	134	158	24	351
	职称中的占比/%	10.0	38.2	45.0	6.8	100.0
未定级	计数/个	7	34	20	3	64
	职称中的占比/%	10.9	53.1	31.3	4.7	100.0
合计	计数/个	413	1256	889	71	2629
	职称中的占比/%	15.7	47.8	33.8	2.7	100.0

(二)青年教师每周工作时间

调查结果显示(表3-47),总体看,青年教师每周工作时间在40小时以下的占26.9%,在41~50小时的占48.1%,在51小时以上的占25.0%,有近一半的抽样青年教师每周工作时间在41~50小时。

表3-47 青年教师每周工作时间

每周工作时间	人数/个	百分比/%
40小时以下	706	26.9
41~50小时	1265	48.1
51小时以上	658	25.0
合计	2629	100.0

按照高校类型对青年教师每周工作时间的交叉分析显示(表3-48),国家重点建设高校的青年教师每周工作时间的占比从高到低依次是"41~50小时"、"51小时以上"和"40小时以下";省重点建设老牌高校和地方应用型本科高校的青年教师每周工作时间的占比从高到低依次是"41~50小时"、"40小时以下"和"51小时以上"。青年教师每周工作时间51小时以上属国家重点建设高校的青年教师最高,占比38.9%。总体看,青年教师每周工作时间41小时以上占比从高到低依次为国家重点建设高校占81.7%、省重点建设老牌高校占71.6%、地方应用型本科高校占71.0%。

表3-48 高校类型 * 每周工作时间交叉分析

高校类型		每周工作时间			合计
		40小时以下	41~50小时	51小时以上	
国家重点建设高校	计数/个	89	209	190	488
	高校类型中的占比/%	18.3	42.8	38.9	100.0
省重点建设老牌高校	计数/个	150	272	107	529
	高校类型中的占比/%	28.4	51.4	20.2	100.0
地方应用型本科高校	计数/个	467	784	361	1612
	高校类型中的占比/%	29.0	48.6	22.4	100.0
合计	计数/个	706	1265	658	2629
	高校类型中的占比/%	26.9	48.1	25.0	100.0

按照性别对青年教师每周工作时间的交叉分析显示(表3-49),男性青年教师每周工作时间从高到低依次为"41~50小时"、"51小时以上"和"40小时以下",女性青年教师每周工作时间从高到低依次为"41~50小时"、"40小时以下"和"51小时以上";男性青年教师每周工作时间在41小时以上的占比达78.1%,而女性青年教师每周工作时间在41小时以上的占比达69.0%;总体看,男性青年教师的每周工作时间长的比率高于女性青年教师。

表 3-49 性别 * 每周工作时间交叉分析

性别		每周工作时间			合 计
		40 小时以下	41～50 小时	51 小时以上	
男	计数/个	264	557	383	1204
	性别中的占比/%	21.9	46.3	31.8	100.0
女	计数/个	442	708	275	1425
	性别中的占比/%	31.0	49.7	19.3	100.0
合计	计数/个	706	1265	658	2629
	性别中的占比/%	26.9	48.1	25.0	100.0

按照学位对青年教师每周工作时间的交叉分析显示(表 3-50),在博士、硕士、学士、无学位青年教师的每周工作时间为 41～50 小时的人数比率均为各类学位人数最多的;博士、硕士、学士、无学位青年教师每周工作时间在 51 小时以上人数比率依次递减,其中拥有博士学位的青年教师占 42.2%,居第一;无学位、硕士、学士、博士青年教师每周工作时间在 40 小时以下人数比率依次递减,其中无学位占 37.5%,居第一。总体看,拥有博士学位的青年教师每周工作时间远远超过其他学位的人数比率,学士学位的青年教师每周工作时间在 41 小时以上的人数比率高于硕士学位的青年教师。

表 3-50 学位 * 每周工作时间交叉分析

学 位		每周工作时间			合 计
		40 小时以下	41～50 小时	51 小时以上	
无学位	计数/个	6	8	2	16
	学位中的占比/%	37.5	50.0	12.5	100.0
学士	计数/个	77	135	38	250
	学位中的占比/%	30.8	54.0	15.2	100.0
硕士	计数/个	530	743	273	1546
	学位中的占比/%	34.3	48.1	17.6	100.0
博士	计数/个	93	379	345	817
	学位中的占比/%	11.4	46.4	42.2	100.0
合计	计数/个	706	1265	658	2629
	学位中的占比/%	26.9	48.1	25.0	100.0

按照职称对青年教师每周工作时间的交叉分析显示(表 3-51),教授每周工作时间在 51 小时以上占比 58.1%,比率高于其他职称的青年教师。总体上看,教授、副教授、讲师、助教、未定级的青年教师每周工作时间投入在 51 小时以上的依次递减,换言之,职称越高,每周工作时间投入越多;反之亦然,职称越低,每周工作时间投入越少。

表 3-51　职称 * 每周工作时间交叉分析

职　称		每周工作时间			合　计
		40 小时以下	41～50 小时	51 小时以上	
教授	计数/个	7	19	36	62
	职称中的占比/%	11.3	30.6	58.1	100.0
副教授	计数/个	87	208	148	443
	职称中的占比/%	19.6	47.0	33.4	100.0
讲师	计数/个	455	862	392	1709
	职称中的占比/%	26.6	50.5	22.9	100.0
助教	计数/个	130	143	78	351
	职称中的占比/%	37.0	40.8	22.2	100.0
未定级	计数/个	27	33	4	64
	职称中的占比/%	42.2	51.6	6.2	100.0
合计	计数/个	706	1265	658	2629
	职称中的占比/%	26.9	48.1	25.0	100.0

(三)青年教师每周科研工作的平均时间

调查结果显示(表 3-52),青年教师每周科研工作的平均时间为 15 小时以上的占 18.4%;10～15 小时的占 12.3%;5～10 小时的占 25.3%;5 小时以下的占 44.0%。总体看,青年教师每周科研工作的平均时间所占比率从高到低依次是 5 小时以下、5～10 小时、15 小时以上、10～15 小时。

表 3-52　青年教师每周科研工作的平均时间

平均时间	人数/个	百分比/%
5 小时以下	1157	44.0
5～10 小时	666	25.3
10～15 小时	322	12.3
15 小时以上	484	18.4
合计	2629	100.0

按照高校类型对青年教师每周科研工作的平均时间的交叉分析显示(表 3-53),在各时间段分布上,国家重点建设高校青年教师每周科研工作的平均时间在 15 小时以上的占比为 43.6%,省重点建设老牌高校青年教师每周科研工作的平均时间在 5 小时以下的占比为 52.5%,地方应用型本科高校青年教师每周科研工作的平均时间在 5 小时以下的占比为 48.1%。

表 3-53　**高校类型 * 青年教师每周科研工作的平均时间交叉分析**

高校类型		青年教师每周科研工作的平均时间				合　计
		5 小时以下	5~10 小时	10~15 小时	15 小时以上	
国家重点建设高校	计数/个	104	97	74	213	488
	高校类型中的占比/%	21.3	19.9	15.2	43.6	100.0
省重点建设老牌高校	计数/个	278	131	54	66	529
	高校类型中的占比/%	52.5	24.8	10.2	12.5	100.0
地方应用型本科高校	计数/个	775	438	194	205	1612
	高校类型中的占比/%	48.1	27.2	12.0	12.7	100.0
合计	计数/个	1157	666	322	484	2629
	高校类型中的占比/%	44.0	25.3	12.3	18.4	100.0

按照性别对青年教师每周科研工作的平均时间的交叉分析显示(表 3-54),无论男性还是女性青年教师每周科研工作的平均时间占比多的均是 5 小时以下,而且有半数以上的女性青年教师每周科研工作的平均时间在 5 小时以下;男性青年教师每周科研工作的平均时间在 10 小时以上的占比为 40.9%,而女性的占比只有 22.0%。总体看,男性青年教师每周科研工作的平均时间要多于女性青年教师。

表 3-54　**性别 * 青年教师每周科研工作的平均时间交叉分析**

性　别		青年教师每周科研工作的平均时间				合　计
		5 小时以下	5~10 小时	10~15 小时	15 小时以上	
男	计数/个	418	294	174	318	1204
	性别中的占比/%	34.7	24.4	14.5	26.4	100.0
女	计数/个	739	372	148	166	1425
	性别中的占比/%	51.9	26.1	10.4	11.6	100.0
合计	计数/个	1157	666	322	484	2629
	性别中的占比/%	44.0	25.3	12.3	18.4	100.0

按照学位对青年教师每周科研工作的平均时间的交叉分析显示(表 3-55),博士青年教师每周科研工作的平均时间在 15 小时以上的占比为 44.7%,居第一;从青年教师每周科研工作的平均时间在 5 小时以下的占比看,学位越低占比越大。

表 3-55　学位 * 青年教师每周科研工作的平均时间交叉分析

| 学 位 | | 青年教师每周科研工作的平均时间 | | | | 合 计 |
		5 小时以下	5~10 小时	10~15 小时	15 小时以上	
无学位	计数/个	11	1	3	1	16
	学位中的占比/%	68.7	6.3	18.7	6.3	100.0
学士	计数/个	152	71	16	11	250
	学位中的占比/%	60.8	28.4	6.4	4.4	100.0
硕士	计数/个	875	429	135	107	1546
	学位中的占比/%	56.6	27.8	8.7	6.9	100.0
博士	计数/个	119	165	168	365	817
	学位中的占比/%	14.6	20.2	20.5	44.7	100.0
合 计	计数/个	1157	666	322	484	2629
	学位中的占比/%	44.0	25.3	12.3	18.4	100.0

按照职称对青年教师每周科研工作的平均时间的交叉分析显示(表 3-56),副教授和教授职称的青年教师每周科研工作的平均时间在 15 小时以上的占比大;讲师和助教职称的青年教师每周科研工作的平均时间在 5 小时以下的占比大。

表 3-56　职称 * 青年教师每周科研工作的平均时间交叉分析

| 职 称 | | 青年教师每周科研工作的平均时间 | | | | 合 计 |
		5 小时以下	5~10 小时	10~15 小时	15 小时以上	
教授	计数/个	16	10	14	22	62
	职称中的占比/%	25.8	16.1	22.6	35.5	100.0
副教授	计数/个	108	125	72	138	443
	职称中的占比/%	24.4	28.2	16.3	31.1	100.0
讲师	计数/个	783	432	209	285	1709
	职称中的占比/%	45.8	25.3	12.2	16.7	100.0
助教	计数/个	221	83	17	30	351
	职称中的占比/%	63.0	23.6	4.8	8.6	100.0
未定级	计数/个	29	16	10	9	64
	职称中的占比/%	45.3	25.0	15.6	14.1	100.0
合 计	计数/个	1157	666	322	484	2629
	职称中的占比/%	44.0	25.3	12.3	18.4	100.0

(四)近三年青年教师参加学术会议、业务培训、进修、访学的次数

调查结果显示(图 3-2),近三年青年教师参加学术会议、业务培训、进修、访学的次数

在 1~3 次的频率为 1378,居第一,占 52.4%;4~6 次的频率为 592,占 22.5%;0 次的频率为 386,占 14.7%;7~9 次的频率为 155,占 5.9%;10 次以上的频率为 118,占 4.5%;10 次以上的频率最少。

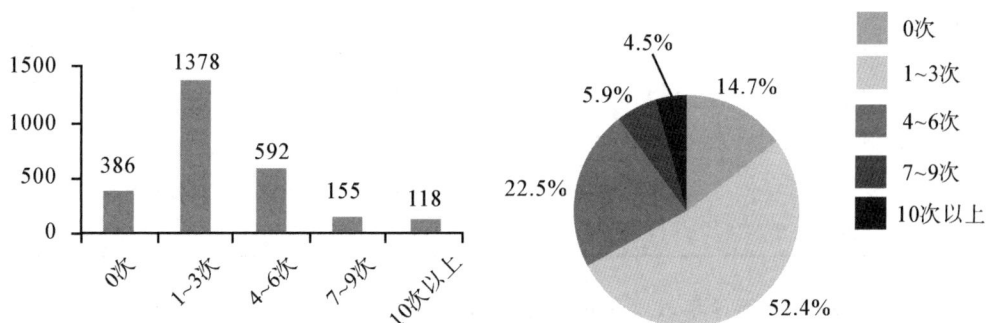

图 3-2 近三年青年教师参加学术会议、业务培训、进修、访学的次数

按照高校类型对近三年青年教师参加学术会议、业务培训、进修、访学的次数的交叉分析显示(表 3-57),三种类型高校的青年教师近三年参加培训次数在 1~3 次的占比都最高,4~6 次的占比为其次,0 次的占比为第三,7~9 次为第四,10 次以上为最后。近三年青年教师参加培训次数在 10 次以上的是国家重点建设高校的青年教师占比高,而次数在 0 次的占比高的是地方应用型本科高校和省重点建设老牌高校的青年教师。

表 3-57 高校类型 * 近三年青年教师参加学术会议、业务培训、进修、访学的次数交叉分析

高校类型		近三年青年教师参加学术会议、业务培训、进修、访学的次数					合 计
		0 次	1~3 次	4~6 次	7~9 次	10 次以上	
国家重点建设高校	计数/个	47	202	138	46	55	488
	高校类型中的占比/%	9.6	41.4	28.3	9.4	11.3	100.0
省重点建设老牌高校	计数/个	80	306	102	27	14	529
	高校类型中的占比/%	15.1	57.8	19.3	5.1	2.7	100.0
地方应用型本科高校	计数/个	259	870	352	82	49	1612
	高校类型中的占比/%	16.1	54.0	21.8	5.1	3.0	100.0
合计	计数/个	386	1378	592	155	118	2629
	高校类型中的占比/%	14.7	52.4	22.5	5.9	4.5	100.0

按照性别对近三年青年教师参加学术会议、业务培训、进修、访学的次数的交叉分析显示(表 3-58),无论男性还是女性的青年教师近三年参加培训次数在 1~3 次占比最高;其次是 4~6 次的占比;第三是 0 次的占比。男性青年教师参加培训次数人均每年有 1 次机会以上的占 88.2%,女性青年教师参加培训次数人均每年有 1 次机会以上的占 82.9%。

表 3-58　性别 * 近三年青年教师参加学术会议、业务培训、进修、访学的次数交叉分析

性　别		近三年青年教师参加学术会议、业务培训、进修、访学的次数					合　计
		0 次	1～3 次	4～6 次	7～9 次	10 次以上	
男	计数/个	143	566	315	96	84	1204
	性别中的占比/%	11.9	47.0	26.1	8.0	7.0	100.0
女	计数/个	243	812	277	59	34	1425
	性别中的占比/%	17.1	57.0	19.4	4.1	2.4	100.0
合计	计数/个	386	1378	592	155	118	2629
	基 2 中的占比/%	14.7	52.4	22.5	5.9	4.5	100.0

按照学位对近三年青年教师参加学术会议、业务培训、进修、访学的次数的交叉分析显示(表 3-59)，总体看，无论学位高低，青年教师近三年参加培训的次数在 1～3 次的都占比最高，其次是 4～6 次的占比，第三是 0 次的占比，第四是 7～9 次的占比，最后是 10 次以上的占比。

表 3-59　学位 * 近三年青年教师参加学术会议、业务培训、进修、访学的次数交叉分析

学　位		近三年青年教师参加学术会议、业务培训、进修、访学的次数					合　计
		0 次	1～3 次	4～6 次	7～9 次	10 次以上	
无学位	计数/个	5	8	2	0	1	16
	学位中的占比/%	31.2	50.0	12.5	0.0	6.3	100.0
学士	计数/个	46	130	60	9	5	250
	学位中的占比/%	18.5	52.0	24.0	3.6	2.0	100.0
硕士	计数/个	286	890	284	58	28	1546
	学位中的占比/%	18.5	57.6	18.4	3.7	1.8	100.0
博士	计数/个	49	350	246	88	84	817
	学位中的占比/%	6.0	42.8	30.1	10.8	10.3	100.0
合计	计数/个	386	1378	592	155	118	2629
	学位中的占比/%	14.7	52.4	22.5	5.9	4.5	100.0

按照职称对近三年青年教师参加学术会议、业务培训、进修、访学的次数的交叉分析显示(表 3-60)，教授参加培训次数在 4～6 次的占比最高，其次是 1～3 次的占比，第三是 10 次以上的占比，第四是 7～9 次，最少的是 0 次的占比。除教授外，其他职称的青年教师参加培训的次数占比最高的都是 1～3 次。教授、副教授、讲师、助教、未定级的青年教师参加各类学习培训每年人均 1 次以上的分别占 98.4%、93.9%、85.3%、73.8%、76.5%。

表 3-60　职称 * 近三年青年教师参加学术会议、业务培训、进修、访学的次数交叉分析

职　称		近三年青年教师参加学术会议、业务培训、进修、访学的次数					合　计
		0 次	1～3 次	4～6 次	7～9 次	10 次以上	
教授	计数/个	1	16	20	12	13	62
	职称中的占比/%	1.6	25.8	32.3	19.3	21.0	100.0
副教授	计数/个	27	190	141	45	40	443
	职称中的占比/%	6.1	42.9	31.8	10.2	9.0	100.0
讲师	计数/个	251	956	368	81	53	1709
	职称中的占比/%	14.7	55.9	21.5	4.8	3.1	100.0
助教	计数/个	92	190	48	14	7	351
	职称中的占比/%	26.2	54.1	13.7	4.0	2.0	100.0
未定级	计数/个	15	26	15	3	5	64
	职称中的占比/%	23.5	40.6	23.4	4.7	7.8	100.0
合计	计数/个	386	1378	592	155	118	2629
	职称中的占比/%	14.7	52.4	22.5	5.9	4.5	100.0

六、青年教师的科研需求

众所周知,需求层次理论认为,人的需要是有高低层次之分的,需要是人类行为的积极的动因和源泉,需要引起动机,动机驱动行为。为此,了解青年教师的科研需求是对青年教师进行科研激励的一个重要前提。本部分(第六部分)调查结果显示(表 3-61),抽样青年教师总人数 2629 人,本题有效份数 2602,占 99.0%,数据有效率高。总体看,有72.5% 的青年教师认为科研能力的提升是第一需求;47.9% 的青年教师认为经费资助是其科研需求;30% 以上的青年教师的科研需求选择了"进修机会的支持""学术会议参与的支持""减少教学工作量""宽松环境"。

表 3-61　青年教师的科研需求

青年教师的科研需求	人数	百分比/%	个案百分比/%
学历的提高	750	9.1	28.8
科研能力的提升	1886	22.9	72.5
学术会议参与的支持	959	11.7	36.9
加入学术协会或团体	628	7.6	24.1
进修机会的支持	1038	12.6	39.9
经费资助	1247	15.2	47.9
宽松环境	826	10.1	31.7
减少教学工作量	891	10.8	34.2
合计	8225	100.0	316.0

按照高校类型对青年教师的科研需求的交叉分析显示(表 3-62),国家重点建设高校的青年教师的科研需求前五位的占比从高到低依次为"科研能力的提升""经费资助""宽松环境""减少教学工作量""进修机会的支持";省重点建设老牌高校的青年教师的科研需求前五位的占比从高到低依次为"科研能力的提升""经费资助""进修机会的支持""减少教学工作量""学术会议参与的支持";地方应用型本科高校的青年教师的科研需求前五位的占比从高到低依次为"科研能力的提升""经费资助""进修机会的支持""学术会议参与的支持""减少教学工作量"。

表 3-62　高校类型 ﹡ 青年教师的科研需求交叉分析

高校类型		青年教师的科研需求								合　计
		学历的提高	科研能力的提升	学术会议参与的支持	加入学术协会或团体	进修机会的支持	经费资助	宽松环境	减少教学工作量	
国家重点建设高校	计数/个	84	324	141	92	155	265	201	180	1442
	高校类型中的占比/%	5.8	22.5	9.8	6.4	10.7	18.4	13.9	12.5	100.0
省重点建设老牌高校	计数/个	166	387	187	141	217	234	172	197	1701
	高校类型中的占比/%	9.8	22.7	11.0	8.3	12.8	13.7	10.1	11.6	100.0
地方应用型本科高校	计数/个	500	1175	631	395	666	748	453	514	5082
	高校类型中的占比/%	9.9	23.1	12.4	7.8	13.1	14.7	8.9	10.1	100.0
合计	计数/个	750	1886	959	628	1038	1247	826	891	8225

七、青年教师的科研定位

科研定位是高等学校定位的重要内容和组成部分,对学校发展战略的实现有着极其重要的影响。高校的科学研究能否合理准确地定位,关系到科研方向的确定、校内外有关资源的合理配置、有关研究特色的培育,同时直接关系到高校的学科建设和人才培养,乃至国家和社会经济的发展。为此,本调查的第七部分为了解高校青年教师的科研定位,笔者设计了三个方面的问题:一是青年教师科研方向的稳定性;二是青年教师的科研课题选题来源;三是青年教师经常性开展的课题研究范围。

(一)青年教师科研方向的稳定性

调查结果显示(图 3-3),青年教师选择有稳定的科研方向的频率为 1321,占 50.2%;青年教师选择自己正在考虑科研方向的频率为 1031,占 39.2%;青年教师选择无稳定的科研方向的频率为 251,占 9.6%;青年教师选择根本没想过科研方向的频率为 26,占 1.0%。

按照高校类型对青年教师的科研方向的交叉分析显示（表 3-63），国家重点建设高校中有 67.2％的青年教师有稳定的科研方向，有 25.4％的青年教师正在考虑自己的科研方向，有 7％的青年教师没有科研方向，有 0.4％的青年教师根本没想过科研方向问题；省重点建设老牌高校中有 45％的青年教师有稳定的科研方向，有 42.2％的青年教师正在考虑自己的科研方向，有 12.1％的青年教师没有科研方向，有 0.7％的青年教师根本没想过科研方向问题；地方应用型本科高校中有 46.8％的青年教师有稳定的科研方向，有 42.4％的青年教师正在考虑自己的科研方向，有 9.5％的青年教师没有科研方向，有 1.3％的青年教师根本没想过科研方向问题。

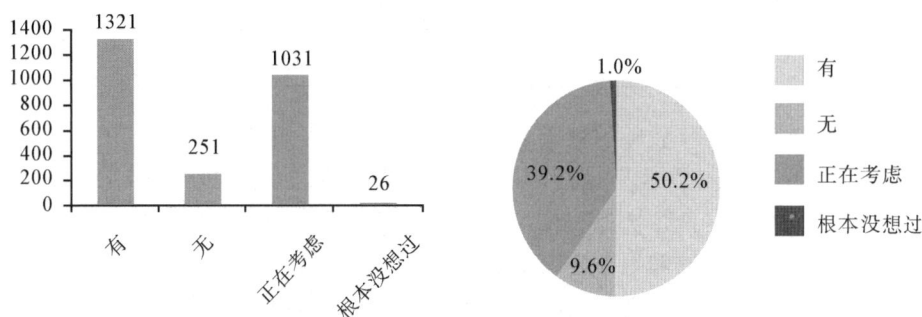

图 3-3　青年教师科研方向的稳定性

表 3-63　高校类型 * 青年教师的科研方向交叉分析

高校类型		青年教师的科研方向				合　计
		有	无	正在考虑	根本没想过	
国家重点 建设高校	计数/个	328	34	124	2	488
	高校类型中的占比/%	67.2	7.0	25.4	0.4	100.0
省重点建设 老牌高校	计数/个	238	64	223	4	529
	高校类型中的占比/%	45.0	12.1	42.1	0.8	100.0
一般地方 本科高校	计数/个	755	153	684	20	1612
	高校类型中的占比/%	46.8	9.5	42.4	1.3	100.0
合计	计数/个	1321	251	1031	26	2629
	高校类型中的占比/%	50.2	9.6	39.2	1.0	100.0

（二）青年教师的科研课题选题来源

调查结果显示（表 3-64），抽样青年教师总人数 2629 人，本题有效份数 2594，占 98.7％，数据有效率高。总体看，青年教师的科研课题选题来源比较广泛，有 62.8％的青年教师选择"个人兴趣"，有 40.9％的青年教师选择"热点问题"，有 38.1％的青年教师选择

"教学实践问题",有22.6％的青年教师选择"文献",有6.9％的青年教师选择"上级委托"。

表 3-64　青年教师的科研课题选题来源

青年教师的科研选题来源	人数/个	百分比/%	个案百分比/%
教学实践问题	988	22.2	38.1
个人兴趣	1629	36.7	62.8
热点问题	1062	23.9	40.9
文献	586	13.2	22.6
上级委托	179	4.0	6.9
合计	4444	100.0	171.3

按照高校类型对青年教师的科研课题选题来源的交叉分析显示(表 3-65),三类高校的青年教师均首选"个人兴趣"为科研课题选题来源,国家重点高校的青年教师的科研课题选题来源占比从高到低依次为"个人兴趣"、"热点问题"、"教学实践问题"、"文献"、"上级委托";省重点老牌高校和地方应用型本科高校的青年教师的科研课题选题来源占比相仿,从高到低依次为"个人兴趣"、"教学实践问题"、"热点问题"、"文献"、"上级委托"。

表 3-65　高校类型 * 科研课题选题来源交叉分析

高校类型		青年教师的科研课题选题来源					合　计
		教学实践问题	个人兴趣	热点问题	文献	上级委托	
国家重点建设高校	计数/个	131	331	240	129	39	484
	高校类型中的占比/%	27.1	68.4	49.6	26.7	8.1	
省重点老牌建设高校	计数/个	228	319	203	131	32	521
	高校类型中的占比/%	43.8	61.2	39.0	25.1	6.1	
地方应用型本科高校	计数/个	629	979	619	326	108	1589
	高校类型中的占比/%	39.6	61.6	39.0	20.5	6.8	
合计	计数/个	988	1629	1062	586	179	2594

(三)青年教师经常性开展的课题研究范围

调查结果显示(表 3-66),青年教师经常性开展的课题研究范围在宏观层面的占17.9％,在中观层面的占41.3％,在微观层面的占40.8％。

表 3-66　青年教师经常性开展的课题研究范围

课题研究范围	人数/个	百分比/%
宏观层面	470	17.9
中观层面	1087	41.3
微观层面	1072	40.8
合计	2629	100.0

　　按照高校类型对青年教师经常性开展的课题研究范围的交叉分析显示(表 3-67),国家重点建设高校和省重点建设老牌高校的青年教师经常性开展的课题研究范围所占比例从高到低依次是微观层面、中观层面和宏观层面,地方应用型本科高校青年教师经常性开展的课题研究范围所占比例从高到低依次是中观层面、微观层面和宏观层面。

表 3-67　高校类型 * 青年教师经常性开展的课题研究范围交叉分析

高校类型		青年教师经常性开展的课题研究范围			合　计
		宏观层面	中观层面	微观层面	
国家重点建设高校	计数/个	80	181	227	488
	高校类型中的占比/%	16.4	37.1	46.5	100.0
省重点建设老牌高校	计数/个	97	193	239	529
	高校类型中的占比/%	18.3	36.5	45.2	100.0
地方应用型本科高校	计数/个	293	713	606	1612
	高校类型中的占比/%	18.2	44.2	37.6	100.0
合计	计数/个	470	1087	1072	2629
	高校类型中的占比/%	17.9	41.3	40.8	100.0

八、青年教师的科研成果

　　任何科研成果特别是原创性创新成果都并非一蹴而就,而是遵循着一定的科学发展规律,它需要科研人员就某一方向进行长期求索,并产生优势积累。为此,本调查的第八部分为了解高校青年教师的科研成果状况,笔者设计了五个方面的问题:一是青年教师主持或参与的课题研究情况;二是青年教师科研成果的形式状况;三是 2013—2015 年青年教师发表的论文数;四是 2013—2015 年青年教师发表的著作数和专利数;五是青年教师科研经费来源的主要渠道。

(一)青年教师主持或参与的课题研究情况

　　调查结果显示(表 3-68),抽样青年教师总人数 2629 人,本题有效份数 2613,占99.4%,数据有效率高。总体看,青年教师主持或参与的课题级别分别为校级占 54.2%、市厅局级占 38.5%、省部级占 34.6%、国家级占 16.8%,无课题的青年教师占 15.6%。

表 3-68 青年教师主持或参与的课题研究情况

青年教师主持或参与的课题研究情况	人数/个	百分比/%	个案百分比/%
无	408	9.8	15.6
校级	1416	33.9	54.2
市厅局级	1006	24.1	38.5
省部级	904	21.7	34.6
国家级	440	10.5	16.8
合计	4174	100.0	159.7

按照高校类型对青年教师主持或参与的课题研究情况的交叉分析显示（表 3-69），国家重点建设高校的青年教师主持或参与的课题级别比较集中在校级和省部级，占 50% 以上，国家级课题的占比也近 40%；省重点建设老牌高校的青年教师主持或参与的课题级别比较集中在市厅局级、校级和省部级，占 30%～40%，国家级的占比为 13.5%，26.6% 的青年教师没有主持或参与课题；地方应用型本科高校的青年教师主持或参与的课题级别比较集中在校级，占 59.3%，市厅局级和省部级占 30%～40%，国家级只占 11.3%。

表 3-69 高校类型 * 青年教师主持或参与的课题研究情况交叉分析

高校类型		青年教师主持或参与的课题研究情况					合 计
		无	校级	市厅局级	省部级	国家级	
国家重点建设高校	计数/个	45	265	149	243	188	890
	高校类型内的占比/%	9.3	54.9	30.8	50.3	38.9	
省重点建设老牌高校	计数/个	140	201	221	168	71	801
	高校类型内的占比/%	26.6	38.1	41.9	31.9	13.5	
地方应用型本科高校	计数/个	223	950	636	493	181	2483
	高校类型内的占比/%	13.9	59.3	39.7	30.8	11.3	
合计	计数/个	408	1416	1006	904	440	4147
	总计的占比/%	15.6	54.2	38.5	34.6	16.8	159.7

按照职称对青年教师主持或参与的课题研究情况的交叉分析显示（表 3-70），从省部级以上课题看，青年教师的职称越高所占的比率越高。教授职称的青年教师主持或参与课题研究的占比从高到低依次是省部级、国家级、校级、市厅局级；副教授职称的青年教师主持或参与课题研究的占比从高到低依次是校级、省部级、市厅局级、国家级；讲师以下职称的青年教师主持或参与课题研究的占比从高到低依次是校级、市厅局级、省部级、国家级。

表 3-70　职称 * 青年教师主持或参与的课题研究情况交叉分析

职　称		青年教师主持或参与的课题研究情况					合　计
		无	校级	市厅局级	省部级	国家级	
教授	计数/个	3	25	24	41	27	120
	职称的占比/%	4.8	40.3	38.7	66.1	43.5	
副教授	计数/个	13	252	233	246	156	900
	职称的占比%	2.9	57.1	52.8	55.8	35.4	
讲师	计数/个	231	967	670	543	230	2641
	职称的占比%	13.6	56.8	39.4	31.9	13.5	
助教	计数/个	135	155	64	61	21	436
	职称的占比%	38.8	44.5	18.4	17.5	6.0	
未定级	计数/个	26	17	15	13	6	77
	职称的占比%	42.6	27.9	24.6	21.3	9.8	
合计	计数/个	408	1416	1006	904	440	4174

(二)青年教师科研成果的形式状况

调查结果显示(表 3-71),抽样青年教师总人数 2629 人,本题有效份数 2551,占 97.0%,数据有效率高。整体看,青年教师科研成果的形式呈多样化,但集中在论文的形式,人数占比为 89.3%,居首位;专著、专利和教材的形式分别只占 13.1%、12.8% 和 10.5%,相对而言占比偏低。

表 3-71　青年教师科研成果的形式状况

青年教师科研成果形式	人数/人	百分比/%	个案百分比/%
论文	2279	65.7	89.3
专著	335	9.7	13.1
教材	268	7.7	10.5
文艺作品	113	3.3	4.4
专利	326	9.4	12.8
翻译	68	2.0	2.7
辅导材料	77	2.2	3.0
合计	3466	100.0	135.8

按照高校类型对青年教师科研成果形式的交叉分析显示(表 3-72),三种类型高校的大部分青年教师均以论文作为科研成果的形式。省重点建设老牌高校的青年教师以论文作为科研成果形式的占比为 76.0%,高于 65.8% 的平均值,表明科研形式单一的特点更为典型。地方应用型本科高校的青年教师以论文作为科研成果形式的占比 64.6%,低于

65.8%的平均值,但是在专利的占比上比省重点建设老牌高校要高出 7.4%。

表 3-72　高校类型 * 青年教师科研成果的形式状况交叉分析

高校类型		青年教师科研成果的形式状态							合计
		论文	专著	教材	文艺作品	专利	翻译	辅导材料	
国家重点建设高校	计数/个	445	109	46	16	89	18	14	737
	高校类型内的占比/%	60.4	14.8	6.2	2.2	12.1	2.4	1.9	
省重点建设老牌高校	计数/个	475	35	60	14	19	11	11	625
	高校类型内的占比/%	76.0	5.6	9.6	2.2	3.0	1.8	1.8	
地方应用型本科高校	计数/个	1359	191	162	83	218	39	52	2104
	高校类型内的占比/%	64.6	9.1	7.7	3.9	10.4	1.9	2.5	
合计	计数/个	2279	335	268	113	326	68	77	3466

(三)2013—2015 年青年教师发表的论文数

调查结果显示,2013—2015 年青年教师发表国外核心期刊的均值为 0.88,发表国内核心期刊的均值为 0.90,其他期刊的均值为 1.16,相对而言,青年教师发表的论文以其他期刊为主。从标准差上看,各自的标准差依次为国外核心期刊 2.553,国内核心期刊 2.315,其他刊物 2.014,反映个体内的差异为国外核心期刊、国内核心期刊、其他期刊依次递减。

对不同高校类型青年教师发表论文情况做单因素方差分析,结果可看出(表 3-73),不同高校类型青年教师发表论文数存在显著差异。使用 LSD 法进行事后分析可知,在国外核心刊物上,青年教师发表论文数均值从高到低依次为国家重点建设高校、地方应用型本科高校、省重点建设老牌高校;在国内核心刊物上,青年教师发表论文数均值从高到低依次为国家重点建设高校、省重点建设老牌高校、地方应用型本科高校;在其他刊物上,三类高校之间差距不大。

表 3-73　2013—2015 年不同高校类型青年教师发表的论文差异比较

		均　值	标准差	F 值	LSD
国外核心刊物	国家重点建设高校	2.00	4.948		
	省重点建设老牌高校	0.37	1.109	64.146**	1>3>2
	地方应用型本科高校	0.71	1.527		
国内核心刊物	国家重点建设高校	1.51	3.809		
	省重点建设老牌高校	1.06	2.159	27.275**	1>2>3
	地方应用型本科高校	0.66	1.628		

续表

		均　值	标准差	F 值	LSD
	国家重点建设高校	1.15	2.518		
其他刊物	省重点建设老牌高校	1.23	1.854	0.373	
	地方应用型本科高校	1.14	1.891		

注：＊代表 $p < 0.05$，＊＊代表 $p < 0.01$。

(四)2013—2015 年青年教师发表的著作数和专利数

对不同高校类型青年教师发表著作和专利情况做单因素方差分析,结果可看出(表3-74),不同高校类型青年教师发表著作数存在显著差异($p = 0.001$),发表专利数存在显著差异($p = 0.000$)。使用 LSD 法进行事后分析可知,在著作上,青年教师发表著作数均值从高到低依次为地方应用型本科高校、国家重点建设高校、省重点建设老牌高校,地方应用型本科高校与省重点建设老牌高校差异更大;在专利上,青年教师发表专利数均值从高到低依次为国家重点建设高校、地方应用型本科高校、省重点建设老牌高校。

表 3-74　2013—2015 年不同高校类型青年教师发表的专著、专利差异比较

		均值	标准差	F 值	LSD
	国家重点建设高校	0.2617	0.58681		
著作	省重点建设老牌高校	0.1559	0.53669	7.420**	3>1>2
	地方应用型本科高校	0.3704	1.30899		
	国家重点建设高校	0.5266	2.05152		
专利	省重点建设老牌高校	0.0606	0.31430	12.208**	1>3>2
	地方应用型本科高校	0.5062	2.10154		

(五)青年教师科研经费来源的主要渠道

调查结果显示(表 3-75),抽样青年教师总人数 2629 人,本题有效份数 2361,占89.8％,数据有效率较高。在科研经费来源的主要渠道上,有 50.4％的青年教师选择的是"纵向课题";有 37.8％的青年教师选择的是"学校资助";有 22.4％的青年教师选择的是"横向课题";有19.8％的青年教师选择的是"个人自筹"。

表 3-75　青年教师科研经费来源的主要渠道

青年教师科研经费来源的主要渠道	人数/个	百分比/%	个案百分比/%
纵向课题	1190	33.4	50.4
横向课题	529	14.8	22.4
学校资助	892	25.0	37.8
个人自筹	467	13.1	19.8
合计	3078	86.3	130.4

按照高校类型对青年教师科研经费来源的主要渠道的交叉分析显示(表 3-76),在三种类型高校的青年教师科研经费来源的主要渠道中纵向课题和学校资助经费来源比率居前 2 位。相比较国家重点建设高校和地方应用型本科高校而言,省重点建设老牌高校的青年教师科研经费来源的个人自筹渠道占比高于横向课题的经费来源渠道。在地方应用型本科高校的青年教师科研经费来源的渠道中学校资助比率略高于省重点老牌高校,横向课题的比率高于国家重点建设高校和省重点建设老牌高校。

表 3-76 高校类型 * 青年教师科研经费来源的主要渠道交叉分析

高校类型		青年教师科研经费来源的主要渠道				合计
		纵向课题	横向课题	学校资助	个人自筹	
国家重点建设高校	计数/个	295	83	200	54	718
	高校类型内的占比/%	41.1	11.6	27.9	7.5	
省重点建设老牌高校	计数/个	205	97	151	136	681
	高校类型内的占比/%	30.1	14.2	22.2	20.0	
地方应用型本科高校	计数/个	690	349	541	277	2168
	高校类型内的占比/%	31.8	16.1	25.0	12.8	
合计	计数/个	1190	529	892	467	3567

九、青年教师的科研形式

科研形式主要是指采用何种方式完成课题研究,在一定程度上反映研究者在科研协同创新与团队合作的状况。为此,本调查的第九部分为了解高校青年教师的科研形式的状况,笔者设计了两个方面的问题:一是青年教师在基层开展科研合作情况;二是青年教师经常采用的科研方式。

(一)青年教师在基层开展科研合作情况

调查数据显示(表 3-77),整体看,青年教师到基层(地方行业、企事业单位、乡镇、社区)开展科研合作情况,有 64.6%的青年教师没有到基层开展科研合作的经历;只有35.4%的青年教师有到基层开展科研合作的经历。

表 3-77 青年教师在基层开展科研合作情况

是否到基层开展科研合作	人数/个	百分比/%
有	930	35.4
没有	1699	64.6
合计	2629	100.0

按照高校类型对青年教师在基层开展科研合作情况的交叉分析显示(表 3-78),地方

应用型本科高校青年教师占 37.8%,国家重点建设高校的青年教师占 36.5%,这两类高校要略高于省重点建设老牌高校。

表 3-78　高校类型 * 青年教师在基层开展科研合作情况交叉分析

高校类型		青年教师在基层开展科研合作情况		合　计
		有	没有	
国家重点建设高校	计数/个	178	310	488
	高校类型中的占比/%	36.5	63.5	100.0
省重点建设老牌高校	计数/个	143	386	529
	高校类型中的占比/%	27.0	73.0	100.0
地方应用型本科高校	计数/个	609	1003	1612
	高校类型中的占比/%	37.8	62.2	100.0
合计	计数/个	930	1699	2629
	高校类型中的占比/%	35.4	64.6	100.0

(二)青年教师经常采用的科研方式

调查数据显示(表 3-79),抽样青年教师总人数 2629 人,本题有效份数 2560,占 97.4%,数据有效率高。在青年教师经常采用的科研方式上,有 54.5%选择"独立进行";有 43.8%选择"参与团队项目,同课题组成员合作";有 38.7%选择"与同事合作";有 19.8%选择"有专家指导"。

表 3-79　青年教师经常采用的科研方式

青年教师经常采用的科研方式	人数/个	百分比/%	个案百分比/%
独立进行	1394	34.7	54.5
有专家指导	506	12.6	19.8
与同事合作	990	24.7	38.7
参与团队项目,同课题组成员合作	1122	28.0	43.8
合计	4012	100.0	156.8

按照高校类型对青年教师经常采用的科研方式的交叉分析显示(表 3-80),国家重点建设高校有 37.2%青年教师采用独立研究方式、有 30.3%的青年教师与课题组成员合作完成科研任务、有 21.6%的青年教师与同事合作、有 10.9%的青年教师有专家指导;省重点建设老牌高校有 36.3%青年教师采用独立研究方式、有 27.3%的青年教师与课题组成员合作完成科研任务、有 24.3%的青年教师与同事合作、有 12%的青年教师有专家指导;地方应用型本科高校有 33.4%青年教师采用独立研究方式、有 27.4%的青年教师与课题组成员合作完成科研任务、有 25.8%的青年教师与同事合作、有 13.4%的青年教师有专家指导。

表 3-80　高校类型 * 青年教师经常采用的科研方式交叉分析

高校类型		青年教师经常采用的科研方式				合　计
		独立进行	有专家指导	与同事合作	参与团队项目,同课题组成员合作	
国家重点建设高校	计数/个	291	85	169	237	782
	高校类型内的占比/%	37.2	10.9	21.6	30.3	
省重点建设老牌高校	计数/个	290	96	194	218	798
	高校类型内的占比/%	36.3	12.0	24.3	27.3	
地方应用型本科高校	计数/个	813	325	627	667	2432
	高校类型内的占比/%	33.4	13.4	25.8	27.4	
合计	计数/个	1394	506	990	1122	4012

十、青年教师对学校学术管理制度的评价

新制度主义理论认为,人和制度是一种互动关系,一方面,个人的行为要受到制度的形塑;另一方面,个人在一定程度上会影响制度的建构。学术管理制度是否能有效激励青年教师的科研动力发挥,是本研究的一个重要组成部分。为此,了解青年教师对学校学术管理制度的满意度,是管理者更好地设计和构建制度的依据之一。

本部分(第十部分)调查结果显示(表 3-81),青年教师对学校学术管理制度的满意度的平均数从高到低依次为校内科研项目评审制度、科研奖励制度、教师业绩考核评价制度、教师的职称晋升制度和薪酬分配与福利制度、教师培养与培训制度。青年教师对学校学术管理制度的满意度总平均值为 3.397。校内科研项目评审制度、科研奖励制度两项制度平均分高于总平均值,而教师业绩考核评价制度、教师的职称晋升制度、薪酬分配与福利制度和教师培养与培训制度四项制度的平均分低于总平均值。

表 3-81　青年教师对学校的学术管理制度的满意度

	最小值	最大值	平均数	标准差
校内科研项目评审制度	1	5	3.56	0.870
科研奖励制度	1	5	3.55	0.859
教师的职称晋升制度	1	5	3.32	0.935
教师业绩考核评价制度	1	5	3.34	0.879
薪酬分配与福利制度	1	5	3.32	0.905
教师培养与培训制度	1	5	3.29	0.936

　　对不同高校类型青年教师对学校学术管理制度的满意度情况做单因素方差分析(表3-82),结果可看出,不同高校类型青年教师对学校学术管理制度的满意度不存在显著差异。使用LSD法进行事后分析可知,在教师的科研奖励制度上存在显著差异($p = 0.024$),地方应用型本科高校青年教师对学校的科研奖励制度的满意度均值高于省重点建设老牌高校和国家重点建设高校青年教师对学校的科研奖励制度的满意度均值;在教师的职称晋升制度上存在显著差异($p = 0.000$),地方应用型本科高校青年教师对学校的教师职称晋升制度的满意度均值高于省重点建设老牌高校和国家重点建设高校的青年教师对学校的教师职称晋升的满意度均值,省重点建设老牌高校青年教师对学校的教师职称晋升制度的满意度均值高于国家重点建设高校,说明在科研奖励制度和教师的职称晋升制度上,地方应用型本科高校青年教师的满意度相对其他两类高校的青年教师来说要高,其他制度不存在显著差异。

表 3-82　青年教师对学校学术管理制度的满意度差异比较

		均　值	标准差	F 值	LSD
校内科研项目评审制度	国家重点建设高校	3.55	0.880		
	省重点建设老牌高校	3.51	0.846	1.485	
	地方应用型本科高校	3.59	0.874		
科研奖励制度	国家重点建设高校	3.52	0.888		
	省重点建设老牌高校	3.48	0.879	3.742*	3>2
	地方应用型本科高校	3.59	0.842		
教师的职称晋升制度	国家重点建设高校	3.16	1.007		2>1
	省重点建设老牌高校	3.32	0.914	8.870**	3>1
	地方应用型本科高校	3.36	0.915		
教师业绩考核评价制度	国家重点建设高校	3.29	0.891		
	省重点建设老牌高校	3.30	0.894	2.208	
	地方应用型本科高校	3.37	0.870		
薪酬分配与福利制度	国家重点建设高校	3.35	0.856		
	省重点建设老牌高校	3.33	0.921	0.592	
	地方应用型本科高校	3.30	0.915		
教师培养与培训制度	国家重点建设高校	3.34	0.959		
	省重点建设老牌高校	3.28	0.941	0.869	
	地方应用型本科高校	3.29	0.928		

　　注：* 代表 $p < 0.05$,** 代表 $p < 0.01$。

第三节　调查结果的解读

一、青年教师科研发展现状的总体状况

(一)青年教师对学术职业的选择与规划

学术职业对青年教师的吸引力主要是因为时间相对自主、工作稳定、社会认可度高和自我实现。71.8％的青年教师对自己的未来 5 年的职业规划主要是准备在本校晋升高一级职称,19.2％的青年教师选择提升学历后继续留在本校工作。影响自己选择所在高校的主要因素依次是城市环境、地理位置、离家较近、发展前景、高校声誉。

(二)青年教师的科研意识

从整体上看,绝大部分的青年教师认为科研对社会、学校和个人发展是重要的,但从科研作用的对象的重要程度高低依次为学校(87.1％)、个人(86.9％)、社会(78.6％)。64.1％的青年教师认为科研对个人在学生中的声誉是重要的。75.4％的青年教师认为科研与教学的关系是相互促进和提高的。26.9％的青年教师确认学生经常性地参加自己的科研活动。

(三)高校科研环境

从总体上看,81.4％的青年教师认为学校高度重视科研工作。青年教师认为自己所在科研组织的学术氛围"一般"或"浓厚"的各为 44.8％和 46.2％。86.0％的青年教师有所属科研平台,但越高级别的平台越少;69.3％的青年教师加入各类科研团队。从整体上看,科研团队级别越高,青年教师加入各类科研团队占比越低。在各级科研团队中,有51.7％的青年教师认为科研带头人具有较高的学术水平;有 42.6％的青年教师认为科研带头人经常对其进行指导和帮助;有 19.1％的青年教师认为科研带头人名不副实,作用不大。目前制约学校科研发展的主要因素比率由高到低依次是科研投入、科研队伍、科研氛围、科研体制、科研政策、科研平台、学术评价体系、学科建设。

(四)青年教师的科研动机

从总体上看,晋升职称是 73.7％的青年教师从事科研的首要动机,通过科研提高学术水平(46.1％)、完成岗位职责(44.7％)、兴趣爱好(29.4％)、教学工作需要(24.8％)也成为青年教师从事科研的主要动机之一。这表明一部分教师的科研动机的初衷还是比较纯正的,愿意从事科研工作。首要科研动机是职称晋升,这与教师的工资、福利、职位等联系在

一起,为了晋升职称必须搞科研,所以青年教师选择该项的比例最高。为此,大部分青年教师的科研动机带有功利性,为了某种功利性的东西强迫自己做科研;也有部分青年教师能从兴趣爱好、提高学术水平、提高教学等方面来激发自己从事科研活动,能以积极的态度认识到科研工作的意义和作用。

在目前制约青年教师创新能力发挥的相关因素比较上,三类高校的青年教师都选择"时间和精力不足"和"科研能力有待加强"为影响其创新能力发挥的相关因素的前两位。

(五)青年教师的科研参与

整体看,在青年教师参与科研活动的态度方面,能很积极和较积极参与科研活动的分别占 15.7％和 47.8％,偶尔参与科研活动的占 33.8％,从不参与科研活动的占 2.7％。男性比女性参与科研活动的态度更积极主动。博士(89.1％)、硕士(52.0％)、学士(52.0％)、无学位(50.0％)的青年教师积极参与科研活动。高级职称的青年教师参与科研活动的积极性高于中、初级职称的青年教师,未定级的青年教师参与科研活动的积极性较中、初级职称的青年教师高,可能主要原因在于晋升职称的需求大。

在青年教师每周工作时间(包括教学和科研)状况方面,总体看,在 40 小时以下占26.9％,41～50 小时占 48.1％,51 小时以上占 25.0％。男性青年教师的每周工作时间长的比率高于女性青年教师。博士学位的青年教师每周工作时间远远超过其他学位的人数比率,学士学位的青年教师每周工作时间在 41 小时以上的人数比率高于硕士学位的青年教师。职称越高,每周工作时间投入越多。

在青年教师每周科研工作时间状况方面,15 小时以上占 18.4％,10～15 小时占 12.3％,5～10 小时占 25.3％,5 小时以下占 44.0％。男性青年教师每周的科研工作时间要多于女性青年教师。学位越高的青年教师每周的科研工作时间越多,而且博士与其他学位的青年教师之间差距显著。职称越高,每周科研时间投入越多。

在近三年青年教师参加各类学习培训方面,参加次数在 1～3 次的占 52.4％,4～6 次的占 22.5％,从未参加的占 14.7％。男性青年教师参加机会和次数比女性青年教师高。博士青年教师高于其他学位的青年教师,硕士和学士的青年教师机会相当,无学位的青年教师参加培训机会最少。职称越高,参加学习培训的次数就越多,未定级的青年教师参加学习培训的机会高于助教,这可能与学校为了使青年教师进校后尽快融入学校而采取的特殊措施相关。

(六)青年教师的科研需求

总体看,72.5％的青年教师认为科研能力的提升是第一需求;认为经费资助是其科研需求占 47.9％;认为进修机会的支持、学术会议参与的支持、减少教学工作量、宽松环境也是其科研需求,分别占 39.9％、36.9％、34.2％、31.7％。

(七)青年教师的科研定位

从青年教师科研方向的稳定性看,其中 50.2％的青年教师有稳定的科研方向;39.2％

的青年教师还处在考虑科研方向阶段;9.6%的青年教师没有稳定的科研方向;1.0%的青年教师根本没考虑科研方向。

从青年教师的科研课题选题来源的频率看,青年教师的科研选题来源比较广泛,62.8%的青年教师结合个人兴趣进行研究,40.9%的青年教师追逐热点问题,38.1%的青年教师选择教学实践问题进行研究。

从课题研究范围频率看,青年教师经常性开展的课题研究范围主要在中观(41.3%)和微观层面(40.8%),17.9%的青年教师侧重研究宏观层面。这种研究层面分布状况基本符合常理,与课题来源也基本吻合。

(八)青年教师的科研成果

在青年教师主持或参与的课题研究情况方面,青年教师主持或参与的课题级别随着等级递增,青年教师人数所占的比例呈递减趋势,即课题级别越高,青年教师主持或参与的人数也越少。青年教师职称越高,所主持或参与的省部级以上课题级别也相对高。

在青年教师科研成果的形式状况方面,整体看,青年教师科研成果的形式呈多样化,但集中在论文的形式,人数占89.3%,居首位。专著、专利和教材等其他形式比率偏低。在2013—2015年青年教师发表的论文数方面,青年教师发表以其他期刊为主,反映在个体内的差异为国外核心期刊、国内核心期刊、其他期刊依次递减。

在青年教师科研经费来源的主要渠道方面,具有多样性,50.4%的青年教师科研经费来源于纵向课题,人数比率从高到低是纵向课题、学校资助、横向课题、个人自筹。

(九)青年教师的科研形式

在青年教师在基层开展科研合作情况方面,整体看,只有35.4%的青年教师有在基层开展科研合作的经历。

在青年教师经常采用的科研方式方面,总体看,54.5%的青年教师是独立进行科研活动的,43.8%的青年教师科研上选择参与团队项目,同课题组成员合作形式,19.8%的青年教师有专家指导。

(十)青年教师对学校学术管理制度的评价

青年教师对学校学术管理制度的满意度在一般与满意两者之间,青年教师对学校学术管理制度的满意度还有待提高,尤其是教师业绩考核评价制度、教师的职称晋升制度、薪酬分配与福利制度和教师培养与培训制度是提高满意度的侧重点。

二、国家重点建设高校、省重点建设老牌高校和地方应用型本科高校三种类型高校青年教师科研发展现状比较

(一)青年教师对学术职业的选择与规划

不同类型高校的青年教师对学术职业的吸引力主要因素的认同上是一致的,略有差别之处在于国家重点建设高校的青年教师选择"自我实现"比"社会认可度高"的比率高,而省重点建设老牌高校和地方应用型本科高校的青年教师"社会认可度高"比"自我实现"的比率高,说明国家重点建设高校的青年教师自信心强,自我发展的愿望最强烈。

不同类型高校的高校青年教师在未来 5 年的职业规划的选择基本一致,大部分青年教师首选"准备在本校晋升高一级职称"。在选择"提升学历后继续留在本校"的青年教师的比率由高到低依次为地方应用型本科高校、省重点建设老牌高校和国家重点建设高校。

不同类型高校的青年教师对影响自己选择所在高校的主要原因各有侧重,国家重点建设高校侧重考虑"城市环境"、"发展前景"和"高校声誉",省重点建设高校主要侧重考虑"城市环境"、"地理位置"和"离家较近",地方应用型本科高校则主要侧重考虑"离家较近"、"城市环境"和"地理位置"。

(二)青年教师的科研意识

国家重点建设高校的青年教师科研意识最强,其次是省重点建设老牌高校,最后是地方应用型本科高校。在教学与科研关系的认识上,认为科研与教学的关系是相互促进与提高的人数比率从高到低依次为国家重点建设高校、省重点建设老牌高校、地方应用型本科高校。其中,地方应用型本科高校有 21.7% 的青年教师认为科研与教学的关系是相互影响与干扰,在一定程度上说明地方应用型本科高校还有部分老师的科研意识不强,存在对科研的意义和作用认识不到位的现象。在学生参与青年教师科研活动频率中,三种类型高校的青年教师在学生参与自己科研活动的频率有所差异,国家重点建设高校和地方应用型本科高校的青年教师比较注重学生参与自己的研究活动,省重点建设老牌高校青年教师比较不注重学生参与自己的研究活动。

(三)高校科研环境

从科研平台数量和层次、科研团队和学科带头人方面看,国家重点建设高校对科研的重视程度、学术协作良好状况以及所在科研组织的学术氛围浓厚程度最高,地方应用型本科高校学科建设薄弱,但地方应用型本科高校的科研环境改善的进展速度优于省重点建设老牌高校,这在一定程度上反映了这样的事实:地方应用型本科高校原本的科研环境和整体科研能力薄弱,为了学校的发展,也为了提升学校的声誉和排名,从学校领导到青年教师的重视和努力程度优于省重点建设老牌高校。

科研体制、学术评价体系和科研政策成为制约国家重点建设高校科研发展的主要因

素,而科研投入、科研队伍、科研氛围等方面成为地方应用型本科高校和省重点建设老牌高校科研发展受制约的主要因素。

(四)青年教师的科研动机

不同类型高校青年教师科研动机具有一定的差异,省重点建设老牌高校和地方应用型本科高校的青年教师比国家重点建设高校类型的青年教师选择"晋升职称"的比率更多,目的性更强烈;国家重点建设高校类型的青年教师比省重点建设老牌高校和地方应用型本科高校的青年教师出于对科研的兴趣爱好所占比率更高。地方应用型本科高校的青年教师选择"学校转型的要求"为从事科研的原因之一比其他两类高校更明显。

在制约青年教师创新能力发挥的相关因素方面,三类高校的青年教师都选择"时间和精力不足"和"科研能力有待加强"为影响其创新能力发挥的相关因素的前两位。由于地方应用型本科高校建校历史短、本科办学时间短等因素,较多青年教师还选择了"掌握信息和资料有限"、"缺乏必要指导"和"自感身单力薄"等因素列为影响其创新能力发挥的相关因素的前五位,这与学校的硬件条件和制度建设薄弱关系十分密切。

(五)青年教师的科研参与

青年教师参与科研活动积极性从高到低依次为国家重点建设高校、地方为应用型本科高校、省重点建设老牌高校。

国家重点建设高校青年教师每周工作时间在 51 小时以上的比率为 38.9%,居首位;国家重点建设高校、省重点建设老牌高校和地方应用型本科高校的青年教师每周工作时间在 41 小时以上的比率分别为 81.7%、71.6%、71.0%,说明国家重点建设高校青年教师每周工作时间投入多于省重点建设老牌高校和地方应用型本科高校的青年教师。

国家重点建设高校青年教师科研工作时间远远大于其他两类高校的青年教师,这与各高校类型学术要求相关,也反映了青年教师努力的高低程度。另外,省重点建设老牌高校与地方应用型本科高校相比较而言,这两类学校青年教师科研工作时间分布相当,而且地方应用型本科高校青年教师每周科研工作时间在 5 小时以上的占比还略高些。

国家重点建设高校的青年教师参加各类学习培训机会和次数高于其他两类高校的青年教师,地方应用型本科高校和省重点建设老牌高校分别有 16.1% 和 15.1% 的青年教师近三年没参加过培训。

(六)青年教师的科研需求

在青年教师的科研需求方面,国家重点建设高校、省重点建设老牌高校和地方应用型本科高校三种类型高校的青年教师的科研需求排在前两位均为"科研能力的提升"和"经费资助",而在"宽松环境""减少教学工作量""进修机会的支持"等方面的科研需求顺序有所差异,侧重点不一样,国家重点建设高校对"宽松环境"的需求度略高些,对于省重点建设老牌高校和地方应用型本科高校的青年教师来说,进修和参加学术会议的需求所占比例略高些。

(七)青年教师的科研定位

从青年教师科研方向的稳定性看,国家重点建设高校比其他两类类型的高校有更多的青年教师有稳定的科研方向,省重点建设老牌高校和地方应用型本科高校分别有42.1％和42.4％的青年教师处于"正在考虑自己的科研方向"的状态。

从青年教师的科研课题选题来源的频率看,三类高校的青年教师对科研课题选题来源的侧重点有所区别,除选择"个人兴趣"外,国家重点建设高校的青年教师选择"热点问题"所占比率为49.6％,高于"教学实践问题",而省重点老牌高校和地方应用型本科高校的青年教师选择"热点问题"和"教学实践问题"的均在39％及以上。

从青年教师经常性开展的课题研究范围频率看,国家重点建设高校和省重点建设老牌高校的学校发展进入成熟期,所以该类学校的青年教师研究更多的是教学实践等微观层面的问题,而地方应用型本科高校正处于学校的转型发展期,为此,该类学校的青年教师研究学校发展等中观层面问题比教学实践等微观层面的问题来得多些。

(八)青年教师的科研成果

在青年教师主持或参与的课题研究情况方面,国家重点建设高校的青年教师主持或参与的课题级别分布较均衡,省部级以上课题占比远远高于其他两类高校,省重点建设老牌高校和地方应用型本科高校的青年教师主持或参与的省部级以上课题占比相当,地方应用型本科高校比较集中在校级课题,说明青年教师整体的科研能力有待进一步提高。在没有主持或参与课题的占比中,省重点建设老牌高校的比率高于其他两类高校。

在青年教师科研成果的形式状况方面,三种类型高校的大部分青年教师均以论文作为科研成果的形式。省重点建设老牌高校的青年教师以论文作为科研成果形式的占比高于平均值,表明科研形式单一的特点更为典型。地方应用型本科高校的青年教师以论文作为科研成果形式的占比低于平均值,但是在专利的占比上比省重点建设老牌高校要高。在一定程度上可看出,地方应用型本科高校科研成果有向应用研究转型的趋势。

在2013—2015年青年教师发表的论文数方面,不同高校类型的青年教师发表论文数存在显著差异。在国外核心刊物上,青年教师发表论文数均值从高到低依次为国家重点建设高校、地方应用型本科高校、省重点建设老牌高校;在国内核心刊物上,青年教师发表论文数均值从高到低依次为国家重点建设高校、省重点建设老牌高校、地方应用型本科高校;在其他刊物上,三类高校之间差距不大,地方应用型本科青年教师倾向于在其他刊物上发表。

在2013—2015年青年教师发表的著作数和专利数方面,不同高校类型的青年教师发表著作数和专利数均存在显著差异。在著作和专利的发表上,国家重点建设高校发表数高于其他两类高校,而地方应用型本科高校要比省重点建设老牌高校在数量上要高出许多,这与地方应用型本科院校在向应用型转型过程中,科研成果的评价指标多样化,鼓励老师向应用研究方向转型有很大关系。

在青年教师科研经费来源的主要渠道方面,三种类型高校的青年教师科研经费来源的主要渠道中纵向课题和学校资助经费来源比率居前两位,相比较国家重点建设高校和地方应用型本科高校而言,省重点建设老牌高校的青年教师科研经费来源于个人自筹渠道的占比高于横向课题的经费来源渠道。在地方应用型本科高校的青年教师科研经费来源的渠道中学校资助比率略高于省重点建设老牌高校,横向课题的比率高于国家重点建设高校和省重点建设老牌高校,说明地方应用型本科高校对扶持青年教师从事科研的经费投入增加,科研服务于地方的社会经济效益处于增长趋势。

(九)青年教师的科研形式

地方应用型本科高校青年教师和国家重点建设高校的青年教师在基层(地方行业、企事业单位、乡镇、社区)开展科研合作的经历占比要略高于省重点建设老牌高校,说明他们的科研方向和课题比较接地气,应用性较强,科研服务地方意愿较强。省重点建设老牌高校的青年教师在这方面弱些。

从青年教师经常采用的科研方式上看,三类高校的青年教师经常采用独立进行科研活动的较多,其次是参与团队项目,同课题组成员合作,有专家指导较少。

(十)青年教师对学校学术管理制度的评价

不同高校类型青年教师对学校学术管理制度的总体满意度不存在显著差异;但在科研奖励制度和教师的职称晋升制度上,地方应用型本科高校青年教师满意度相对其他两类高校的青年教师来说要高,其他制度不存在显著差异。

三、地方应用型本科高校青年教师科研发展优势与劣势

(一)地方应用型本科高校青年教师科研发展的优势

(1)地方应用型本科高校重视科研程度高于省重点建设老牌高校:表现为学校层面上对科研发展程度高度重视,对扶持青年教师从事科研的经费投入有所增加,校级科研平台数有所增加,加入科研团队的青年教师越来越多,学校在科研管理制度中的科研奖励制度和教师的职称晋升制度上有利于促进青年教师科研动力。

(2)学术氛围逐渐形成,高校内部学术协作状况向良好方向发展:表现为地方应用型本科高校学校的科研环境改善的进展速度优于省重点建设老牌高校,青年教师参与科研活动积极性有一定提高。

(3)科研成果形式向应用研究转型的趋势:表现为在著作和专利的发表上,地方应用型本科高校要比省重点建设老牌高校在数量上要高出许多,科研服务地方意愿较强,科研服务于社会的经济效益趋于增长趋势。这同时也说明,对于重视特色发展、寻求差异化道路的地方应用型本科高校而言,与研究型大学进行同质化竞争,既不现实,亦无必要。

(二)地方应用型本科高校青年教师科研发展的劣势

从总体上看,地方应用型本科高校的青年教师对学术职业的选择与规划不够,境界不

高;大部分青年教师自觉科研意识不强,对教学和科研两者关系如何协调处理还有待进一步理清;从事科研的动机目的性和功利性强,在科研工作上投入的时间较少,参加各类学习培训的机会和次数较少;由于开展科研工作的资源不足,科研投入、科研队伍、科研氛围等成为青年教师科研发展受制约的主要因素,科研平台和科研团队级别低,建设还很薄弱,科研带头人缺乏或作用发挥不到位;青年教师整体的科研能力有待进一步提高;"时间和精力不足"、"科研能力有待加强"、"掌握信息和资料有限"、"缺乏必要指导"和"自感身单力薄"是制约青年教师创新能力的主要因素;"科研能力的提升"、"经费资助"、"进修机会的支持"、"学术会议参与的支持"和"减少教学工作量"成为青年教师科研的主要需求;科研定位模糊,科研方向不明确,比较集中在校级课题;高水平科研成果少,大都处于重复、低水平研究,成果形式较单一;科研团队合作有待加强;对学术管理制度的满意度不高,在教师业绩考核评价制度、教师的职称晋升制度、薪酬分配与福利制度和教师培养与培训制度的改进还有很大的提升空间。

第四章　地方应用型本科高校青年教师科研发展之旅

——叙事研究的视角

前一章的研究主要通过精确的统计数据以高校青年教师集体的形象呈现出高校青年教师科研发展现状。本章将研究的关注点聚焦于青年教师个体学术生活史，旨在把地方应用型本科高校的青年教师的科研经历及其高校工作中发生的故事放到当前我国高等教育的改革背景中，特别是地方本科高校向应用型转型变革当中进行分析。本章力图使我们不仅能够关注青年教师的学术生活世界，还能关注他们所处地方应用型本科高校的发展状况，乃至关注我国高等教育发展的轨迹与脉络。

第一节　教育叙事研究设计

一、教育叙事研究的旨趣

"教育与其他社会科学研究所面对的社会现实是主观建构与客观型构的统一，量化与质性方法并不存在必然对立，而是具有相容性和相互补充解释的作用。"[①]为此，一种研究方法的适切性取决于它所适用的情境和研究者本人的直觉和常识，而不是一系列在先的独断性规则。[②]

美国著名的质的研究方法专家 Denzin 和 Lincoln 认为："质的研究是基于将观察者置身于被观察世界之中的研究活动。它包含了一系列可以使被观察的世界变得清晰起来的阐释性的、经验性的实践活动。这些活动转变了世界，它们将研究的对象世界变成一系列'作品'——现场笔记、访谈、交谈、照片、记录，以及有关自身的备忘录。在这一意义上，质的研究者研究事物的方法是：在研究对象的现场背景下，试图对人们赋予意义的现象做出

---

① 阎光才.教育研究中量化与质性方法之争的当下语境分析[J].教育研究,2006(2):47-53.

② LONG R G，et al. The "qualitative" versus "quantitative" research debate：a question of metaphorical assumptions？[J]International journal of value-based management,2000,13.

理解和阐释。"①

"质性研究的意义在于,它不仅可以对大概率事件进行延伸解释,而且可以对小概率事件加以解释以提供弥补;对历史、文化、语言、符号的关注丰富了量化研究的解释,并兼顾到情境关联;质性研究的反思性和批判性本身带有价值判断倾向,并对数字符号背后的意义提供更生动的诠释,从而赋予客观'现实'的再建构以人性化意义。"②

叙事研究是质的研究的一种形式。叙事研究在文学、历史、人类学、社会学以及社会语言学等学科开发和使用历史较悠久。但是被引进教育研究领域是在 20 世纪 80 年代,而将叙事研究作为一种科学的研究方法进行系统阐释,则是 20 世纪 90 年代。叙事研究作为一种典型的描述——解释性研究,它是通过叙事方式来描述人们的经验、行为以及作为群体和个体的生活方式,强调与人类经验的联系。现象学教育学的重要代表人物加拿大学者马克思·范梅南提出"教师从事实践性研究最好的方法就是说出和不断地说出一个'真实的故事'"③。

"教育叙事研究,是指在教育背景中包含任何类型叙事素材的分析研究。它借由影片、传记、图片、对话等刺激,触发当事人进行故事叙说,并以当事人的叙说内容为文本数据进行分析,以期反映出故事叙说者本身的重要生活经历及生命主题。它的一个本质特点是:关注个人,通过搜集故事来建构田野文本数据,报告个人生活经历,并探讨这些经历之于此——特定个人的意义。"④"教育叙事研究成为教育研究中一种新兴的质性研究方式,并不是否定教育领域中以前的'范式研究',或曰'量的研究',它只是在以往'范式研究'难以企及的地方,弥补其不足,发挥自己的特长。叙事的过程实质上就是角色人物的感觉与文本读者的感觉交汇的过程,而教育领域本身就是一个人性灵动的领域,很多东西无法用明晰的理论和严谨的思辨说清楚,教育叙事就是通过对人身上这种'能感觉到的东西'的深描、挖掘,通过对人内心深处体验的描述,让这种'能感觉到的东西'自己站出来说话,即'让事实本身来说话'。"⑤

"就研究旨趣而言,之所以尝试教育叙事研究和提出'教育叙事',并不是为了勾勒一种教育学批评,乃是为了接近在中国教育时空里发生的各种'真相'。因为在其中,有着各式各样的人物、思想、声音与经验,它们会聚在一起,构成了等待我们去考察的教育事件,而这些事件的流动性及其复杂意义常常只有通过叙事方式才能表达出来,尤其是事件中的个人'生命颤动'的揭示。教育这门学科和哲学、文学不同,教育是实践性很强的学科,必须用适当的方式去呈现它,寻找符合教育这门实践性很强的学科自己的话语和理论方式,也许教育叙事是更为合适的方式。"⑥

———————————

①　DENZIN N K,LINCOLN Y S.Handbook of qualitative research[M].London:Sage Publication Inc,1944.

②　阎光才.教育研究中量化与质性方法之争的当下语境分析[J].教育研究,2006(2):47-53.

③　康纳利,克莱丁宁.叙事探究[J].丁钢,译.全球教育展望,2003,32(4):6-10.

④　张希希.教育叙事研究是什么[J].教育研究,2006(2):54-59.

⑤　王彦,王枬.教育叙事——从文学世界到教育世界[J].全球教育展望,2005,34(4):34-39.

⑥　丁钢.教育研究的叙事转向[J].现代大学教育,2008(1):10-16,111.

当代西方叙事主义教师教育思想以英国学者古德森教授为代表提出教师群体文化和思想共识的知识研究,其认为,"第一,人的行为不仅受社会情境的制约,更是受到历史经历的影响;不仅是社会建构的,更是历史生成的。他很推崇布迪厄'惯习'这一概念,他认为这一概念很好地说明了个体行为的历史生成。第二,任何宏大叙事都无法代表处在弱势地位的个体的声音。因此,我们必须要让教师发出自己的声音,我们必须了解教师的生活史。第三,个体不是被动接受一切制度的制约和指导,而是有着自己思想和偏好的能动者,如果某一制度和政策不受行动者的内心认同,那么行动者就肯定会以各种的策略来抵抗这一制度与政策"[①]。

从研究教师群体到进一步研究青年教师,中国学者也认为:"每一位青年教师个体都是复杂的、整体的、立体的、能动的存在,不是简单的、分割的、平面的、机械的存在。青年教师的发展不是孤立事件,是个人与组织及其周围生活世界之间的互动共生,是日生日成的过程。"[②]

本章试图通过对高校青年教师在学术职业发展中的压力与困惑以及制度供给与需求矛盾对青年教师发展的影响进行多维立体描述,让人们从青年教师的视角了解到当下高等教育改革背景下青年教师的生存状态,了解作为有血有肉的个体在教育实践中所遭遇到的各种问题与困惑,让高等教育政策的制定者充分考虑和吸纳来自青年教育工作者的声音,让教育理论研究者高度重视作为最主要教育实践者的教师中的未来中坚力量——青年教师。

二、研究者角色及研究取向

质的研究强调,研究者的个人身份以及个人倾向,如研究者与被研究者之间扮演的角色和所对应的立场会对研究结果产生很大的影响。研究者本人作为一个"研究工具",首先,要厘清自己的角色与立场;其次,在研究过程中,研究者要随时注意对自己在与研究对象之间的互动方式进行反省与审视,尽量避免研究者本身的"主观",才不至于对研究资料的分析产生偏差。

"质的研究的研究者角色被区分为'局内人'和'局外人'。'局内人'指的是那些与研究对象同属一个文化群体的人,他们享有共同的(或者比较类似的)价值观念、生活习惯、行为方式或生活经历,对事物往往有比较一致的看法。'局外人'指的是那些处于某一文化群体之外的人,他们与这个群体没有从属关系,与'局内人'通常有不同的生活体验,只能通过外部观察和倾听来了解'局内人'的行为和想法。"[③]实际上,在大多数情况下,研究

---

① 艾沃·古德森.教师生活与工作的质性研究[M].蔡碧莲,葛丽莎,等译.北京:教育科学出版社,2013.

② 李宜江.青年教师学术与生活的历史境遇——以安徽省S大学为中心的考察[D].上海:华东师范大学,2013.

③ 陈向明.质的研究方法与社会科学研究[M].北京:教育科学出版社,2000:134.

者由于受到外部条件的限制,自己并没有办法选择做"局内人"还是"局外人"。换言之,从一定意义上来说,真正的"局内人"和"局外人"是不存在的。[①] 因此,陈向明认为,一名研究者不必将自己完全变为一名"局内人"或"局外人",可以成为"可以被接受的边缘人"——具备既是"局内人"又是"局外人"的双重身份的角色。[②]这种双重身份可以使研究者处于一种十分有利的位置,他们既可以和被研究者接近,了解他们的所思所想,有一种归属感,同时又可以保持陌生人的身份,有一定的个人空间,进可深入探寻,退可理性观察。质的研究是一种研究者与被研究者互为主体的研究,研究者的角色是多元和动态的,研究中的"他人"就是"我们的一部分",而"我们"既是研究的主体,又是研究的对象。最重要的是研究者应该将自己全部的"自我"投入进去,主动地与被研究者一起构建一个构成性的和不断往前发展着的"现实"。

本书研究者——"我"是 L 大学的一名中层管理者,从 1993 年至今一直在该校工作,经历过机关行政部门和二级院系不同岗位的任职,对 L 大学各方面都比较熟悉,与各层面人员的沟通联络也比较方便,可以从局外人("我"属管理岗,而非专任教师岗)的角度,又可从局内人("我"与访谈对象同校,非学校政策的决策者和非访谈对象的直接领导者)的身份去体验和反思访谈对象的所历、所感、所悟,去观察、倾听并分析他们。同时作为一名的教育博士生(EdD),通过学术训练和实际工作历练,总有一种理论与实践有机结合的研究情怀。

为此,在我国高等教育一片繁荣景象的今天,在一片争创"双一流"热闹声中,是否也能更多地关注那些地方应用型本科高校发展的困境与出路,研究者以质的研究方法向大家呈现地方应用型本科高校青年教师发展的现实境况,希望通过青年教师们的口述,了解他们在宏大的高等教育改革背景下,身处特定场域下的学术生活的状况;了解他们的看法、立场和观念,由表及里,见微知著,理解隐藏在故事背后的历史。也许地方应用型本科高校和青年教师的发展包含了许多的无奈与艰辛,但也能真切地感受到它和他们存在的价值与进步。

三、研究对象的选取

"在质的研究中,'概括性问题'和'特殊性问题'都可以使用,但后者使用得比较多。这是因为质的研究认为,'野心'过大反而会'欲速而不达'。此外,独特的个案研究虽然不能证实整体的情况,但是可以为人类提供新的认识事物的方式,因此对'特殊性问题'的研究比对'概括性问题'的研究更有价值。"[③]

根据研究的需要和研究的可行性,本研究主要采用综合抽样策略,即以目的性抽样方式为主,兼顾就近和方便的方式选择能够为研究问题提供丰富信息的个体作为研究对象,抽样的具体方法采用"强度"(抽取具有较高信息密度和强度的个案)和"同质型"(抽取内

①② 陈向明.质的研究方法与社会科学研究[M].北京:教育科学出版社,2000:134.
③　陈向明.质的研究方法与社会科学研究[M].北京:教育科学出版社,2000:80.

部成分比较相似即同质性比较高的个案)两个标准,选择了3所福建省地方应用型本科高校的21名青年教师和6名管理人员。只抽取福建省地方应用型本科高校的青年教师是基于以下3个方面的考虑:一是本书主要是以时代作为背景,辅以区域为背景,探讨地方应用型本科高校青年教师科研发展动力问题。国情、省情、市情区域之间在政治、经济、文化背景方面既有相似性,又有特殊性。二是福建省地方应用型本科高校的转型、发展和变革是中国应用型高校转型行列中的一个缩影,具有一定的代表性。三是访谈对象具有一定的代表性。笔者通过到相关学校人事、教务、科研部门以及二级学院的走访了解,基于不同的年龄、性别、学科、进校入职时间、职称、学历学位等方面确定27名访谈对象,力求选择的对象具有一定的代表性。访谈对象分别来自不同的学科门类,21名青年教师代表的年龄都在40周岁及以下,从事高校专任教师的时间2~15年不等;从职称上看,有1名教授,6名副教授,14名讲师;从性别上看,有5名女教师,16名男教师;从学位上看,有15名博士(其中4名博士是内部培养的,11名是其他高校引进的),6名硕士。6名管理人员来源于相关学校人事、教务、科研以及二级学院的领导。表4-1所列是27名老师的简介,为了尊重和保护各位访谈对象的权利,出于研究的保密原则,所有的人名都是化名,在不影响研究客观性的前提下访谈中任何能够涉及其个人信息的部分都做了必要处理。笔者作为"记述者",借用翻译界的说法,力图以"信、达、雅"为标准,在忠实记录、不改原意的基础上(此为"信"),进行适当的文本整理(此为"达"),访谈对象率性随口说出来的俚语或不适合见于书面的口头禅不记入其中(此为"雅")。

表 4-1　访谈对象基本情况(27人)

序　号	姓　名	性　别	职　称	学　位	工作时间	学　科
1	晓刚	男	副教授	博士	15 年	文科
2	晓桐	男	副教授	博士	11 年	理科
3	晓琴	女	副教授	博士	9 年	理科
4	晓光	男	副教授	博士	9 年	理科
5	晓明	男	讲师	博士	11 年	工科
6	晓宁	男	教授	博士	10 年,入职学校 8 年	工科
7	晓波	男	副教授	博士	5 年	工科
8	晓涛	男	副教授	博士	3 年	文科
9	晓冰	男	讲师	博士	2 年	理科
10	晓春	女	讲师	博士	3 年	理科
11	晓阳	男	讲师	博士	2 年	工科
12	晓寒	男	讲师	博士	2 年	工科
13	晓治	男	讲师	博士	3 年	文科
14	晓华	女	讲师	博士	3 年	工科

序　号	姓　名	性　别	职　称	学　位	工作时间	学　科
15	晓浩	男	讲师	博士	2 年	文科
16	晓安	男	讲师	硕士	16 年	文科
17	晓智	女	讲师	硕士	11 年	文科
18	晓然	男	讲师	硕士	8 年	文科
19	晓颖	男	讲师	硕士	8 年	工科
20	晓思	男	讲师	硕士	3 年	文科
21	晓云	女	讲师	硕士	8 年	文科
22	晓君	男	教授	硕士	29 年	二级学院院长
23	晓楠	男	副教授	硕士	20 年	教务处副处长
24	晓红	男	处级	硕士	15 年	二级学院书记
25	晓娅	男	教授	博士	21 年	科研处长
26	晓瑞	男	教授	学士	26 年	人事处长
27	晓芳	女	副教授	学士	25 年	二级学院院长

四、资料的整理与分析

　　本研究以开放式深入访谈为收集材料的主要方法,辅以参与性观察和非正式交谈、集体访谈以及网络交流等方式,对选定的研究对象分别进行了 2～3 小时的个别正式的半结构型访谈。2016 年 7 月—2017 年 2 月,笔者根据事前设计的初步的访谈提纲,确定访谈的方向和基本问题,但在实际的访谈过程中,由于每位老师的具体情况不一样,其学术活动的经历和体验也各不相同,因此笔者并没有按照提纲千篇一律地进行访谈,而是根据每个人的特点和当时的具体情况对访谈的程序和内容进行了灵活的调整,并进行全程录音。基于尊重研究对象的声音和文字,力图"不以抽象的概念和符号压制教育生活的情节和情趣,让叙事者自己说话或让历史印迹自己显露出它的意义,不过多地用外来的框架有意无意地歪曲事实或滥用事实"[1]。本研究对资料进行符合当时场景、符合事实、符合情理的采撷、整理和分类,以期在做出评价和提出建议之前首先对事情的"真相"有一个比较全面、公允、中肯的认识。

---

　　[1]　邱瑜.教育研究方法的新取向——教育叙事研究[J].中小学管理,2003(9):11-13.

第二节　学术职业发展中的压力与困惑

21世纪以来,伴随着我国高等教育从精英教育阶段到大众化教育阶段的跨越式发展,数量与质量、规模与结构、效率与公平等深层次矛盾逐渐显现,国家适时地实行战略规划,高瞻远瞩地提出了当前高等教育的战略目标与核心任务是全面提高教育质量,推进高等学校内涵式发展。地方应用型本科高校作为我国高等教育体系的重要组成部分,这类高校的发展得到了政府的高度重视,2010年颁布的《国家中长期教育改革和发展规划纲要(2010—2020年)》以及2015年出台的《关于引导部分地方普通本科高校向应用型转变的指导意见》,表明地方本科院校转型发展已是大势所趋。那么,在这百舸争流的时代潮流中,地方应用型本科高校青年教师的学术理想和现实生活呈现的是怎样的状况?面对政府政策强制性推行转型以及高校综合改革的契机,青年教师采取怎样的行动策略应对他们的学术职业发展?

正如有学者说,高校教师选择大学教师职业就是选择一种生存方式。[①] 在地方应用型本科高校里,有这样一群"青椒",其中有博士、硕士和少量的学士,有工作后再读硕士或读博士后再回高校任职的,有一路本科、硕士、博士毕业后从校门到校门直接选择高校就业的,有在企业或研究所等高校外的其他单位工作后又选择高校工作的,有5年以下教龄较短的,有5年以上教龄较长的,还有"春风桃李一杯酒,江湖夜雨十年灯"——教龄10年以上的,几番人生路上转折点的辗转与抉择,最终都殊途同归,选择了在地方应用型本科高校工作。下面开始叙事,让我们来边倾听、边思考他们在学术道路上的艰辛与收获。

一、大学求学中的学术经历：艰辛与收获

一个人但凡是自己喜欢做的事情,即使做了很长时间也不会觉得累,即使累,也不会抱怨,是因为其非常愿意投入时间和精力去做。学习和研究,对于喜欢它们的人来说也是有这样的感觉。

(一)有所舍才能有所得

晓刚说,我的学术经历比较曲折,能一直坚持走学术道路,非常关键的是个人兴趣和个性。当年文学专业本科毕业后入职学校辅导员岗位,三年的辅导员工作经历使自己成熟了许多,但是由于工作事无巨细和压力大,看到一些老辅导员做了七八年的辅导员工作,既没有被提任行政干部,又没有与自己的专业相符的职称晋升通道,对自己的职业发展前景茫然,工作上出现了困境。另外一个很大的因素是我的导师的影响,本科期间的论

---

① 刘海峰.大学教师的生存方式[J].教育研究,2006(12):29-33.

文导师对我毕业论文的评语："论文思辨色彩浓厚,有的地方分析特别出彩,如果有可能走学术研究这条路也是一种不错的选择。"我的论文导师在当时学院里以严格要求著称,他的课讲得很精彩,充满着睿智和独到的见解,同学们既喜欢听他的课又怕选修他的课程,很多同学看到我的论文评语特别羡慕又特别吃惊,导师的评语给我的感觉是我在专业方面还有发展空间,这也一直激励着我。所以,我就报考了他的硕士。到了研究生阶段,发现理论对科研非常重要,感觉到科研的压力明显增大。我所在学院和专业属于全国知名并排名较靠前的,有一批全国的知名学者,科研氛围浓厚,对科研的要求也高,平时上课都要求我们要讲科研诚信,不能抄袭,更要有自己的独立见解,必须做田野调查,理论应从生活的实践中来并回到实践中去,他们严谨的治学风气深深地影响了我。学院经常承办全国性的学术交流会议,作为学生经常参与高水平学术交流会议的筹备,聆听来自全国知名学者的学术讲座,对我影响很大,增进了自己对科研的兴趣,认识了这些大师级学者,使自己对科研具有更多的感性认识。硕士毕业后,导师继续鼓励我,不要放弃,可以继续深造。我回学校工作后,边工作边准备外语和专业学习,一年后,我又顺利地考上了他的博士生,是导师的鼓励和指导让我坚持而坚决地走上了学术研究道路。

回想起这些经历,真正体会到学术过程是一个漫长的过程,是"板凳要坐十年冷,文章不写一句空"的写照,要抵制一切诱惑,要持之以恒,总觉得在自己的人生道路上要能懂得取舍,要有所"舍"才能有所"得"。当时在求学的时候,看到有的同学到企业里跑业务,收入蛮高的;有的同学在政府部门当公务员,仕途升迁也很快;我自己在学术道路上,一路辛苦、一路彷徨地走过来,觉得一个人不可能把每件事都做好,但只要能坚持做好一件事,不断努力,也许就会做得比别人更好。人的精力是有限的,想在精神上、物质上、思想上全方位都有很大的成就,是极为少数的,我就老老实实坚持做我感兴趣的事,先做到有"舍",才有后面的"得"。目前我晋升了副教授、入选了省高校新世纪优秀人才支持计划和申报到一项国家社科项目,这些小小的收获使我更加坚定自己选择的学术研究道路。

(二)完善自我,天道酬勤

晓桐说,我是在高校工作5年后,选择读博的。当年,地方本科高校新建不久,延续专科学校的人才培养方式,只要求教学,科研任务少,没什么科研氛围,科研活动也参与少,经过5年的教学工作,觉得很是单调,自知内在知识不是很完善,视野不够开阔,学术水平较低,很需要改变一下现状,所以选择考博。读博期间,为了保证学习时间安排有保证,与导师签协议,不能经常回单位,必须全身心投入。学校的学习生活是固定的,基本上是宿舍、食堂、实验室三点一线,所在学校提供了较高的科研平台和条件,科研氛围非常浓厚,导师自己的科研时间从早上6点到晚上的10点,都是在自己办公室和实验室里,他的这种精神一直激励着我,我除了外出野外调研,其他的所有时间都是在看文献和写论文,在学期间经过严格的学术训练,打下了较为坚实的专业基础。自己的学术水平能较快地得到提升,导师的指导也很重要。比如,在科研选题上,一开始很茫然,导师先建议我根据自己的研究兴趣和导师的课题研究选择一个方向,但经过一年时间,发现自己难以继续深入研究,导师及时指导我更改研究方向,并让我在更大的研究空间上选择研究方向,我自己再经过阅读研究大量的文献资料,找到了可深入的研究点。现在想起来,虽然在科研选题中走了一些弯路,但也磨炼了我坚持科研工作的意志,培养科研的兴趣,一点一点地找到研究感觉,慢慢地坚持下来。

回忆从硕士到博士的学习时间,面对着一张书桌、一台电脑、一个实验室,在那里进行知识的创新,这就要求自己耐得住寂寞,抵制住各种诱惑,面对更多更强的挑战,心无旁骛地投入到学术研究中。博士毕业后,回学校工作,评上副教授后,我又到美国访学了一年,感触颇深,选择从事科研活动的过程是艰辛的,然而收获也越来越多,天道酬勤,最终靠的是自己的决心和毅力。所以,我还是很庆幸自己选择继续深造,自己的学术职业生涯才能越走越宽广。

(三)走自己的路,做个"值钱"的人

晓光说,自己在读本科时,就有兴趣写论文、发表文章,许多老师也建议我继续提升自己的学历。硕士毕业后,当时没有直接考博,因为有几个不错的用人单位可供选择,想想既然有人要,那就先试试。我硕士毕业后到现在的高校工作了两年,我的专业是学理科的,做基础理论研究,在大学里要求老师的理论水平要有高度和深度,选择读博,看看自己到底能学到什么程度?另外,自己喜欢所学的专业,觉得喜欢就好了,还在乎其他的什么呢?觉得自己在这个领域范围内,过得很开心,很喜欢。当然身边的朋友、同学赚钱比我多也有,但是这东西短时间内赚钱多少,不好比较,又不是一辈子,想着我以后也有可能做得更好。因为高校比企业更稳定,企业说白了就是吃青春饭的,说不准以后谁更好。选择读博,把自己变成值钱的人,一方面提高自己的学历,一方面可以科学地、系统地进行学术训练,提高自己的学术水平。

在硕士期间,我的导师是全国比较知名的学者,学术很严谨,为人和蔼。因为师母去世得比较早,有一半的时间是和导师一起吃住,一边可以照顾导师,一边能更近距离地接触导师,导师的言谈身教,深深影响着我。另一个重要的原因是参加专业学术交流会议。在读硕士期间,导师经常用他的科研经费支持我们参加学术会议或者培训;自己现在在工作期间,也参加专业学术会议,聆听一些专家的讲座,学到了很多东西,以他们为榜样,激发自己做科研的动力。一路的求学,感到学术研究过程是慢慢培养的过程,从读论文等文献资料,到总结提炼问题,再到解决问题,这是一个过程,必须自己从头到尾走一遍,过程有时会有些弯路,但还是得坚持,一定要有学术定力,只有经历了这个过程,才能有一个转变,才能有突破,才能有成果。此外,当时学校出台了鼓励青年教师读博毕业后回学校工作的政策,所以就报考博士并顺利考上了。博士毕业后,回学校教书育人,很惬意,做研究也顺手起来,今年自己拿到了一项国家自然科学基金项目,也晋升为副教授。

(四)不服输、不气馁、不后悔

晓琴说,我是学校第一批引进的女博士,从小立志当科学家,小学、中学成绩基本上是名列前茅,爱好体育,体育竞赛经常获奖,差点就报考体校了,但因为视力的问题没有如愿。从小就好奇心强、好胜心强,也比较执着,想做的事会尽力地做好。当年由于高考失

利,并没有考上如愿的名牌大学,所学的动物医学专业也不是我喜欢的专业,我更喜欢微生物领域,读本科只能了解其概貌,无法深入地学习,发现其中的奥秘。反思自己本科四年没学到什么,参加工作后得天天与动物打交道,不喜欢、不适应,就业面窄。因此,我选择了考硕士,因准备时间比较仓促,就继续选择考母校本专业,希望能学到更多更有深度的知识。三年的硕士学习,虽然受到了一定的学术训练,但是因为本院的实验条件不是很好,需要借助其他学院的实验室做实验,麻烦又受气,过程总是磕磕碰碰的,但终究顺利毕业。硕士毕业后,边投简历边等待,在这段空闲时间里自己又萌生了考博的念头,觉得经过硕士期间的学术训练,具备了一定的科研能力。否能继续深造,当时更多的是出于好奇,碰碰运气,考不上也还有其他的选择,于是选择了一所南方的知名高校,通过一位师兄的推荐,遇上了一位热情洋溢、很有才华的刚留学归国的年轻教授,通过交流和沟通,愿意拟收我为弟子。当时同时报考他的博士有3位,最后,经过竞争,我很幸运地被录取。此时,我面临人生的第二次职业选择,一个是本省某高校下属的研究所,一个是留校任教,再者就是继续读博。很矛盾,咨询老师、家人,他们给我的答案是不同的。经过再三思量,决定放弃工作机会,选择继续深造。最后还是得到了男朋友和家人的支持,所以能静心研读。

在读博期间,做科研,日程安排是枯燥的,时间基本上在实验室度过,做得顺利就很开心,有时碰到困难,解决不了问题时,是件很痛苦的事情,特别是有段时间自己想不出办法,求助别人,也得不到解决的时候,是最难熬的时候。还好,学术氛围浓厚,导师严谨治学,实验室条件好,团队成员具备良好的合作精神。我很喜欢这样的学术氛围,回想起来,在读博期间才真正地形成科研思维方法,在硕士期间最多是一个启蒙,更多的是自己摸爬滚打出来的。我并不后悔选择了读博,因为收获很大。我属于那种越挫越勇的人,每次的选择都跟着自己的内心追求走,并坚定而执着地去完成。

(五)摸爬滚打,痴迷探索求创新

晓宁说,我是学工科的,说起科研的经历,印象最深的事件应该是我当年读博期间,在上海的某著名大型国企实习实训,当时企业有个与日本合作项目,因设备昂贵,使用率低,面临停产,企业就将这个难题交给了我导师带领的实习团队,我们用了两年时间,联合攻关,最后让设备动起来了。这个停产的项目获得重新启动,在企业里引起了小小的轰动,这个项目的研发成果获得了企业的科技进步二等奖,我博士毕业后也被这个企业直接录用。在这家著名国企工作的两年时间里,最大的好处就是它提供了一个很大的平台,当年效益非常好,在当时专业里这家国企属于在国际上智能化和自动化最高的一家企业,开拓了我的视野,各种好的设备、好的技术我都能看到和接触到,还能到德国西门子公司进行交流,在那里我个人的科研兴趣和能力得到很大提升。另外一个很重要的因素就是在我自己的努力争取下,企业给了我最大的自由度,也就是上下班不用打卡。我和我的领导说,我上班不是天天待在研究所办公室里,我是要在厂房里的车间里的。最后,领导同意了,我将我的办公室和宿舍搬到了离车间最近的宿舍,省去了每天一趟就得两公里的路程,天天泡在了车间里。开始的第一年,没什么成果,在厂里也考核一般。第二年,我陆续开发出了新技术、新项目,厂里的领导到处打听是谁研发了新产品,最后,找来找去发现是我,成绩得到同事们的认可,考核也优秀了。在那里的两年时间里,我自己也逐步形成了自己的科研方式,工程类的科研应用开发比较多,喜欢按照自己的习惯,在自由的空间里探索自己的科研方向。

(六)学术自觉意识不断加强

晓然说,我是硕士毕业后入职学校,已经工作 8 年,还是一名讲师。我的科研意识一开始并不强,科研训练不足。本科毕业后,在某所农村中学任教,接触科研少,为了离开偏僻而落后的农村,改变命运,我选择了读硕士。在读硕期间,所在高校对硕士研究生发表论文、做科研并没有硬性要求,当时读研就是根据自己的兴趣读一些专业书,对做科研并没有那么强烈,感觉做科研应该是到了博士阶段才更为重要,科研意识不强烈,课题申报有畏难情绪,文章总觉得自己没把握,怕写不好投出去吃闭门羹。我的导师是主编,对论文要求比较高,总是告诫学生不要轻易发表论文,一直到快毕业了,担心毕业不了,才发了一篇论文。真正意识到科研的重要性是在进入高校工作以后,职称晋升有条件要求,才又开始积极写论文。后来,职称晋升为讲师后就松懈下来,还有一个原因就是家庭经济困难,我们夫妻俩都是外地人,妻子为了我,也辞去了老家稳定的工作,在这里安家立业,实属不易。为了养家糊口,只能花大量的时间和精力,利用业余时间办起了家庭辅导班,因此在科研方面时间投入少,心思也不在科研上。后来,特别是去年,家庭基本稳定,有固定的房子住了,孩子也上小学了,家庭矛盾也少了。我果断地停掉托管班,主要是太耗时间和精力了,这样下去不是长久之计,感到得不偿失。现在学校发展的趋势对专业老师要求越来越高,学校升本以来,招聘进来大都是博士,自己身边同时入职的老师也有的已经成了博士,成为杰青,很快晋升副教授,感触颇深,感觉竞争越来越激烈。为此,这两年自己也有意识地调整过来,把更多的时间和精力花在教学和科研上,加上学校重视科研的程度越来越大,请了外面的专家做各种类型的学术报告,自己能主动与专家交流,请专家指点,这样,经过慢慢地磨炼,也开始拿到项目了,也发表了几篇文章。现在也正在准备报考博士,提升自己的学术水平。

他们有的是本科毕业后进高校,有的是硕士毕业后进高校,有的是博士引进的,无论是学校青年教师中的佼佼者,还是初出道者,无论是该校培养(内培)的博士,还是外引的博士或硕士,他们虽在起点上存在学历的差距,但他们有着许多共同的特征:有理想,有探索未知世界的兴趣,努力、勤奋,有自我提升的强烈意识,在学术道路上一直坚持不懈地努力着,坚守学术定力,在学术阶梯上一步步奋力攀爬。

二、在价值多元化的当下,青年教师对学术职业的认知与选择

当代大学生上大学之日,就是规划自己的学习和生活之时,就要谋划自己毕业后的职业生涯,更要在多彩多姿的社会及学校中保持一份清醒和坚守自己的信念。在价值多元化的今天,选择地方高校工作,有许多复杂因素。由于每个人历练和思想观念不同,有的青

年教师富有理想、豪情满怀,而有的青年教师则注重现实、患得患失,有的两者皆有。

(一)高校教师是一个崇高的职业

晓刚说,高校教师在我心目中是一个崇高的职业。我对教育有较深的情结,因为我出身于农村,希望从事教育能让更多的农村孩子走出深山,改变命运。老师在高校里能够自由地与学生分享自己的学术心得,是一种愉悦,是一种有品质的生活。开始进高校时,我认为在高校里单纯选择教学、不搞学术,也是一种生活方式,但是,通过进修继续深造,与高水平的大师们接触,发现上课上得好的老师,他们的学术也做得很好。记得自己在读本科的时候,一门课程的老师竟然在课堂上能把教材连标点符号一点不漏地背给学生听,我经常一听他的课就想翘课,很烦。这个老师就是不做学术研究的,给我印象特别深,所以我害怕成为这样的老师,没有自己的心得,没有自己的见解,只是做知识的搬运工。我深深地觉得要做学术研究,与学生和同行们分享学术思想。

(二)高校教师职业能实现较高的社会价值和自我挑战

晓光说,我是学数学学科的,这个学科能进入高校,本身就是一种体面的工作,觉得自己不会比别人差到哪里去。所以,我觉得自己的心态还是放得比较正的。另外,我也不会离开高校到企业工作,我觉得高校更适合自己,因人而异,不同的人选择也不一样。选择现在的学校,就已经知道待遇并不会高,更多考虑的是当一名高校教师能体现自己较高的社会价值。

晓智说,在硕士期间,外界的诱惑对我来说不是很大,因为我是属于在职定向免费培养,没有就业压力,家里也比较支持。经过工作的磨炼,发现自己还有很多东西需要学习,有很多不足的地方,为了提升自己,加上学校有政策鼓励支持青年教师在职进修,机会来之不易,所以能全身心地投入学习,不像应届生有找工作的压力,有经济上的压力。学专业没有一定的经济基础,是会分散专心学习的精力,大部分应届生都会外出兼课,不能全身心地投入学习。因为自己还是想当老师,并且想当大学老师,在中小学任教,没升学压力,最多就是学校组织一些比赛活动要花一点时间,会比较轻松;在大学不一样,对象不一样,氛围不一样,同事之间在学术上的交流更深刻,接触到的视野更广阔,更单纯,面对成年的大学生,他们多元化的要求,会更多地鞭策自己,更努力地提升自己,具有更多的挑战性,所以我本科和硕士毕业还是回到高校工作。

(三)高校教师职业具有灵活的工作时间和相对自主的工作内容

晓琴说,选择高校比较单纯,也自由一些,可以把我的感兴趣的研究领域一直做下去,一直坚持下去,可以有更多的学术交流机会,我喜欢这种工作方式。

晓波说,高校老师可以处于"进可攻,退可守"的状态。"进可攻"就是我可以通过自己的努力,获得物质和精神的双丰收;"退可守"就是当我觉得哪一天累了,可以放慢前进的脚步,上上课,教教书,完成学校的基本工作量,其他科研方面,我就可以放慢点。不过,现在还处于青年教师行列,我还得马不停蹄地努力。

晓冰说,高校工作相对比较稳定,工作环境和收入都不错。我同学也是一个非常优秀的学生,一路保送读到博士,毕业后到一线城市一家大公司工作,在企业过得并不好。企业讲效益、讲产值,在企业做课题要到处奔波,成效并不好,遇到企业效益不好,工资津贴都受到影响,他准备辞职,到京城的一个研究院继续做博士后研究。另外一位同学在一家大公司工作,项目做得好,能为企业实现核心技术创新,收益也很高,但也面临企业业务要向海外发展,可能要被外派到海外工作。高校的经济收入相对比较低,但也相对稳定,工作性质相对比较单纯,奔波少。另外,经过几年的求学生涯,除了能发表论文,做些研究,其他的专长比较少,读了博士再到高校工作还能发挥自己的专业特长。

(四)职业选择基于时间自由度、价值感、自身学历、家庭等因素的综合考虑

晓涛说,一是在进入高校工作前在一线城市谋职,接触到不同的人群,相对来讲,社会还是比较复杂的,生活节奏很快,早上上班一出门就看到急匆匆去上班的人,边吃早餐边赶路,感觉到茫茫人海中没有归属感。而在高校工作平时与青年学生接触多,接触的人比较单纯,生活节奏没那么快,忙归忙,可以比较自由地控制时间,时间上的自由度比较高。二是与价值感有关系,当初在一线城市做的是营销工作,觉得人活着,工作的价值就是追求利益最大化,为钱而奔波。而在高校,经济也是会考虑的,但是更多考虑的是其他因素,这与教师本身的职业特点有关系,即培养人的职业是一种崇高的职业,自己一向对教师的职业很向往的。三是当初就业选择时,会先考虑自己各方面的综合条件。自己读博的学校只是一所省属高校,所以不太可能选择到"211"或"985"高校就业,加上我爱人是本科毕业,是异地恋,要解决其就业问题。我选择的这所高校离家近,离导师近,能解决家属的工作,学校有相关的专业需求,有一笔安家费,学校承诺保证子女到优质学校就读,学校要求聘任期内的教学科研任务也是可以达到的,这些招聘条件基本符合自己的需求。还有一个原因是对学校当年的准入与招聘制度的认可,才会选择到学校来工作。

(五)职业选择更倾向于家庭稳定、工作自主性、单位发展理念和提供的平台

晓宁说,在企业待了两年,因和妻子都是福建沿海本地人,妻子怀孕了,家里人也想我回家乡工作。当时我是第一个向企业主动提出辞职的人,同事们都很惊讶,效益那么好的国企竟然要走,我领导还特地买了机票跑到我老家做工作,试图挽留我,并答应先预借50万给我在上海买房子。回沿海高校工作是我的第一选择,这与我个人的性格有关,我崇尚工作时间的自由度,高校教学科研自由度大,做一名专业老师,不像在研究所一样,上班要按指纹打卡,准时上下班的,必须坐班。而在高校只要根据规定的目标完成工作即可,当然自己心中要有一个目标,一边教学,一边做些科研,可以做些实际的东西,还有教师之间和师生之间更多更广地交流,生活比较单纯。当年,我来到这所新建本科高校工作是一个朋友引荐的,带我参观了实验室,介绍专业建设情况等,我发现这里设备非常齐全,甚至比我所在学校的实验室的设备还齐全,所谓麻雀虽小却五脏俱全,我觉得刚好符合我的科研要求。另一个吸引我的地方是这所学校提出了"亲产业"的理念,很符合我的科研目标。我认为高校的科研并不一定都像传统学术一样就待在实验室里做实验,我倾向于应用开

发,更需要到企业去,为企业解决难题。我对自己的学术定位很清楚,我不适合整天待在实验室里,写论文、发论文,我学工科的,更注重实操性、动手能力的培养,到高校既可以培养很多的学生,又可以发挥自己的特长,为企业解决技术难题,所以我决定留下来了,也没去找本地的一所"985"高校,甚至没问工资多少。当时我想,沿海高校福利和待遇不会太差,等我进学校工作时发现工资只有企业的1/3,有一套人才房(市里给的,可能我属于当时较早引进的高层次人才)。现在,家人在一起团聚了,学校提供了科研平台,能让我施展自己的才华,做一个纯粹的科研人,工资待遇比上不足比下有余,我知足了。

晓浩说,在日本毕业之后,有在一所高校教过一段时间,高校的氛围还是稍微灵活一些,不像公司,规定的时间做规定的事情。后来选择回国,应聘到这所地方本科高校,想把自己学到的知识和技能应用到社会中去,传播一些国外的好的经验和做法。国内就业的机会和挑战也会多一些,而且老家就在隔壁城市,很近的,所以就回国了。在日本,高校和社会基本是不怎么联系的,也就是说,做学问就单纯做学问。在国内,特别是我们学校"应用型、亲产业"的办学理念,高校与社会、产业界接触更多,我是比较认可这种办学模式的。进来学校后,学校的实际办学模式与我的想法基本吻合,在院领导的带领下,与企业联系多,也做了一些合作项目。

(六)追求学术成果的获得感和公平感

晓宁说,我原来毕业也选择企业,在企业搞研发,而且做得不错,研发了一项成果获得国家二等奖,但是,使我苦恼和困惑的地方是,在申报奖励的时候,我变成了第六位,所以愤然辞职,选择高校工作。在高校环境里,自己写的文章是自己署名,发明的专利也是自己的,申报的项目也是自己,高校学术游戏规则算是比较公平的,这种学术自由、尊重学术成果的归属权会得到保障。外界也羡慕高校老师,课程不多,有寒暑假,比较自由等,但是不知道高校老师所花的时间和精力是隐形的,为了一项成果,他需要没日没夜地工作;但是,有一点值得的就是成果是自己的。

(七)职业选择与自己的工作、生活目标的匹配度紧密相连

晓浩说,对职业的选择,有多种诱惑。当时,本科毕业选择的工作和经济收入都不错,但是,为了长远的发展,我还是选择读硕继续深造。硕士毕业后,又面临就业或继续深造的选择。当时,我目标太多,有尝试去应聘企业和公务员的岗位。后来,机缘巧合地选择到地方高校,其实是这我的第三目标,受导师的影响,觉得导师在高校工作也不错,事情也做得好,成绩也很多,社会地位高,时间能够比较自由支配,工作任务完成后,可以看看书,业余时间可以打打球,锻炼身体。所以我很羡慕我的导师,也很崇拜我的导师——大学教授,有能力,社会地位高,学生很崇拜,这个职业让我心动。现在,我有的同学身兼多职,收入高,但我对于自己当年的选择不后悔,觉得选择在哪里做,要看自己的目标实现与否,其实都要靠自己努力、自己的才能。人是活的,要实现目标,吃些苦是必须的,经历些磨炼,使自己更有丰富的生活经验。我认为目标不一样,行动不一样,但都是要付出努力的。

晓华说,选择学术研究的生活是因为我是硕博连读的,在读硕的时候,我就有想去高

校工作,觉得比较稳定。读博后,专业越学越高精尖。选择高校就业,可以坚持把自己的研究做得更深,而且我在这个城市读了5年,对这个城市蛮有感情的;再者,因为重点高校的要求和工作压力都比较高,所以我选择了这所地方本科院校。

晓然说,自己也曾经动过离开高校的念头,对企业感兴趣,但是到后来,衡量各种因素,觉得自己还是打心里喜欢从事高校教师这一职业。虽然自己上公共课,成就感不是那么强烈,但总体来看,高校的氛围以及自己的兴趣爱好,最后还是留在高校工作。对于个人来讲,我的生活很简单,要求只要有间房子,里面有很多书就满足了。但是,有了家庭就考虑更多了,不过爱读书和当高校教师是自己的追求。

正如有学者说,"相对于其他职业,自古以来,学术职业所具有的吸引力就在于:活动的相对独立与自主即不受外部干扰乃至胁迫的自由、追求精神满足、获得同行与社会认可,以及有相对稳定的工作与生活保障。其中,稳定的工作与生活保障又是前三者得以维系的前提"[①]。高校教师虽然清贫,但高校是一个能实现自己学术兴趣、理想和抱负的场所,是他们扬帆远航的海域。学术职业的内在特征和激励机制是吸引青年教师从事这一职业的重要原因。工作时间和钻研内容的相对自由性和自主性、知识传授和探索过程中的满足感、对社会贡献的成就感,使他们比较认同高校教师这一职业并激励他们在学术职业道路上发展前行。专业的匹配度、高校之间的竞争性和生活待遇的取舍是青年教师选择到地方应用型高校就业的现实因素。

三、学术职业发展中面临的压力与困惑

(一)青年教师对教学与科研、社会服务关系认知的倾向性及其行为取向

著名高等教育学专家潘懋元先生在理论上对高等学校社会职能的发展规律及其趋势做了精辟的阐释,"一是人才培养、发展科学和直接为社会服务是高等学校的三大社会职能,它们的出现次序也是职能重要性的次序,并且先前的职能衍生其后的职能;二是在保证基本规格和必要质量的基础上,高等学校的三大社会职能从单一化到多样化、从封闭式到开放式的趋势发展;三是由于高等学校的情况和条件各不相同,因此不同类型、不同层次的高等学校对于自己应承担的社会职能以及实现这些职能所选择的实际内容和所采取的做法可以有所侧重,应当有所不同;四是高等学校开展直接为社会服务的活动,应当着眼于社会效益和国家的经济效益"[②]。国外学术界著名学者以迈克尔·阿伦为代表的学者们对大学组织的任务也一致达成共识,这一共识的要点就是:大学的基本任务包括传播、扩展和应用知识,三者分别与大学的教学、研究和社会服务职能相联系。[③] 正如伯林

---

① 阎光才.学术聘任制度及其政策风险[J].高等教育研究,2016,37(5):21-29.

② 潘懋元.潘懋元文集(卷一·高等教育学讲座)[M].广州:广东高等教育出版社,2010:78-80.

③ ALLEN M.The goals of universities:the society for research into education[M].London:Open University Press,1988:7.

鲍姆所言:"没有哪一个组织的理性设计能够优化组织所有的合法利益,例如一个可以为科研提供最有效支撑的大学组织结构,将完全不同于另一个密切关注本科生教育的组织结构。"①

毋庸置疑,在理论上,高校三大社会职能之间的确存在紧密的联系。然而,在实践行动上总是存在学校面临教学、科研与社会服务三大职能如何权重与定位的矛盾与困惑,老师们总是陷入教学、科研与社会服务三大职能孰"亲"孰"疏",何去何从?或曰孰轻孰重的窘境。是什么原因导致的?有何良策化解之?对于地方应用型本科高校及其青年教师的境况而言,又是怎样的不一样?我们不妨先看看,地方应用型本科高校的青年教师在学校转型发展中的现实状况。

晓刚说,教学和科研的关系,一方面,两者是可以相互促进的,根据教学计划,可以灵活处理教学内容,把自己研究的东西有机地结合在一起;从职业道德的操守来看,两者没有孰轻孰重之分,当你站在讲台时,面对学生,你能不把课上好?有时散步时还在考虑学生在课堂上应该如何进行讨论。另一方面,两者又很难做到完美,因为时间和精力是有限的。

晓光说,对于每个高校教师来说,教学、科研和社会服务这三者都要做得很好。我是觉得学科有别,在社会服务方面,文、理、工科相比,工科更有利,能比较顺利地对接,而文科、理科相对比较困难点。对我自己来说,我学的是纯基础理论,在教学与科研方面,会做得比较好点,科研成果大部分是学术论文。但是,在社会服务方面,对于研究基础学科的,单打独斗肯定没什么市场,确实要找到一个突破口,只能和其他应用性比较强的专业结合起来,形成研究团队会比较有希望。所以我现在的重心放在教学和科研方面,以后有机会,社会服务方面也要去尝试一下,但是不能太急,找个合适的机会慢慢地介入。

晓明说,不同类型的高校要有不同的定位,老师对承担高校三大职能任务的权重,更多的在于学校的导向,教学工作量应由学校固定下来,科研任务应该是老师选择的余地大,自由度高。对于教学与科研所用的时间和精力是否会冲突?就我个人来说,不太会。因为自己从事教学工作近10年,对课程的把握应该达到熟练的程度,每三年是一个积累,这样随着时间的推移,教学经验变得丰富起来,娴熟度也越来越高,花在科研上的时间会更多。现在学校要向应用型转型,对于本科生来说,基本理论知识变更不快,要加强的是实践教学,要教会学生将学到的理论知识如何应用于实践中,这些都与科研有关系,通过科研可以促进教学内容的更新和学生实践能力的提高。如果老师不做科研的话,那么还真会出现"一本教材,十年不变"的现象。实践教学对于自身不矛盾,我承担的一门课程就涉及实践教学,在教学实践中带学生从产品设计、编程、实际操作一步步做我自己可以在实践教学中发现问题,也可以作为科研课题进行研究。还有,我觉得人才培养与科研是相互促进的,比如老师在实验室做科研,可以吸收自愿参加的学生一起做,一方面可以培养学生的科研兴趣,另一方面对学生的职业发展有多重选择,如考研或到企业做研发等。

晓涛说,教学、科研和社会服务的方向应该要一致,孰轻孰重的问题,主要与学校的管

---

① BIRNBAUM R.How colleges works[M].New York:Jossey-Bass Inc. Publishers,1988:12.

理运行机制有关,与学校的重视程度和奖励制度相关。在科研上,已经没有像读博期间那么单纯地拥有大把大把的时间;在社会服务工作上,新进教师与社会接触少,还不能很好融入,还没开辟很好的路径。又因为所在学院建院时间短,师资弱,许多的发展任务落到我们博士肩上。我虽有三年的新教师工作经历,对于教学、科研和社会服务三者之间的关系还是不太善于处理,比如,在教学上,要考虑的因素就更多,教学质量高低受上新旧课的熟练程度、同行评价、学生评价的影响,实际评价青年教师的教学质量操作难度大,会让老师觉得即使努力了,也不一定得到相应的肯定。在科研上不一样,经过努力回报就有,如发表一篇 CSSCI 论文奖励金额 4000 元甚至更多,相当于一个青年教师一个月的工资。奖励金额虽不高,但是可以获得一定报酬,与自己个人付出与回报相符,同时又可为晋升职称做准备。为此,他可能就会注重发表文章,花更多的时间在科研上。要处理好三者的关系,重要的是时间的分配问题,还有学校的重视程度以及学校的奖励制度。因为青年教师在面临经济压力大的时候,不仅要凭良心教,更多时候也要考虑生存问题,关心能否让自己生活得更好些。但是,毕竟还是要有职业道德底线的,当你站在课堂上,面对学生时,应该站稳三尺讲台。其实,讲得好不好,只要看下课堂上学生的互动情况,讲得不好,肯定学生低头族的就会很多。

晓寒说,教学和科研的关系方面,我认为教学优先于科研,教学肯定是第一位的。高校的第一任务是教书育人,科研是辅助促进的作用。不然的话,以科研为主,那不如到研究所工作了。

晓治说,人的时间和精力是有限的,特别是青年教师,要兼顾好教学与科研很难,两者犹如鱼和熊掌不可兼得。

晓浩说,我觉得进高校首先要会教书,科研也要做得好,科研一方面可以反哺教学,另一方面可以促进自己服务社会的能力,达到能为企业或个人提供相应的服务。做一名高校教师,就是要做一个让学生崇拜的老师,教学、科研和社会服务都要做得好,让学生受益。所以高校教师承担的三大职能之间不应该脱节,是相互联系的,只是各有侧重而已。我自己也是尽量做到这三者的统一。教学一定要做到位,要教得好,你必须去了解学生,了解行业,获取素材,最终的归宿,就是培养人才,老师的宗旨是培养学生,其他两个方面为辅,三者有机结合。

晓智说,我觉得教学与科研的关系是相辅相成的,特别是在高校,你在教学的时候,其实也在做科研。现在的科研是指出了成果的才称为科研,你要在教学上将本学科前沿知识介绍给学生,老师就必须花很多的时间和精力去阅读文献,去提炼、归纳和综合知识,再传授给学生,这个过程就是科研的过程。教学是你把已知的知识传授给学生,而科研要出成果就意味着要去探究未知的知识,并进行公开的发表。所以,这两者的内在属性是有差异的。像我们术科的不太好出成果,现在的老师普遍教学任务重,特别是上技能课的老师的教学任务偏重,在处理教学和科研任务之间的时间和精力分配会顾此失彼的。

学术工作不同方面之间的关系,一直是理论探讨的热点。教学活动因为发生在人际的交流和互动之中,因此强调沟通和表达的技巧。研究活动更需要抽象思维、逻辑思考和归纳演绎等能力。"已有的一系列的实证研究表明,学术工作的优先次序在不同类型的学校、不同类型的学科和不同学术等级的教师之间存在明显的差异。"[①]

在我们的访谈中,访谈者对教学与科研、社会服务关系的认知存在差异,基本上认为教学、科研和社会服务都是应该做好,尤其是教学和科研两者对于高校教师来说犹如一体两翼,都极其重要,是相互促进的,能在这两个领域取得丰硕成果是他们孜孜以求的目标和理想。但是具体到每位高校教师身上,具有个人偏好和能力的区分,教龄短的青年教师认为由于在有限的资源、时间和精力下,教学、科研和社会服务很难做到完美兼顾,难免会顾此失彼的;教龄较长的青年教师认为自己较能做到有机统一,但学术工作有所侧重。教学、科研和社会服务这三者孰轻孰重主要是与学校的定位、学校的管理运行机制以及学校的重视程度和奖励制度相关。青年教师会根据时间和精力以及个人兴趣和能力因素,各有侧重。

(二)青年教师在转型发展中遭遇的教学改革困境

在访谈中,青年教师教学经验缺乏,教学工作量偏重,课程改革难以推动是他们普遍反映的现象。

晓刚说,目前,学校在转型发展中,有个普遍现象,我们青年老师遇到的问题不仅仅是增加课时的数量问题,还涉及上新课程的问题,比如上学期我被要求上4门新课,这无形中增加了大量的工作量。因为现在在转型,课程更换频率太快,与应用关联不紧密的课程,会被要求更换。在培养方案的修订过程中,行业的导向成为学生的需求,行业变了,你的课程也得马上变,有的课程上学期刚备好,下学期课程就没了。因此,老师总是在忙于备课、上新课,为什么就不能在原有的基础课程上增加与行业产业相适应的内容?如果学生基本课程、核心课程内容都没掌握,获得的只是市场上所谓的"时髦"或"时尚"词语,课程改革只改了名称就是应用型转型?我说的这些都是学校转型中出现的现象,可谓"乱象丛生"。

晓琴说,学校以老带新的制度做得不好,像我一进来,没有老教师带,都是自己摸索着前进。以前在教学上有助教制,现在取消了。虽然现在博士一进来就是讲师,但是他们还是在教学技能方面缺乏经验,特别是在大学阶段没有经过教学技能训练的博士们,对他们的教学能力的提高形成制约,势必使青年教师要花很多的时间和精力在教学技能的提高和积累上,一定程度也会影响青年教师科研时间的分配。因为我们进来是培养本科生,必须进行系统教学,不是进来带研究生的。现在就遇到一个问题,院里有个教授就要退休了,他上的课没人接上,为什么?因为我们这几年招进来的博士,注重科研,注重出科研成果,教学方面没有很好地进行以老带新的培养,青年教师成为科研工具,不能与人才培养很好地结合起来。教学管理上还要进一步的改进,要针对青年教师的发展需求,开发出多元化的培养制度。

晓波说,在教学上,我也参加了比赛,并得过奖,5年的教学工作,积累了一定的教学经验。第一年,刚出来上不好,评价也比较低,但是我和学生关系很好,很愿意和学生在一

---

① 李琳琳.成为学者:大学教师学术工作的变革与坚守[M].上海:华东师范大学出版社,2016:35.

起,不断地总结教学经验,不断进步。因为当时单身,我和学生说,每天早上的 8:00 到晚上的 10:00 我都在实验室,有问题都可到实验室找我。到了第三年,我就可以参加教学技能大赛了,所以我和那一届的学生关系特别好。但是教学竞赛以后,教学方面的激情就有些减弱了,但是我的课还是上得不错的。我也有不断地反思自己,必须坚持一种持久的教学责任感。

晓涛说,学校的转型,各专业人才培养方案的修改,新课程的增加,都会导致在教学工作上所花的时间增多。要上好一门课程,一位老教师说,至少要上 3 轮时间,才能比较熟悉,但是这学期由于有个老师考博走了,我又承担了 2 门新课,接下来的 3 年时间,我要好好地与这 2 门新课程进行磨合,这就占用了我大量的时间。加上新老师在教学经验上的不足,加强教学质量,如何把课上好,肯定要多花时间备课,这样无形中就增加了教学压力。我认为转型是趋势,但在转型中的教学改革不应该是由小部分老师承担,而应该是全体老师都来承担。目前的状况是,老教师教学经验丰富,但都上老课程,不愿意承担新课程。这样对老教师来说,教学工作对他们来说相对轻松,新教师觉得压力很大。

学术压力,体现在当年签订协议时要求 8 年期限要完成的科研任务,我 3 年内就完成了,但是学校进行三年一聘的工作要求发生变化。所以我建议学校在招聘人才时,必须向当事人讲得更详细和具体,否则,自己心里没准备,有点措手不及的感觉,并不是我们想象的那样,而是充满变数。比如,我下学期,要接两门新课,这样,我就要花很多的时间在教学上,科研上的时间就会减少。反正,当时签合同时,我觉得是可以顺利完成的,但是进校后,发现很多因素会自觉不自觉地影响自己当时设想的职业规划,感到没那么多的时间和精力去完美地完成各项任务,去从事自己喜欢或者是特别重要的事情。如何适应大学教师的生活?并非毕业时所想象和憧憬的。新教师对高校教师职业没有真实的感受,对大学教师工作的复杂性没有充分的心理准备,因而产生压力和困惑。

新教师在教学上的压力大于其他的压力,院里应该实行老教师带新教师的模式,可以通过教改课题鼓励老带新制度。所以要进行课程改革,改变现在一门课程长期由一个老师相对固定上课的状况,从培养青年教师成为专家型教师的成长角度考虑,应该设置课程组,一门课程应该有 2～3 人共同完成。这样,一方面老师可以腾出时间去进修,提升自己;另一方面课程之间不打通,久而久之就会进死胡同,知识没能融会贯通。要成为一名教授,基础课程必须门门都要涉猎。为什么有的老师 10 年都上同一门课程,但是这 10 年里没有什么科研成果呢?是不是可以通过课程之间的关联关系找到科研课题?这也应该是科研选题的途径之一。"专而不博"很难成为学科带头人,从横向上看涉及课程组、课程群和课程模块,从纵向上看一个老师必须承担理论基础课、理论实践(技能)课和专业选修课,这样青年老师的专业成长才能"专且博",而不是"专而不博"。不过,理论上是可以的,但是在实际操作上,全部的老师会感觉很累,这是老师们不愿进行课改的缘故。

晓明说,工科专业更强调应用,与学校的制度相关,有的高校是聘请企业优秀高级工程师或技师来指导学生,他们在实际操作中经验丰富,可以分担我们专业老师在实际操作方面的欠缺部分。同时,让我们的老师同时参与跟进,双方相结合,学生的实践能力和专业老师在实践教学中的实际操作能力上都会有很大的提高。如果我们老师完全承担实践教学,时间和经验都无法保证,而无暇顾及其他方面的工作。我们老师的主攻方向是腾出时间对理论与教学实践之间衔接进行研究,从中可以寻找到可研究的课题,既有利于提高老师的科研水平,又可以解决在实践中出现的问题。所以,学校要完善产学研融合教育制度,达到校企双方共赢。

晓阳说,青年教师在教学经验上欠缺,大都是因为只有从高校到高校的经历,在教学实践方面存在不足,比如,如何能通俗易懂地向学生讲解知识点,使之更好理解和掌握?对教学和科研的关系,我认为我自己的科研专业方向比较窄,也比较深,在教学内容上对于本科生来说知识点要求的是基础和广博。所以,从内容上讲,紧密性不大,只有等到教学内容有涉及我的科研部分,才能将前沿知识介绍给学生听;教学内容和科研内容相互之间促进性没那么紧密,但是如果在平时上课中训练学生的思维方法,可以说紧密性就比较大了。所以,如何在教学上更好地促进两者的紧密性,对青年教师来说还是有难度的,但是随着时间的推移和经验的积累,可能结合度会更加紧密。所以,很多重点高校为什么要求教授必须给本科生上课,是因为他们理论功底深厚,教学经验丰富,培养学生的思维能力更游刃有余。我认为自己还是能处理好的,不冲突,觉得还是看个人的兴趣,有的老师喜欢教学,和学生接触多些;有的老师喜欢独立从事科研活动。所以,学校应该有多元的评价标准,像我们这类的地方本科院校,主要是培养人才。为此,校方应更多提倡抓教学质量,让更多的青年教师投入到教学活动中去。

晓宁说,关于教学方面,我的困惑是像我们引进的博士,是否能有专项的教改课题,毕竟我觉得自己从学校到学校的经历,在学校待的时间比较长,比如,有些博士在学期间有担任过助教等,教学经验比较丰富,而有些教学经验则比较弱。所以,如果学校设有专项与应用型转型相关的教改课题,更能鼓励青年博士在教学上下功夫,这样边转边改,在实践中不断总结提高,能契合现在应用型转型的教学模式,及时与平时教学工作结合起来,进行一些创新,转型才能深入核心地带。

晓春说,我刚进校的时候,每周上两次课,要做课件、写教案,我就几乎每天都在备课,科研这块就不能同时并重了。大部分新老师,课比较多,加上还得去听老教师的课,教学上花去了大量的时间与精力。老教师的课相对比较固定,像我们新教师每个学期都要上新课,有时还是2门新课,要对得起学生和良知,要认真备课,不敢怠慢、不认真、不负责。我们有心想在教学上做好,总是想让学生听自己的课,能学到东西,有所收获,我们也是刚从学校毕业出来的,也知道满堂灌会影响学生听课的效果。但是,现在理论与实验有点脱节,因为学生数多、实验室不足等情况,有时实验先做,后上理论课。这样,学生只能照搬书本,在不知原理的情况下,学生自己不知道为何做实验? 做了有何用? 所以,现在院里也提出实验课要改革,这次期末尝试了实验课考试模式改革,但是增加了老师很多的工作量,搞得老师们都很疲惫,不愿意改,教改不容易,也很花时间。我认为像我们这类学校应该更注重教学,虽然大会小会上强调教学的重要性,但都是"雷声大,雨点小",即实际上是不够重视的,老师们上课就是完成任务而已。至于教学质量,也是没有有效的考核方式。再说,我当时进校时也不会上课,也就听听老教师上课,也没有得到很详细的培训和指导。虽然院里配备了一名老教师,但是指导力度不大,没有像以前实行助教制度那样细致,教学的规范和教学技巧等方面没人指导,在博士期间也没有帮老师上课或到外面兼课等方面的锻炼,只能靠自己摸索。教学经验是要慢慢积累的,若有老教师的指导点拨,肯定在教学上有更快的进步,从另一种角度讲,教学上能更快得心应手,做到事倍功半,腾出更多的时间做科研。

晓冰说,教学上的困惑就是上的课太杂。今年上学期和下学期的课程不一样,更换课程的频率太快,工作已经 2 年,上的每门课都是新的,这导致我花大量的时间在备课,有的课不是特别好上,比如基础理论课。我觉得自己做的不是太好,本学期代一位进修老师上基础理论课,因为自己是硕博连读,不像硕士考博士时,必须准备基础知识。现在自己还得重新再学,再研究,才能深入浅出地传授给学生。边教边学,要花很多的时间备课。新老师对新课程的传授,不仅仅是知识点的传授,还得有教学技能、教学方法的讲究,这就要求多听课,需要腾出时间听课。第一次上新课总是感觉不太好,如果再上一次,我会上得更好,不过没机会了,下学期我得把课还给进修回来的老师。所以,我感觉课程更换的频率太快,压力大。现在,院里哪个老师进修,就必须有老师顶岗,而这个任务往往落在新老师身上。这几年进修的老师比较频繁,想尽心尽力做好,但经验不足是客观存在的,教学经验是靠积累的。

晓华说,教学还好,学校有比较严格的导师制和督导制,没有太大的压力;科研方面,因为工作后,有教学任务、指导学生的任务,所以不像读书期间,有大块的时间和精力做科研。因此,投入科研的时间和精力也就相对少了,进展就比较慢,学校规定基本的科研任务可以完成。教学与科研都挺重要的,教学不仅要传授专业知识,还有一定的育人工作,对学生要有负责任的态度,国家和学校都很重视科研,并涉及个人的发展,所以也挺重要的。这三年,我花在教学上的时间比较多,因为有很多的课程都是新的,要花好多时间在备课上。现在,教学技能技巧比较熟练了,不过还有些新课要上,也还是要花较多的时间在备课上,不过自己也慢慢地把工作重心向科研方面倾斜,主要是职称晋升的压力。

晓浩说,压力也是会有的,科研考核的压力,教学方面的压力,特别是教学的压力,因为学生数多,所在学院的学生数多,招聘的教师尚未到位,造成生师比比专业标准要求的高些。学校在科研上为社会服务,与产业对接是鼓励的,但是那种传统的学术论文的级别、档次要高的要求并没有放松过。前两年,我的主要精力投入在教学和社会服务这两方面,比较少时间去总结提炼写一些论文,这是我接着要评副高职称所缺少的,所以会有点压力的。虽然评副高的时间快要到了,但是我不在乎到了晋升时间一定要评上副高,我还是会把精力放在教学和社会服务上,先稳定一段时间,总会完成科研任务的。虽然领导也会催促晋升时间快到了,要"抓紧",但是自己觉得学校职称指数还是挺多的,没有感受到强烈的竞争氛围。

晓然说,教学上的压力很大,现在的在校学生数是当时我进校时的 2 倍,但是在这 8 年期间,只进了 1 位博士,这位博士才进来 2 年又去进修了。学校主张只进博士,像我们学科的博士难招,所以教学任务繁重。现有老师都在超负荷运转,老师们课时多,同时,还要进行教改、转型,课堂要质量。一方面想把课上好,一方面希望课时减少一些,有更多的时间做科研。

晓颖说,现在学校在教学管理上比较呆板,没有根据学科专业特点设定教师工作量的相对定额。一个学期初到期末,课程排得满满的,必须上3~4门课程;要出去调研,获取素材,就要调课,而调课率太高,又会违反教学管理。这样子就根本没时间做科研和社会服务,因此教学不进行改革,教学效率低,老师是腾不出时间做科研和下基层做社会服务的。前几年我就提出在学院里实行教学半学期制,一门课程前半学期上完理论课程,后半学期到企业实习实践,但一直未实行,现在带学生去实习实践还要调课。教什么?怎么教?本应是老师教学自主权的体现,但现在管得过死的教学管理限制了教师教学自主权,这些矛盾涉及课程改革、教学模式改革以及教学工作量的定额等问题,目前出现的矛盾就是老师的实际教学工作量超过考核文件规定的教学工作量定额,这是学生数增加和老师的缺编等因素造成的。有些专业课特别多,有些专业课特别少,也就是专业的调整与教师转型不同步,能转型的老师不多,造成有的老师负担过重,有的老师课时量不足。"牵一发而动全身",转型改革最核心的就是教学改革和课程改革。改革成功了,学生也受益,教师可以从繁重的教学工作中解脱出来,有更多的时间和精力投入到科研和社会服务中。课堂教学只是教学的一部分,像工科等应用性强的学科专业,实践教学要更加突出,落脚点在于人才培养方案的改革,定好方案,管4年,接受评估检验,而不能每年都在改,课程变化太快,这必将造成盲目和浮躁。老师都晕了,学生能不晕吗?这种改革不到位和盲目性,不仅浪费大家的时间和精力,而且失去了目标,失去了方向,不利于青年教师的职业生涯规划及其稳步发展。自从转型以来,变来变去,无定性,大家变得疲惫不堪,无所适从。

晓智说,像我们既不是学校重点培育的学科和专业,又不是硕士点,有点自生自灭的感觉。就像我今年被推荐参加省里的教学技能大赛,学校和学院没有精心组织集中指导和训练,不够重视,没人管我。我了解到的,有些高校就有请专家对参赛人员进行精心培训,他们的成绩显然要比我们好。其实,我们也是代表学校参赛,如果学校或者学院能请专家给我们指导,我们就更有信心。毕竟,当地就我们一所高校,不像省会城市高校多,教育资源共享成本低,靠自己难上加难,这种对青年教师的教学能力的提高,应该由学校的专门机构来做。学校教师发展中心成立了那么久,也不知道这个机构发挥了什么作用。

地方应用型本科高校经过10年左右扩招后的快速发展,在校生规模呈急剧增长趋势,尽管学校同时也招聘了若干青年教师补充师资队伍的缺口,然而,每年都有老教师退休和个别骨干教师跳槽等,不少地方高校的生师比仍然超过了教育部本科教学合格评估时规定的18:1的合格标准要求。客观而言,如果一位教师承担工作负荷的能力是一个常数,当他将主要精力用于科研时,必然会相应地减少教学工作精力的投入,反之亦然。现在高校对教师的年度考核,科研成果是硬指标,教学是软指标,这就造成老教师特别是教授,觉得只要能完成基本教学工作量,其他的精力多用于研究——名利双收,何乐不为。在这种情况下,青年教师必然要承担繁重的教学工作任务,这或多或少使青年教师的学术成长受到挤压和影响。

助教制消失,老带新制度形同虚设,"高校教师存在助教、讲师、副教授、教授四个层级。在国外,教师担任助教和讲师的时间必须达到三到五年。而在我国,助教和讲师的环节实际上被忽略掉了。教师应承担的助教职位被学生的'三助'取代了,而讲师阶段只是

'过渡性'的。另外,老教师对年轻教师的'传帮带'过程也没有了,似乎人人无师自通就懂教学,就会当老师。现在大学招教师,几乎都要求博士学历。博士生一般二十七八岁,在学校当了两年讲师就升副教授。我认为,这种现状不利于本科教学质量的提升。"[1]"学历高,自然教学水平高"是一种幻想。实际上,博士毕业后进入大学任教,特别是那些非师范类毕业的学生,原本就缺乏教学实践这一环节,教学技能弱,在学术职业生涯初期,教学上更是显得力不从心,为此,繁重的教学任务和教学经验、技能的不足使青年教师备感压力。

在目前高校评价制度下,实务教学常常得不到应有的重视,一方面,应用型转型要求加强实践教学,促进学生在应用能力上的发展;另一方面,从学校毕业就直接进入高校就业的青年教师实践能力弱,需要与业界、行业交流学习,势必要求青年教师投入大量时间在教学实践上。但是,在教学实践能力上的提高不仅受制于自身因素,还受制于学生因素,这也就造成许多青年教师更愿意选择理论性教学,这样更容易出文章,能够自我控制的晋升机会也会更多。

许多文献研究表明,对于高校学术职业充满热情和憧憬的青年教师,当他们开始职业生涯的时候,教育理想与现实之间的紧张关系逐渐显现,正如美国学者 Menges 的"一项历时 3 年对新教师的研究发现,新教师从第一年工作到第三年工作中的压力是逐渐增大的,这种状况不仅在研究型大学而且在社区学院均是如此"[2]。对于地方应用型本科高校的青年教师来说,他们在任职的初期同样要经历一系列现实的冲击、考验,理想和现实之间的落差,常常令处于转型过程中的青年教师产生阶段性迷茫彷徨。从学校的视角看,学校的转型发展也是错综复杂的,面临一系列难题。

(三)青年教师的科研与社会服务职能转型之困惑

科研是教学的源头活水,在高校的三大社会职能中,科研犹如一支扁担,一头担着教学,一头担着服务社会;如果扁担断了,两头的东西非碎即空。[3] 科研的支撑作用为大部分被访谈者所认同,认为自身的科研能力强了,才能更好地做好社会服务。

晓刚说,在科研和社会服务方面,文科大多在于基础理论研究,学校的应用型转型,让老师们有点无所适从,一刀切的方式势必存在短视行为,应该既考虑到工科等学科应用性强的学科的转型,也应考虑到其他文科的老师也能有自己发展的一个科研平台。比如,学校现在用经费划拨方式重点发展某些地方特色学科或者研究所(院),引导老师进行科研转型。但是,目前,文科学院的青年教师特别是青年博士能真正聚集到特色研究院的很少,有也是去"打酱油"的,真正沉下心去做研究的少之又少。几年下来,投入大,立项的项目大都还挂着,成果并不显著,青年教师响应不高,而其他的人文学科逐渐弱化、边缘化,

---

① 顾海良.不应片面追求大学老师"博士化"[EB/OL].(2007-12-18)[2020-06-05].http://news.hexun.com/2007-12-18/102350032.html.

② MENGES R J.Faculty in new jobs[M].San Francisco:Jossey-Bass,1999.

③ 刘海峰,白玉,刘彦军.我国应用技术大学建设与科研工作的转型[J].中国高教研究,2015(7):69-74.

这样并不利于学校人才培养和整体的转型。这是一个机制问题。我认为,要真正激励青年教师的科研动力,不能仅仅用"经费"作为指挥棒,而是要有一个真正的科研团队在做,要有一个名副其实的带头人去培育一个真正的科研团队,要能吸引青年博士深入研究出特色,应该有相应的制度配套政策。但是,学校凝练的文科地方特色很难在权威核心期刊上发表相关成果,而职称晋升的条件又必须得在权威核心期刊上公开发表,所以导致青年教师研究转型出现了两难困境,青年教师的发展通道不是宽了而是被堵了。这样,特色研究就只能成为业余,或者是等评上教授以后有更多空余的时间再去研究。

晓智说,学校向应用型转型发展是趋势,但是对我们专业发展影响很大,没体会到改革有利,而是越改越不利于我们老师的发展,我们学科早就是应用型了,还需要怎么转?从理论上说,再转就转到理论型了。每次院里开会,传达学校的转型发展精神,老师们都感到很迷茫,不知道自己要转什么,只是越来越忧虑,我们的专业快转没了。领导说,你们老师要提意见,学校的未来是你们的,连院领导也云里雾里的,我们普通老师能知道如何转?学校通过办学经费等资源配置来促使转型也无可厚非,但忽视人文学科甚至以牺牲人文学科为代价,学校是不可能协调地、可持续地发展的。

晓宁说,关于科研,从申请项目开始,还是要自己打好底子,毕竟竞争越来越激烈。去年因我在博士期间的一些积累,我争取到了一项国家自然科学基金项目,对于个人来说,有个项目,科研工作的开展就有抓手了。关于社会服务,我觉得学校应该出面为新引进的博士牵线搭桥,比较有利于博士开展工作,因为外地来的博士不熟悉当地情况,不了解企业发展的状况,有人从中牵线搭桥,就更有针对性;否则,要博士一进校就能很好地为社会服务,还需要一段熟悉过程。学校要有"放水养鱼"的理念,我个人愿意利用空余时间或学校规定一个学期或学年在企业挂职锻炼,从中才能发现是否有课题值得研究。前期找课题是困难的,学校应出台相关政策进行支持和鼓励,主要措施应该是工作量的认定。目前,学校的政策还没能刺激到我很有欲望(动力)去主动联系企业,即激励力度不够。虽然学校有出台横向课题的相关文件,但我觉得横向课题只是一个后期工作,前期如何去争取横向课题需要投入大量的时间、精力和人脉与企业建立良好的合作关系。最关键的是,如何促使青年教师主动地走出第一步,第一步的政策要有保障。现在,学校只有派个别专业到企业挂职进修,没有全面铺开,希望学校能全面普惠。自己所在院里有做一些,但实质性产教融合还没做好,仅局限于做一些培训工作。

晓阳说,在科研方面,经过博士期间的学术训练,我认为科研方向是明确的,但是对于我们这类地方本科院校,经费支出的不足是青年教师面临的最大问题。在社会服务方面,需要学校层面加大力度,进行顶层设计。目前,学校有采取青年教师到企业挂职的措施,但我还不太清楚。我所在的学院,科研平台稍微差了些,学校各学科平台不平衡,比如有的学科有省级研究平台,有省级科研团队,这样对青年教师科研发展会更有利。

晓春说,科研压力也是比较大的,因为学校比较重视科研,任务也比较重。现在科研经费不是很缺,缺的是科研带头人和科研氛围还不够浓厚,缺研究生,缺时间。像我们这类学校老师要出成果,都要自己亲力亲为,因为学校没有硕士生。就本科生来说,只能局限在做毕业论文这一年时间可以协助我做一些事情,不太好用,他们刚刚被训练熟练了,可以接手做一些实验,又面临毕业,又要换学生。一样的东西,不同的人做,差别很大,自己的教学任务也蛮多的,课也很多,自己做实验的时间就比较少了,只有利用寒暑假空余时间,自己才能静下心来做实验。我带过一个学生(本科),因为没有经常进行严格的科研训练,怕累怕麻烦,就乱填数据,这样做出来的实验结果不能令人相信,他们做实验就纯粹地、简单地做实验,不动脑子。如果是研究生,那就不一样了,他们会看文献,会去思考,可以解决问题;本科生做实验,基本解决不了问题,机械地做,又不能给他们太多的任务,毕竟他们只需要完成毕业论文的要求。是否可以考虑挑选一些优秀学生在大二开始有意识地培训他们的科研能力?有的老师可以更好、更早地挑选,因为他们上的是基础课程,而我没有上基础课程,只有等到大三大四,他们要写毕业论文的时候,打电话来找我担任指导教师,或者院里直接安排学生让我指导。院里要有选拔优秀学生进行科研训练的机制,解决青年教师没有科研助理的情况;否则,学生参差不齐,无法达到预期效果。对科研如何应用到教学上,主要体现在实验上,让实验内容融入科研项目,换言之,把自己的科研项目融入学生的实验里,但是效果一般,如前所述,本科生动脑动得少。

晓波说,我做的科研与教学内容不在一个层面,因为我上的是基础课。但是我在上课的时候会鼓励学生到实验室来协助我进行科研,主动的学生就来了,在实验室待久了,有毅力的学生就一直坚持下来。作为我的科研助手,第一届的学生带得非常辛苦,每个环节都要手把手地教,后面训练出比较优秀的学生,就帮助我带低年级的学生。现在我就比较轻松了,而且现在的学生很厉害,不会比研究生差。一开始,我们只招大三的学生进实验室,认为他们必须先学习一些基础知识后实践能力才会更快得到锻炼。现在不一样了,大一学生一进来就开始进实验室学软件、学画图等非常基础的动手操作能力,先让他们进行感性认识,实际上,也是比较好用的。平心而论,还是有这类的学生,去发掘他们的兴趣,提供实验室,加以指导,在实验室待久了,实际能力也就训练出来了。

我现在评上了副高职称,感觉科研有点攻不下去了,也就是说已经处于一个瓶颈的地方。我做的是偏向基础的研究,到了一定的程度,再深入研究感觉有点吃力。可能是因为自己的科研方向比较窄,现在要转方向或者是拓宽方向,感觉很困难、很辛苦。另外,转型也需要一段时间。现在,我加入一个科研团队,在跟我们学院一个学术带头人,也是和我年龄相仿的青年教师,他很厉害,主要是在做产业服务、社会服务这方向,做产教融合教育,一边培养学生,一边搞研发。做设计和研发不是我的专长,况且时间和精力没有像读博期间那么专注,还有教学、事务性的事情要做。所以现在只好慢慢跟进,自己边转型到社会服务这方面,帮忙协助指导学生,要把我原来做的科研方向先放下,因为还没成果出来,现在心里也没什么底,只能边走边看。学校一方面鼓励青年老师向应用型转型,另一方面原来的评价指标的导向没改革,感觉很彷徨。

晓冰说,科研上,自己做自己的单打独斗的状况多,团队建设名存实亡。这学期,我帮院里的其他老师改论文都改了4~5篇,有的署上第二作者,有的纯粹是义务的,碍于面子,新老师来了,在职称晋升方面多做点贡献,别人看得起我,我就义务多做点,还得协助外聘教授带硕士生,指导论文。这些在考核时都不算工作量,但这些也是要花费我的时间和精力的。我院科研条件还算好的,设备充足,用的人相对比较少,使用设备的自由度比较高。在社会服务方面,我也很希望利用课余时间做,去企业学习,找理论与实践的结合点。但是,这个学期下来,教学工作量大,发了几篇科研论文,帮老教师修改论文,兼做了大量的学科专业转型的申报材料,所以根本没时间和精力去做社会服务工作。为地方服务,学以致用,也是我以后的科研兴趣和方向,不能把发表论文作为科研的唯一方向,论文也得注重高质量。学校在转型中,最缺的就是产学研合作教育,我也想融入,去企业学习、交流,找研究方向和课题,在这方面,院领导有牵线搭桥,有的老师做得比较好,与企业联系比较紧密。但是,在这方面我刚开始起步,由于任务和时间的冲突,精力没放在这里,这是我下学期要重点做的事情,多向有经验的老师们学习。坚持往前做了,我相信就会有收获。

学校的科研发展平台比较薄弱,渠道只能自己解决,要么联系好母校回母校做,要么向学校提出专项申请,学校搞科研的氛围确实比较差,这是要承认的。我们实验室、团队建设形同虚设,团队成员没有进行定期学术交流、召开学术沙龙和讨论项目研究的进展情况,研究在哪里可突破?学术上的问题,没人去讨论,也没人组织牵头讨论,研究方向比较散,没什么关联,形式上有组织大家,但学术实质问题没有展开,老师们之间的交流太少,各自为政,教师之间参差不齐、学术氛围淡。带头人(软引进教授)大约一个月来学校待上一两天,学术上讨论少,来了就布置任务。而院领导在行政管理方面占用太多时间,在学术上也没办法腾出更多时间参与指导青年教师。虽然我们院的教授人数相对比较多,但指导青年教师的作用发挥不大;虽然学校有规定教授在聘期内有指导青年教师的要求,但没有硬性指标。他们反正工资高、津贴高,学校规定的教学科研任务能完成,他们也就没有必要为指导青年教师下很多功夫。因为通讯作者的成果,学校不承认其工作量。目前已经评上教授的老师,教学上经验比较丰富,教学技能较强,但科研并没有青年博士们做得好,所以指导教学尚可,指导科研就未必了。

晓然说,在科研方面,自己是硕士毕业,学术研究能力较低,起步比较晚,底子薄,申请高级别的课题和发表高水平的论文比较困难。院里虽有 2 个教授,但没有形成科研团队,没有起到传帮带的作用,缺少德高望重的学科带头人,方向比较散,各自为战,多突出"单干",课题成员也是形式。前几年因为家庭、经济因素已经耽搁了太多时间,再加上能力不足,竞争激烈,所以现在自己想自费去参加一些学术会议,多交流,开拓视野,时不我待啊!在社会服务方面,我是思想政治教育专业的,所以社会服务一般是暑期带学生参加社会调查,走进基层、走进农村、走进企业,不仅有利于掌握一手资料丰富教学内容,而且比较容易找到与自己感兴趣的研究方向和课题。

晓安说,在学校向应用型转型的背景下,我们院面临专业招生数的减少,大部分老师转为公共课教师,如何解决公共基础课老师的科研动力问题?我认为应该要教改,提高教学效果,科研方向更多的是如何研究提高教学质量,这应该成为公共基础课老师更好的选择,这就涉及科研评价的问题,学校要加大对教学学术研究的奖励力度。

晓颖说,社会服务的平台建设很重要,对专业发展很有利,应用型转型,学科专业建设很需要与企业、行业合作;平台建设好了,企业对你也认可,也会进一步促进合作,在平台里的青年教师也能得到进一步的培养。外部及时回应政府政策,内部有相应的政策激励和保障服务措施,这样才能吸引更多的青年教师投入平台建设中。平台建设要建好,与学科带头人是有很大关系的。比如,学校有个学院学科带头人能力强,师资队伍和平台建设做成了学校的标杆。总体来说,缺乏学科带头人和激励措施,平台的凝聚力不足,科研团队建设也弱。

许多老师特别是管理者在理解科研方面,产生偏差,只强调科研的结果,而不注重科研过程,特别是教研。我自己做科研做得不多,觉得自身科研能力比较薄弱,但在培养人才的角度,无论学校还是学院层面,应该适当组织教师到基层、到企业调研,加强联系。现在的状况是靠我们青年教师自己的关系、人脉和能力,自己找到算你的能力好。我的一个师兄说过:"你到现场,人家就把你当成专家,你就不要太谦虚,应该把自己定位为专业人士,因为人家如果没有对专业人士有一定的崇拜之心,人家是不配合的。"但是,我们进企业要意识到问题的存在,在哪些方面比较薄弱,然后回来抓紧补,去研究、去探讨。其实,我们到现场是可以发现一些问题的,应该在企业中寻找其问题所在,作为课题进行研究。现在起码,在我们的院系里,最缺的是没有组织性地开展产学研合作,而是靠个人的力量。

晓桐说,目前教学、科研和社会服务都承担了任务,应该各占三分之一,就是现在待在实验室的时间少了些,更多的时间花在社会服务上,为企业、行业培训,或者担任技术顾问,觉得自己在产教融合方面做得比较好。在学校工作10来年了,一开始也没有社会服务的意识,不知道产教如何融合。自己是北方外地人,尝试过自己直接接触企业,效果不好。我们学校所在的是地级市地域,不属于工业城市,小企业多,大企业少,实力不强,小企业现在更多的是采用成熟技术,很少去创新技术。有一点点风险,企业是不干的,因为他必须自己承担存在的失败风险,没那么多资金投入去做创新,他宁愿到外面求大师,引进新的生产线,也不愿意请高校老师帮助技术革新。这主要是国家没有利好政策支持小企业技术革新,风险都由企业承担,国外不一样,可以给你分担失败风险的。还好我所在的学院产教融合做得相对比较好,我们院里有一名教授,在这方面做得很好,在他的带领下,通过政府的科技部门与企业、行业对接,以科研服务为桥梁,从帮助企业撰写项目申请书开始,与企业接触多了,自己也从中找到了可研究的课题,慢慢地做出一些成绩,产生了一定的影响,后来与企业合作就越来越多,越来越有深度。如何进一步加强产学研合作,我总结的经验就是需要市政府的优惠政策和相关职能部门的大力支持;一定要有牵线人,还有就是无论是学校还是自己,都要积极向外界自我推荐。

晓明说,在社会服务中,老师要深入企业,寻找研究课题,要取得企业的信任不是那么容易,需要院领导组织带领老师深入企业,当然也鼓励自己联系企业,尽量争取横向课题来研究。但是,目前的效果不是很理想,原来合作得比较好的企业因产业结构调整,经济效益下行,合作关系也就平淡下来,企业接纳的意愿不是很强。有些企业表现积极,有些不太积极,特别是到后续实质性合作时,企业更多强调的是技术,一般的小问题,就比较好合作;如果遇到关键技术革新,他们的迫切性就低,因为这里需要完全承担投入成本的投资风险,所以"在商言商"的企业很谨慎。社会服务工作对于从学校到学校的青年教师来说,压力肯定是会有的,走向社会,需要有更多的勇气,也需要花大量时间,与个人的意愿强烈更有关系。所以,一方面学院需要寻找本地其他的企业进行合作,另一方面与企业合作要拓展到外地。这些都要有学校的制度政策加以保障,对老师个人的综合能力要求也要相应提高。

晓浩说,学校的转型会多多少少地影响科研方向,如学校会要求多做一些应用型研究。但是,像给政府、企业做的一些咨询等项目,是很难形成一篇好的学术论文的。在现有的学术评价体系中,对我们专业做的应用型研究的评价并不太重视,特别像我们这种跨界传播,通过数字媒体进行人与人之间沟通的这种新专业。现在,学校要求做横向项目,有学科建设任务责任书,按照讲师职称,我在三年内要完成 12 万,在我的领域里算是蛮轻松的。但是,与职称评定似乎没太大关系,因为现在学校的科研评价体系没有改革。

晓宁说,学校的教学、科研要求对我不存在什么压力,进学校 8 年也已经迈入正轨了。我觉得我的困惑在于:一是社会环境对我们做科研有很大的束缚。比如,我学的是工程类,偏向应用开发,但社会风气、制度不利于我们做科研,国家对知识产权和专利的保护做得不好,没有像发达国家那么严格和重视。现在,我们国家一直在鼓励和强调创新创业,如果知识产权没有得到保护,就会造成"谁先创新,谁就先死"的现象,投入很多的精力研发的东西,一旦投入马上就被抄袭,大公司就等着你创新,它来收获,它会马上把整个创新抄袭,这对科研人员来说是不利的,冲击很大。从工科建设的角度来看,学校目前缺少科技孵化园,如果科技孵化园不做起来,创新一个,就死一个。首先,科研人员自己要增强知识产权的保护意识,该申请的要申请,对创新点一定要进行"加密",拥有更高的技术含量,让别人很难抄袭。其次,学校要创建科技孵化园,因为单纯结构上的创新和点子上的创新完全不够,还得和工程实际结合在一起。像"985"高校都有自己的科技孵化园,有大笔的资金投入,里面有大量的管理专业人员帮你把创新项目管理好。现在学校建的孵化园,只是针对学生的创新创业项目,毕竟,学生的这些创新创业项目,技术含量不高,功能定位不在于教师。不过,现在学校开始意识到这个问题,先对老师的创新项目进行预评估,并先行投入资金培育。今年学校启动了一批科研团队建设,一个科研团队从人员组成到研究方向、预计成果,学校找外面专家和企业行业的专家共同评估其可行性,如果通过,就先行投入 100 万资金进行扶持和孵化,这样有利于团队创新和激发青年教师的科研动力。我也有一个团队,正准备参加论证,如果成功,我就可专心地做科研开发,孵化的事就不用我操心了。

二是在学校里,科研团队建设管理比较弱。我发现新引进的博士青年老师服务社会、企业的理念很淡薄,老师们对现在引进的博士的评价:他们有三个功能强,写论文、报项目、报账,而真正自己组建团队和走出去为企业服务不强。解决实际问题的能力还是很弱,这与现在的博士培养制度机制和要求也是相关的。从这几年引进的博士看,教学上讲得不生动,科研上只注重论文,解决不了企业的实际问题,这样下去很糟糕。博士的考评制度不改变,很难改变现状。

刚开始组建科研团队的时候,团队好几个青年老师跟着我做,问我不知会不会影响评职称等,我也有这个担心。但是,在做课题过程中,论文是不缺的,项目一个一个接着做,资料和数据更新快,通过提炼总结,论文也发表了许多,在学校科研奖励中,有的老师一年可以得到 10 多万的奖励。不用担心他们没有论文晋升不了职称,他们发表论文评职称和科研奖励一举两得，并不矛盾的。另外，我们的论文在国外期刊更受欢迎，评价也高。他们觉得我们的论文是实实在在做出来的，有理论、有成果，因为国外同行看到会电话来问，成果是怎么做出来的，很感兴趣，而国内是没人理会的。

三是拿横向课题，难就难在开始，很多老师会有个矛盾，我没有团队可能就拿不到课题，拿到课题又组不起团队，是先拿课题还是先组团队。我刚开始就和一个实验管理老师，还有8个学生做了一个项目，在一个只有7个平方米左右的房子里，我们就这样关起屋子，没日没夜地做了一年，拿下了24万元的项目。当时，就是带着学生一家一家地去找，每周走10家企业，终于找到1家，我相信只要深入企业去找，总会找到的。刚开始会遇到很多的困难，但是我们慢慢地克服，就这样赢得了业界的信任，老板们一传十、十传百，项目就自己找上门来。我的理解就是只要走进企业，肯定有麻烦的问题，别人麻烦的问题就是我们的课题。刚开始要有一定的启动资金，学校引我进来的时候有一笔科研启动资金8万元，但是还不够，自己还得投入一部分资金。还好当时学生还是在校生，不用付工资给他们，项目的经费够支出。现在做大了，要招硕士进工作室，因为本科生好不容易培养好又毕业了，项目就无法持续地做下去。现在压力大了，有10来个本科生要毕业，如果要留下来，我们要给他劳务费，这个是学校科研经费管理办法规定的，可以支付学生的劳务费。

在所在学院领导的支持下，我在2011年牵头创立了"机电一体化产品开发"工作室，工作室的成员以35岁以下的青年教师为主，现在由近10位老师以及近50名的学生组成，工作室里的导师团慢慢地形成了合力。我以培养学生为载体，实行"赶出去、带回来、关起来"的培养模式，师生组队深入企业、深入工厂车间，从企业生产实际中寻找企业需要，把针对性强、接地气的应用课题带回学校，师生们共同在工作室里研究开发完成，学生们对自己带回来的课题很感兴趣，自己发掘的和开发的责任感和成就感油然而生。这种学做结合，带领学生开发满足企业生产需要的非标机电一体化设备，服务地方企业，取得了优势互补的良好效果：一方面培养了学生学用结合、知行合一的品质，另一方面这样的努力带来了丰厚的回报，最直接的体现是一件件由学生直接参与的、具有市场应用价值的产品的诞生。我们研发产品的专利，以前是工作室和企业共享，现在都属于工作室，至今承担了国家自然科学基金6项，省自然科学基金6项，市厅级项目5项，企业横向课题22项，总经费超过450万元，获得15项发明专利和21项实用新型专利；学生参加全国和省级机械设计大赛累计获得近30项奖项，这样就极大地激发了青年教师和学生研发的积极性和主动性。

当代高校与社会的关系越来越紧密，经济社会的飞速发展以及国家和社会出于竞争和发展的需要，要求高校不再仅仅作为基础研究的重要场所，同时也要成为应用型研究和开发研究的生力军。大学不仅是人类的知识工厂和智库，而且应成为科技进步的"孵化器"和社会进步的"加速器"。2014年国家提出"引导一批普通本科高校向应用技术类型高等学校转型"的战略部署，2015年又出台了《关于引导部分地方普通本科高校向应用型转变的指导意见》，更加明确了地方本科高校学术研究转型的必要性和紧迫性，青年教师理所当然成为这一要求的实现者和承担者。

不同学科的教师对高校的社会服务职能的理解是多元的,但和学校考评中的社会服务往往并不是同一概念。有的老师认为只要是结合自己的研究领域,为校内师生和校外单位或人员,并能为学校获得社会效益的服务,比如开设讲座、普及和宣传一些科普知识等都应该认定为社会服务;有的老师认为横向研究便是社会服务。而学校只认定横向项目研究,并必须能为学校带来经济效益和社会效益的项目,最基本的要求就是经费必须纳入学校科研经费管理,这类项目才能在考核中被认可为社会服务。如此看来,对于"社会服务"概念界定的宽窄度不同,导致学校管理者"落袋为安"的实利性思维和不少教师"重在参与"的普遍性思维,并不在一个频道上。

另外,地方应用型本科高校的科研状况不容乐观。从访谈调查结果可以推知,一方面,无论是本科学历者还是硕博士,大都是从高校到高校,行业企业实践知识匮乏,个人应用型科研能力弱。学校的科研平台和科研团队建设刚刚起步,学术积累有限,缺乏有利的保障和激励机制。大部分青年教师还处于转型的困顿期。有小部分博士青年老师,具备企业工作经历或者教龄较长的老师,经过自身的努力,应用型科研能力不断增强,脱颖而出,苦尽甘来,取得累累硕果,探索出一条产教融合的有效途径。另一方面,基于经济的逻辑,企业是追求个人利益最大化的"经济人",没有利益的驱动,他们很难主动地为高校投入资源,产教融合并不理想,出现了高校甚至是高校教师单方面意愿的状况,进而影响乃至制约地方应用型本科高校教师的科研积极性。

(四)青年教师承担公共性事务所带来的压力与困惑

在高校,每个老师除了教学和科研工作,都会承担一些学校或院系的、事务性或其他类型的工作,这也是教师工作的一部分。这些事务工作有的与本专业密切相关,有些则与本专业乃至相关专业无关。然而,由于是领导和组织安排的工作任务,他们不得不花一定的时间和精力尽力完成好,尽管他们有些人对这些繁杂琐碎而又看不见成效的公共事务并不认同。

晓春说,博士的教学科研任务重,自己参与管理谈不上,但是各种会议、文件传达,写学科建设等专业性申报材料等琐事比较多。现在,学校正处于发展中,得依靠博士,但是很多东西,比如担任学生毕业论文的答辩组长等,要比较有经验的老师做,却都推给博士们做。在管理上,我们院有聘任一些博士兼任学科办主任、秘书、专业副主任等行政职务,其实这样,他们根本没时间做科研,有点为难他们,浪费人才。话说回来,老的不做,少的也不会做,没人担当,学院的正常运转成问题。主要问题是没有相应的待遇或者待遇与任务不对等,做了以后还得不到有些老师的认同,院领导把工作分给骨干做,等到算工作量的时候,有些老师就责怪院领导,任务为什么不分配给他们做,他们也会做,这也是矛盾的。博士兼职有利有弊:利,在于比一般老师更了解学科建设情况,可以比较全局地看问题;弊,在于会影响自己的科研时间。

晓涛说,我本人在参与学院管理上的态度应该是从"被积极"到"主动积极"的转变。刚开始认为高校教师特别是青年教师在学校里没有话语权,若成为专家和教授,会有更多的话语权,害怕兼职做学术管理工作会耗费大量的时间和精力,会影响自己的职称晋升,但作为领导和组织安排的任务，又不得不想方设法尽力完成。经过一年多的努力，虽然说兼职工作会分散自己在专业上的时间和精力，但是换个角度来想，青年人多参与院系、学校管理，会在价值观的取向上、思考问题上不至于偏颇，会较全面地看问题，锻炼自己协调和组织能力。学校有些老师把精力放在兼职上，只顾自己利益，外面做的风风火火，集体利益不管不顾，这种导向是不好的，所以青年教师积极主动地适当参与学院管理是应该提倡的。

晓治说，参加学院的管理看个人的定位。我个人不想参加学院管理，不想兼做行政工作，不喜欢太复杂的人事关系，单纯点好。管理需要熟悉管理制度、协调能力、经验的积累，我怕花太多的时间在管理上，影响自己的科研时间。

晓颖说，我做了2年的专业系主任，我所在的专业是新办专业，本专业科班出身的高级职称的专任教师一个也没有，申报新专业时，是从院里其他专业调剂教授过来的。现在新专业申报下来了，这两年引进1个博士，内培1个在读博士，我建议院领导要充分挖掘博士潜能，我前面做了几年，路子老了，能力有限，要出去进修。我们这支队伍很年轻，所以我明年争取把副高评上。但是时间和精力有限，兼任专业系主任，就要兼顾许多行政工作，工作量加大，严重干扰了我集中时间和精力做科研，一学期下来，什么也没写。由于学校转型，实验室建设申报、人才培养方案的修订、课程体系的改革，新专业建设有很多事，虽然不是我一个人做，但毕竟要有人牵头组织大家一起做，现在7月份了，搞得我明年参评职称的论文还没有写出来，压力好大。作为专业负责人，比一般的青年教师要更多地参与学院的管理，有一定的话语权，但是觉得对个人来说没有太大作用，虽然行政能力可以得到一定的锻炼，但是就耽搁了自己的科研工作。

晓波说，老师们都不愿意参与学院的事务管理，我是"上当了"，兼职系副主任。我花了大量的时间和精力在管理上，性格比较随和，领导布置的任务，我会把它做好。一般都是自己做，也没叫其他老师一起做，因为我没办法给帮我做事的老师兑现什么，也就不好意思一直叫别的老师做。所以我很痛苦，加班都是为了这些事情，兼职一年减免20%的工作量，大概折成人民币5000元。只要不要叫我兼职，我不在乎这笔补贴，因为我花的时间和精力如果用在社会服务方面，远不止这些。不过也有一些隐形的利益，比如，学院、学校的信息比较灵通，可以锻炼自己的行政协调能力，会获得更多的锻炼机会，况且，学院领导多次做思想工作，也是看得起你，给你锻炼机会你不要，下次就不会考虑你了。

晓琴说，学校转型，各方面的建设多在设想设计中，需要撰写大量的申报材料，比如学科专业群的建设任务等，任务大多落在了我们青年博士或专业系主任身上，其他没有兼任行政职务的教授都不愿意做。总体的一种风气就是个人的科研每个人都会很积极的，但是真的要承担公共事务工作，就互相推诿，能少做一点是一点，能不做就不做，因为这对职称评定一点好处也没有。毕竟，科研成果才是老师职称晋升的衡量指标，做这些公共事务耗费的时间和精力，挤压了我做科研的时间，倒不是因为职称晋升条件高的因素造成不能如期晋升职称。如果在我评上了教授，又有助手，那再来做这些公共性事务，就比较不会有压力。现在推也推不掉，领导会说你能力强，你不做，没人帮我做，我们的专业就上不了台阶等。我现在只能继续做，虽然闹心，但是用把它作为慈善事业来做的想法来舒缓自己的压力。

对于地方应用型本科高校的青年教师而言,对学校或学院的公共事务加以限制或拒绝恐怕绝非易事,工作的付出和回报并不能简单地用"是否成正比"或者"是否划算"进行界定,他们不得不迎难而上,做出一定的牺牲。不像老牌高校办学历史长、经验丰富和管理规范,他们的青年教师有良好的发展平台,基本上只需在专业发展上下功夫,没有那么多的非专业事务牵绊。

(五)经济收入和生活压力造成青年教师在生存与发展之间徘徊

斯坦福大学名誉校长唐纳德·肯尼迪曾说过:"在几乎每一种职业里,人们都自然要考虑他们的收入。这是因为工资和资金是机构地位的象征,它们向公众显示别人如何看待一个人的价值所在。"[①]伴随着我国高等教育大众化进程的大踏步前进,高校教师群体的经济收入和待遇近年来有所提高。"高等学校教师薪酬调查"课题组于 2011 年对 32 所教育部直属高校教师进行了薪酬调查(简称 2011 年调查),2013 年对 84 所高校教师进行了薪酬调查(简称 2013 年调查)。"2011 年的调查显示:高校青年教师(年龄在 35 周岁左右的青年教职工)低收入人群相对集中,高收入人群相对分散。总体来说,高校青年教师收入普遍不高,81.9%的青年教师年收入 10 万元以下,特别是 34.6%的青年教师年收入 6 万元以下。2013 年的调查显示:高校教师的年工资收入 10 万元以下的占 47.7%,10 万～15 万元占 38.2%,15 万～20 万元的占 10.7%,20 万元以上的占 3.4%。按职务分析,正高级教师的年平均收入 14.36 万元,副高级为 10.33 万元,中级为 8.3 万元,初级为 7.44 万元。"[②]调查数据显示,高校青年教师收入普遍不高,正高级教师群体和初级教师群体之间制度性工资(不包括高级职称教授可以享受的各级各类政府特别津贴和其参与各种社会服务活动中获取额外收入)的差距在 1.9 倍左右。有学者调查统计数据表明,选择收入水平低作为教师产生离职意愿为最重要原因的教师比例,地方高校比直属高校高出 4 个百分点。研究型大学教师的收入水平要高于一般普通本科院校和高职高专院校,发达地区高校的教师收入水平要高于中等地区和欠发达地区,且差异非常明显。[③]地方应用型本科高校基本都是"省市共建,以市为主"的体制,由于受当地经济发展水平和地方财政支持力度的限制,加上地方应用型本科高校办本科的历史较短,在规模扩张的新建期,各项办学资源上都需要投入和扩充,这就使得学校办学经费捉襟见肘,亟须输"血"。因而,除非地方财政的大力支持,大部分学校的教师的整体收入水平和福利待遇普遍不及地方重点建设高校,更不及部属院校,而且同一学校又存在高职称与低职称之间的收入差距。所以,经济和生活压力在地方应用型本科高校青年教师的身上表现得更为明显,而处于职业生涯起步阶段的青年教师尤甚。

①　唐纳德·肯尼迪.学术责任[M].阎凤桥,等译.北京:新华出版社,2002:41.
②　高校教师薪酬调查课题组.王希勤.透视高校教师收入分配现状[N].中国教育报,2014-06-09(13).
③　林杰.高校教师对教职的职业信心及组织忠诚——基于全国普通高校的抽样调查[J].清华大学教育研究,2009,30(2):90-98.

晓安说,买房的压力太大了,工资除了房贷,没有什么结余,只好降低生活成本,减少业余爱好,随着年龄的增长,要计划生孩子。所以,这几年下来,生活压力还是挺大的。

晓阳说,青年教师刚工作,一般积蓄少,面临生活经济的压力。我出生农村,未婚,目前,面临买房、结婚、抚养老人的压力,买房一方面是为了结婚,另一方面是和老母亲一起住。据我了解,有些高校给青年教师的薪酬比我校高,比如,安徽的地方应用型本科高校(宿州学院)大概高出一千多元,并且对博士的待遇更高,高出 1/3。与省内同类学校相比,我们的学校待遇较低,比如,住房待遇补贴不高,并有许多条件限制,无法做到博士进校就能安居乐业,还需要若干年的积蓄,才能购买房子。其实,我认为青年教师更多的是希望能安居乐业,能解决住房和子女能得到最优质的教育资源,而不是一次性的现金支付。

晓智说,家庭生活压力还是很大的,工资低,居无定所,现在还未把自己嫁出去。异乡从教,个人婚姻问题我无所谓,关键是没房子。收入的增长敌不过房价的飙升,靠自己的工资供不起房子,买房子靠父母支持,现在要还贷款。所以,经济压力比较大,情感压力也大。

晓涛说,人生的各个阶段有各个阶段的压力,就看如何处理工作与家庭关系问题。我出身农村,个人提倡生活节俭,要量力而行,量入为出,否则超前消费(买房买车),相互攀比,都会给自己增添很多的压力。青年教师工作量大,陪伴孩子的教育时间会减少,需要得到家人的支持和理解,处理不好,会影响亲子关系和夫妻感情。

晓冰说,学校规定引进博士的直系家属(本科以上学历的)可以入编,安顿在学校工作,解决家属问题,这是我们学校在引进人才方面做得比较好的,比较吸引人才的措施。其他,比如买车、买房就靠双方父母资助,如果没有双方父母的资助,才出来三年就买房、买车是很有压力的。

晓光说,现在家庭生活比较稳定。随着时间的推移,工作时间长了,我觉得自己不会像刚来学校时那样爱发牢骚。刚来的青年教师更缺钱,所以牢骚会更多,现在棱角被岁月磨平,自己静下心来做学问,成果出来,学校有奖励,也相对平衡些,总比只发牢骚强。

晓桐说,小孩的教育问题是目前的主要压力。小孩上小学,因为我是引进博士,孩子可以享受进入市里的优质学校就读。但是,父母不在身边帮忙,小孩的接送、生活照顾等琐事占用很多时间。

晓波说,当时招聘的时候,学校说有给一套房子,可是没有兑现,感觉被骗了,压力挺大的。这几年来,在校外兼职了一些零工加上学校的一笔安家费,到今年,好不容易在学校附近买了一套,自己解决的首付,接下来,就慢慢地还贷款了。成家了,有孩子了,现在也已经买好房子,压力就稍微减轻些。小孩上学的问题,学校的工会也很努力,但是条件的限制,幼儿园没有到最优质的学校就读,比较遗憾。不过,小孩上小学,市里对博士以上高层次人才是有优待的,可以上所辖区域中最好的小学。其他硕士及其以下的老师就没有这种优待政策,我想学校应该要逐步解决青年教师小孩的教育问题,因为后面越来越多的青年教师会有这种需求。

晓安说,本科毕业就入职学校,已经 16 年了,因为出生农村,家庭经济并不宽裕,也就没有继续求学。入校工作后,当时单身,有冲劲,国家也有政策鼓励在职高校教师提升学历学位,学校也支持,就开始边工作边攻读硕士学位,拿到学位后,也算是比较早评上了讲师。当时就认为像我们这类学校,高校教师有硕士学位就够了,加上成家、生孩、养孩、抚养老人,一晃小孩都上小学了,房子也买了,家庭的压力没那么大了,但是工作的压力上来了。学校升本后,师资力量要加强,也出台了鼓励青年教师考博的政策,但是自己主要重心放在了家庭上,硕士毕业。没有下决心一鼓作气读博,职称也没抓紧。所以,现在面临的情况是竞争激烈,引进的博士越来越多,自然工作压力也就更大了。

晓浩说,学校的薪酬不会影响我的生活质量,家里经济条件比较好,能支持我,买了房子,成家了,该有的都有了,所以家庭生活的压力少了很多。但是,我的一些同事,特别是外地人到这里打拼的,家庭生活压力肯定会大一些。市里对我们海归高层次人才,一个月有多 2000 元补助,总共可以领 5 年,学校有住房补贴和科研启动资金,我认为比上不足,比下有余,我是觉得蛮不错了。

正所谓"人到中年万事忙",高校青年教师既处于事业的成长发展期,又处于生活稳定定型期。经济收入不高,面临购买住房、成家立业、育儿养老等方面的压力,生活负担较重。家境好些的可以得到父母的贴补减轻压力,家境不好的所有的担子都得自己担当。有些人不得不为生存而奔波,千方百计地通过各种兼职途径解决经济困窘的状态,经济收入对于他们的生活质量、家庭关系甚至专业发展都产生了直接或间接的深刻影响。

第三节　人力资源管理核心制度变革中的供给与需求

培育引进、评价使用、激励保障、流动机制是高校在人力资源管理和开发的四个关键环节,它们之间互为联系,共同牵制人力资源管理和开的优劣与程度。高校现行人力资源管理中核心制度的安排,因为其涉及教师权益,直接影响到高校教师对学术工作的满意度,影响到高校教师从事学术工作的热情与内驱力,并最终影响到高校教学与科研的质量水平。

一、学校招聘自主权的有限性与高层次人才引进的急迫性之间的矛盾

晓桐说,我校政策的延续性差些,年年变,特别是待遇波动太快,一年一变,时高时低,起伏太大。拿待遇来说,相同学科的博士,每年引进的待遇变化太大。还有相同学科并非因为高层次人才已经满足了,而是学校的政策变化太快,去年是紧缺专业,今年就突然不是紧缺专业,待遇也就马上降了 10 万,这明显就造成了不公平。学校的人才观有问题,招聘人才不是"买菜",每年一个价格,应该相对稳定。人才政策,特别是高层次人才政策,不

能只对上,不根据学校发展实际,比如说待遇的差额,学校是否可以自行补充规定,不要让人才觉得进学校才发觉不公平。

晓光说,我校的招聘制度,与同类院校相比较而言,准入标准应该说是比较合理的。其实这几年都以招聘博士为主,与其他同类高校来说,也没有特别拔高标准。在招聘高层次人才方面,我们地处地级市的高校相对于沿海城市或省会城市的高校,没有地域优势、经济待遇优势以及城市建设成熟度优势,只有解决一名直系家属(本科以上)入编的工作待遇,子女享受优质教育等是比较吸引人的条件。对于内培博士的政策,还要进一步理顺,不要让内培博士回校工作后,感到低外引博士一等,感到内培博士不值钱,造成"招来女婿,气走儿子"的现象。在招聘高层次人才上,学校还是要多花时间和精力组织人员走出去宣传,扩大学校的知名度,可能会增加成效。

晓涛说,学校应该考虑人才招聘政策的延续性,承诺的事项必须兑现。如果遇到外部政策的影响,是否考虑补救政策,否则会让人感觉人才引进了,在学校工作并不能全身心地投入工作,而是让人郁闷、不舒服,对进一步留住人才是一个隐患。学校不仅要在引进人才上下功夫,更要在使用人才、留住人才上下功夫。学校在制定政策的时候,要考虑周全,校方要有契约精神,这样才能体现依法治校的精神,不能随着领导或管理人员的变化而变化,随意性强。比如,当时承诺对省内高校毕业的引进人才,市里的专项补助为500元/月,省外高校毕业的引进人才,省里有专项补助800元/月,到现在进来2年了,省外高校毕业的引进博士的专项补助都到位了,市里的专项还没兑现。当时和我一起进来的就2位博士,学校人事部门也没有给一个合理的答案,我们也没敢去问,胳膊拗不过大腿。

晓治说,近两年,我校对博士的引进不断地增加优惠条件,比如,如果基于某种原因未能及时拿到学位的博士,可延期半年优先入职,博士入职2年内享受副教授待遇等,说明学校在引进高层次人才的力度在加大。但是,经济待遇还是比较低的,房子是最大的负担,引进的安家费不够支付一套中等大小的房子的首付,所以青年教师入职后要花更多的心思和时间赚外快,要安心地全心全意地搞教学科研是很难的。

晓安说,我是内培博士。2005年8月进校,因市里的政策,拖了半年,2006年1月才入编,2013年博士毕业的,2014年才评讲师。如果按照工作时间,我在读博前应该是达到申报评讲师的时间,但是因为学校相关部门只从入编时间开始计算工作量,所以我评讲师就差了半年。考上博士后,只是专注早出成果,按时毕业,也没过问自己评职称的事情,拖到博士毕业后一年才评为讲师。在我读博期间,学校的职称聘任制度又发生了变化,自己关注度不够,自己的初心就是想通过考博,提升自己的专业能力。在高校工作,职称衡量专业老师专业能力的高低,现在竞争越来越激烈,所以自己必须努力拼搏,力争后来者居上。吸引人才的要素有经济待遇、发展空间和子女教育等,同类院校要进行比较,在人才竞争、人才流动加快的形势下,现在学校不仅要引进人才,还要考虑留住人才,现在考虑更多的是待遇留人,对感情留人和事业留人考虑得少。如何根据人才的自身特点和需求,委以重任、重点培养高层次人才?对管理者提出了挑战。

晓颖说,我在学校待了8年,学校转型发展的很多事情也经历了,比较清楚。对于招聘硕士毕业生入职来说,二级院里是没有招聘自主权的。所以,招聘意愿和招聘行为完全是脱离的,所在专业要进一名专任教师,招聘的标准和要求学院提交给学校,学校职能部门核准后,整个聘任过程由学校统一组织笔试和面试,经过考核,按照综合考分的排名进行录用。这种招聘录用办法看似程序公平、合理,但是存在局限性,选不到自己专业想要的,为什么?关键在于学校组织抽签遴选的面试专家,并不都是二级学院本专业的老师,专业并不是很懂,特别是工科专业,隔行如隔山,不能领会我们需要什么样的人才,他们只能根据面试时,被面试者的谈吐等面试技巧和表现打分,说白了就是以貌取人。这种面试呆板、规范,造成招聘意向和本人的能力有差异,招聘进来的人到底适合不适合今后学科发展的需要并不确定,会产生脱节。

博士引进的机制不一样,可能不会出现上述状况,因为博士引进是各院系自主引进的。但是,前几年,我校地处山区,由于区位因素等的影响,招不到博士,一是有些专业的博士毕业生少;二是连报名的博士都没有。现在又出现唯博士立马招聘的怪圈,只要有报名就招。这2~3年我们专业一下又招了4个博士,与新办专业相关不大,招来的博士自己做自己熟悉领域的研究,对新办专业和建设没有太大的帮助,可能因为不一定很快适应新专业。分配课程给他们,说不会上,要求选择与其相关专业的课程上,其他的一概说不会上,造成安排教学工作时很麻烦。现在学校招博士,定位不清,到底是搞科研还是搞教学。如果能力强的话,稍微有点灵活性和变通性,也不至于上不了课程。

晓宁说,在老师招聘上,因为我们学校地处沿海城市,来报名的博士比较多。现在都讲双向选择,有的博士很想进来,说起来头头是道,重要的是要招到与学校的转型方向相匹配的博士。现在已经进来的很多博士,进学校后就一直沿着博士研究方向进行研究,研究下去发现没条件了,也不想转型,他的科研目的就是为职称而写论文。所以,招聘博士一定要和学校的定位和学科专业发展相适应,否则博士进来不肯转型,学校的转型就难以实现。

晓然说,我入校比较多年,这几年也有参加学校统一组织招聘专任老师的工作。我们学校的术科招聘是按大类,而不是按专修某项技能类型招聘,主要侧重教学进行招聘,老师应具备一专多能型,招进来的老师有一个专修方向,其他理论和若干项技能也要擅长,要能胜任多学科教学。所以,我们老师必须既能担任某项技能课程,也能担任其他的理论基础课程。

晓波说,我们学校吸引人才的平台还好,因为学校地处沿海,属于经济比较发达的城市,比较能吸引优秀人才。同时进来的博士,应该是在同一层次,但是经过几年也会分化。不过有一点是,只有你自己优秀且努力,学校就会提供更好的平台给你发挥。所以,青年教师要自己先做出成绩来,学校会针对那些冒尖的人才,修改一些政策,进行进一步的扶持。

高质量的师资是高校办学最重要的人力资本,选拔和吸纳富有才华和创造力的教师对于高校保持创新活力和提升学术竞争力至关重要。一方面,由于福建省的大部分地方应用型本科高校实行"省市共建,以市为主"的管理体制,学校人才招聘人数、人才规格和待遇受到政府职能部门的严格控制和审查,在高层次人才的外引和内培上、在高校与企业人才双向交流上、在"双师型"教师的培养上,缺乏稳定的经费保障和政策支持,始终受到人才招聘自主权、传统聘任制度和资源配置机制的束缚,导致人才招聘困难、优秀人才不易留住和人才政策缺乏吸引力或缺乏稳定性等状况。另一方面,学校能否遴选出最合适的竞聘者,需要具备有对竞聘者的学术能力和潜力做出公正的、专业的评价的完全信息。但是,在现有的教师聘任制下,管理者担心招聘权放权给二级学院,会存在同行者因竞争而逆向选择招聘并非优秀者入职的情形或者有徇私舞弊的嫌疑。为此,管理者更多地会选择让部分教师参与,但由自己控制招聘的全过程的管理行为,以确保招聘的公正性与专业性。这种招聘权力的自上而下的控制逻辑,必然产生了难以招聘到适合的优秀人才,进而影响到学校的发展。

二、青年教师对自身专业化发展的迫切需求与学校教师发展制度供给不足和不平衡之间的矛盾

晓阳说,现在学校面临向应用型转型,实际上是需要教师转型,青年教师将面临更大的压力。希望学校给青年教师一个系统的培训,有成长空间,建立一定的激励机制,在科研和生产中激发他们的潜能。领导要统筹并牵头,让青年教师有机会介入到企业,到生产的一线锻炼,与市场有更多的机会接触,经过锻炼,能进一步提高科研服务社会的能力。

晓然说,自己在能力提升方面有压力。这几年学校提高了招聘的门槛,招聘进来的学历越来越高,学术能力也越来越强,待遇也越来越高,这是很好的现象。早就应该这样做了,如果待遇低,引来的高层次人才也留不住,现在引进的人才对自己是一种压力。学校在培养和培训制度上,对内培的力度不大,形式单一,特别是对硕士层面的青年教师如何提升他们的学术能力,学校没有顶层设计一个系统的人才培养计划和措施。除了考博,学术交流机会少,科研团队建设薄弱,形同虚设,每个学院也没有提升青年教师能力的规划,只靠青年教师自己的觉悟。这样的话,势必造成先知者先觉悟,更容易把握机遇,后知者后觉悟,浪费最宝贵的青春时光,在一定程度上既制约了青年教师的发展,又制约了学校的发展。

晓安说,加强对青年教师的培育很重要,但很少,受益不大。学校升本初期,由于经费紧张,提升自己能力的意识不强烈,因此师资的培育处于"出不去,又请不进来"的状态,青年教师就成了"井底之蛙"了。学校陆续出台了一些培训制度,但到二级学院,执行起来就难,不是不执行就是打折扣。但也有特例,自身专业素质较好,自己又有主动发展动机的老师,也在这几年自身发展较好。比如,院里有一年同时进来入职的4位老师中,有3位考上博士,2人因为在当地组建了家庭,就返校服务,并评上了副高职称;另外一个,出国留学后,因现在的学校发展平台小,待遇低,对她个人发展无利可图等原因,找到比现在学校的平台更高的高校就业了;没考博士的那位老师,忙着生孩、养孩,过着安逸的小日子,至今也还是一名老讲师。我自己也是老教师,这几年由于上有老、下有小,不仅经济上要考虑,而且更多的时间和精力花在了家庭上。自己个人只把工作当成一种谋生职业,而非事业,归因于自我发展主动性不强,安于现状,错过了提升自己学历的大好时光。

晓云说,升本建校以来,学校前期内培重点在于把大量的本科生培养成硕士,提高了

专任教师的硕士比例,学校又出台了培养优秀青年教师继续读博的人才政策。但是,一是学校经费紧张,激励力度不如外引博士的待遇,对硕士生的触动不大。二是学校内培制度的后发优势效应没那么快彰显,觉得维持现状为好,硕士考博的风气没有形成。三是青年女教师数量陡增,她们不但没考博的动力,而且现在二孩政策的出台,面临着工作量还要其他老师承担,男老师都成了苦瓜脸。现在,形势发展了,学校发展从规模发展向内涵建设转型,对师资建设的要求提高了,回过头来看,发现高层次人才短缺,加上人才引进,因学校的地域和经济待遇没有优势等多重因素,师资队伍建设薄弱。

博士引进来,对我们老硕士真的有压力,对我评职称也有明显压力。他们刚毕业,在学术上经过正规训练,有积累,出成果快。我们自己懒散了几年时间,科研没成为习惯,主要注重教学工作,要一下子出成果,不是很容易。工作后,因为成家,动力不足,又太多顾虑,所以就耽搁了。工作8年了,有许多的困惑,科研的步伐越来越慢,如果要较快地提升科研等方面的能力,还是要脱产读博。每个人选择发展的路径不一样,效果不一样,现在有同年进校的个别老师,在这几年选择读博,能力提升了,成果多了,副教授也评上了,付出与回报成良性循环,学校内培制度的后发优势效应开始彰显,这对我是一种激励和鞭策。现在自己要抓紧抓住青春的尾巴,迎头赶上。

晓智说,学校要提高师资水平,现在招聘都要博士,像我们术科要招聘博士就更难了,全国的艺术类博士点就少,加上学校的平台低,前年招进来的博士都跳槽了。如何提升现有硕士的科研能力,这需要学校出台一系列政策措施加大内培力度。要考虑到在职老师要处理大量复杂的工作、生活与学习的琐事,不能像还在学校里做学生那样单纯地投入大量的时间和精力做科研。现在职称条件设置越来越高,这些条件对于博士来说应该不难,而对我们大部分硕士来说难度就大了,要真正提高我们的科研能力和水平,不能单纯地运用提高职称聘任条件这一种机制,而应该在内培上加大力度。不能把我们这批硕士放弃,我们这批是按照硕士标准进来的,现在要用对博士的要求来要求我们,我们这批青年老师只有少数是副教授,大部分是讲师,要求承担大量的教学工作,要出成果,要提高学历,一个人的精力是有限的,压力和困惑很大。所以,学校要考虑加大内培力度或者降低要求。像老牌重点高校当年也是只招聘硕士,他们学校就有出台规定,硬性要求1980年以后的青年教师必须达到博士学历,学校也采取积极内培措施,特别是学校自己有博士点的,直接消化本校硕士生,使大部分青年教师达到博士学位。而我们学校情况不一样,起步晚,起点低,要在一段相当长的时间里考虑如何加强内培力度。况且,学校出台的一些培养制度,没有考虑到学科特点,对术科来说是不占优势的,因为我们学科在学校的整体布局来说,不是重点发展的学科专业,那么制度自然没有太多的倾斜;而且经费有限,没办法惠及所有的老师,培养制度没有长期规划,自己觉得要提高能力是自己的事,自己找学校,自己找老师。主动一点,可能可以轮得到;不主动,领导也不会特意让你去参加,就像有句话说的"你去跑动,不一定有你;你不跑,肯定没戏"。

晓波说,我们学校有专门一个教师发展中心,针对青年教师专业能力的提高,会提供项目,比如访学、出国进修等。但是,我们去参加的并不是很多,一般老师会觉得他们设的关卡太多。比如说,他们安排了学术讲座等,要求青年教师必须按规定时间参加,不参加作为教学事故处理,老师们会觉得这种硬性要求不合理,因为开讲座的时候,老师正在做实验、带学生等,就会产生排斥心理,管理部门不是在为老师服务,而是在找茬。我觉得学校职能部门没有认真思考青年教师培训合不合理、必不必要。

晓刚说,学校的青年骨干教师的培养培育制度,不是系统的,而是零散见于各职能部门的文件中,强调很需要加强,有规划也就是下达培养引进的任务,就是没有出"实招"。学校到底现在有多少学术带头人或学科带头人,是谁,也不公开,如何培养更无从提起,没有提出如何培养、考核的具体实施计划,政策常变常新而没有延续性。学校没有正规开过高层次人才培养的专题会,没有总体规划,只能就事论事,只能应急,人事部门成了"救火处""救灾处",人才队伍建设应该是地方应用型本科高校一个重大且全局性问题。高校当前要针对博士数少,前瞻性及系统性地得到如何做好内培外引工作,而不是零零碎碎、小打小闹。学校发展平台小也是影响青年教师发展的因素,用什么好制度、好政策吸引人才?人才来了如何用好?这是一个人才系统工程。像我所在学院,没有学科带头人,5年内没有进一个人,那些快到退休年龄的高级职称教师没有积极性,更年轻一些的青年教师又没方向,只能靠几个青年博士在做科研,没有合理的学术梯队,这样的学科要发展,很艰难。一般的青年教师公派外出学术交流机会几乎没有,最多就是用自己的科研经费去参加与项目有关的学术会议。

晓桐说,学校出台了鼓励在职教师读博制度,对定向读博的免学费、给工资,津贴由二级学院酌情考虑,获得学位的奖励力度大,我是其中的一个受益者,内培博士整体表现不错,共赢的感触更多。还有设立校内百名青年教师攀登项目,以项目形式促进青年教师提升科研能力,除此之外,其他的培训制度很少。早期还有青年骨干教师培养计划,到后面就不了了之了,学校也没有什么人才工程项目,我自己有一项省教育厅的杰青项目。我认为,学校应该分级分类设计培育项目,让想上进的青年教师都有目标。大胆地建设青年教师创新团队,鼓励有条件的青年博士申报;现有的科研团队主持人都是教授或者院长,青年博士教师只能是成员,成果共享度不高,这种机制不利于青年教师,特别是青年博士。只有让青年教师去融入平台,而没有让他们有建立平台的机会,当然,这存在一定的风险。如果团队主持人比较大方,处理与团队成员的关系会比较好;如果是心胸狭隘的主持人,大家的研发成果为其个人独占,那么这样的团队只能形同虚设,青年教师只能是"打工仔"。这个问题在地方应用型本科高校中突出,不像有培养硕士生的重点高校,科研团队的主要成员是自己的学生,而我们这类学校的团队成员是同事,这里面有着师生关系和同事关系的区别。所以,要在制度上创新,就要在认可和评价制度上给予体现,否则团队建设困难重重。

晓光说,学校尚未提出高层次人才培育计划,只有通过申报省教育厅的杰青计划、申报国家课题等项目形式进行培育,但是,这毕竟是极少数,名额有限。如果学校能实行人才培育专项计划,有政策、资金支持青年教师,他们更愿意走出去,与专家进行学术交流,做出一定成果,再申报省级、国家级项目肯定更有竞争性。目前,老师进修太局限于博士层面,不太平衡,因为我校博士本身不多,硕士的比例大,优秀的硕士只要有积极上进需求的,也要考虑在重点培育范围内。从学校的角度出发,学校有所顾虑是正常的,觉得送出去,会不会到时候没成果或者成果不太好,换句话说,就是学校觉得钱花下去了,收获不大,或者培育后,又不回校服务。我个人觉得学校的想法比较片面和短视,没投资就没回报,从长远看,培育制度只要成了常态化,总是会有优秀的人才脱颖而出的,这样就会形成一种积极向上的良好氛围。自我们升本以来,有一些送出去读博回来的青年教师,现在大多成为学校青年教师中的佼佼者。如果学校不采取措施,不愿意投资做,所有人都要按学校的想法,一厢情愿是不好的。如果学校不放心,可以先签协议,进修回来后再进行考核,任务完成报销全部费用;如果没完成酌情报账,老师自己承担一些。这样,会有更多的青年教师愿意积极参与提升自己的能力。像我们这类学校,硕士占的比例大,要想学校可持续发展,应该考虑有更多的倾斜性政策和多元化的路径,提升这类青年教师的科研能力。

晓冰说,青年博士如何进一步培养?学校要博士挑大梁,但是并非所有的博士都能胜任,必须要有培养选拔机制。不过博士自身进校时间短,学校没有把博士作为学术骨干培养,而是承担了大量非科研任务,没有具体的培养制度,没有独立的经费投入,博士的提升只能靠承担更多的行政任务来证明吗?

晓宁说,我们学校的二级学院主要实行青年教师导师制,其他的学术交流、培训等以自主为主,学校的教师发展中心经常有做学术沙龙,请获奖的老师介绍经验等。其实,在我们学校还是比较支持青年教师外出学术交流等培训,进修经费不是问题,关键是看青年教师愿意不愿去,还是在主动性问题上。

晓涛说,学校对引进内培的青年博士,缺乏一种人才专项培训计划。当这些博士上了副高职称以后,有了一定学术成果的积累,研究能力强的博士,对其要进行有计划的培育,使其成为未来的学术带头人或学科带头人。有些高校的做法是值得借鉴的,比如,一个学院有几个研究所,一个研究所就有一个要培育的学术带头人,成员由所长定,经费由学校支持,在规定的期限内完成相应的成果考核。对于我们这类地方应用型本科院校,完全照搬这种培育方式,有一定的困难,因为与现有的师资数量和质量相关联,有的老师面临转方向或者是老教师的缘故,再加上学生是本科层次,没有硕士和博士的协助,组建团队是困难的,或者说团队质量参差不齐。

随着学校改革的推进,对青年教师访学的要求会越来越高,原来只要求国内访学,以后可能就要求到境外国外访学。学校这些培养培训制度的修订涉及青年教师发展问题,作为青年博士应该有参与学校改革与发展的意识,在制度修订过程中要勇于提出建设性意见,使管理者更全面地修订各方面的制度。学校的制度不能搞一刀切,应该让青年教师有多元选择,达到最终的提高学术水平的目的和效果。要结合本校的实际,特别是结合本校青年教师师资水平。目前,学校有政策支持青年教师到境外国外进修的名额,但为什么报不满?青年教师不愿意去,这可能与我校青年教师的能力相关,也可能与青年教师家庭负担重跑不开有关。国内进修有的学科也是可以选择的,但是学校不鼓励,这种只有一条通道提升能力的做法对师资的提升并不是最佳选择,这就是制度需求与供给之间产生的矛盾。作为专业系主任,比一般的青年教师更有机会外出参加学术交流,开拓视野。

晓春说,学校除了有访学制度,不知道是否还有其他的培训制度,你自己愿意去访学,院里同意就可以了。至于提高教学和科研能力方面的培训机会少，出去参加学术交流机会也少，学校在对二级学院教学经费的预算中限定了差旅费使用金额，不可能每个老师每年都能轮得到外出学术交流。如果自己的科研项目的经费少，那么出去的机会和次数也就少。

在科研方向上，我觉得现在学校定位不是很明确，到底学校转型要往哪里转？在科研上，基础研究做不过别的老牌高校；做应用研究，又必须同企业、行业合作，与企业、行业联系。以前读博士期间做得少，现在刚毕业进高校，就让我们与企业联系，比较困难，自己脸皮薄，不好意思独自进企业，还是要有人带一带。现在院里组建了科研团队，但在产教融合方面做得一般，从学科来看，应该说与企业联系要更紧密。但是，在企业待的时间少，不深入，不知道自己能为企业解决什么问题。学校提倡我们多走进企业，但是没有实际政策保障，有些有政策，但没落地，加上教学任务也重。自己有想法，但学校在经费的支持、工作量的考核、科研成果的认定等方面没有根本保障，美好的愿望都只能停留在纸面上。虽然职称晋升中有要求，但是老师们把带队实习、见习实践任务完成便可认可，或者到企业开个假证明，院里也睁一只眼闭一只眼的。为此，外出参加实践的制度得不到切实的执行。

晓寒说，学校鼓励教师出国接受培训，初衷是好的，但不能搞一刀切，要切合自己学校的实际，此举并不适合所有学科，培训的方式可以多样化，主要看成效。国内一些"985"高校的科研环境未必比国外的差，而且就应用型高校而言，国内高校更清楚国内需求。我觉得不能硬性规定每个晋升职称的青年教师都得出国进修半年以上。学校应该有计划地组织安排部分教师组团到国外考察一番，考察后，看是否能与当地经济发展和学校的应用型转型有密切联系的，若有，再派相关专业人员去研修一年以上，这样更能贴近实际，不然是否会出现在国外待了一年，学的净是理论性的，到时候与应用型脱钩，特别是工科，应用型高校其实与应用型科研关系很大。再者，一年派一个老师外出国外进修不如派12个老师去国外考察一个月，这也是一种福利，不能局限于个人，学校财力允许的话，普惠大多数青年教师的国际化视野对学校的发展更有利。

青年教师的叙述反映了他们在职业生涯成长和专业化发展意识与需求上越来越强烈，对现有的在职培训和进修的满意度偏低，发展机会的缺乏将消减对其发展的动力和对工作的热情，揭示出学校内部现有的培养制度的滞后性。比如，学校对教师的发展重视程度不够，没有相应的教师发展整体规划，缺乏教师发展的顶层设计和制度安排，学校的现有培养制度不系统，单一化，普惠性不足，不能满足青年教师的个性化需求，没有分层分类进行培育，用于青年教师人力资源开发的资金有限，投入不足，措施不得力等。"青椒"提出的许多有针对性的中肯的建议，值得学校管理者反思和改进。

地方应用型本科高校在升本建院的初期，硕博士比例低，大部分专任教师是本科学历，由于当时国家出台在职教师攻读硕士学位的有利政策，学校也投入了大量的成本，经过几年基本解决了本科学历老师升为硕士学历问题。在本科教学工作合格评估通过后，由于国家每年培养博士的数量的限制，考博的要求高，而且大部分高校导师要求考上的博士必须脱产攻读，外部评估的压力暂时缓和。学校虽有出台鼓励教师继续攻读博士学位的制度,但是没有作为硬性指标要求老师提升学历,青年教师安于现状的多,自身发展的主动性不是太强烈,所以能"先知先觉"者毕竟是少数。

随着高等教育的快速发展,学校从规模发展向内涵发展转型,势必要求教师的质量能够得到快速补充和提升,师资学历要求门槛越来越高。师资人才作为一所高校的一个最重要的软实力,以及一直以来的稀缺资源,所有的高校都使出浑身解数,不惜豪掷重金揽才,对它的渴求与争夺,正在成为高校之间没有硝烟的战争,而地方应用型本科高校比起老牌高校更为求才若渴。学校应该站在人力资源利用和开发战略上,加强师资队伍建设,特别是青年教师师资队伍的建设,使之适应应用型人才培养质量的要求。

三、教师职务聘任制度的组织目标实现度与教师认可度之间的矛盾

晓阳说,对我来说,在学校自主评聘职称环境下,项目和论文发表的条件基本能达到,即使不评职称,也是要申报项目和写论文。现在高级职称岗位指数越来越少,青年教师多了,竞聘压力越来越大。学校规定博士入校 2 年即可参评副教授,评价标准中的论文和项目相对来说是好达标的。但是,不合理的是晋升高一级职称,必须具备有教改论文的硬性要求,这一要求对教育类专业教师来说是比较容易发表的,但自然科学的教改论文就比较不容易发表,因为青年教师在短时间内要发表教改论文,特别是对于毕业 2 年内可晋升高级职称的博士来说,短时间内对教学有多深的认识,还是很玄乎的,要写出有深度的教改论文还是有差距的。为此,在短时间内只能应付,在一定程度上会造成青年教师为了评职称而弄虚作假。

既然是学校向应用型转型,是否能够考虑教师的科研与教学相结合的一种模式?比如教师的科研能够应用于教学的某一环节,是否可以以这种模式赋予传统的教学论文?把发表教改论文作为晋升条件的硬性要求,局限性太大,建议不作为必备条件,应该作为选择性条件之一。比如,增加青年教师指导学生获得学科竞赛奖,或者指导大学生创新创业项目等条件,让青年教师能根据自己的实际选择更有效、更有用、更有利于个人和学校双方发展的。去年,同单位有个青年博士,科技论文水平高,综合素质也高,其他晋升条件都达到了,就差没有发表教改论文,而被学校延期晋升,怪可惜的。据了解,也并不是所有的高校都将教改论文作为必备条件之一,而且对于非教育类专业的教改论文也只能发表在一般的刊物上,水平也不高。工科的考核评价更应该侧重产教融合方面的业绩,文、理、工等各学科的考核评价的权重应各有倾斜,而不是一刀切、单一标准,这样才有利于青年教师和学校双方的发展。

晓刚说,学校为了加快转型发展,去年暑假提出一个职称聘任改革制度请大家讨论。我对这一制度很有看法:一是学校职称晋升条件模仿性太强了,根本没有根据学校现有师资的现状、存在问题去系统地解决问题。二是论文刊物的等级认定,同行专家论证不充分,说明制定文件的管理者,自己没有真正的科研经历,只能一味地盲目地照搬照抄其他学校的文件,完全是拿来主义。三是职称晋升文件改革步伐太快,新旧文件的过渡期太

短，许多老师正依据原来的要求努力准备，突然又改变，并提高要求。比如，晋升高一级职称必须到欧美高校进修成为必备条件，造成老师们意见纷纷，矛盾重重。本校老师的科研能力到底有多高，没有一个确切的数据说明，就一味地拔高，让老师们跳跳"摘桃子"是可以的，但是结果都摘不到，导致很多老师放弃了努力，形成随大流的现象，失去"摘桃子"的信心。还有在考核评价具体操作中出现不是提前告知竞聘岗位的考核条件，而是等到实际参与竞聘岗位的时候，才定出新规则或者是补充条件，这种程序是不公正、不合理的，"先让你跑，再制定游戏规则"，让老师们无所适从。

晓桐说，职称评聘的压力来自所在学院内部。我院是全校博士最多的一个二级学院，学科发展较快，学校要平衡各学科发展分给学院相应的指标数，学院内部指标用完，就必须参加学校的竞争性指标，学校的竞争性指标条件越来越高，压力大。总之，按照晋升条件要求，科研成果越多就越有竞争力。

晓光说，我已经是副教授，下个目标就是评教授，主要是自己要先主动了解学校职称晋升标准，因为指标要求都是硬指标，可以自己先去研究一下，然后对着要求去做。虽然会有压力，但是觉得提前规划会好一点，否则时间一晃而过，很快就到可以参评的时间了，到可以参评的时候而达不到要求，这样压力会更大的。有人形容老师的职称晋升就像赶火车一样，时间点踩准了，可能后面的人生路途更顺利，就跑到很多人的前面；如果错过了时间点，就只能等下一趟的火车，那时可能就没有位置了，也就是竞争的人多了，到下一站的路途就要挤着、站着，而不是坐着，就只能追着人家走，而不是领跑者。自古以来或有史以来，一部分人之所以能成为精英，首先是敢闯；而大部分人是边走边看，看看是否能有奇迹出现。总之，有很多机会，你犹豫找借口就没了，机会稍纵即逝。

晓宁说，关于职称评定，这是与老师的切身利益相关的，但是我发现学校的职称晋升没有很好地与人才培养结合起来。现在，学校晋升条件只把带学生参加学科竞赛获奖作为可有可无的选项，而我认为，我们工程类的职称评审必须把带学生参加学科竞赛获奖作为必备条件之一，像培养博士硕士的学校一样，老师拿回来的项目就是来培养硕士博士的。可是，我们这类学校向应用型转型，老师做的科研与学生培养没有任何关系。我们老师还公然说，学生对我的科研没起作用，帮不了我，不好用，这样就变成科研和培养学生是两码事，你拿了国家基金完全只顾自己，没时间和精力带学生。我觉得做项目就是在培养学生，不管是纵向课题还是横向课题，都可以通过带学生参加各级学科竞赛、获得专利、撰写论文等各种方式完成；否则，看到的是一般的老师上课完后就回家写论文，进入一个恶性循环，这样老师进高校工作意义不大，课讲得不生动，又只顾埋头写论文，久而久之，学生也不认识你，也不知道你在干什么，对学生没有任何帮助。

晓波说，从讲师到副教授算是正常晋升的，不过在后期紧张起来，主要是我自己的原因，评上讲师后的前3年，除了教学任务，科研上没抓紧，也没抓紧发表论文。所以后期快要评职称的时候才感到压力来了，就抓紧发表一些文章，达到条件并评上了。现在的职称晋升条件更高，学校要求更多的青年教师具备双师双能型，所以在青年教师实践能力上要求做实，不能随便挂钩一企业，能盖章证明就可以。说实话，我比较早进入学校，当时要求没那么严格，所以拿一张企业证明就应付过去了。

晓涛说，职称晋升上，博士毕业，入校三年，较为顺利地晋升副高职称，这和自己的努力、用心是分不开的。虽然表面上是三年，但其实积累努力的过程应该是从读博以来的六年，我发表的很多论文是在博士期间做出来的。这就是为什么许多讲师评副高时压力大，无法在正常时间晋升，成果出不来，那是因为他们没有足够的时间和精力花在科研上。我的下一个目标就是晋升教授，晋升教授的条件会更高，对项目、论文有更高的质量要求，这样就得花更多的时间和精力，而这是最缺的，这也是压力。至于晋升职称过程等方面，我认为还是相对公平的。最关键的是成果如何出来，高质量的成果产出要有一个周期的，因时间和精力不足，可能就会影响如期晋升，就只有看自己如何挤时间了，这就更能考验一个老师的学术定力问题。一是靠制度机制平衡教学、科研和社会服务三方面工作量问题，二是个人挤时间努力程度问题。

在学校的职称聘任制度方面，职称的评与聘要花一年的时间，这一空档期的工资待遇都只能按原职级待遇拿。这样对于评上高一级职称的老师来说，是不合理的，实际上是少拿了一年高一职级的工资福利的增值部分。其他的高校不会这样，建议评的过程要缩短时间，这些只要学校职能部门提高工作效率就可改进的。从青年教师成长的角度看，时间就是金钱，评的时间慢，出人才也就慢。博士来应聘，肯定会关心职称晋升问题，因为职称晋升是教师成长的职业标志之一，也涉及经济待遇问题。

晓治说，应用型高校转型，如果基础的制度不变，转型很难达到预期成果。比如，教师考核评价制度，如果还是以科研论文为主的评价标准，谁又能沉下心去转型？教学的改革、学生的创新创业等都要老师花大量的时间和精力，但是这些只是职称晋升条件的软指标，而不是硬指标，最后还是要以论文等进行评价。青年教师的收入差距很大程度上在于职称的差异。学校招博士就是要他们出成果，2～3年内如果是因为学校指标不足，而不是晋升条件达不到而评不上高一级职称，他们肯定是离开的。其他学校也出现过这些问题，也有极端的案例，因职数有限，多年评不上高级职称，某青年教师到校领导办公室以"跳楼"威胁，最后才评上高级职称。如果这种局面不能通过制度合理解决的话，有能力和有信心的青年教师就会离开学校另谋高就，留在本校的青年教师发展有两种可能：一种可能就是青年教师失去信心，破罐子破摔，过早地进入职业倦怠期；另一种就是另谋兼职，将高校教师职业当成副业，学校对他无可奈何。学校转型发展任务会越来越重，更多的是由青年教师来承担，如果学校不处理这些问题，留不住好的人才，打击青年教师的积极性，矛盾突出，学校就不可能很好地持续发展。

晓然说，明年就到评副教授的时间了，因为前几年耽搁太多时间，赶着今年多发几篇文章。再者，想趁年轻考博继续深造提升自己的学术能力。现在，学校虽然已经开始自主评聘职称，但是职称晋升条件在同类院校中并没有降低标准，反而学校考虑到学校之间的竞争，职称评聘条件存在越来越高的趋势，对自己是一个压力。

晓颖说，学校从提高内涵建设出发，职称评聘条件越来越高，我觉得学校出台政策要结合学校的实际，考虑到本校老师现有师资水平和能力，有的高要求可能只适合小部分人，可以作为鼓励政策，而不该一刀切。应该是"老人老办法，新人新办法"，制度改革要有缓冲和过渡期，采取渐进式的改革，才不会引起不必要的动荡；否则，反对意见很多，从管理者的角度来看,可能更为被动。是否考虑增加选择条件,这样的制度更能发挥其激励作用。比如,出台去境外国外进修条款,如果能实行先行先试的政策,让一部分自愿想去的老师先去,学成回来,就会有连锁的效益出现,经过宣传,那些先前有动摇念头的老师受到激励,这样会有越来越多的老师愿意去,甚至抢着去。要综合考虑能力、需求和家庭支持等综合因素,而不是搞大范围的一刀切,进行"以人为本"的人性管理,也许效果会更好。

学术职业内部存在职业阶梯,教师评估和晋升机制决定高校教师在职业阶梯上的层级和地位。我国长期实行教授、副教授、讲师和助教四级职称体系,在教研体系中并没有像公务员一样,有一个协调机制,上不了处级还可以给个调研员的级别。在高校里,如果讲师晋升不了那就一直只能做讲师,所以职称对于青年教师来说,是个紧箍咒。职称聘任是对教师的能力、业绩等的综合评价,聘任条件是教师个体发展的驱动力,也是地方本科院校是否真正按照"地方性、应用型"定位办学的试金石。[①]

被访谈的青年教师普遍认为,学校在实行自主评聘职称制度下,晋升标准和条件不会比原来省里统一标准来得更低,而是越来越高,竞争越来越激烈是发展趋势,他们也越来越努力地准备着。但学校在深化教师专业技术职务聘任制度的改革中,增设晋升标准随意性大,职称晋升标准与学校的应用型转型发展存在不相适应的状况,自我特色不明显,较多地照搬照抄老牌高校的标准,导致存在不同类型的高校之间标准的雷同性或同构性,与学校师资能力水平相距太大,教师职务聘任制度存在组织目标实现度与教师认可度之间的矛盾。

从2012年开始,福建省全面实行高校职务聘任制,将教师专业技术职务评审权下放给各高校,表明政府进一步扩大了高校办学自主权,给高校"松绑放权",使高校能依照相关规定,根据自身发展实际科学合理地灵活"把舵"调适。这同时意味着高校可以自行控制高校教师职称评审过程,可以建立具有高校自身特色的职称评审标准,它对于处于发展弱势的高校的教师整体而言是获得了一个相对公平的职称评审的好机会,教师职称评审的程序公平、特色彰显能够得到体现。然而,各高校在深化教师职称自主评聘改革实践过程中,一方面,为有效地调动本校教师从事教学、科研的积极性,促进教师发展,确实起到了积极的作用;另一方面,自主设置的职称晋升标准的可行性和科学性不断受到质疑,特别是地方本科高校向应用型大学转型发展迫切要求下,如何改进原有职称标准,制定出具有自身特色与适切性的评审标准和评审程序,以适应学校的转型发展,成了教师特别是青年教师的关注热点,因为教师的职务晋升聘任不仅仅是对高校教师专业技能的认可,也是一种荣誉称号,它与教师个体的学术生涯发展和薪酬福利等切身利益密切相关。为此,获得公平的职称评审机会和结果,成为激励青年教师能否进一步为学术以及教育事业奉献的关键的制度性措施。

---

① 李泽彧,陈杰斌.论高校教师专业技术职务聘任条件——基于地方本科院校制度文本分析[J].国家教育行政学院学报,2015(9):64-69.

四、师资考核评价制度的量化管理与教师创造性发挥之间的矛盾

晓刚说，教学的压力蛮大的，青年博士并没有因为科研任务比较重，而适当地减免工作量，学校只规定院领导能直接减免教学工作量，专任教师在完成一定教学工作量和科研工作量后，多余的教学工作量和科研工作量之间可以互换。但是，在我们院里进行绩效津贴分配时并不承认，只要是教学工作量不够，就扣钱，工作量考核与绩效津贴分配是相脱节的。

晓然说，考核是与薪酬分配挂钩的，学校的考核制度有缺陷，学校的绩效津贴包括基本绩效和绩效增量两部分，两部分的考核时间和考核内容不一致。没有根据教职工工作任务种类、工作性质、工作量的大小和工作的质量很好地统筹协调起来，造成教师与行政人员、教师与教师之间的矛盾。

现在，我们做科研是单干的，虽然项目申报书上有课题组成员，但实际上都是虚设的，没有发挥他们的作用，如何发挥？学校应相应地改革评价机制，让其他团队成员"有利"可图。比如，围绕一个大方向，团队成员根据自己的研究兴趣选择一个子方向进行研究，成果共享，经费共同使用，对准一个靶心，从各种角度进行研究，作为学术带头人要组织运作，达到凝练方向和提升自己科研能力的效果。学校要有允许失败的勇气，这就涉及学校的一系列配套政策，经费使用、成果共享、评价机制如何与职称晋升挂钩，这样青年教师脱颖而出的概率就会更大。

晓宁说，应用研究的考核评价不完善，其实工科博士更多地想出去做产教融合项目，这与大环境下创新创业的要求是相符合的。但是，学校的激励措施还不够，学校制度要与国家政策并行。科研成果的认定，不能仅仅局限于专利和官方认可的咨询报告，对与企业合作产生的经济效益如何认可，可以借鉴吸收其他学校的做法。

晓波说，现在有个普遍的现象就是，每一级职称之间的工作量没有拉开差距，但是收入分配差距很大，这是我的一个困惑。我认为，应该是多拿钱多干活，实际并没有这样。还有学校对二级学院的绩效目标任务上，几乎没有提到任何有关教学质量的问题，只是按照职称分给学院总分值任务，学院又按照职称把任务分解给每位专任老师，老师只要完成规定的工作量即可。这就造成另一个极端，教学质量与教学工作量无关，比如有老师做精品课程，在二次分配上没有任何体现。

晓治说，如果评价制度不改革，教师的分类管理只能是形式或者是空谈。学校要发展，内涵建设也要加强，学科建设和专业调整都需要引进紧缺专业的高层次人才。现有的专业老师如何转型才能应对学校的转型发展？转型如何更有效？让老师更有动力？各种措施要跟上，比如学校高层次人才引进和内培应该同时加强。科研项目中团队合作成员在职称评定中如何体现？如何认定成员的科研工作量和报酬？现在单纯考虑项目负责人的科研评价制度是有缺陷的，不利于调动青年教师科研的动力。

晓阳说，现在学校制定的政策和评价标准单一，认为你在学校发表论文、争取到课题，

就界定为好教师、高水平教师，这是不合理的。而那些老教师确实在教学经验上比较丰富，付出了很多心血，但评价相对来说较低，却没有太多人去正视这一现象。这与国家政策和学校领导的重视程度有关，科研评价比较多计量，教学评价没有统一标准，评价起来复杂。这就导致科研过于急功近利，短时间要求出成果。这是全国现象，也不只是我们学校的现象。

学校向应用型转型时，研究也要转型，应用型研究如何评价比较合理？文科，参加实地调研，要花大量的时间和精力；工科，要去企业实际生产中解决技术问题以及产品的推广等，如果都要写成公开发表的论文，有的就很难了。那么，又要用什么标准衡量和评价才能彼此相当呢？比如，文科中的咨询报告得到省政府的采纳，相当于什么级别的论文？我认为，若能得到省政府的采纳，应相当于发表在权威核心刊物（即职称指标中的 A 类论文）；理工科，除了专利，更多的是解决企业的技术难题，达到多少经济效益，才能与论文发表的级别对等，在衡量上是个难度，并涉及企业的证明的公正性问题，如果出现诚信问题，那么学校的指挥棒（导向）就会发生变化，甚至误导。这些可能都是造成实际的分类评价、分类管理难以落地的原因。

晓琴说，随着学校越来越重视科研，科研氛围比我刚来的时候好多了，但是除了院长的研究方向有一个比较强的团队，其他的团队建设并不顺利，关键在于团队成员都是同事，大都是同龄人，没有一个较强的学科带头人，成员之间科研成果的认定以及职称的评定都存在竞争性。像我们这类学校，没有硕士点和博士点，学科带头人难以引进，更应该考虑如何在制度上制定科学合理地评价成果的贡献度，以促进良好的研究合作关系，形成教师之间、学校与教师之间的共赢局面。管理者在制度上的改革创新是要能够解决转型发展中出现的许多困难，而不是裹足不前，照搬照套，这将制约转型发展的前进步伐。

国内外学术认可制度有所不同，如在美国做访问学者的时候，我在撰写一篇论文时，工作室的实验管理人员为我提供了材料，我在论文发表的时候，将她的名字也署上去，虽然不是排在很前，但是美国学术界也是认可的，她非常高兴并感谢我。而在我们学校，院里要申报科研奖项，需要其他同事的成果一起申报，中奖的概率会更高，同事也无奈，觉得和他没关系，反正好处轮不到他，要用就用吧，给人的感觉就是成果给你就是给你面子。如果能和国际惯例接轨，那么就可解决许多人情面子问题，被认可的人也会比较心甘情愿的。国外为什么做得好？主要是有制度保障，而且讲学术诚信，做了就做了，没做绝不挂名。中国是人情社会，经常出现顺便"挂名"的现象，大家也见怪不怪了。

晓春说，反正现在看，教授最轻松，职称到顶了，只要完成教学和科研考核的相应任务即可，其他事务性的事情能推则推。教学上有固定的课程，有经验，比较轻松，科研任务并没有重多少，和博士的任务差不多，工资又高，和我们比起来多很多。所以，我们也要有动力，朝着教授的方向努力，当教授很不错。教授指导青年教师的情况是，遇到问题你去请教他们的时候，他们会指导和帮忙。我们是新老师，虽然院里有指定教授作为指导老师，也作为考核任务要求，但是因为院里做科研的老师少，原先晋升教授的要求，并不是很高。科研任务也不是其主要任务，不像高水平大学的教授、博导，一直坚持做科研，带研究生，学术水平高，指导学生很有经验和水平。这里本校教师晋升为教授后，科研任务要求不高,不用带研究生,所以指导我们新老师比较脱节,指导力度不大,现在教授评上去了,就有歇一歇的心态,没有动力和压力,就等着退休了。

晓光说,从事学术研究,对自己来说,最需要团队,一起做研究,一起交流。现在我在香港某大学进修,会带着问题去参加学术交流、学术讨论。然而,把学术问题带回来和院里老师讲,他们融入不了,不在同一层面、同一领域或者说他们没有研究到这些方面,所以做科研是单干的话,花的时间很多。我手上有几个项目,团队成员是青年硕士老师,但是比较麻烦的是他们花太多时间照顾小孩,没办法按照我的要求全身心地投入科研工作。另外,现在的考核机制没有体现团队成员的利益,他们希望的是既要有物质上的鼓励,又要在工作量上给予认定,否则,成员没有动力,觉得自己也投入很多的时间和精力,没有得到相应的回报,因为成果只是团队负责人的,没意义、没奔头。我们学校基础薄弱,单靠博士个人突破,力量不足,学校要想办法尽可能地让硕士青年教师动起来,否则,会拖后腿,影响学校整体发展的速度。再者,对团队负责人来说,应该承认其通讯作者的工作量,负责人才可能认真地指导团队成员,如果这样就既可达到团队建设效果,青年人也会被带动起来。可是,现在我校没有认可通讯作者这一说法,职能部门会觉得有些老师会打擦边球,容易作假,产生学术腐败。但是,我认为学校应该考虑如何防范科研活动中学术道德失范的风险,而不是觉得有风险,就不敢改革,不去改革,国外高校和我国很多重点高校就做得很好。像我与香港高校专家合作的两篇文章,他们按照国际惯例,按姓氏拼音顺序的首个字母排列,虽然我排在成员后面,但是仍然是通讯作者,可我们学校不认。国内许多重点高校也都实行通讯作者制度,为什么我们学校就那么僵化?我们学校职能部门是这样回答的:他们学校有研究生,学生挂第一作者,老师就是通讯作者。这只是通讯作者的一种情况,其他也存在同事之间的合作,难道就不认可?这不是自己给自己出难题、设障碍吗?如果一刀切的话,学校老师就只能单干,没办法合作,即使合作也是出于情分上的合作,这样的机制,科研团队只能名存实亡。

师资考核管理比较刻板,缺少弹性,工作量的考核以量化为主。在教学方面,比如教师的教学工作量计算方式,按照职称不同,一般每周要求讲授6~8课时的工作量,对于超出部分,学校给予超工作量补贴。这种工作量计算方式存在两个严重缺陷:一是有的教师会把自己的课程拉得很长,以求达到或超过工作量,或者将本来可以一次讲授的课程分开来讲,降低了教学效率;二是教师不愿意再开设新的课程,很多主要课程只有一名教师开设,一旦这位教师进修或生病,其他教师无法完全替代,没有一定的竞争,很容易产生"课霸",某些主要课程长期被某些老教师把持,不但课程教学时数难以减少下来,课改难以推进,也使整个学术氛围变得凝固,学术环境受到破坏。而在科研和社会服务方面,比如应用性研究的成果评价难、科研团队中成员的成果贡献度的评价及其归属难,导致在学校向应用型转型过程中,科研团队建设薄弱,青年教师不愿或不敢轻易转型。

五、激励机制的有效性与青年教师的多样性需求之间的矛盾

晓阳说，自己对学校在教学和科研的奖励制度的具体条款不是很清楚。说实在的，工作 2 年，院里也没对我们进行宣传，是自己问科研管理部门的。原因有二：其一，管理者对管理制度没有宣传或是宣传不到位，"只管发文，不管宣传"，有兼职做科研管理的青年教师可能比一般的青年教师更清楚科研管理的具体制度；其二，青年教师只觉得做出成果，学校的奖励就自然会给，还没做出成果，也不好去问。

学校的奖励制度在教学和科研方面是不对等的，表现为教学方面的奖励偏少，学校绩效分配中对超课时工作量部分的奖励少，不鼓励老师超课时工作量，而是引导老师把时间花在争取科研成果、教学成果和各类教学科研平台上。这种激励措施也会导致因结构性老师缺编和课程没人承担的矛盾。学校应该重视教学，特别是地方应用型本科高校，教学比科研更重要，因为每年进出两三千的学生，如果没有把他们培养好，基础不好，就会面临就业困难。

晓冰说，关于科研成果的评价与奖励挂钩，目前，学校还是缺乏全面地、系统地考虑科研评价的标准与权重，科研奖励不平衡，科研成果质量高低之间的奖金差距拉不开，高质量成果奖励偏低。比如，拿到一项国家自然科学基金，奖励 10 万，而论文发表在《自然》这样最权威的期刊，只奖励 4 万，项目奖与成果奖的奖金本末倒置，导向错位，高等级成果的奖励太低，且拉不开差距。难度系数的区别没有体现出来，比如，自然科学论文一区、二区等也没有拉开奖励金额，高质量的成果无法体现其应有的价值。

晓波说，从奖励制度来看，当然是科研的奖励远远地大于教学上的奖励，因为学校的发展目标是学院更名为大学，科研指标占的比重大，所以就大力奖励科研成果，对于教改项目、精品课程等是没有任何奖励的。希望在晋升职称的条件中增加体现教学质量、教学成果的要素作为选项，这样能更好地引导老师发挥其特长。从整体上看，我们学校地处沿海，经济比较发达，市政府支持力度大，薪酬福利制度会比省内同类院校更高，我觉得不错了。就是我们的教授有点进入养老的状态，整体上，青年老师要承担的任务会更重，所以会有些怨言。

晓刚说，总体而言，学校的科研奖励制度越来越完善，青年教师可以根据自己的能力和研究兴趣有选择性地搞科研，是令人鼓舞的。个人觉得，奖励制度也存在事后制定游戏规则的问题，缺乏前瞻性。例如，市里下拨教授和博士的特殊津贴补助，教授按分类考核进行分层补助，可是博士的就一刀切，大家平分，这必然导致博士之间优秀与平庸不分，后果是打击优秀者，袒护平庸者，显然是不合理的。

晓智说，这几年教师的薪酬福利总体水平是有所改善，但是，具体到我们艺术学院，我们院的老师觉得太少。科研奖励制度的条件，对我们院的老师来说，是没有优势的，有的老师说反正拼了老命也达不到，还不如在外面兼职，搞搞培训，赚的不止这些奖励的钱。现在学校实行绩效管理，按照工分制划拨绩效，教学、科研和社会服务的绩效指标优势，对

理工科学院来说远远大于文科学院。

晓桐说,这两年,科研奖励制度实施以来,重奖之下还是产生了作用。如果仅仅是论文,奖励较低,只能抵稿费。有学科平台就不一样了,稿费等可以从学科平台建设经费中支出,论文奖励归个人所有,这种激励力度更大。争取到项目,项目的配套现金奖励是货真价实的。与其他学校相比,论文奖励力度太低,老师作为通讯作者,没有奖励;论文层次之间的奖励拉不开差距;教学奖励,对青年教师来说形同虚设,因为青年教师的教学经验不足,教改项目写不好,要他们拿教学成果很难。对于团队项目的奖励,主要奖励项目主持人,其他成员只能由项目主持人酌情发放一点。这种制度不利于团队建设,应该不仅从物质上奖励,更要在学年考核、职称晋升中加以认定,这样更能激发青年教师的动力。关于项目的等级,重大项目中的合作者应该拥有更多的利益。现在学校制度规定排名第二都没体现奖励,只奖给主持人,争取这些大项目的合作者付出的努力比市级主持项目的人的奖励还低,严重影响到参与者的积极性。换句话说,学校要转型,要突出应用研究,对横向课题的要求和奖励要让主持人和团队成员觉得花时间和精力值得,通俗说就是有利可图,制度方可奏效。

晓光说,科研奖励制度方面,若想让青年教师有动力做更多更好的成果,文章和专利的奖励力度就要加大。与其他很多高校相比,我校奖励偏低,比如一篇 SCI 收录论文,学校奖励 5000 元人民币,其他高校会分一区至四区四个档次进行奖励,每区的奖励金额相差 2000 元,实行提高奖励额度的制度,比拨款增加项目研究经费来得实惠,因为项目经费还需要许多的发票进行报账,增加了科研人员的负担。

在教学方面的奖励制度,要加大力度,才能体现以教学为中心。目前教学与科研奖励制度之间还不平衡,重点要对学科竞赛、大创项目等方面指导老师加大奖励力度,这是老师参与教书育人的最直接的成果表现。奖励的体现除了物质奖励,也要在职称晋升条件上给予体现,而且物质奖励方式应倾向于提高奖励金额。

晓思说,学校对教学与科研的奖励制度还是挺重视的,并在不断完善中,教学与科研奖励也相对平衡。学校前两年因科研水平较弱,所以校方比较重视,在科研奖励方面力度会比较大。现在,学校又强调教学质量,在教学方面上的奖励也在加大力度,体现在教改和学科竞赛方面。学校强调教学和科研两者都要硬,与学校的定位紧密相关。

晓安说,学校的薪酬与福利分配制度的出发点是多劳多得原则,依据教学工作量、指导学生、学科竞赛与科研成果等指标分配薪酬也是相对合理的,激励的方向也是合理的。虽然我自己在科研方面没有什么成果,但对整体来说是合理的,不搞一刀切,吃大锅饭。

晓春说,没太在意奖励制度,反正能体现多劳多得,项目、成果多,奖励也就多。学校的考核任务基本能完成,奖励想多拿,压力就大,不想多拿,压力就小些,个人的想法不一样,我院里有的老师的确是蛮勤奋的,做得多,拿到的奖励也多。

晓宁说,现在,做科研最缺的是解决科研团队建设的激励机制问题。比如,现在有团队的,缺乏如何在更有利的制度上让团队能灵活运转,如国有资产如何规范使用、老师的成果如何转化、团队的知识产权问题等。现在,在创新过程中,难免有些做法可能不规范,我们想的就是学校的制度如何保障我们的创新活动符合规范,我们很怕事后说这个不符合规范,那个违规,对我们进行追责,这样的话对我们会是一个很大的打击。对刚进来的青年教师,如何制定制度和措施要求其科研方向要与学校转型定位相吻合,其科研如何围绕人才培养进行,没有采取一定的措施引导的话,恐怕会与学校整个定位偏离。

中国有句古话:"重赏之下,必有勇夫。"美国哈佛大学管理学教授威廉·詹姆斯在对员工激励的专题研究中发现:"没有激励,一个人的能力发挥不过 20％～30％。施以激励,一个人的能力则可以发挥到 80％～90％。其间的差距就是有效激励调动了人们主观能动性的结果。"[①]一定程度上,在一个人能力不变的条件下,工作绩效的高低主要取决于激励的程度。高校作为一个学术组织,教师是学术生产活动的主体,如何有效激励教师学术生产的主观能动性,既是学校发展的迫切要求,也是高校教师自身发展的要求。由于激励问题本身既是一个管理问题又是一个心理问题,因此激励既要考虑到组织——高校管理的需求,又要考虑到高校教师的需求。

高校青年教师在其学术职业发展上,具有对职业价值的追求、专业发展、生活物质以及社会认可等各种需求。在青年教师针对其履行教学、科研和社会服务的学术生产活动中的体验和需求的访谈中,青年教师反映学校普遍存在对教师的教学、科研和社会服务激励程度重视度差距大,未能把教师的教学、科研、社会服务三者统筹起来进行整体考核评价,特别是在物质激励方面三者之间的差距过于悬殊,学术激励机制存在趋同性、简单性和功利性特征,导致青年教师对承担高校职能的选择趋利避害,与学校的办学定位和目标并不一致。反映在激励青年教师的科研发展动力上,缺乏对科研团队建设的激励机制,更多地在于对个体的科研成果的及时物质激励,从长远看,不利于实现个体与组织学术目标的一致性。

六、绩效目标管理的实施与学校综合治理能力之间的矛盾

晓云说,现在,学校对二级学院实行绩效目标管理,对青年教师来说,教学、科研与社会服务的工作量增加了很多。虽然说按照职称分配工作量,但是总工作量是承包给二级学院的,学院这两年缺编老师,所以无论你职称高低都得把当年的教学课时数分摊给老师们。这样,我们新老师面临着上新课和超课时数的双重压力,备课、准备课件、查找资料充实课程内容,尽量上好每堂课,站稳三尺讲台,随时准备迎接突然到来的校领导、院领导和学校教学督导组不定期的听课检查,随时接受课堂教学的督查(每间教室都有监控,谁迟到,按规定被认定为教学事故)。科研方面,比如我们学院签署的年度目标责任书中规定要拿多少省部级以上的课题,到账多少科研经费,发表多少篇 CSSCI 期刊论文,出版多少部著作和教材,每个都折算成分数。学院按职称又分到各个系里面,系又分到个人。按照这个要求,又要完成项目,又要完成论文还有经费,你说我刚工作 3 年,科研实力又不强,怎么能说完成就完成呢? 论文自己认真投入一点还可以想办法,像省部级以上高级别的

---

① 詹姆斯·L.吉布森,约翰·M.伊凡塞维奇,小詹姆斯·H.唐纳利.组织学:行为结构和过程[M].王常生,译.北京:电子工业出版社,2002:35.

课题没有积累,是那么容易想拿就能拿吗?没有项目,经费就更加不用去想了,我们院里也就只有那么几个高职称和博士能拿到经费,讲师以下的普通老师基本上很难拿到,最多就是市厅级的项目,但这些都有数量限制的,可以想象全校那么多老师竞争多激烈。我现在天天都在苦思冥想怎么完成任务,说真的,有好几次做梦都梦到拿到课题,但是梦想很丰满,现实很骨感,想破脑袋还是达不到,怎么办呢?很郁闷,压力很大。

晓光说,目标绩效管理,学校搞一刀切不合适,要给二级学院多些自主权,毕竟各学科专业的特点不一样,二级学院可以根据实际情况更有针对性地提出管理方面的改革,尽可能地调动老师的积极性。学校的绩效改革有许多不合理之处,有的二级学院的缺编严重,高层次人才一时补给不上,硕士已经不招聘了,但是工作量仍然要由现有老师承担,学校不核拨缺编补贴,老师多承担工作量不能拿到相应的报酬;有的二级学院又超编,出现僧多粥少的现象,出现预发的二次分配的薪酬倒扣现象。学校直接把矛盾下放到二级学院,但是又设定了许多的分配原则,二级学院的自主权受限制,导致二级学院进行二次分配时乱象丛生,矛盾重重。不应该让二级学院的老师们为了二次分配争得面红耳赤,二级学院领导一段时间里天天做大家的思想工作。学校应利用大数据,根据每个学科特点,定出相应工作量定额,超工作量部分用奖励的形式发放。绩效管理的目的是激活老师的潜力,而不是制造矛盾,造成内部不和谐。

晓宁说,现在,学校对二级学院进行绩效管理,我们院也已经制定了相应的实施细则,总体原则是按多劳多得进行分配,对青年教师的发展还是起到鞭策作用的。我同意一些老教师的看法,没有一点激励鞭策,年轻的时候很容易产生惰性,养成一个上完课就回家的工作习惯。现在薪酬分配论贡献度,不管你在教学上还是科研上,你只要做得好,都可以获得相应的绩效薪酬,这样肯定会鞭策一些老师根据自己的特点选择好努力的方向行动起来。虽然说教学比较难评价,但是要看系里认不认真管理,通过学生评价、同行听课互评和院领导听课评课,基本上是可以知道老师上课质量好坏的。

晓桐说,二级学院绩效目标管理的实施才开始实行,不知道效果如何。但是个人感觉大家觉得不必重视,因为学校给我们定的目标太高,很多目标一年是完成不了的,反正大家都完不成,就无所谓,除非时限长些。

晓琴说,学校实行绩效目标管理,其中意见最大的就是专任教师兼职院系公共事务工作没很好地得到体现。学校文件规定二级学院自行讨论,没有统一标准,但二级学院也没能讨论出相对合理的办法,毕竟不兼职的多于兼职的。这就不合理了,导致兼职工作没人愿意做。

对我来说,如果只是教学、科研和社会服务方面的话,没有任何压力,也没有孰轻孰重的问题,应该是相辅相成的,在有科研和社会服务基础上的教学,也只会越来越好的。但是,有一个很遗憾的事情就是,我没有专注地把我的所有时间投入在我的教学科研和社会服务上,因为我额外承担了许多任务。由于学校处于应用型转型时期,我们基础比较好的学科要申报重点实验室、重点平台、创新平台、重点学科、重点专业和硕士点的申报等材料,校级的、市级的、省级的等,这些公共性质的材料的撰写,还有大型学术会议的承接,专业系主任的工作等,耗费了我大量的时间和精力。有一种说法是说院领导很重视我,把担子交给我,是锻炼我;也许可能我是新来的博士,和院长的方向一致,比较会写材料,不会推脱,交代的事情做得比较到位。但是,对于我个人来说这并不都是好事,因为这些不应是我承担的东西,这不是欺生吗?我承担了很多,毕竟我只是一名博士,院里还有副院长、专业主任,他们也更应该承担这些公共性事务。另外,我自己的教学、科研和社会服务的任务没有减免工作量。所以,如果没有这些公共事务缠住我,我想我能专注做教学、科研和社会服务,我应该会做得很好的。加上,我们没有研究生,真的很辛苦。

晓涛说,现在,教师中存在一种思想,集体的事情,比如集体获得荣誉、平台等申报成功了,就要求共享;如果不成功,也无所谓,因为我没出力,也没浪费自己的时间和精力。共享成果的时候大家很积极,要承担任务的时候,没人担当。所以,要有一定的机制,让勇于担当重任的人感到花时间和精力是值得的,一是价值观问题,个人与组织是无法割裂的;二是在绩效目标管理制度上要加大力度体现担当重任的老师的辛苦投入,在物质和精神上给予肯定。目前,蛋糕小,在制度不是很合理的情况下,院领导要高度重视,既要压担子,让少数肯干能干的人,更快地脱颖而出,成长更快,又要在物质和精神上给予相应的体现。讲完全奉献的时代,已经不存在了,在制度上、培养途径上,比如,学术交流也是培养的渠道之一,让青年教师感受到集体的温暖和关怀,在经费允许的情况下,多让青年教师出去参加学术交流,涉及面要大一些,不能仅限于小部分老师,让青年教师都感到集体在关心其成长,他们才会感到温暖,让他们共享成果,让他们感到成长过程的快乐与艰辛。这样,大家才有凝聚力,否则凝聚力无从谈起。

晓刚说,学校对二级学院实行绩效管理,二级学院没有根据学校的文件精神制定具体的实施细则,一到考核就吵,很生气。我比较热心提建议,愿意参与管理,通过点题公开、主动找领导沟通等方式提出自己的意见和建议,管理者要多到基层调研,听意见和建议,有利于管理者制定政策的周全性。学校在发展中确实存在许多问题,我们青年人如果不主动、积极地提出意见和建议,就会让不合理的事情变成习惯,逐渐变成合理合法,这是不负责任的做法。

制度是因事而定,而不是因人而定,教师各自站在自己的立场上考虑问题,而管理者必须全局性地考虑,要相互沟通和理解,推动学校的转型发展是个系统工程。比如,课程改了,教学方法不改是没有用的。所以,出台的制度要进行充分调研,要大多数老师认同,思想不统一,步伐不一致,雷声大雨点小,制度执行起来就难,改革就会遇到阻力。

管理者很重要!因不同学校发展的内因和外因是不一样的,顶层设计制度好坏影响学校的整体转型,中层管理者不仅仅要执行制度,更需要有研究能力,要调研,提出方案影响高层决策。学校的沟通渠道少,座谈会变成牢骚会。为老师服务,必须改变管理理念,我看我们现在基本上是硕士担任行政人员,整天忙于事务性工作,没有发挥他们的研究能力和综合协调能力。

晓波说,我是2012年进校的,学校确定了发展目标和发展战略,但是"十二五"期间换了3位主要领导。大学理念的传承、当时规划的学科专业群,都被抛之脑后了,变化太快,转型太快,原本已经开始有点基础了,又被转没了,再另起炉灶。政策的导向对高校影响很大,主要领导的更换对一所大学影响很大。领导换了一茬又一茬,制度没有连贯性,稳定性受到冲击。新来的领导有新的想法，没有在传承中创新，这对一所新建本科院校的发展是不利的。大学办学最主要的是在传承中创新，大学的历史传承很重要，但现实恰恰把大学像玩物一样折腾，老师没了方向感。

学校内部治理能力的高低直接关系到绩效目标的管理成效，最终也将影响青年教师的科研发展导向和动力的持续性。本研究还访谈了相关学校的职能部门领导和二级学院领导，通过管理者的视角，进一步了解绩效目标管理实施过程中的问题所在，以便为整体的综合改革的推进提供多角度的思路。

晓楠说，在二级学院自主管理中，我们把老师分成纯教学型、教学为主型、教学科研型和科研为主型，我们院科研为主型占了 60%，也有一小部分的青年老师选纯教学型，甚至新来的一个博士也选纯教学型。这种现象很可怕，科研一旦放弃，再重新捡起来是很难的。所以，学校需要一些相关的制度来激励和约束老师的转型。

绝大部分青年教师对学院的管理是不积极的，上完课就回家，学院领导决定在绩效管理考核中增加 10% 的公共事务服务工作作为分值，让老师多参与学院管理，了解学院发展的状况，有许多老师就是一边不参加学院事务管理、不主动了解学校政策，一边就爱发牢骚，说这个不合理那个没有规定，其实都是有的，只是他们不参与学院公共事务。一个老师评上副教授，有一定的工资福利保障，房子也有了，生活没有压力了，如果在工作上自己和学校没有更高的目标和要求，放任自由的话，那么对学校的整体发展会有影响。

晓瑞说，现在学校进行综合改革，对二级学院实行目标绩效管理，给二级学院更多的自主权，二级学院根据自己的实际情况，哪里比较薄弱就着手解决它。比如，以前教务处对校内教改课题的设置、评审都大包大揽，现在，目标任务和经费都归给二级学院，学院根据实际情况自行设置、组织评审，二级学院的积极性也增强了许多。学校确立了更名大学的目标，所以在这个阶段，学校会比较重视科研，科研奖励也多。学校根据科研定位，增加开设了产学研方面的职称评审系列。我们学校没有把教学论文作为晋升的必备条件，只是作为选择条件。高质量的教学改革成果，其实对大部分老师来说是很困难的，不仅涉及本学科知识，还有多学科知识以及许多教学理论和教学技能。本学科的学术论文相对来说比较容易得到认可和评价，容易发表。而对于青年教师来说，困难更多。人的精力都是有限的，进校以后他们首要的是能完成规定的工作量，自然他们会选择自己擅长的方向做科研，因为学校的科研评价指标没有变。关于教师分类管理，目前正在进行讨论阶段，主要的争议在于各类型工作量的平衡问题。众所周知，与教学相比，科研任务的完成存在不稳定性，人都是以避重就轻的心理来进行选择的，这样的话，分类管理的意图就难以实现。

晓君说，我在学校工作了 29 年，兼任专业主任、系主任、院长等管理职务，对学校的发展和管理体制是比较了解的。我感觉升本以后的这几年，压力大了很多，特别是学校要更名为大学，教学要进行审核评估，事情比较多，量化的指标也比较多，学校对二级学院和青年博士的要求也提高了。学校近年来引进了许多高层次人才，特别是青年博士，当然从学校的角度来说，希望他们多出成果，出好成果，而不仅仅是单纯地完成一般的教学科研工作量。但是，从整体上看，学校在快速发展中，整体的师生比是不足的，也就是师资配备不是那么合理，这样，青年教师特别是青年骨干教师一边要承担足量的教学工作量，一边还要完成非常高的科研指标,所以压力还是挺大的。但是,动力还是有的,整个学校的发展代表着他们的未来,大部分青年教师对申报硕士点,学校的更名,也是充满希望的,个人的成长也有更好的平台。现阶段来说,可能是压力会更大,因为学校在进行综合改革,以前不是没有压力,压力可能还停留在校领导层面,现在不一样了,压力传到二级学院和每一位老师身上了,每项指标都要落实到个体上,并要以协议的形式签订,所以老师们感觉到压力陡增。对二级学院的冲击比较大,大概有一半的人可能觉得是动力,有 1/4 的人会有一些抱怨,做还是会去做,还有 1/4 的人,可能由于能力、信心等因素的不足,采取了退却的方式。

我们学校转型发展的优势:一是应该经过几年的发展,老师们对学校向应用型大学转型,更名为大学的战略发展目标,还是蛮憧憬的;二是区域的优势,学校所处的沿海城市,经济和社会各方面的条件比较发达,市政府的支持力度也很大;三是这几年大量的高层次人才的引进,师资队伍建设得到了较好的提升,形成了相对固定的学科群,这几年的发展慢慢显示出它的优势来了;四是我们学校在社会服务方面,坚持"亲产业"的发展方向,也逐步得到市政府、社会公众的认可,也具有一定的影响力。存在的劣势体现在:一是特色不明显,毕竟学校的品牌特色还不够强大,在同类高校中的绝对优势还没有凸显;二是师资转型发展缓慢,在转型发展中,高层次人才带有传统的学术型办学理念,重学轻术的现象还大量存在,不容易转型,同时学校也相应地引进了一些业界优秀工程师等师资,但也存在实践性很强、理论不足的问题。目前,学校出台了提高青年教师实践能力的制度,要求青年教师到企业、行业进行锻炼。企业是讲效益的,要能马上为其解决问题的,而不是增加他们的负担,成为他们的累赘。从实施的效果来看,不够严密,也就是说真正想加强实践能力的老师,会很主动地与业界取得联系。反之,那些想逃避的老师,如果要应付职称要求,就找个熟人企业盖章应付过去。学校也没有强制性的要求,一下子没办法彻底扭转这种状况。

晓红说,学校在激励机制方面,导向还是明确的,奖励的目的性明确了,直接以奖金的方式进行奖励,这样有能力的青年教师就会去竞争高层次的项目、论文等成果。目前应该说,职称晋升制度和财务制度限制了青年老师参与社会服务和做横向课题的动力。实际上,学校的导向是正确的,但是在实际操作上,制度层面上又存在各种限制,进而导致学校和老师的期望值都降低了。年轻人开始可能会有动力去做,但是最后没有直接受益,这样就打击了积极性,这方面的动力也就不存在了,只谈境界很难成事。

晓芳说,科研管理应该和人事管理要协同,科研管理比较局限于项目设置、评审以及成果的认定,而人事部门应该根据科研管理要达到的目标,出台相关的政策来鼓励和约束,帮助大多数青年教师达到这一目标,包括营造学术的氛围、嘉奖优秀青年教师等,应该是协同关系。更贴切的是人事部门应该站在更高的、全局的角度,应该站在人力资源管理和开发的角度,适时地制定政策和制度来激励和约束青年教师,起到引导作用。最难的就是团队建设问题,学术带头人很缺。现在,学校实行二级管理,分配的总体的科研任务重,学科师资各有差距,我们要完成任务,要根据学院的实际,分配任务,出台激励措施。比如,出台了自己学院的科研成果奖励制度,学校财务说与学校的科研奖励制度重复,会造成院系之间的不平衡,不给予认定。这就很难办了,学校要我们自主管理,又限定很多的条件,学校下达了许多规定的任务,自主权又受限,自己学院哪里比较弱,就补那块,这有什么错？要让马儿跑，又不让马儿吃草！其实，说权力下放给二级学院，实际上是财务权只是小部分，这让人怎么管理？引进人的制度也是一样，没有根据各学科需求，根据学校转型要求，及时补充师资，由于很多紧缺学科博士资源稀缺，比如播音的博士、动画的博士，全国都没几个博士点（博士供给不足，各高校需求量大，人才培养结构失衡），学校不允许降低条件，必须博士，而导致招聘不到师资，连上课都很难保证。最关键的人和财这两个要素不放权，能做什么事？就是政策不灵活自己卡死自己。现在，学校转型发展，任务很重，压力又传到二级学院，如何处理校部权力与院系权力之间的分权关系，这是涉及校级中高级管理人员的管理理念和管理水平问题，实际上是涉及体制机制的深层次问题，到底要如何破解？很无奈！对二级学院管理者来说，说不清道不明，想做事，想成事，但是限制很多，说起来是一把辛酸泪。

晓娅说，科研向应用型研究转型，学校比较明确地提出"亲产业"的办学理念，鼓励多做应用技术开发、产业研究。真正为产业解决技术问题的研究，大家也比较认同，也逐步培育了几个工科的典型，其中包括一个二级学院的文化产业，在当地社会取得了一定的影响。但是成果很难认定，目前的两种方法：一是有项目以及经费进学校账户的，作为横向课题进行管理和认定，经费很难报销；二是对于取得一定社会效益、赢得社会声誉的项目，学校会在一定的场合给予表扬，但是在绩效中是不体现的。这是目前遇到的一个很大的困惑，为学院赢得的社会效益不但没有在绩效中体现，还会有另一种不认同的声音出现，即在外面搞创收，本职工作的精力都分散了。

随着福建省高等教育综合改革的全面推进，教育行政部门向各高校下达建设目标管理责任书，为完成相应任务，各高校也相应地启动校内综合改革，采取一系列改革措施，其中最为关注的就是对二级学院实行绩效目标管理。目标管理考核结果与单位及个人的奖惩和收入分配挂钩。压力层层传导，学校将规划发展目标分解为各二级学院年度工作目标，各二级学院又逐级将学院工作目标划分到各个系和学科专业，最后落实到教师个人。学校为促进教育教学质量的提升，为完成高校内涵建设指标体系中的各项指标，建立和完善了一系列教学、科研管理制度，如教学督导制度、教学科研评估制度等，教学上强调规范和严格，科研上强调项目、成果、平台的数量和级别。这些改革措施和要求对青年教师，特别是对于那些初出茅庐、缺乏经验的青年教师在心理上引起较大的紧张感和压力，教师们对绩效分配的公平性、合理性、科学性提出质疑，对二级学院办学自主权和治理能力提出了严峻的挑战。

据调查，地方应用型本科高校普遍采取绩效目标管理机制对二级学院实行管理，试图通过"目标合约式管理"发挥教师的积极性。但是，目前这种制度的实施主要采取简单的下达任务清单的方式，高校教师特别是青年教师民主意识越来越强烈，而制度的设计制定只是以学校的组织目标为中心，而不是以教师的发展为出发点，只是基于组织角度而不是教师的角度，更多的从工具性价值的层面上来考虑教师管理的目的，把教师管理的目的局限于教育教学任务的完成、发表论文刊物的级别与数量和获取科研经费的多少等方面，而忽略教师的发展需求。那么，那些没有获得大部分老师内心认同、体现教师心理诉求的管理制度可能就会陷入"自娱自乐"的境地，缺乏可行性，无法取得好的效果。

第五章　地方应用型本科高校青年教师科研发展存在动力不足的影响因素分析

为实现我国从高等教育大国向高等教育强国迈进,政府推行了一系列政策和制度,旨在充分调动广大高校教师的工作积极性,提高人才培养质量,促进学术的不断创新和发展。仅仅把青年教师当成学术创新主体的分析框架是有缺陷的,因为任何一项创新行动总会受到外部环境的干扰。换言之,高校教师的科研发展动力的充足与否,其背后一定有与之相对应的激励和提供这些激励的制度安排。本章试图拓宽研究视野,从政府、高校、青年教师个体三个层面分析探究影响地方应用型本科高校青年教师科研发展存在动力不足的深层因素。

第一节　政府学术工作管理政策对地方应用型本科高校转型发展的影响

政府对高校的学术工作管理政策中,本科教学工作评估制度、产学研合作政策以及高校教师聘任制度的实施对所有高校的学术工作的管理以及所有高校教师的学术活动都产生了不同程度的影响。本节从宏观层面分析政府所实施的学术管理政策对地方应用型本科高校及其青年教师科研发展动力所产生的显性和隐性影响。

一、本科教学工作评估制度

近 20 年来,随着新公共管理理念对高等教育领域的渗透和影响,公众和管理者对高校和高校教师的学术工作的责任不断地增加和扩展,并对学术责任的履行情况进行各种各样的评估、排名和比较。从影响的广度和深度来看,本科教学工作评估制度是高等教育评估制度中影响力度最大的一类,特别是近几年随着高校本科教学工作水平评估全面推行,引发了高校、学界乃至社会的广泛关注。

在新的历史时期,加强教学评估有利于中央和省级政府对高等教育的宏观管理和引导,有利于现代大学的建设与发展,有利于社会对大学办学的监督,有利于高等院校提高教学管理水平,有利于提高高等教育质量。[1]

从高校本科教学评估制度的变迁过程看,无论是"三段论"还是"四段论"之说,即我国普通本科教学评估制度改革大致经历了试点探索、规范化和制度化三个阶段[2];评估政策经历了萌芽期、试点期、法规化与法制化、进一步完善化四个发展阶段的历史演变[3],都表明本科教学评估政策正在逐步走向成熟。总体看取得了成绩,但在评估目的、功能、方法和效果方面存在令人诟病的问题。

2003—2008年,我国开始实施全国性的、正式的、规范的、周期性的本科教学评估制度,有近600所高校接受了此次评估,简称"第一轮高等学校本科教学评估"。对我国第一轮高等学校本科教学评估工作,有学者总结了所取得的成就和存在的问题:"一是成就在于:极大地提升了高等学校对本科教学的认识;有效地改善了高等学校办学条件,尤其是本科的办学条件;较好地规范了高等学校本科教学的管理工作;积极地促进了我国高等学校之间相互交流办学经验及本科教学管理经验。二是存在问题在于:统一的评估体系不能适应我国大众化时代高等教育多元化的需要;政府、社会和高等学校作为不同的利益主体,在监测与被监测、评价与被评价上往往存在着利益的冲突;关键性指标难以测量,使得'优秀率'居高不下,与我国高等教育实际不相吻合;评估成本,尤其是隐性成本太高,使本科教学评估难以持久;辨识影响办学质量主要因素方面的困难,导致评估在引导学校改善办学条件上发挥较大的作用,在促进学校内涵发展上作用有限。"[4]

国家教育行政部门在总结第一轮高校教学评估的经验基础上,针对评估出现诸如教育评估主体单一,社会参与不够;评估指标体系划一,缺乏分类指导;评估结论的等级制,诱发一些弄虚作假、形式主义现象的发生;由于标准中的"软指标"的模糊性和相关评估技术的匮乏,未能形成可靠而有效的全面、系统的评估结果;评估成本与效益与制度设计的初衷并非一致等问题,在观念、制度等方面对新一轮高校教学评估进行了创新,使评估内容与时俱进,评估政策更具有可操作性,于2011年,教育部颁布了《关于普通高等学校本科教学评估工作的意见》,对新一轮高校教学评估做出了全面规定。[5] 在此背景下,2000年以来未参加过院校评估的新建本科学校(本书称为地方应用型本科高校,下同)成为新一轮普通高等学校本科教学合格评估的对象,而参加过院校评估并获得通过的普通本科学校成为审核评估的对象。总体而言,根据教育规划纲要精神,要发挥政策指导和资源配置的作用,引导高校合理定位,克服同质化倾向,形成各自的办学理念和风格,在不同层次、不同领域办出特色,争创一流。新的评估设计进行了重大创新,突出表现在内容整体性、学校主体性、监测常态性、分类指导性和管办评分离新体制五个方面,在新建院校本科

---

①　王红.建立院校评估制度,提高本科教学质量[J].中国高等教育,2012(17):49-51.

②　史国栋,袁益民.高等学校审核评估的理论与实践[M].北京:高等教育出版社,2013(12):3-10.

③　肖兴安,陈敏.我国本科教学评估政策的历史演变[J].国家教育行政学院学报,2009(2):71-77.

④　陈玉琨.我国高等学校本科教学评估:问题与改革[J].复旦教育论坛,2008(2):5-7,29.

⑤　教育部关于普通高等学校本科教学评估工作的意见(教高〔2011〕9号).

教学合格评估方案及其实践中得到突出体现。"四个促进、三个基本、两个突出、一个引导"的核心内涵在指标体系中得到彰显。[①] 合格评估的实施对新建本科院校进行了一次全面性的体检,促进了被评估高校、地方政府乃至全社会的高等教育质量意识的觉醒。

然而,新一轮本科教学评估制度的设计仍存在不足。首先,新一轮本科教学工作评估制度的实施与新建地方本科高校的生存和发展具有高度的利害相关性。有学者认为,"'分类评估'的致命缺陷是只触及了以往评估中的一些表层问题。评估各方的关系没有任何实质性的突破;分类评估中'分等'仍然是评估结果呈现方式,先'归类'再'分等'的评估结果将进一步加剧被评院校的压力。高校不仅要应对选优的压力,还要在争取划归于更高、更好的类别层次方面进行更为激烈的竞争"[②]。为此,无论是第一轮还是新一轮的普通高校本科教学工作水平评估,都是体现国家意志的行政性评估,评估结论具有法定的强制性,评估结果对各高等院校具有直接的或潜在的重大影响,这种重大影响的范围涉及被评估高等院校的声誉和形象、社会舆论和宣传效应、教育经费拨款和筹措、专业设置和发展、招生计划和生源,甚至可以责令被评估高校限期整顿、停止招生或停办。[③] 如果学校分类一旦被确定,则必然出现发展的"天花板",这一结果将引发教师对自己所在的学校认定为是低层次学校,不必重视科研,不认同科研促进教学的理念。这种价值取向下,很大程度地影响教师特别是青年教师的科研方向、处理教学与科研之间的关系的选择,青年教师的学术发展也必然受到误导。

其次,新一轮高校教学评估制度在引导新建地方本科高校办学定位的功能不足,没有相应的保障制度。新建本科学校办学有以下显著特点:"一是办本科历史短,许多学校对本科教育的教学规律,特别是对应用型人才培养的规律正在摸索之中;二是办学条件相对薄弱,迫切需要加强建设;三是教学管理的规范性和科学性有待加强,需要建立并完善内部质量保障体系;四是约70%的学校设在非省会城市,学校主要是为区域(行业)经济社会发展服务。"[④]新一轮高校教学评估制度设计试图引导该类学校的办学定位向地方性和应用型新型院校转型,构建应用型人才培养体系目标的实现,但是在理论上对应用型本科高校办学标准没能形成共同的认识,它与研究型大学和高职高专的区别究竟在哪里? 多停留在理论的探讨中,在办学实践过程中地方应用型本科高校转型成功的显著标志莫衷一是,对于地方应用型本科高校管理层来说,希望自己的学校划归到更高更好的类别和层次,而不想被动地被贴上永久性的标签,那么,在现行体制下,升格、趋同的办学现象始终无法避免。

最后,新一轮高校教学评估制度中管办评的新体制尚未健全。纵观近20年我国院校评估制度变迁,政府、高校、社会三者主要是评估制度变迁的主体,从发挥的作用和影响力

① 刘振天.我国新一轮高校本科教学评估总体设计与制度创新[J].高等教育研究,2012,33(3):23-28.

② 邹海燕.从分类评估到审核评估:院校评估改革的探索之路[J].高等教育研究,2017,38(8):29-33.

③ 梁绿琦.高等教育教学评估研究[M].上海:上海交通大学出版社,2015:8-9.

④ 陈东冬,李志宏.新建本科学校教学工作合格评估方案的新特点[J].中国高等教育,2012(Z2):35-37.

来看,政府始终处于主导地位,在制度安排中处在权力和决策中心。高校处于从属地位,大多数情况下,只能通过有限的自上而下的途径表达诉求。因我国并没有出台鼓励学术机构、社会团体参加教育评估的专门规定,第三方评估并未形成专门化的制度,社会参与和影响教学评估的作用可见一斑。虽然,在 2011 年,教育部《关于普通高等学校本科教学评估工作的意见》提出"政府、学校、专门机构和社会多元评价相结合",但是,由于我国高等教育的集权管理制度仍然未得到根本改善,在"省市共建,以市为主"的管理体制下,许多地方应用型本科高校在管理上的行政化有过之而无不及,自主发展、特色发展、转型发展受到极大钳制。

二、产学研合作政策

产学研合作通常作为高校依靠教学、科研和社会服务三项职能服务于经济和社会的主要途径,旨在促进政府、高校、企业三大主体间的合作,推动知识经济发展的高等教育为知识创新和技术应用两者结合做出贡献。在高等教育改革发展过程中,产学研合作政策一直是政府积极倡导的一项旨在拉近教育和产业关系,通过利用高校和企业各自的优势资源,开展科学研究、技术开发和应用以及人才培养合作,使两者的互动结合能产生巨大的经济社会效益,对两者具有双赢的作用,是一种有效利用资源创造价值的方式,是一种运行成本低并且能带来巨大收益的制度安排。

产学研合作政策强调一方面高校以应用和整合为取向的知识生产方式,促进科研工作在经济发展中发挥作用,是高校履行社会服务职能的一种方式;另一方面是高校通过产学研合作项目引入外部资金,拓宽办学经费来源的重要渠道,缓解国家公共财政经费支持压力。这一政策在多项国家规划中多次被强调。例如,2005 年国务院颁布实施的《国家中长期科学和技术发展规划纲要(2006—2020 年)》明确提出"以建立企业为主体、产学研结合的技术创新体系为突破口,全面推进中国特色国家创新体系建设,大幅度提高国家自主创新能力……使产学研结合逐步成为政府、学术界、产业界共同关注的议题"。2010 年国家中长期教育改革和发展规划纲要工作小组办公室颁布的《国家中长期教育改革和发展规划纲要(2010—2020 年)》也强调"以重大现实问题为主攻方向,加强应用研究。促进高校、科研院所、企业科技教育资源共享,推动高校创新组织模式,培育跨学科、跨领域的科研与教学相结合的团队。促进科研与教学互动、与创新人才培养相结合……推进产学研用结合,加快科技成果转化,规范校办产业发展"。在政策实施的实际过程中,这一政策的受益者更多的是在声誉、学科、技术、师资、生源、基础设施、经费等方面拥有巨大优势的研究型大学,它们在产教融合方面开展得风生水起,在政府的引导和支持下,清华大学、北京大学等一批研究型大学建立起 100 多所国家大学科技园及商业孵化基地,进一步地强化和彰显了研究型大学在自主创新、新技术产业化、区域经济发展、行业技术进步、高端人才培养等方面的重要贡献和不可替代作用。

2013 年起,教育部开始着力推动部分地方普通本科院校向应用技术型高校转变,向职业教育转变。2014 年《国务院关于加快发展现代职业教育的决定》的发布,"将产教融合确立为发展现代职业教育的总体要求和基本原则"。2015 年印发的《关于引导部分地方普通本科院校向应用型转变的指导意见》指出,"要推动转型发展高校把办学思路真正转到服务地方经济社会发展上来,转到产教融合校企合作上来,转到培养应用型技术技能型人才上来,转到增强学生就业创业能力上来,全面提高学校服务区域经济社会发展和创新驱动发展的能力……以产教融合、校企合作为突破口,明确转型发展高校的类型定位和转型路径""创新应用型技能型人才培养模式……建立产教融合、协同育人的培养模式"。2016 年教育部学校规划建设发展中心启动了"高等学校产教融合创新实验项目"。2017年 1 月国务院发布《国家教育事业发展"十三五"规划》进一步强调,"深化本科教育教学改革,实行产学研用协同育人"。2017 年 12 月国务院办公厅又重磅推出《关于深化产教融合的若干意见》,将出台深化产教融合的政策措施,明确列入深化经济体制改革重点工作。很显然,这些一系列产学研政策表明产教融合已经成为近年来促进职业教育、高等教育发展,加强创新性人才和技术技能人才培养的一项重要方针,是统筹推进教育综合改革的一项重要制度安排。对地方本科高校特别是向地方应用型本科高校转型发展困局具有重要的指导意义,地方应用型本科高校的发展必须以产教融合为核心和突破口,建设成为区域影响力、特色鲜明的高水平应用型高校。为此,在政府政策的积极推动下,深化产教融合及协同育人主张上升为地方普通本科院校向应用型转变的核心目标、关键途径和重要内容。

从上述产学研合作政策的演变和推进过程看,政府是普通本科高校应用型转型的积极推动者,着实给普通本科高校的转型发展注入了新的动力,一时间,产教融合的呼声和改革在应用型高校展现出遍地开花之势。然而,产学研合作的前景并不乐观,产教融合、协同育人在实践中难以深入。"中国的高等教育机构缺乏与企业的有效合作(特别是位于大学金字塔中低层的大学),多数中国地方大学尚未能与企业形成相互信任的合作关系。同时,企业缺乏与在教学和课程发展上地位较低的大学进行合作的意向。"[①]"在体制上,企业主体性与主动性不强。在运行机制上,合作各方运行不畅,存在合作内容窄化、动力机制弱化、协作机制软化、评价机制匮乏四大问题。"[②]产学研合作政策的实施,为什么会在实践中出现困惑重重,转型发展困局难以破解?笔者从宏观政策的视角分析如下:

首先,政府制定的产学研合作政策规制高悬,在地化难度大。产学研合作组织主体(本文主要指高校和企业)内部之间由于在组织定位、价值取向和文化上存在明显差异,要实现产学研结合深度融合,关键在于双方在产学研合作的知识产权归属问题在法律上能否明晰,在实践中能否易操作、易协调,实现双赢。换言之,产学研合作作为一种重要的知识和技术创新活动,其产权归属影响到合作双方的利益和动力。

产学研合作关系的形成和发展首先受到宪法秩序制约,我国宪法界定的权力结构使

① 杨钋,井美莹,蔡瑜琢,等.中国地方本科院校转型的国际经验比较与启示[J].国家教育行政学院学报,2015(2):83-90.

② 刘学忠.地方应用型大学协同育人体制机制新探[J].国家教育行政学院学报,2017(9):67-72.

政府在制度供给中居于主导地位。因此,政府政策的支持对产学研合作关系的形成至关重要。① 总体而言,产学研合作中的知识产权归属权在相关法律法规以及政策文件中已有明确的规定。比如,1999 年 4 月教育部《高等学校知识产权保护管理规定》中明确:"职务发明创造申请专利的权利属于高等学校。专利权被依法授予后由高等学校持有。职务技术成果的使用权、转让权由高等学校享有。"2000 年 12 月科技部《关于加强与科技有关的知识产权保护和管理工作的若干意见》规定:"科技成果的知识产权归属政策是调整科研开发和成果转化中各方当事人技术、经济利益关系的重要杠杆。要逐步调整科技成果的知识产权归属政策,除以保证重大国家利益、国家安全和社会公共利益为目的,并由科技计划项目主管部门与承担单位在合同中明确约定外,执行国家科技计划项目所形成科技成果的知识产权,可以由承担单位所有。"2003 年 4 月科技部《关于加强国家科技计划知识产权管理工作的规定》明确:"国家科技计划项目研究成果及其形成的知识产权,除涉及国家安全、国家利益和重大社会公共利益的以外,国家授予项目承担单位。项目承担单位可以依法自主决定实施、许可他人实施、转让、作价入股等,并取得相应的收益。"2008 年 7 月开始实施的新修订《科学技术进步法》第二十条规定:"利用财政性资金设立的科学技术基金项目或者科学技术计划项目所形成的发明专利权、计算机软件著作权、集成电路布图设计专有权和植物新品种权,除涉及国家安全、国家利益和重大社会公共利益的外,授权项目承担者依法取得。"首次以法律的形式认可了项目承担者享有财政性资金资助科研项目知识产权的一般原则。该条也被誉为中国的"拜杜规制"②。为了进一步激发调动广大科技人员和全社会创新活力,在 2014 年 9 月,财政部、科技部和国家知识产权局联合下发了《关于开展深化中央级事业单位科技成果使用、处置和收益管理改革试点的通知》,明确提出将科技成果的使用权、处置权、收益权由国家下放到科研院所和高校等事业单位的规定助力科技成果转化。

以上的国家政策、法律、制度的规定体现了政府和产学研合作组织体之间的知识产权归属采用"法定优先于约定"的原则,国家通过逐步明确以"授权"的方式激励产学研合作主体的创新动力。但在实践过程中,原则性规定多,缺乏可操作性,出现法律法规规定的收益人不明确、收益分配的参考标准和收益分配比例不一致等情形,难免引起不必要的争端,因为知识产权归属权最终涉及主体和个人之间的利益分配,即奖励和报酬等收益的分成。为此,立法规定中收益分成制度的不完善,不仅将导致法律适用的困惑和混乱,而且势必使高校或企业趋利避害,最终损害科研人员的利益,在很大程度上,不但不能激发科研人员的动力,甚至成为阻力。

其次,政府对企业方面的引导性政策激励不足,导致企业与高校互动性不够,企业重要主体性作用发挥不到位,参与产学研合作的主动性不强。一方面,由于有些企业观念保守和认识狭隘,企业尤其是经济效益一般的企业,没有意识到"只有当企业也是人才培养的联合主体"时,毕业生们才能有更好的适应性,没有意识到从长期来看高素质的劳动者

---

① 高华云.我国产学研合作的制度需求和供给分析[J].科技进步与对策,2012(22):118-122.

② 李恒.产学研结合创新中的知识产权归属制度研究[J].中国科技论坛,2010(4):53-59.

将会对企业产生巨大的经济效益。为了短期经济效益,只接受"短、平、快"的项目,能马上解决企业当前技术难题,而将一些具有发展潜力的成果拒之门外,对高校技术的价值认识不足,不敢创新,风险承担得不到保障。另一方面,政府政策更加注重强调高校应当主动开展产教融合、校企合作,而对企业更多从社会责任的角度提出要求,对企业的价值诉求考虑不够,忽视了企业的重要主体地位和企业对人才培养的教育价值。由此,企业作为科研成果转化和技术转移的主战场的定位尚未形成,必然对双方合作中出现的技术和知识产权的归属问题、利益分配问题争议不断,影响合作的深入,校企合作呈碎片化和片面化特征。

总之,产学研合作规模和效益在较大程度上受到政策环境、财政投入和利润分配等因素的影响和制约。目前,我国总体上教育和产业统筹融合、良性互动格局尚未根本确立,面临不少瓶颈和制约因素,归根结底在于政策层面缺乏促进产学研深度融合的整体性、系统性制度供给,激励保障服务还不到位,政府、高校、企业、行业和社会各界各负其责、协同共进的发展格局尚未健全。

三、高校教师聘任制度

聘任制是高校人事制度改革的核心,包括公开招聘、人员聘用、考核评价、解聘辞聘等一系列人事相关制度的管理改革,其中,定期考核评价制度和职务晋升制度与高校教师工作的回报和发展息息相关。在考核评价体系和职务晋升中,教学、科研、社会服务等各种学术工作的指标及其所占的权重、标准、方式方法,都对教师认知学术工作、执行学术工作产生深刻的影响,对处于学术职业生涯初中期阶段的青年教师发展的影响更为长远。

改革开放以来,我国的高校教师聘任制度经历了"职务任命制—职务聘用制—岗位聘任制"的演进过程。1986 年 1 月中共中央、国务院转发了中央职称改革领导小组《关于改革职称评定,实行专业技术聘任制度的报告》,2 月国务院发布了《关于实行专业技术职务聘任制度的规定》,3 月中央职称改革领导小组批准了国家教委《高等学校教师职务试行条例》,在全国高校推行教师职务聘任制度。由此,我国高校教师选任制度开始由任命制向聘任制转变,旨在引入竞争机制,优化教师队伍,增强高校的竞争力。进入 20 世纪 90 年代,国家又陆续出台了《中国教育改革和发展纲要》《教师法》《教育法》《高等教育法》等一系列指导性文件和法律法规,均对教师聘任制做出了明确的规定。比如,《中华人民共和国教育法》原则规定:"学校和其他教育机构应当逐步实行教师聘任制。教师的聘任应当遵循双方地位平等的原则,由学校和教师签订聘任合同,明确规定双方的权利、义务和责任。"《中华人民共和国高等教育法》规定:"高等学校实行教师聘任制。教师经评定具备任职条件的,由高等学校按照教师职务的职责、条件和任期聘任。高等学校的教师的聘任,应当遵循双方平等自愿的原则,由高等学校校长与受聘教师签订聘任合同。"

1999 年教育部颁发《关于当前深化高等学校人事分配制度改革的若干意见》,提出"通过改革人事分配制度和理顺管理制度,强化岗位聘任,打破'铁饭碗'和平均主义'大锅饭',破除职务'终身制'和人才'单位所有制',形成'能进能出、能上能下、能高能低'的激励竞争机制"。2000 年,中组部、人事部、教育部联合下发《关于深化高等学校人事制度改革的实施意见》,提出"改革固定用人制度,破除职务终身制和人才单位所有制,按照'按需设岗、公开招聘、平等竞争、择优聘用、严格考核、合同管理'的原则,在高等学校工作人员中全面推行聘用(聘任)制度"。其政策目标在于打破我国长久以来的终身聘任制,充分调动教师的工作积极性,对教师进行定期考核,优胜劣汰,使那些表现不佳的教师及时退出,提高人才流动率,最终达到提高办学效益。2007 年,人事部教育部《关于印发高等学校等教育事业单位岗位设置管理的三个指导意见的通知》再次强调了高等学校必须做好岗位设置管理组织实施工作。

从政府主导推行的高校教师聘用制的渐进式改革 30 年的历程看,高校的用人机制相比以前更加灵活了,在转变教师观念、优化师资队伍结构、调动教师积极性和提高学校办学绩效等方面取得了较明显的效果。但是,在实际操作上各高校"只是根据中共中央、国务院《高等学校教师职务试行条例》,将原来高校的'职称评审制'变成'职务评聘制',强调职务评审与聘任相结合、与待遇挂钩、有职数限制,但重评审轻聘任、重资格身份轻岗位职责、重职前条件轻聘后管理,且履职考核薄弱、职务终身制等问题十分突出,用人机制不活、用人效益不高的根本性问题没有得到有效解决"[①]。仍然存在"一聘定终身"的现象,岗位聘任制虽有定期合同制之名,但实为长期性职位几乎是常态,"能上能下,能进能出"的机制并没有真正形成。

从宏观政策视角分析,高校教师聘任制改革推进存在困境的根源有两个方面:一是政府对高校的资源配置模式和实行事业编制管控政策,并没有随着高校教师聘任制改革同步推进,仍然沿用计划经济时代的编制办法。"高校全面实行政府审定编制始于 1985 年的《高等学校人员编制试行办法》,该政策明确规定由国家来审定各个高校编制,并根据编制拨款。因为当时政府不知道如何给高校拨款以及需要拨多少,最后就通过审核编制,并根据编制数来拨款。各个学校的编制数量是依据其 1985 年的在校学生人数来确定的,但是奇怪的是,依据各校 1985 年在校学生人数核算的编制数,30 多年来基本没有变化,只是在 2001 年做过一次微调。我国高校的学生数在扩招之后增加了几倍,甚至十几倍,但学校的编制却没有变,由此带来一个结果,就是很高的生师比。"[②]为了适应大规模扩招带来的师资需求,各高校采取人事代理、合同用工、劳务派遣等多种方式增加人员,结果又出现高校内部普遍存在同工不同酬的现象,不利于教师队伍的稳定和发展。现在高校拨款的方式变了,实行"综合定额＋专项补助"的拨款方式,其中"综合定额"是根据学生的人头来拨款,"专项补助"是指只有进入政府的某个工程或者某个项目才能获得的专项补助款。不再是根据编制拨款,拨款数量与事业编制已经脱钩,这种情况下加强事业编制管理政策已经失灵,政府严控编制政策逐渐成为高校人才工作创新的束缚,成为高等教育改革发展的羁绊。

二是国家颁布的一系列法律法规文件仅仅只规定了教师聘任原则和聘任方式,最多对聘任的各环节提出概述性的指导意见,缺乏具体性、可操作性和完善性的规定,加之同

---

①　缪容楠.大学教师任用制度研究[D].南京:南京师范大学,2007:6.

②　周光礼.高校内部治理创新的政策框架[J].探索与争鸣,2017(8):47-50.

层面关联制度处于缺失状态,医疗保健制度、社会保险制度、成熟的教育中介组织等社会保障体系不健全,制度监督机制不完善,导致在实施过程中,各高校各行其是,根据自己的设想制定出来的相关规定具有较大的随意性,缺乏科学性。"当一项政策的手段与目标具有非关联性或关联性不强时,它就不会带来真正的物质利益的分配与改变,这时,它所能呈现的仅仅是一种价值上的倾向,是一种看起来似乎很美好很理想的政策愿望,它会给公众带来一种决策者具有良好初衷的幻象,这种政策属于象征性政策。"①换言之,要保证政策目标和意图按预期的理想实现,必须具备强有力的政策实施资源、措施和手段。

"职务聘任和晋升是大学教师职业生涯中最为核心的环节,不仅代表一种学术认可,更代表了一种身份地位、工作保障乃至薪酬待遇水平。"②每次的教师聘任制度的改革都是对全体教师利益的一次再分配,如何进一步结合我国高校人事制度改革的特点,结合学校的实际特点,保障不同阶段入职教师、不同岗位性质教师的共同利益,是所有高校增强活力、激发教师动力的核心环节。当前,政府颁布的各种教育改革政策对教师工作产生越来越频繁、越来越直接的影响。"教师政策作为教育政策和人力资源政策的一部分,是政党、政府等政治实体在一定历史时期,为了实现一定的教育和人力资源目标任务而协调教师内外关系所规定的行动依据和准则。"③教师政策的价值追求就是为了通过教师人事制度的改革,不断强化教师在教育改革中的主体地位,促进教师的自身发展,推动教育乃至经济社会的发展。20世纪80年代以来,我国大学教师政策努力适应国家发展与变革的需要,在制定的理念、价值取向和动因上经历了逐步完善与日渐合理的发展过程,但是,在教师发展政策上存在"大学教师政策中的政治论(工具论)主导现象和大学教师政策呈现出'高端政策'的特征"等问题④,其结果导致政策在注重教师个体发展和其他非高端人才发展政策的缺失或者弱化。目前在我国大学教师发展政策繁荣的背景下,在实践层面上应用型本科教师发展政策出现"真空"现象。⑤

"应用型本科高校教师既要有高学历、高学位的教师,也要有'双师型'、有实际经验的教师进入应用型大学来。"⑥换言之,培养应用型人才,需要具有应用能力的高水平教师。可是,地方应用型本科高校的师资队伍年龄结构呈现两极化特征,青年教师比例过大,有的学校35岁以下青年教师超过教师总数的65%,高级职称教师比例偏低。绝大部分教师从校门到校门,教师队伍来源单一,只有少数教师从企业、行业或其他事业单位转入大学,"这种师资结构属于典型的学术型、学科型和知识型人才结构,与学校培养应用型专门人才的发展目标定位严重不符"⑦。在办学实践中,地方应用型本科高校也为优化教师结构、打造高质量的应用型师资队伍,采取了许多办法和措施,如聘任业界富有实践经验和

---

① 周光礼.公共政策与高等教育:高等教育政治学引论[M].武汉:华中科技大学出版社,2010:63.
② 阎光才.学术聘任制度及其政策风险[J].高等教育研究,2016,37(5):21-29.
③ 王继平.合理调整我国教师政策价值取向初探[J].教师教育研究,2005(6):3-9.
④ 王昕红.20世纪80年代后我国大学教师发展研究[J].教师教育研究,2007(1):41-44,26.
⑤ 潘懋元.应用型人才培养的理论与实践[M].厦门:厦门大学出版社,2011:169.
⑥ 潘懋元.什么是应用型本科[J].高教探索.2010(1):10-11.
⑦ 刘振天.新建本科院校人才培养面临的主要矛盾及解决之策[J].学术交流,2012(8):194-198.

高水平的专兼职教师进学校任教,选派中青年教师深入企业进行社会实践,提高实践能力等。但是,高校与企业人才双向交流和"双师型"教师的培养始终受到传统聘任制度和资源配置机制的束缚,未能从根本上解决学校师资结构优化和师资质量提升问题。

我国人事制度已经开始从政府直接管理、高度集中的计划管理向政府间接管理、学校自主管理的转变,从封闭的人事管理到开放的人力资源国际化配置的深刻转变。[①] 地方应用型本科高校面对学术劳动力市场供给方的开放性、流动性变化趋势,如何改变年轻化、学历层次整体偏低、年龄结构不合理、职称结构不合理、来源单一的师资结构的状况与应用型转型发展相适应问题,不仅是其自身关乎生存发展而必须解决的关键问题,而且应该上升到国家政策层面加以体现和推动的重要问题。

在高等教育领域,国家宏观政策供给能力和范围将决定高校改革发展的广度和深度。综上分析,由于本科教学评估制度、产学研合作政策和高校教师聘任制度等国家学术政策供给对于地方应用型本科高校的转型发展步伐相对滞后,在实践发展中存在制度、政策的法制化进展缓慢,相关领域的法律法规立、改、废不及时,缺乏统一的设计和整体的安排与推进,相关政策制度不配套,惠及不足,法治思维和方式缺失,监督机制不健全,许多基本理念和操作方法仍没有重大突破,难以得到学校快速、坚实和有效的回应,以至于地方应用型本科高校转型发展困境重重。这种情形下,对高校青年教师科研发展的动力方面所产生学术生态环境及政策因素的影响,是不可忽视的,急需尽快改善,避免高校和青年教师的学术活力被扼制。

第二节　地方应用型本科高校内部组织与制度对青年教师科研发展动力的影响

伴随新公共管理理论在高等教育领域的逐渐渗透,"学术制度方面的变迁也相应地引致一种以激励学术产出效率为目标、以科研量化评价为手段的学术制度逐渐占据主导地位,全面影响着我国高校教师的准入、聘用、考核、升迁等学术发展过程"[②]。在这一学术制度变迁背景下,地方应用型本科高校的应对逻辑如何? 在组织和制度的运行机制方面采取怎样的管理方式? 对青年教师学术生存状态以及在科研发展上影响的程度如何? 笔者从中观层面分析当前地方应用型本科高校在组织和制度的运行机制方面对教师的学术工作所产生的影响,特别是对青年教师科研发展动力的羁绊。

以学术研究支撑人才培养,是现代大学最基本的属性和特征。[③] 不同层次和类型的

① 管培俊.关于新时期高校人事制度改革的思考[J].教育研究,2014(12):72-80.

② 陈先哲."第三世界"的学术生存策略:地方大学青年教师的个案研究[J].教育学术期刊,2014(11):86-92.

③ 李金奇.地方本科院校转型发展与大学学术转型[J].高等教育研究,2017,38(6):40-44,97.

大学的本科教育,虽然存在人才培养目标的指向和学科基础不一样,但是具有一个共同点就是必须以学术研究为基础、为支撑达成实现人才培养的目标与任务,这既是区别于高职高专又是区别于单纯的学术研究机构和基础教育的本质所在。毋庸置疑,作为高等教育体系中的地方应用型本科高校也必须遵循这一办学逻辑。2015年教育部颁发的《关于引导部分地方普通本科院校向应用型转变的指导意见》提出,"要推动转型发展高校把办学思路真正转到服务地方经济社会发展上来,转到产教融合校企合作上来,转到培养应用型技术技能型人才上来,转到增强学生就业创业能力上来,全面提高学校服务区域经济社会发展和创新驱动发展的能力"。"四个转到"的表述为地方本科院校向应用型转型指明了办学服务面向和人才培养目标上的定位和要求。从国家层面来说,地方性本科院校转型是我国政府顺应经济社会发展需求变化做出的高等教育战略性结构调整;[①]是地方本科高校组织的战略抉择。有研究者认为,"要实现转型目标,在本质上必然会触及大学组织的学术属性和功能形态的转型及重新定位。那么,地方本科高校学术转型的基本内涵应该是在坚持现代大学多元学术构架的前提下,注重和突出学术研究的应用性和服务性的价值取向与功能特征"[②]。这一观点不仅从学术研究的角度区分了本科高校之间的层次和类型的差异,而且进一步阐明了在转型发展背景下地方应用型本科高校学术研究的价值取向与内涵发生了拓展变化以及学术研究转型的必然性。学术研究转型发展的实现依靠教师,但是,在地方应用型本科高校转型发展实践中,"突出存在如下7个方面的问题:一是办学定位趋同,盲目按照惯性思维发展;二是学科专业无特色,与地方产业结构脱节;三是人才培养'重理论、轻实践',人才培养体系不完善;四是科学研究'重科学、轻技术',服务地方经济发展意识弱能力低;五是师资队伍'重学历、轻能力',教师专业实践能力低;六是办学经费短缺,实践教学硬件条件明显不足;七是产学研合作教育不深入,企业参与合作育人缺乏必要保障"[③]。这些问题和不足的存在表明无论是从学术观念、组织结构还是管理制度都不同程度地存在束缚教师学术研究的转型发展,激发青年教师内生动力存在不足。

一、狭隘学术观的制约

大学教师是学术观念的主要承载者,也是学术观念的重要贯彻者和实施者。地方应用型本科院校发展的初始阶段(从升本至本科教学合格评估办学期间,有学者称之为第一次转型),学校的主要任务是教学,科研基础比较薄弱,科研硬件和软件条件都不足,科研氛围也不浓,科研常被视为"业余活动",以学校晋升教授为例,有资格申报者寥寥无几,多

---

① 钟秉林,王新凤.我国地方普通本科院校转型发展实践路径探析[J].高等教育研究,2016,37(10):19-24.

② 李金奇.地方本科院校转型发展与大学学术转型[J].高等教育研究,2017,38(6):40-44,97.

③ 地方本科院校转型发展研究报告 2013 年[EB/OL].[2021-06-10].http://wenku.so.com/d/6145b320870014b3d623.

年来是个位数增长。由于我国到目前为止尚没有统一的"官方"分类标准,这类新建本科高校为了生存和发展,对所承担的职能孰轻孰重把握不清,学校发展定位难以明晰。受高等教育系统中研究型大学的地位优势及其办学研究性取向的影响,大部分新建地方本科高校依样画葫芦地提出"科研兴校"发展战略,构建的学术管理制度与老牌本科高校趋同,旨在快速提升本科办学实力,逐渐形成了以科研取向的高校文化氛围,更倾向于制定偏向科研、偏向擅长科研的教师政策与制度,以科研成果评价指标为主的评价制度占绝对成分。为此,出现科研职能备受重视,特别强调科研的分量,忽视了学术多样性在教师聘任、奖励、晋升等学术管理制度设计中的体现,造成教师们的学术工作领域逐渐窄化为科学研究,教学和社会服务职能不被重视或者被视为浪费时间。当下"重科研轻教学"成为我国高教界愈演愈烈的通病,在这些新建本科院校中同样存在。一方面,学校在数量和规模的外延式扩张下,不得不补充大量的青年教师以解决生师比高的问题。在重科研轻教学状况下,教学质量难以提高已是不争的事实。另一方面,学校重视科研,在办学实践中也确实显示出有利于营造良好的学术氛围,提高了教师的科研意识。在重奖刺激之下的科研奖励制度下,特别是青年教师的科研动力确有促进。但是,这种人为的操纵在很大程度上干扰了学术的自然生态,追求快出成果、多出成果的办学效益,又使教师从事研究的动机产生异化,开始由内部转向外部,由最初对学术的内在精神、兴趣的追求转变为外在对物质刺激以及工作安全感的索取,使老师们片面地、盲目地追求数量,造成学术泡沫现象的产生。

2015 年,国家出台政策明确引导新建地方本科高校向应用型高校转型后,该类学校开始了第二次转型,确立了立足地方、服务地方和全面融入地方的办学定位,这就要求新建地方本科高校必须开放办学,高度重视应用型学科的发展和应用型人才的培养,高度重视研究成果的应用与开发,使学校的智力、技术直接服务于社会,在服务社会中求得发展和支持。然而,吊诡的是,在转型发展过程中,"重学轻术"的传统理念仍占据很大市场,对基础研究(主要侧重对新知识的探究与发现)的过分强调,对研究成果评价指标的局限性,势必造成对其他诸如应用研究、教学研究等的忽视,这又恰恰与应用型高校发展理念相背离,致使转型发展步履维艰。

出现上述的困境,可以从美国卡内基教学促进基金会前主席欧内斯特·博耶的观点做出合理的解释,他认为大学在当下盛行狭隘的学术观,"我们现在对学术水平的看法已有很大的局限性,把它局限在某种功能的等级上"[①],学术仅仅局限于科学研究。认为高校定位趋同主要是学术生态失衡所致:一方面,"研究的使命,本只对某些院校合适,却对所有高等学府投下了阴影——'伯克利'或'阿姆赫斯特'模式成为衡量所有高等教育机构的标尺"[②];另一方面,几乎所有大学的薪酬奖励、终身职位的获取和晋升等都建立在对研究成果的评价上。

---

①　国家教委教育发展与政策研究中心.发达国家教育改革的动向和趋势(第五集):日本、英国、联邦德国、美国、俄罗斯教育改革文件和报告选编[M].北京:人民教育出版社,1994:23.

②　BOYER E L.Scholarship reconsidered:priorities of the professoriate[M].New Jersey:Princeton University Press,1990:12.

二、内部学术组织结构的趋同

"结构跟着战略变"是管理学的基本原理,不同的学校有不同的使命,相同的学校在不同的历史阶段也有不同的使命。不同的使命和战略,应有相应的不同组织结构来满足和适应这种战略,而不是趋同的。[①] 地方应用型本科高校从原来专科层次升格为本科层次以及向应用型转型,在科研和社会服务职能等方面有了新的要求和使命,学校的定位和战略发生了变化,但是原初针对教学或知识传递功能而设计的单纯从事人才培养组织构架已难以适应新要求和新使命,主要表现在学术组织结构的趋同化和学术资源配置效率低。

一方面,地方应用型本科高校无论是在升格的初期还是现在的应用型转型期,出现学术组织结构的多样化和趋同化现象。在专科阶段,学校主要是实现知识传递功能,所以校—系—教研室是学校的基本组织结构,教研室是基于专业教学围绕课程而建立的基层组织。学校升格为本科后,为了提高人才培养质量,高校的科研和社会服务职能越来越显示其重要性,学校的组织结构先后出现了校—系—研究所和学校—学院—学系等组织形式的变化。随着学校向应用型高校转型,国家和各级政府以各类项目、工程、计划为资源配置方式,加大对学校向应用型转型的引导,重视应用学科建设,学校为了申报争取资金支持,基层学术组织形式五花八门,有学系、产业学院、研究所、研究中心、研究基地、教研室、教学(科研)团队、学科组、课题组等。表面上看,学校基层学术组织形式丰富多彩,学术氛围越来越浓厚,但是由于人还是那些人,实际上这些基层学术组织的成员往往是同一批教师组成,一个教师同时属于若干个基层学术组织,这就出现了一名教师同时要应付几个不同的基层组织的管理,接受不同的指令和任务的问题。所以,基层学术组织的多样化和趋同化,其结果就是教师时间和精力的分散化、学术产出的低质量,最终导致学术生产力的低下。正如,迈耶认为在制度变迁的过程中,大部分组织跟随制度变迁的动因并不是因为新制度符合组织的内在需求,而更多是出于一种"合法性"要求——"制度环境要求组织服从'合法性'机制,采用那些在制度环境下'广为接受'的组织形式和做法,而不管这些形式和做法对组织内部运作是否有效率"[②]。

另一方面,地方应用型本科高校出现专业强学科弱、专业实体化学科碎片化的现象。该类高校大多数是从专科院校升格而成,往往先建设专业,基层学术组织是以若干个相近的专业和多个学科并存为单位而形成的,同一学科的教师往往分属于不同的专业,甚至分属不同的学院。在这种专业实体化的基层学术组织架构下,注重强调根据专门人才培养的需要,以专业知识的传授、教育为主,学术资源的配置倾向于满足教学要求。同时,如前所述,在地方应用型本科高校新建初期办学经费普遍存在不足的情况下,再加上对学科建设的片面认识,学科建设目标定位不明或摇摆不定,学科建设工作相对薄弱或重点不突出,学科建设经费投入严重不足,学科建设处于"四多四少"的状态,即"教学人员多,学科

① 宣勇.高校内部治理变革的逻辑起点[J].探索与争鸣,2017(8):44-47.
② 周雪光.组织社会学十讲[M].北京:社会科学文献出版社,2003:72.

带头人少;单兵作战多,团队攻坚少;低水平重复多,高层次成果少;随机选题多,研究基地少"①。学校整体的学术氛围不浓,教师的学术水平难以提高,教师的科技创新能力弱,学科资源难以支撑本科教学,最终影响本科教学水平的提高,影响人才培养的质量。

美国学者伯顿·R.克拉克曾经说过,"许多由上层宣布的改革过早地夭折,其原因之一是内部组织未能有效地动员起来,因而缺乏应有的支持。在一个头轻脚重的系统里,基层组织是推动政策和改革的主要力量""在一种以基层为主的学科和事业单位的矩阵中,基层革新是一种关键的变革形式"②。高校内部的治理变革目的就是激发提升大学的学术生产力,而生产力真正的承载者是一个个具体的教师。因此,高校内部的治理变革应从大学的基层学术组织的变革开始,换言之,高校基层学术组织是内部治理变革的逻辑起点,进而有效地激发教师们的学术生产热情,提升教师的学术生产力。③

三、学术管理制度行政化的强势

高校学术管理制度的背后蕴涵着一定的价值追求,受社会政治、经济和文化的影响,科学、规范的管理机制是高校健康持续发展的重要保障。在地方应用型本科高校转型发展中,学术管理制度在供给与需求之间存在着诸多矛盾:学校招聘自主权的有限性与高层次人才引进的急迫性的矛盾;青年教师对自身专业化发展的迫切需求与学校教师发展制度供给不足之间的矛盾;教师职务聘任制度的组织目标实现度与教师认可度之间的矛盾;师资考核评价管理制度的量化与教师创造性发挥之间的矛盾;激励机制的有效性与青年教师的多样性需求之间存在矛盾;绩效目标管理的实施与学校综合治理能力之间的矛盾。产生这些矛盾与冲突的深层次原因,主要有以下三个方面。

(一)管办评分离不彻底,地方应用型本科院校办学自主发展权受到僵化管控

在管理体制上,福建省的地方应用型本科院校大多属于"省市共建,以市为主"的高校,当地政府和职能部门直接行使对地方应用型本科高校的管理权,省或市级政府为地方应用型本科高校提供了运行所需的几乎所有资源,政府不同时期的政策、资源配置导向与评估对学校的转型发展发挥着决定性影响,政府管控权越大,学校依附性就越强。处于省会或经济发达地区由于拥有高校群,当地政府对高校的管理历史较长、经验较丰富,对所属地方应用型本科高校管理相对会更多考虑高校自身的办学规律;而对于一个地级市只有一所本科高校的政府而言,由于对高等教育办学规律在认识上的局限、行政管理传统的惯性、资源配置利益的固守和对大学管理者信任的缺失,出现对高校的管理权力不知道放、不想放、不愿放、不敢放的局面。比如,这类高校的办学经费核拨和统筹方面取决于所

---

①　柳友荣.学科建设:新建本科院校持续发展的瓶颈[J].北京教育(高教版),2008(4):9-10.

②　伯顿·R.克拉克.高等教育系统:学术组织的跨国研究[M].王承绪,等译.杭州:杭州大学出版,1994:37.

③　宣勇.高校内部治理变革的逻辑起点[J].探索与争鸣,2017(8):44-47.

在城市的财力及投入力度,获取渠道往往难以厘定,经常出现捉襟见肘的境地;在人才引进、人员编制等人事管理规定方面刚性有余,与管理中小学几乎没区别。一方面,国家政策对青年教师队伍建设的关注不足,"对于教师队伍中近50%的青年教师而言,在国家层面上缺乏必要的教学和科研支持政策,高校青年教师群体几乎成为国家支持体系的'盲区'"[①];另一方面,地方本科高校向应用型转型发展,最终靠的是教师的转型,在转型发展过程中学校面临现有教师的转型和高层次人才引进竞争激烈的双重压力。由于在人才的外引和内培上缺乏稳定的经费保障和政策支持,对于自身吸纳资金能力弱的地方应用型本科高校而言,推动学校转型和激励青年教师发展,确实成为急需破解的难题。

(二)二级学院系缺乏自主权,转型动力不足

伴随着我国进入高等教育大众化阶段,地方应用型本科高校经历了从规模扩张到内涵发展,从专科教育到本科教育层次的提升,学校办学定位以培养应用型人才为主要目标,科学研究为人才培养服务,关注社会和市场对人才的需求,地方的需求和支持对该类高校的发展影响较大,学校内部的基层学术组织——院系组织的规模、结构、功能都发生了很大变化,人才培养、科学研究和社会服务三大职能的重要性日益彰显,学术性组织的本质日益凸显。但是,以传统的行政主导的发展模式和"校办院"的管理模式尚未发生根本的改变,特别是在学术权力尚处于萌芽、培育阶段,行政管理逻辑显得尤为强势,主要体现在采用垂直的行政管理方式,过分强调科层化,校级领导为主要决策者,中层职能部处长为学校决策的主要咨询者以及决策的主要实施者和监督者,各二级院系被看作是学校的"生产车间",仅仅是学校统一政策和制度的被动执行者,二级院系主要忙于应对学校各职能部门下达的各种指令,自主权非常有限。在此状况下,老师们进行学术生产活动的动力受到抑制,学术质量难以保障。正如有学者所说,"如果大学教师影响力太小,那么他们的智力进步能力也受到严重威胁"[②]。

有学者精辟地分析当前我国高校综合改革推进的难点之一是"从院系自身看,校、院、系三级管理之下,二级院系的自组织功能、发展活力不足,不少二级院系的积极探索受制于中观层面的高校制度设计和宏观层面的国家体制性制约,以至于在顶层设计、中层担纲和底层实践之间存有一些错位、脱节,一些看起来积极、合理的改革探索难以操作和落实,在不同层面、不同程度上出现'上面加油门、中层挂空挡、下面踩刹车'的现象,存在'不出事但也不干事''中梗阻''最后一公里'的问题"[③]。这一观点说明,同样对于地方应用型本科高校而言,要健全二级院系的自组织功能和激发其发展活力,管理权力重心必须下放。

---

① 张安富,靳敏.高校青年教师队伍建设的系统思考[J].中国大学教学,2015(3):68-71,39.
② 尤塔·默沙伊恩.大学治理与教师参与决策[M].魏进平,马永良,等译.北京:知识产权出版社,2014:43.
③ 周海涛.推进高校综合改革的难点和对策[J].探索与争鸣,2017(8):50-53.

(三)内部制度设计与运行的冲突,尚不适应应用型转型发展

尽管国家层次对地方本科院校转型发展指出了方向,提出了办学服务面向和人才培养目标上的定位和要求,并进行了宏观的政策引导,"截至2016年3月,全国已有20多个省份、200多所院校在推进转型试点工作"①。但是,毕竟转型的主体是地方本科院校,并且是否转型取决于这些高校的自愿选择。无论是国家层面、省级层面、市级层面、校级层面还是教师层面,在观念、办学经费、评价标准和高等教育管理体制机制等方面都还存在一定的争议,这也势必造成在转型发展中学校内部学术管理制度设计与运行产生冲突,在部分领域和环节出现制度缺失、制度滞后、制度失灵和制度多变的状况。

1.学术评价制度的抑制

学术评价制度的功利性凸显。学术活动在本质上是一种探索性、创新性活动,不确定性与不可预计性是其最大的特点,需要理性,需要自由和自觉。为此,在对学术活动的管理上是难以标准化管理的。但是,"大到政府的行政部门,小到大学内部的行政部门,通常都从科层理性出发,致力于制定和实施明确的、可计算性的规则,以便于大学及其教师的工作在过程和结果上得到更好的控制,从而使预先制定的业绩指标得以实现"②。所以,现实中偏偏出现的是量化管理大行其道。正如有学者所言,"量化评价的盛行是大学行政化的一种具体表现……当大学中学术权力足够强大,与行政权力处于一种平衡状态时,这种量化的手段尚不足以危及学术活动;而一旦行政权力膨胀,居于主宰地位,行政的思维就会取代学术的思维。其结果就是大学的管理趋于异化,凌驾于学术之上,出现行政为体、量化为用的现象"③。

由于地方应用型本科高校与老牌本科高校比较而言,整体学术能力低,学术氛围淡薄,因此出现行政权力强势,学术权力式微是一种更为普遍的现象,或许管理者对知识生产不了解,或许是虽然了解了,但出于职权和职位的逻辑出发,以追求目标效率和公共责任为目的来左右学校决策,制定出不利于学术自身发展规律的标准。量化管理被普遍应用在科研评价和绩效管理上也就不足为怪了。比如,省里每年的各高校办学绩效的量化评估同样如出一辙,以科研为主要衡量指标进行排名,高校的领导为了不被问责而不得不采取一种"科研挂帅"的战略,并进行一系列学术制度改革加以推进。例如,调研中的某所地方应用型本科高校的科研评价制度和绩效管理规定:"1篇被SCI收录的学术论文,JCR(中科院)分区一区(一区大类前20%期刊收录)的论文计算为360分值,1篇被SCI收录的学术论文,JCR(中科院大类)分区一区、二区、三区、四区的论文计算分值分别为180、100、70、60;1篇CSCD、CSSCI核心版收录的学术论文计算为30分值……"这种理工科普遍强调SCI的发文量和课题金额,人文社科则是SSCI、CSSCI和课题级别的评价指标已是地方应用型本科高校普遍通行的做法。在年度工作考核和三五年内的聘期考核中

---

① 教育部部长袁贵仁答记者问[EB/OL].(2016-03-11)[2021-06-15].http://www.financialnews.com.cn/zt/2016/h/tebao/201603.

②③ 陈洪捷.学术创新与大学的科层制管理[J].北京大学教育评论,2012,10(3):2-7,187.

必须完成规定教学、科研和社会服务工作量,教学考核量化为课时乘以系数的简单结算,科研和社会服务考核则量化为科研项目、成果、经费对应科研分数的简单求和,并与绩效分配绑定,实行"工分制",挣不到工分就拿不到津贴。这种对教师的学术评价忽视了学术具有投入的长期性和效益的滞后性特点的短期且量化考核机制,迫使教师怀着急功近利的浮躁心态,生产出短平快的知识产品,导致学术产品质量面临严峻的危机。

行政管理以讲求等级、效率原则,追求速度和数量为特点。由于量化管理被看作是一种能够减少人为的主观评价,体现精确、客观、透明、公平的精神,做到数字面前人人平等,并且易于操作,便于管理,因而正如有学者认为"过度量化的评价模式,违背了大学学术研究的基本规律,抹杀了学科文化的差异,限制了合作,阻碍了深度研究,制造了很好看的数字,却失去了大学的精神"[①]。本以追求高效率为目的的学术评价,却在机械的制度面前陷于低效率甚至负效率的深渊。

学术评价标准、办法同质化现象趋于严重。由于管理人员行政管理逻辑使然,对学术生产的复杂路径和表现方式认识不足,研究不够,导致无法理解,只能遵循所谓的"普适性"理论原则和量化管理的实践范式,复制和模仿高层次院校的评价制度。在实践中,出现评价制度单一,教学学术评价制度激励性弱,社会服务成果评价标准缺失,科教融合评价机制缺失等问题,这显然与地方应用型本科院校转型发展要求学校的学术活动多元化,突出应用性,学术成果呈现多样化的现实要求不相符合,最终导致学术评价制度偏离学校应用型转型的发展定位,丧失个性和特色,直接影响知识生产机制的创新和学术的可持续发展,凸显"千军万马齐过独木桥"的局面。另外,与老牌本科高校相比较而言,地方应用型本科高校的科研条件薄弱,大部分教师自身的科研能力不足,学术研究的自觉性不足,模仿的评价制度自然就出现水土不服的状况,长此以往,教师的学术研究失去方向、失去激情,最终失去动力。

2.培养制度出现供给不足

培养制度缺乏个性化和差异化。现有的青年教师培养制度都是以学校的人事部门或教务部门为主导,根据上级部门的政策要求来具体遵照执行,主要从传统的人事管理角度考虑制定具体实施细则,而不是从战略人力资源管理的角度出发,着眼于学校的发展与未来目标,对青年教师人力资源进行层次性、系统性和目标导向性的培训、组织、协调和开发,导致培养培训体系不系统、机制不健全,普遍比较缺乏相应的创新导师、创新团队和创新实践进修平台等。青年教师参与培训项目是建立在工作量互认的基础上,而不是基于自身专业发展的自我反思、自我需求的实现上。管理者对青年教师发展主体性和需求缺乏足够的认识和指导,培养方式和培养内容满足不了青年教师个性化、差异化需求,培养项目自然没有吸引力,很难达到激发青年教师的主动性和创造性的效果。

培养制度公平性缺失。一是高校管理者在经营管理高校时,将高校作为一个经济理性的主体来看,从收益角度出发,更愿意直接引进有很多学术成果的高层次人才代替青年

---

① 张耀铭.学术评价存在的问题、成因及其治理[J].清华大学学报(哲学社会科学版),2015,30(6):73-88,190-191.

教师的培养,换言之,秉持重"选才"轻"育才"的管理理念,在资金的投入上,并不太愿意投向师资培养上。二是管理者制定的培养制度偏于功利,比如选拔性培养制度多,大多倾向培养在重点领域或重点学科表现突出的青年教师,取长而不补短,造成大部分青年教师发展机会的不公平;培养制度大都与教师的职称晋升和上级部门的硬性规定要求相联系,许多高校培养制度规定副高级职称的青年教师才有半年以上的外出培训进修机会,处于初中级职称阶段的青年教师只有短期的校内新教师培训,由于各学院学术资源分配不均,非重点建设学科专业的青年教师难以有外出学习交流的机会,这种培训制度难以实现青年教师专业发展能力和教学学术水平的整体性提高。由于发展环境和学术资源的充裕度不同,地方应用型本科高校青年教师在培养内容和方式上难以与老牌重点高校相媲美,这种培养过程和机会的不公平,实际上拉大了不同层次高校之间和校内不同学科专业之间的青年教师教学科研能力和水平的差距,很容易挫伤大部分青年教师发展的积极性和主动性。

3.评聘晋升考核制度过于僵化

岗位考核评价体系缺乏科学性、系统性和合理性。管理者在设计岗位、设置聘用制度中过于强调行政逻辑,强调对人的监督、控制和防范,忽视学术工作的特殊性、复杂性,缺乏对人的理解和信任,青年教师的发展受控于考核晋升指标变得急功近利,无形中增加了青年教师的教学科研工作任务以及社会经济压力。地方应用型本科高校在升格和转型发展期间,随着办学规模扩大,入编的青年教师比例超过中老年教师;青年教师中高层次人才缺乏;教师转型速度跟不上专业的转型或淘汰速度;学校在制定岗位设置与聘用管理办法过程中,教师承担教学、科研及社会服务等方面的工作量之间缺乏合理比例,教师之间工作量缺乏合理比例,过分强调科研导向型的评价体系以及成果量化的考评机制、短期高强度考核要求、岗位设置与经济利益挂钩等因素的影响。正如有研究者认为,"绩效评价强化市场竞争,同行变对手,剥夺了青年人才职业起步时需要老教师提携的机会,专业合作的行为机制被打破,影响团队的建构"[①]。上述种种情况,给青年教师带来了极大的工作、经济和心理压力。

职称晋升空间小,职业发展路径单一,缺乏自主选择性。由于高校专业技术职称呈金字塔结构,国家对各高校高级职称结构比例有严格的限制。在此前提下,一是为了控制高级职称岗位聘用数量,各高校通过自然减员、调出、高职低聘、提高晋升指标等办法,逐步达到规定指标。可是,地方应用型本科高校为了提升学校核心竞争力,从评聘晋升制度文本看,普遍又存在采取意欲提高职称晋升条件的办法,达到增强与同类高校的竞争力的目的。这就意味着青年教师职称晋升难度出现愈发增高的态势,表现为入校时间越靠后,晋升难度越大的现象。"'编制的瓶颈'往往会产生'你上我就不能上'的问题,形成名额竞争,而不是学术竞争。"[②]二是青年教师缺乏职业发展通道的自主选择性。学校管理者在制定职称晋升条件时对学科专业之间、教师对学术工作的兴趣爱好等因素缺乏考虑,大多

---

① 孙绪敏.高校青年人才绩效评价的困境与突破[J].黑龙江高教研究,2017(3):101-104.
② 黄岚,樊泽恒."非升即走"对教师专业发展的影响和对策[J].江苏高教,2015(6):72-76.

采取简单粗放的管理办法,缺乏分层分类管理制度的设计。这种学术锦标赛式的优胜劣汰的竞争,对于少数优秀青年教师而言是动力,对于大部分能力亟待提高的青年教师而言,一旦自己耐不住学术研究和积累的时间代价,更多的是出现放弃原来心中幸存的那点希望和动力,随波逐流。所以,整体而言,青年教师学术职业发展通道的单一和堵塞,不利于激发青年教师学术研究积极性和创造力。

4.激励手段和方式简单粗放,激励效用有限

现有的激励政策大多数起着一种"保障因素"的作用。高校管理者对人性认识更多地倾向于将教师视为纯粹的"经济人",在制定激励政策时重在见效快的价值取向,侧重在薪资、待遇、福利等方面,重视一时的物质性奖励,忽视长效的发展性激励,激励手段和方式简单、粗放。比如,过多地采用量化的绩效考核评价指标和物质奖励等外部利益诱导,大部分学校科研奖励制度规定项目和成果奖励按照级别与具体金额挂钩,这样的金钱奖励固然诱人,即所谓"重奖之下必有勇夫",催生出一批为金钱而科研的青年教师。同时也使一部分青年教师"望钱兴叹",觉得"不愿受这个累,不就是钱嘛,我不缺这个钱",转而进入消极对待。可见,以自我实现需求为导向的激励机制尚未系统构建。

激励与需求未能匹配,激励不均衡。一是管理者在顶层设计激励机制时注重学校需求,强调考核与评价,而忽略教师的内在需求,把教师视为一种机械的和被动适应的"工具"或"手段",没有全面、充分考虑高校教师职业劳动的连续性、复杂性、创造性及个体自主性特点,未能充分考虑教师的差异性,未能针对青年教师职业发展具有不同的发展阶段,他们的需求也具有时段性和发展性特点,忽视对教师的终极关怀,以统一的标准和尺子来规范和衡量教师,教师自我实现的内在追求得不到彰显,最终造成外在的激励得不到内化,助长了浮躁心理和功利思想。二是激励不均衡,管理者在制定教师工作业绩评价指标、权重时,重视结果激励,而忽视过程激励,唯"成果"论英雄,导致教学、科研和社会服务的业绩评价的不相容,最终造成激励不相容。比如,青年教师教学科研工作量大,付出的时间和精力多,但常常面临物质报酬与付出不对等的困惑;再比如,学校相关政策对在职称晋升条件中科研成果的研究参与者排名或成果奖励中研究参与者做出严格规定,只有第一作者和第二作者才具有参加评审的资格或者获奖的资格,其他排名靠后的参与人员均被排除在外,这对于青年教师来说,其参与的积极性被打击,个人价值得不到肯定和实现,内在动力受到抑制,长此以往,导致青年教师合作意识淡薄,对青年教师成长是十分不利的。

5.高校教师流动机制运行不畅,学术活力不足

在我国高等教育大众化前期,各类高校出现了较大规模的教师流动热潮,逐渐形成了以增加高校教师数量为目标的学术劳动力市场,虽然大众化进程进入到中后期,教师流动从数量向质量转向,但是我国的学术劳动力市场尚未发育规范和成熟,高校教师的流动机制仍然存在运行不畅的问题。在一定程度上,这也反映在地方应用型本科高校上。比如,一是由于地方应用型本科高校规模的扩大,师资缺口大,学校办学基础薄弱,办学经费有限,特别是人才引进经费短缺,为了达到最基本的办学条件,在较短的时间内,招聘了大量的青年教师,使一部分低学历、低资质、低能力的人进入学校,导致新进的青年教师质量存

在良莠不齐的现象,并在学校发展的过程中逐渐出现分化,部分青年教师素质和学术能力跟不上学校发展的要求。二是由于计划经济体制遗留下的"单位"制度下,学校的制度设计缺乏竞争、分流和淘汰机制,随着学术劳动力市场中需求大于供给时,地方应用型本科院校的学术能力强的青年教师产生了流动的欲望,导致优秀青年教师流失。三是学校向应用型高校转型,加大了对行业、企业实践型师资的需求,但是,我国无论是普通劳动力市场还是学术劳动力市场开放程度均低,信息不对称,声望低的学校很难吸引到优秀的行业、企业高级技术和管理经验的实践型师资。正如阿特巴赫所言:"当大学教师的工资不足以与其他行业的工资相媲美的时候,高等教育将面临吸引和留住优秀人才的巨大压力。"[①]因此,高校教师流动机制运行不够通畅,不利于营造良性竞争氛围和激发老师的创造力以及开拓精神,使得大部分学术能力一般的青年教师更多的是抱着得过且过的心态,进而出现劣币驱逐良币的现象。

第三节　地方应用型本科高校青年教师的需求与能力对科研发展动力的影响

心理学理论认为,个性是复杂的、多侧面的、多层次的统一体,它包括个性倾向性和个性心理特征两大部分。个性倾向性是人类进行活动的基本动力,是个性结构中最活跃的因素,它决定着人对现实的态度,决定着人对认识活动对象的趋向和选择,它由需要、动机、兴趣、理想、信念和世界观等因素所构成;个性心理特征是个性结构中比较稳定的成分,主要包括气质、性格和能力等因素。各因素中,需要是人从事各种活动的基本原动力,是人的一切积极性的源泉,并常常以动机、兴趣、愿望、价值观等形式表现。为此,本节主要以需要和能力这两个维度对地方应用型本科高校青年教师科研动力存在不足进行归因分析。

一、青年教师需求的多样性、复杂性和差异性

由于人性假设总是和人的需要紧密结合在一起的,在人性假设理论的视野下,高校教师具有经济人、社会人和学术人的本征,为此,也就存在各种的需要与诉求。相对而言,在现实的境况下,地方应用型本科高校的青年教师群体存在的需求表现形式具有其共性又具有特殊性。

---

① 菲利普・G. 阿尔特巴赫.变革中的学术职业:比较的视角[M].别敦荣,译.青岛:中国海洋大学出版社,2006:14.

(一)独立意识强,但人生观、价值观还不稳定,职业适应度不足

青年教师具有"新生代员工"的群体特征,出生于 1980 年后的青年教师受后现代主义价值观的影响,更多地表现为多元共存的价值观。"他们成长在我国经济高速发展和社会文化高度开放的现代化建设时代,行为个性独特、张扬,追求精神和物质的双重享受;重视工作中的个人兴趣、自我发展和自我实现;更看重人权、平等,所需要的'尊重'是真正感知到的平等,而不仅仅是面子上的工作;看重他人对自己的评价,希望从他人那里获得良好感受;崇尚独立、自由,不希望受制于科技和工作的束缚;学习能力强,善于接纳新事物,有活力,追求自我卓越的同时,也追求集体利益的最大化,希望带来正面的外部性。网络和其他社交手段的出现,使新生代员工降低了对工作场所人际社交的欲望,人际关系协调处理能力和情绪调节能力较差,抗压能力差。"[①]

一方面,青年教师接受过高等教育,有较高的文化素养,大多数有自己独立的思想,具有强烈的独立意识,普遍具有自律感和道德感,能主动完成各项教学科研工作,不愿在工作中受制于他人,而更强调对自我的一种引导。另一方面,青年教师的人生观、价值观还处于不稳定状态。在周围复杂多变的社会环境变化下,社会或群体的价值观不断发生变化,并影响着个体价值观,青年教师容易受到经济快速发展下急功近利、庸俗浮躁的环境冲击,难免会滋生急功近利的思想。他们自我期望值高,渴望自身价值早日得到实现,以至于看不到自身的缺点和不足。

相比老牌本科高校,地方应用型本科高校的学术文化底蕴不足,缺乏一批雄厚的优质师资引领、激励和感召。在数量上,安于现状的教师比积极进取的教师多;在意识上,对高校教师学术职业生涯的长期性、特殊性等特征认识不足,对职业生涯的自主规划意识不足;在面向未来上,处于"被发展"状态的占多数;大部分引进的博士对所在二本院校的选择并非第一选择,对学校出自内心的认同度和期望值并不高,在情感上的归属感和认同感不足,对自己和学校的信心度不强,对个人发展和学校发展的紧密依存度认识不足。在当前浮躁和功利的社会环境下,追求"权力"和"财富"成为很多现代人判断社会分层的最重要依据,受此价值观的影响,地方应用型本科高校青年教师学术职业适应度下降,潜心治学氛围难以形成,进而影响青年教师科研创新的动力。

(二)在职业发展中的自我实现需求尤为强烈,成就动机高,但创新能力不足

自我实现是个体身心潜能得到充分发挥的一种境界。自我实现的需要是一种要求挖掘自身潜能,实现自己的理想和抱负,充分发挥自己全部能力的需要,是最高层次的需要。高校青年教师均有着良好的教育背景和学术经历,一方面,他们选择教师职业,更多的是对崇高教师职业的敬仰,更多的是出于个人对所学专业和教育事业的热爱,而不仅仅是为了就业需要;另一方面,他们选择学术职业,更多的是崇尚高深知识和科学的探索精神,对自己有较高的职业要求和定位,具有较强烈的专业发展和成就动机。为此,实现高校教师

---

① 陈翼,唐宁玉.新生代员工工作价值观:后现代主义的视角[J].上海管理科学,2014,36(1):66-71.

职业的自我价值是青年教师的最高层次需要。然而,自我实现的需要不仅是最高需要层次,从人的发展过程看,也是一种成长性需要。高校教师的劳动具有连续性、复杂性、后效性、创新性等特点,自我实现的需要要得以实现,自身必须具备较强的创新精神和创新能力。

有研究表明,学历因素对大学教师的成就动机有显著性的影响,一般来说,学历水平高的人,对自己成功的可能性的信心大,对自己失败的可能性的估计就小,敢于冲破障碍克服困难努力追求目标,高学历者的成就动机水平显著地高于低学历者的成就动机水平。[①] 然而,相对于老牌本科高校,地方应用型本科高校(特别是地处经济欠发达区域的高校)博士、教授等高层次人才占比少,硕士青年教师在学术研究基本规范的训练、实验的规范流程、论文写作方法以及学术规范等最基本、最核心的研究能力和科研素养上是不足的,因此整体而言创新能力弱。在调研和访谈中也较明显地显示,受调查的地方应用型本科高校的青年教师普遍对自身创新能力总体评价不高。

(三)面对工作、经济、生活的激烈的竞争压力,大部分青年教师以学术为志业的定力不足,自我效能感较低

每个正常的个体都不能脱离群体而孤立的存在,需要在自己所属的组织里生存和发展,有安全感的需要、有情感的需要、有归属感的需要、有自我实现的需要等,每个人都会受到周围环境的影响,工作压力成为我们现代生活中普遍存在的现象。压力像一把双刃剑,它既是一种强大的推动力,也是一个可能影响工作绩效和职业健康的消极因素。

在工作上,青年教师由于缺乏经验和阅历,在职业生涯的发展过程中会遇到种种压力,而主要压力来源于"科研、工作负荷和自身发展"[②];在经济上,由于参加工作的时间短,工资及待遇较低,往往成为"月光族"(当月工资当月花光);在生活上,往往面临组建家庭、子女年龄小、老人需赡养等的困惑和压力。"在很多人看来,高校教师应该是'知识水平高、经济收入高、社会地位高'的'三高'群体。然而,事实上这里的'高校教师'所涵盖的范围是很小的,往往指的是教授级别的教师而绝非青年教师。现实中的'青椒'们在物质层面承受着高消费时代的经济压力,在心理层面则对工作和婚恋充满着焦虑"[③]。上述高校青年教师成长面临的困境无论是"985""211"高校还是地方应用型本科高校的青年教师都是同一处境,只是程度有所差别而已。

人才成长是多学科、多因素、多环境共同作用的结果,是个长期发展的过程。"学术研究传承着一个社会的精神文化价值,为我们重新展开逝去的那些生活世界,展开那些已经凝固的伟大思想。但以学术为业的学人们是一群寂寞的前行者,没有太多的鲜花和掌声,板凳坐得十年冷,方能小有成就。尤其在当下,学术显然并不是求取名利的优选途径,选择学术,其实就是选择了一种清苦的生活方式。因此,以学术为志业就需要很深的定

---

① 佟丽君,张守臣.高校青年教师成就动机研究[J].心理科学,2008(4):861-865.
② 秦琴.高校教师工作压力与社会支持——以武汉高校为例[J].高等教育研究,2014,35(4):35-42.
③ 胡中俊.高校"青椒"的成长困境和出路[J].当代青年研究,2015(6):54-58.

力。"①但是,地方应用型本科高校青年教师大部分是硕士生,没有经过博士阶段规范、严格的学术训练经历,体会不到学术职业的特殊性,以学术为志业的信心和定力不足,意志力和抗压力得不到锻炼,职业规划意识不强,缺乏"板凳敢坐十年冷"的勇气和恒心,加上自我认知下行倾向,对外部条件要求过于苛求,怨天尤人,在工作中遇到挫折后,缺乏有效的缓解压力的方法,抗压能力弱,得过且过,随波逐流,甚至自暴自弃。

二、青年教师的学术职业能力亟须提高

能力虽然不是顺利完成某种活动的全部心理条件,但能直接影响个体行动的效率,是完成某种活动所必备的心理特征。能力是掌握知识、技能的前提,又是掌握知识、技能的结果,它们是相互转化、相互促进的。知识和技能的掌握与能力的发展不是同步的,人的能力发展要比知识、技能的掌握慢得多,它是遗传素质、环境、教育、社会实践和个人的主观能动性等多种因素交互作用的结果。社会转型、高等教育变革、学校向应用型转型发展的一系列要求,对地方应用型本科高校的青年教师的学术职业能力提出了更多挑战。

(一)思想上存在许多困惑

为了适应产业结构转型升级和产业技术进步的经济发展新常态,化解人才培养与社会需求的结构性矛盾;为了适应高等教育内涵式、特色化发展,破解地方高校生存发展的危机,地方高校必须主动向应用型转型、求新求变。青年教师作为学校转型发展的重要参与者,其能否适应转型发展关系到地方高校的长远发展以及个人学术职业生涯发展。

但是,青年教师大都接受传统的精英化学术型教育,对学校为什么要向应用型转型、应用型转型与自身发展的关系、转型发展需要做什么等问题存在思想上的困惑,要么,认为转型离自己很遥远,不关心、不关注、不思考转型发展是什么;要么,学校转型风险高,困难和代价大,有担忧、恐惧和排斥心理;要么,不知自己在学校转型发展过程中能做什么和该做什么,感到无所适从。

(二)学术职业知识和能力结构失衡

地方本科高校若想成功转型,就要有其发展的特色——培养应用型人才,以应用技术服务地方经济发展。教师是实现这一特色发展的主力军,教师的专业素养及转型适应度直接影响转型的效果。为此,教师的知识结构需要优化,实践教学能力需要增强,专业应用能力、应用研发能力和社会服务能力需要提升,通过提高教师专业发展水平实现转型目标。

事实上,无论是近年从国内外大学引进的博士、博士后,还是升本以来聘用的硕士,大多数青年教师都是从高校毕业后就直接进入另一所高校任教的。在教学上,青年教师在入职前接受的学习都是以理论教学为主,学科理论知识系统性强,其实践经验仅仅是在上

---

① 周振鹤.学问的关键是"求真"不管有无用处[EB/OL].(2013-07-12)[2021-06-20].https://cul.qq.com/a/20130712/006577.htm.

学期间的实习或见习中习得,尚不具备指导学生专业或职业实践动手操作技术与能力,入职后应用能力的培训十分有限,基本没有进入企业或行业参加系统的实践锻炼的机会,也就产生了轻视对学生的动手实践能力、思维创新能力和就业创业能力的培养,甚至是畏惧或排斥企业实践。在科研上,青年教师在大学接受的是研究型大学的系统扎实的学术训练,应用研发能力和社会服务能力更多的是在工作实践中获取。所以,现有的青年教师要达到"既具备宽厚的专业基础知识、扎实的行业实践知识,更要具备较强的专业应用能力、实践教学能力、应用研发能力和社会服务能力,真正达到'双师型''双技型''双能型'水平"[①]的要求还有很大的差距。

(三)情绪智力有待提升

情绪智力是个体认知、评价、管理和控制自己或他人情绪的能力。[②] 有研究发现个体的情绪智力水平会影响他对周围环境的感知,进而影响他对环境威胁的判断和评价,导致差异性的个体行为。[③] Barney 指出竞争优势的获得取决于个体所拥有的资源数量。[④] 青年教师在学术职业初期正处于"爬坡过坎"阶段,需要强大资源的支持。青年教师在获得学术资本积累过程中,需要与不同群体进行互动以获取资源提升自身职业发展。高情绪智力者善于在与他人的互动过程中较倾向于采取合作的方式来处理工作中的问题,并有效地获得对方良好印象与关键资源;善于管理自己的情绪,具备直面困难和挑战的勇气。比如,在教学团队、科研团队建设中是否善于采取合作的态度,保持较好的人际关系,追求双赢的结果,高情绪智力者表现特别突出,使自己能够更好地融入整个团队中去。国内学者对情绪智力在科研压力源与科研绩效之间关系的调节作用进行探索,研究认为,"情绪智力能正向调节挑战性科研压力源和阻碍性科研压力源两种类型科研压力源与科研绩效的关系"[⑤]。以学术资源匮乏这一阻碍性科研压力源为例,低情绪智力的老师在得不到有用资源时或出不了成果时,可能就对学校心生怨气,产生负面情绪;而高情绪智力的教师可以有效利用情绪的促进功能,调整心态,淡化资源不充分的消极影响,强化以苦为乐的乐观情绪,或坚信"办法总比困难多"并积极地寻找其他渠道获取资源,因而不会使学术资源匮乏成为科研成功的阻力。在实地调研中,同一所学校,有的青年教师能够脱颖而出,成为同龄人中的佼佼者,就是情绪智力起着重要调节作用的最好佐证。但毕竟这部分青年教师所占比例少之又少,大部分青年教师对科研压力如何有效转化为科研动力与其情绪智力水平程度有很大的关系。

① 董立平.地方高校转型发展与建设应用技术大学[J].教育研究,2014,35(8):67-74.

② CIARROCHI J V,CHAN A Y C,CAPUTI P.A critical evaluation of the emotional intelligence construct[J].Personality and individual differences,2000,28(3):539-561.

③ JORDAN P J,ASHKANASY N M,HARTEL C E J.Emotional intelligence as a moderator of emotionaland behavioral reactions to job insecurity[J].Academy of management review,2002,27(3):361-371.

④ BARNEY J.Firm resources and sustained competitive advantage[J].Journal of management,1991,17(1):99-120.

⑤ 王仙雅.科研压力源对高校教师科研绩效的影响机理研究[M].北京:经济日报出版社,2017:133.

第六章　构建地方应用型本科高校青年教师科研发展动力机制

　　青年教师是地方应用型本科高校从事学术活动和实现转型发展的中坚力量,激发青年教师科研发展动力,既需要外部学术制度、政策环境的支持和支撑,也需要青年教师的科研自觉与践行。只有从内部的科研自觉和外部的学术制度、政策环境的支持层面加以构建,才是激发地方应用型本科高校青年教师科研发展动力的有效途径和长效机制。

第一节　国家层面:宏观政策的引导与保障

一、真正落实好高等教育领域的"管办评分离"政策,进一步提高政府的高等教育治理能力

　　2014 年 1 月,在教育部召开的全国教育工作会议上,提出要"以构建政府、学校、社会新型关系为核心,以推进管办评分离为基本要求,以转变政府职能为突破口,建立系统完备、科学规范、运行有效的制度体系,形成政府宏观管理、学校自主办学、社会广泛参与,职能边界清晰、多元主体'共治'的格局"。2017 年 4 月,教育部、中央编办、发展改革委、财政部和人力资源社会保障部又共同颁布了《关于深化高等教育领域简政放权放管结合优化服务改革的若干意见》,在高校学科专业设置、编制及岗位管理制度、进人用人管理、教师职称评审机制、薪酬分配制度、经费使用管理、高校内部治理等方面,进一步推进对高等学校的简政放权,使高校进一步有了"依法自主管理"的更大权限。2017 年 9 月,中央全面深化改革领导小组审议通过了《关于深化教育体制机制改革的意见》,提出到 2020 年要形成更加完善的"政府依法宏观管理、学校依法自主办学、社会有序参与、各方合力推进"的教育治理格局,并确定了"坚持放管服相结合"的基本原则,即"深化简政放权、放管结合、优化服务改革,把该放的权力坚决放下去,把该管的事项切实管住管好,加强事中事后监管,构建政府、学校、社会之间的新型关系"。这些政策代表着国家意志,表明了中央政

府在教育领域推进全面深化改革的决心和行动。

但是,也应该看到,"我们对省市级政府及地方高校就高等教育领域'放管服'改革落实情况的调研显示:虽然'放管服'改革整体趋势是好的,涉及地方高校人事自主权领域'放管服'的相关政策规定也很'解渴',但该改革意见落地效果却不尽如人意,高校和师生的获得感不强,仍存在一些束缚地方高校人才发展的瓶颈问题……新一轮的高等教育'放管服'改革已至'拐点',中央层面关于地方高校人事管理利好政策落地生根难的'中梗阻'问题依然普遍"[①]。这就从一个侧面说明在全面深化教育改革的过程中,国家治理体系现代化及治理能力亟待完善和提高。

地方应用型本科高校作为全面深化教育改革的主体之一,同样渴望享受国家的利好政策,更好更顺地实现转型,在转型过程中尽量减少制度交易成本。"地方本科院校转型发展,既不能由政府单边推动和行动,也不能完全由高校自身自觉自愿转变……关键问题是政府和高校间需要协商对话,通过建立协商对话机制,既能体现政府的要求,又尊重了地方高校意志和办学自主权。"[②]为此,政府应确实在依法治教过程中不断提高自身的治理能力,助推地方应用型本科高校的转型发展,使学校师生享有更多的改革红利带来的获得感,激发教师特别是青年教师投身于教育事业的积极性和主动性。

二、进一步理顺中央与地方、省级与市级政府对教育管理的权责关系

地方应用型本科高校的外部管理体制一般有"省市共建,以省为主"和"省市共建,以市为主"两种类型。这两种高校管理体制是我国高等教育进入大众化阶段的产物。中央和地方政府两级管理、以地方政府管理为主的新高教管理体制的确立,理论上激发了地方政府管理高等教育的积极性,为地方高等教育提供了发展机遇。但实践中,"中国高等教育体制改革成效不足的主要原因之一是中央政府对地方放权不够,地方缺乏参与高等教育竞争的机会和制度创新空间"[③]。

地方应用型本科高校由于本科办学历史较短,办学资源、发展能力相对较弱,社会学术声誉显现不足,加上大部分地方应用型本科高校缺乏区位优势,造成了学校在社会资源配置方面(如高水平师资引进、师资发展经费等)难以与老牌高校同台竞技。由于现有的重点建设资源配置机制的缺陷,政府、企业、高校三者的利益关系错位以及合作机制的不完善,地方应用型本科高校拥有的社会资源极其有限,参与的广泛性更是不尽如人意。要想使地方应用型本科高校办学有活力,青年教师发展有动力,是离不开省市两级政府的有力支持的。2015 年,教育部、国家发展改革委、财政部联合颁布的《关于引导部分地方本

---

① 周海涛,刘永林.地方高校人事自主权亟待落到实处[J].高等教育研究,2018,39(1):24-28.

② 刘振天.地方本科院校转型发展与高等教育认识论及方法论诉求[J].中国高教研究,2014(6):11-17.

③ 王寰安.我国高等教育体制改革为何成效不足[J].高等教育研究,2011,32(4):30-36.

科高校向应用型转变的指导意见》明确要求省级试点改革方案要落实和扩大高校的办学自主权,指出转型主体是高校,但转型的责任在地方。因此,有必要进一步理顺中央与地方、省级与市级政府对教育管理权限和责任范围,做到不越位、不缺位、不错位,避免出现省级政府统筹乏力的现象。

三、依法明确政府与高校之间的权责关系

(一)中央政府及教育主管部门站在国家战略的层面,继续制定相关政策的配套制度和方案,有力指导省级政府依法依规管理高等教育

党的十八大做出了实施创新驱动发展战略的决策部署,党的十八届五中全会强调创新是引领发展的第一动力。习近平总书记在 2013 年 9 月召开的十八届中央政治局第九次集体学习时说道:"实施创新驱动发展战略,不能'脚踩西瓜皮,滑到哪儿算哪儿',要抓好顶层设计和任务落实。顶层设计要有世界眼光,找准世界科技发展趋势,找准我国科技发展现状和应走的路径,把发展需要和现实能力、长远目标和近期工作统筹起来考虑,有所为有所不为,提出切合实际的发展方向、目标、工作重点。"2016 年 5 月,李克强总理在全国科技创新大会、两院院士大会、中国科协九大第二次全体会议上指出:"要以体制机制改革激发科技创新活力。推进科技领域简政放权、放管结合、优化服务改革,在选人用人、成果处置、薪酬分配等方面,给科研院所和高校开展科研更大自主权。让科研人员少一些羁绊束缚和杂事干扰,多一些时间去自由探索。完善保障和激励创新的分配机制,提高间接费用和人头费用比例,推进科技成果产权制度改革,提高科研人员成果转化收益分享比例。把创新精神、企业家精神和工匠精神结合起来,解决'最先一公里'和'最后一公里'两个问题,打通科技成果转化通道。加大财政科技投入,改进科研活动评价机制,加强知识产权保护,营造尊重劳动、尊重知识、尊重人才、尊重创造的良好环境。"近年来,党中央、国务院先后出台了关于促进科技创新的一系列政策措施,肯定科研人员的智力劳动价值,为科研创新营造良好的政策环境。

在科研体制机制改革方面,比如,2016 年 2 月国务院关于印发实施《中华人民共和国促进科技成果转化法》若干规定的通知指出,要促进研究开发机构、高等院校技术转移;激励科技人员创新创业;营造科技成果转移转化良好环境。2016 年 4 月,国务院办公厅关于印发《促进科技成果转移转化行动方案》,围绕激发创新主体积极性、构建支撑服务体系、完善创新要素配置等,通过组织领导、政策保障、示范引导进行组织与实施,强化落实《中华人民共和国促进科技成果转化法》及相关政策措施,完善有利于科技成果转移转化的政策环境。2016 年 11 月,中共中央办公厅、国务院办公厅印发《关于实行以增加知识价值为导向分配政策的若干意见》,推动形成体现增加知识价值的收入分配机制,扩大科研机构、高校收入分配自主权,进一步发挥科研项目资金的激励引导作用,加强科技成果产权对科研人员的长期激励,允许科研人员和教师依法依规适度兼职兼薪。2017 年 5 月,国务院办公厅印发《关于深化科技奖励制度改革方案》,提出修订《国家科学技术奖励

条例》以及修改完善《国家科学技术奖励条例实施细则》，从法规制度层面贯彻落实科技奖励制度改革精神。2018 年 7 月，国务院印发《关于优化科研管理提升科研绩效若干措施的通知》，从扩大自主"权"、放"钱"、"简"管理，提出了优化科研项目和经费管理、完善有利于创新的评价激励制度、强化科研项目绩效评价、完善分级责任担当机制四个方面政策措施。

在考核评价、职称改革方面，比如，2016 年 8 月，教育部颁布《关于深化高校教师考核评价制度改革的指导意见》；2017 年 1 月，中共中央办公厅、国务院办公厅印发《关于深化职称制度改革的意见》；2017 年 10 月，教育部、人力资源社会保障部关于印发《高校教师职称评审监管暂行办法》的通知；2018 年 2 月，中共中央办公厅、国务院办公厅印发《关于分类推进人才评价机制改革的指导意见》的通知；2018 年 7 月，中共中央办公厅、国务院办公厅印发《关于深化项目评审、人才评价、机构评估改革的意见》，对深化科技评价制度改革进行了具体部署，提出了一系列推进人才评价、科技评价制度改革的务实举措，激发了高校教师教书育人、科学研究、创新创业活力。

在教师队伍建设方面，比如，2011 年 7 月，教育部、财政部颁发的《关于"十二五"期间实施"高等学校本科教学质量与教学改革工程"的意见》明确提出要"引导高等学校建立适合本校特色的教师教学发展中心……并重点建设一批高等学校教师教学发展示范中心"，这一制度的安排表明教师发展开始步入教师职业发展的规范化与常态化的轨道。2012 年 3 月，教育部颁布《关于全面提高高等教育质量的若干意见》，指出高校要普遍建立教师教学发展中心，提升中青年教师专业水平和教学能力。2012 年 8 月，国务院出台《国务院关于加强教师队伍建设的意见》，明确指出要"大力提高教师专业化水平""建立教师学习培训制度""推进高等学校中青年教师专业发展"。2012 年 9 月，教育部、中央组织部、中央宣传部、国家发展改革委、财政部、人力资源社会保障部 6 部门发布《关于加强高等学校青年教师队伍建设的意见》，这是一份专门针对高校青年教师队伍建设的政策性文件，文件提出了提高青年教师思想政治素质和师德水平、健全青年教师选聘和人才储备机制、提升青年教师专业发展能力、完善优秀教师传帮带团队协作机制、造就青年学术英才和学科带头人、优化青年教师成长发展的制度环境、保障青年教师待遇和工作条件和加强青年教师队伍建设的组织领导八个方面的指导意见，要求地方政府相关部门、各高校加以贯彻落实。在政策的推动下，各高校都高度重视并不同程度地加大本校青年教师队伍建设力度，不断在理论和实践层面深化推动。2018 年 1 月，中共中央、国务院颁布《关于全面深化新时代教师队伍建设改革的意见》，其中在第 13 条"全面提高高等学校教师质量，建设一支高素质创新型的教师队伍"的规定中，要求要重点面向高校新入职教师和青年教师开展高等学校教师教学能力提升培训，为高等学校培养人才培育生力军。自 2011 年开始的普通高校本科教学工作合格评估和审核评估分别将"教师队伍的培养培训"和"教师发展与服务"纳入评估指标体系中，引导并助推更多的高校把教师发展作为学校发展的重要内容。

总体上看，以上中央政府出台的政策文件体现了在时间上紧锣密鼓，在强度上层层推进，在细节上抓住关键，在效度上操作性较强，成为促进高校青年教师科研发展的重要制度力量和政策支撑，极大地激励青年教师科研意识的提升和科研创新活力的推动。

同时,我们也要清醒地看到,这些政策毕竟是全局性的、战略性的,存在分类指导性、具体化不足的缺陷,对于地方应用型本科高校的转型发展和青年教师发展还可以制定更多有针对性的政策措施或实施细则。比如,关于加快形成中国大学分类发展的政策体系,建立不同类型高校的拨款标准、质量评估、人事管理、监测评价等制度,有的放矢地加以指导;关于制定有利于高校面向社会、面向市场发展的政策,加强对市场的监管和引导;根据新形势适时修订相关法规文件,推进高校教师继续教育的制度化和规范化。再比如,2012年教育部批准的30个国家级教师教学发展示范中心,经过5年的建设积累了丰富的经验和资源,有必要出台政策整合统筹这些资源为全国各类高校所需提供服务,使资源共享最大化,这也是解决地方应用型本科院校培训青年教师的一项政策性保障。

(二)省级政府应充分发挥统筹权,以制度创新推动地方高校转型发展

"高校转型是一项系统工程,当务之急是需要地方政府系统梳理和评估以往的高等教育管理政策、制度与办法,尽快修订、完善或出台与地方高校转型发展要求相适应的有利于落实和促进地方高校转型发展的新政策和新制度。"[①]

1.落实高校进人用人自主权,深化高校人才发展领域的"放管服"改革

2017年3月,教育部等五部门联合颁布了《关于深化高等教育领域简政放权放管结合优化服务改革的若干意见》,如何让政策落到实处,更好地发挥效用,就必须"发挥省级政府统筹推进各部门分工协作工作机制的效用,切实冲破单位(部门)或条线利益藩篱,制定并创造性地落实有利于本区域高校人才发展的相关政策;在加强省级教育统筹的同时,向省以下各级政府放权,理顺人事管理职责,推动区域范围内人事制度领域'放管服'改革走向深入"[②]。地方应用型本科高校的转型发展面临教师队伍建设的瓶颈,急需优化师资结构,急需高层次人才和双师型教师的充实,而这两类教师的引进或聘用都需要有特殊的政策保障措施。为此,省级政府必须担负起编制标准制定方面的责任,破除进人用人的固化管理模式,进一步给地方应用型本科高校简政放权。

2.专项拨款支持院校转型发展,落实高校财权的自由支配限度和规则

地方应用型本科高校办本科历史短,许多基础建设还在持续进行中,福建省按生均拨款的经费用于人头经费和人才培养的正常的基本运行经费后所剩不多,应用型转型需要在教师队伍的优化、学科专业一体化建设、产教融合建设等方面投入更多的资金保障。为此,省市政府的人事、财政部门做好协同统筹理顺财权归属与责任,首先,在核定绩效工资总量时,需要考虑高校分类分层情况,注意避免差距过大;其次,要协同担当院校转型发展的资源配置责任,给予专项资金的支持,比如设立高层次人才引进项目、拔尖人才培养项目、青年教师培养培训项目等;再次,要建立高校独立的会计制度,区别于政府机构的会计制度,落实高校财权的自由支配限度和规则,比如区分教师的纵向科研经费和横向科研经费的管理、社会服务经费管理、政府采购中的种种限制等直接关乎教师科研发展积极性的

---

① 韩映雄.以制度创新推动地方高校转型发展[N].中国教育报,2015-12-14(009).

② 周海涛,刘永林.地方高校人事自主权亟待落到实处[J].高等教育研究,2018,39(1):24-28.

财务制度。

3.做好产学研合作的协调者和规划者

应用科技(技术)大学的内涵主要表现为其学科专业的应用性和人才培养与社会需求的高度关联性。[①] 从地方应用型本科高校向应用型转型的内涵发展看,产教融合是应用型人才培养的必由之路。2015 年,教育部、国家发展改革委、财政部联合下发《关于引导部分地方普通本科高校向应用型转变的指导意见》。党的十九大报告提出"深化产教融合、校企合作",于 2017 年 12 月国务院办公厅印发《关于深化产教融合的若干意见》,标志着产教融合成为国家教育改革和人才开发的整体制度安排,产教融合迈入了新阶段。企业和学校需要政策和制度的力量拉在一起实现合作,共同推动技术进步和社会发展,这是产教融合、校企合作的基本逻辑。[②] "对新建本科高校来讲,最直接的帮助是如何与所在的地市级政府、地市主导产业的龙头企业建立起有效的政行企校的合作关系。政府以什么态度、以什么政策推动学校和企业的合作是破解目前校企合作困局的关键。"[③]在市场经济条件下,只有通过政府协调产学研合作主体的目标和资源,才能完成创新资源的真正结合。所以,中央政府加快制定完善产教融合,促进产学研合作的法律法规,保障合作主体的产权利益,营造产学研合作环境;地方政府要通过设立专门科技计划与项目作为试点,进一步探索和促进产教融合的组织模式;政府要引导合作主体共同建立创新公共服务平台,加快产教融合的速度,及时防范风险,弥补产学研结合的市场缺陷。通过平台和制度的构建,应用型人才培养目标实现才有保障。

4.建立多样化高校评价体系,引导地方应用型本科高校合理定位

"对不同类型与不同层次高校的考核评估不能使用统一的指标体系,应发挥省政府教育统筹权"[④]。引导地方应用型本科高校合理定位,是政府的应有之义,政府既要发挥资源配置权的作用,又要发挥好指导、服务和监督作用。由于地方应用型本科高校管理体制的特殊性,经常出现多头管理,省市政府要做好相关部门之间的协商合作,将现有各部门组织的各类评估检查整合成综合性的评估检查,减少对学校评估评审,为地方应用型本科高校营造良好的自主办学的环境。制定本区域内各类高校的评价标准,积极鼓励和支持成立第三方评价组织,赋权于社会机构更大的制度空间,共同促进学校教育教学质量和效益提升,引导地方应用型本科高校按照应用性、地方性的发展方向,促进自身的内涵建设,形成彰显特色、服务地方的发展理念与发展能力。

①　别敦荣.论高校内涵发展[J].中国高教研究,2016(5):28-33.

②　陈锋.产教融合:深化与演化的路径[EB/LO].(2018-07-02)[2021-07-10].http://www.csdp.edu.cn/article/4123.html.

③　郭建如.地方本科高校转型发展中的核心问题探析[J].黄河科技大学,2017,19(1):1-11.

④　中共中央.中共中央关于全面深化改革若干重大问题的决定[M].北京:人民出版社,2013:44.

第二节　高校层面：组织支持和制度激励的双驱动

一、定位多维学术观，是拓宽青年教师科研发展的方向标

在科学和高等教育演变的历史长河中，科学与高校双方在性质和职能上都发生了根本的变化：从纯粹走向复杂、从精英走向大众、从单一走向多元。这种变化也反映在了高校的科研观的转变上：洪堡于19世纪初确立的大学"教学与科研相统一"的原则到欧内斯特·博耶于20世纪90年代提出的"发现的学术研究、综合的学术研究、应用的学术研究、教学的学术研究既有不同的性质与功能，又是共生和相互依赖的关系"[①]的学术生态系统观。博耶的学术生态观是在当时美国高等教育从大众化向普及化发展的过程中出现多样化和趋同化倾向下提出的，旨在从根本上解决研究与教学两者对立的偏差认识，避免"教学科研孰轻孰重"永无休止的争论，赋予了探究、整合、应用和教学四种学术以同等的地位，给予学术以更广阔和更富有内涵的解释。大学学术生态的重构更加丰富了美国高等教育的多样性，使学术活动变得丰富起来，并且具有了合法的基础。正如有学者认为："博耶的学术生态观对美国高校的学术定位以及院校的多样化发展都产生了积极的影响。在院校内部，传统的学术观念得到改变，探究、整合、应用和教学的学术生态观逐渐确立，在教师聘任、奖励、晋升中开始注重学术的多样性，尤其是教学的学术得到了应有的重视。同时，在高等学校之间，不仅不同类型学校之间能够和谐共生，同类型学校之间也通过多样性发展和有效互补，形成了良性的横向竞争。"[②]

20世纪90年代以来，我国高等教育同样面临高等教育大众化进程的加快和高等学校数量及规模的扩大，许多高校特别是地方新建本科高校出现办学定位不明的问题。我们应该善于借鉴博耶的学术生态观及其高等教育多样化系统的见解，结合学校办学传统和历史使命，认真务实地确立自己个性化的办学定位，避免"种了人家的田，荒了自己的地"的结果。在学术生态系统中，不同类型的高校学术重点应该有所不同、有所侧重。作为一所地方应用型本科高校，应该将探究、整合、应用和教学四种学术看作是一个有机系统，纳入并使之处于一种良性的共生共融的学校发展生态系统中。在探究的学术方面，鼓励和支持一小部分学科和有创新能力与兴趣的拔尖人才勇攀科学的高峰，在其原有基础上做出特色，但不能成为学校的唯一中心或全部内容。在整合的学术方面，利用多学科的优势，重点开展跨学科的研究，一方面为教学的学术服务，提升老师开发课程的能力，鼓励

---

① BOYER E L.Scholarship reconsidered:priorities of the professoriate[M].New Jersey:Princeton University Press,1990:16.

② 潘金林，龚放.博耶的学术生态观与高等学校的学术定位[J].中国大学教学,2009(4):92-95.

教师开设跨学科课程、出版以整合知识为主的教材或专著、编制计算机教学软件等,达到反哺教学的目的;另一方面整合教学理论资源应用于教学实践,强化应用型人才的培养,达到学术应用的目的。在应用的学术方面,因为是地方性本科高校,更要大有作为,不仅要完成作为本科大学应有的国家使命,还要为区域经济社会发展提供智力支持。因此,要充分利用其人才和资源优势,面向区域经济社会发展需求,解决当前社会发展特别是区域地方经济社会发展中亟待解决的问题。在教学的学术方面,从本科教育的地位和作用看,"本科教育是大学的根和本,在高等教育中是具有战略地位的教育;是纲举目张的教育。要坚持'以本为本',把本科教育放在人才培养的核心地位、教育教学的基础地位、新时代教育发展的前沿地位"①。因此,本科教育始终是教师学术职业生涯的核心,把教学活动作为研究对象,通过研究促进教学理解走向深入,探究的学术、整合的学术、应用的学术、教学的学术最终的目标回归到人才的培养上。正如有学者对洪堡的科研观到博耶的科研观的转变总结道:"两者的科研观异曲同工、殊途同归,最终的归宿都在于高等教育目的的实现,在于他们心目中的'人'的培养。有必要确立'高校科研的教育性原则',即高校科研活动必须有利于教育教学活动,有利于高校培养人这一根本目标的实现,并以此作为高校科研的道德底线。"②

所以,如果把学术仅仅看成发现知识的探索的学术研究,甚至把它与发表论著等同起来,综合知识、传播知识、应用知识则被排斥在外的狭隘学术观,加之在学术评价和奖励制度的引导下,教学、科研和社会服务成了抢夺教师时间的活动,客观上就使老师选择了有利于自身发展的单一路径。只有定位多维学术生态系统观,才能激发大学和教师蕴藏的巨大的学术潜力,各类院校发展和青年教师发展路径才能有所拓宽。条条大路通罗马,学校和个体都能向个性化、特色化方向发展。

二、释放基层学术组织活力,是提升青年教师学术生产力的动力源

"高校内部的治理变革目的就是激发提升大学的学术生产力。高校基层学术组织是内部治理变革的逻辑起点。"③"基层学术组织的运行机制是现代大学制度的'底座',它的调适与'再造'是催化大学效能、激发大学活力的动力源。"④笔者曾分析指出:一般地方本科高校基层学术组织变革的必要性在于,一是学校人才培养指向性转型的需要。如何更好地解决学校人才的培养目标指向性与基层学术组织学术目标的多样性的矛盾,更好地为培养应用型和复合型人才服务。二是基层学术组织职能拓展深化的需要。学校由专科

①　教育部:坚持以本为本、推进四个回归、加快建设高水平本科教育[EB/OL].(2018-06-21)[2021-07-15].http://m.sohu.com/a/237063825_267106.

②　周川.从洪堡到博耶:高校科研观的转变[J].教育研究,2005(6):26-30,61.

③　宣勇.高校内部治理变革的逻辑起点[J].探索与争鸣,2017(8):44-47.

④　汤智,李小年.大学基层学术组织运行机制:国外模式及其借鉴[J].教育研究,2015,36(6):136-144.

向本科层次转型,接着又探索向应用型转型,教学、科研和社会服务职能需要进一步的拓展深化,基层学术组织正值学术培育时期,处于自发秩序初始期,最需要激发教师的学术活力,以适应承担职能拓展深化任务。三是学科专业结构优化及师资队伍建设的需要。如何通过专业建设,真正提升为较宽学科口径、应用性强的本科专业,如何通过学科建设,提高科学研究水平,改变学科队伍整体实力相对较弱的状况,如何优化教师以学科型或学术型为主知识结构,加强实践性、应用性,培养和引进大量双师型、双能型师资,这些都需要基层学术组织建立有效体制机制,使学科专业结构优化与师资队伍的匹配度相适应。[①]质言之,因校制宜地治理基层学术组织结构及其运行机制,使之有益于青年教师在改革中直接获益,有利于激发青年教师科研发展动力,这是青年教师学术成长所需的长效机制。

(一)树立激活学术活力的治理理念,推动管理部门的职能转变

2017 年 4 月,教育部、中央编办、发展改革委、财政部、人力资源社会保障部联合发布的《教育部等五部门关于深化高等教育领域简政放权放管结合优化服务改革的若干意见》,这是改革开放 40 年来,政府对高等学校逐步简政放权,释放和激发高等学校办学活力,进一步提高高等学校自主性的继续,也表明了政府职能的进一步转变和教育改革的深入的步伐正在逐步加快。意见强调各地各部门要进一步转变职能和管理方式,支持高校适应创新发展需要,推进治理结构改革。自 2010 年 7 月《国家中长期教育改革和发展规划纲要(2010—2020 年)》颁布实施以来,全国 28 所试点高校在现代大学制度建设方面进行了有益的实践探索,并取得了显著成效。专家学者也就此进行了经验的总结和理论上的探讨,包括地方应用型本科院校在内的其他非试点高校理应从中汲取丰富的经验与教训,积极呼应政府推动教育改革的政策,主动推进本校的综合改革。

大学是行政权力和学术权力两种性质不同、行使方式各异的权力并存并行,既相互作用又相互制约的二元结构系统[②],学术权力体现的是学术共同体文化所倡导的平等对话、理解尊重、批判质疑和兼容并蓄等核心价值;行政权力源于政府科层组织的文化传统,对等级结构、目标管理、权威领导、命令与服从以及组织忠诚等价值观念倍加推崇和青睐。[③]作为大学管理者要充分地认识到学术权力和行政权力两者在逻辑思维方式、话语体系、行动准则等方面存在不同,运用"并治"或者"分治"模式理念管理大学事务,将手中掌握的学术事务管理权力让渡和下移给校级学术委员会和二级学院(系)基层学术组织。实现学校职能定位从原来过多、过细、具体、直接的微观管控到综合的宏观调控,从原来"发号施令"的垂直控制向减少管理审批权,增加服务、协调和监督功能转变。增大院系的自主决策权和资源配置权,改变行政管理者既当"裁判员"又当"运动员"的角色。

实现大学内部行政管理职能的转换关键靠制度落实。"规制大学权力运行是大学章

① 黄海群.一般地方本科大学基层学术组织治理机制研究[J].福建师范大学学报(哲学社会科学版),2014(1):154-159.

② 王战军,肖红缨.大数据背景下的院系治理现代化[J].高等教育研究,2016,37(3):21-27,38.

③ 施晓光.一流大学治理:"双一流"建设所必需[J].作品与争鸣,2017(8):39-42.

程的功能定位。大学章程是连通国家法律和学校内部规则的中介,是大学法人治理的'宪章'。"①大学章程具有统领和规范办学行为的功能,我国大学章程既有纲领性和规范性的一般属性,还应遵循其特殊属性——政策性。② 根据党和国家高等教育体制改革的精神,发挥章程的政策导向作用,完善中国特色现代大学制度建设,唯有如此,章程的制定才具有现实针对性。因此,要通过《大学章程》对学校领导体制、学院(系)领导体制和政治权力、行政权力、学术权力、民主管理权力之间的职权范围、功能定位、参与治理的路径等内部治理结构及其运行机制进行明确,并形成系列配套制度和操作程序的总纲,通过章程来规范和约束权力,以确保治理理念的落地。

(二)构建以学科制为基础、学科与专业一体化建设的运行机制,强化学术功能

从教师发展看,青年教师是在学科内成长的,换言之,学科是青年教师自身发展的沃土。如伯顿·克拉克所言:"在每一学科领域里,都有一种新成员要逐步养成的生活方式,在发达的系统中尤其如此。物理学家、经济学家和艺术史学家,先是作为学生然后通过工作期间的与学科同行的相互接触,才成为他们的特定学科的合格成员的。刚刚进入不同学术专业的人,实际上进入了不同的文化宫,在那里,他们分享有关理论、方法论、技术和问题的信念。一个范例是一个科学团体的成员共享的东西;反过来,一个科学团体是由共享一个范例的人们组成的。"③学科不仅仅是学问的分支而且是具有育人、创造知识、学术管理等多种功能的一种组织建制。"学科组织是以知识的创造、传播和应用为使命,以学者为主体,以知识信息和各类学术资源为支撑,依据知识的具体分类而开展科学研究、人才培养及社会服务的大学基层学术组织。学科使命、学者、学术信息和学术物质资料四大要素构成大学学科组织。其中,学者对学科发展起着关键作用,学科学术水平的高低直接取决于学者学术水平的高低。"④基层学术组织以学科制为基础建制,首先,可以发挥集中学术资源优势,围绕着知识生产、传播、应用,即学科的基本功能来实现现代大学的教学、科研和社会服务三大职能。其次,可以通过学科建设平台培育师资队伍,青年教师在学科这个"蓄电池"中不断得到学科带头人的指导,与其他老师合作研究和切磋学术中成长成才。"合作是提高学术生产力最有效的途径之一,教师与本系内同行合作的学术生产力要远高于独立研究或与其他机构同行合作的学术生产力。"⑤否则,将缺乏引领而迷失发展方向,陷入教师封闭式自我发展的模式,进而是自身价值体现受限。最后,可以充分发挥学科的群聚效应功能。通过凝聚人才,锻炼队伍,形成科研创新团队。围绕学校的学科专

① 周光礼.从管理到治理:大学章程再定位[J].湖南师范大学教育科学学报,2014,13(2):71-77.

② 别敦荣.论我国大学章程的属性[J].高等教育研究,2014,35(2):19-26.

③ 伯顿·克拉克.高等教育系统:学术组织的跨国研究[M].王承绪,等译.杭州:杭州大学出版社,1994:87-91.

④ 宣勇,凌健."学科"考辨[J].高等教育研究,2006(4):18-23.

⑤ FOX M F,SUSHANTA M.Social-organizational characteristics of work and publication productivity among academic scientists in doctoral-granting departments[J].The journal of higher education,2007,78(5):542-571.

业优化与师资队伍建设规划,招聘本学科或相近学科的高层次人才,注重应聘者的研究方向是否可以和本学科已有的或准备建设的研究方向相匹配或者相融合,而不至于盲目地、纯粹地为招博士而招博士,陷入只求数量不求质量的怪圈;否则,对新进的博士青年教师的发展和学校的学科发展都十分不利。

从学科与专业的关系看,学科是现代大学的立学之本,是现代高等教育的重要基础。学科是专业发展的基础和支撑,专业是学科进行知识传承、实现人才培养功能的基地。学科与专业两者既紧密联系,相互依存,又在发展目标、发展动力和构成要素上具有差异性。[①] 在高校内部,两者的建设和发展是相辅相成、相互促进、协同共生的。从社会外部看,高校是由一个一个的专业组成的,因为专业的数量和质量代表着高校对社会需求的适应力和人才培养的质量与水平;而从高校内部看,高校则是由一个一个的学科组成的,学科水平反映着学校的师资力量和课程开发能力。[②] 由此看来,学科建设和专业建设两者不可偏废。而学科与专业之间的联结点就是课程,课程决定专业的数量和质量,教师的学科水平又决定了课程开发的数量和质量,只有高水平的学科、高水平的师资才能开设出数量众多的、高水平有特色的课程。这就从另一个角度说明教学和科研两者紧密依存,青年教师可以通过科研工作不断加强自身的创新意识、增强自身的创新能力,逐步提高学术职业知识和能力结构水平,形成自己独特的专业特长,进而反哺教学,提高应用型人才培养的质量,提高社会服务能力,从而可以较好地解决教学与科研的孰轻孰重的纠结。

基础不牢,地动山摇。学校要正视当前地方应用型本科高校出现专业强学科弱、专业实体化学科碎片化的现象,加强系统研究和顶层设计,重构以学科制为基础、学科与专业一体化建设的运行治理机制,既可改变偏重承担教学任务的教研室研讨模式,又可转变倾向于承担科研任务的研究所制造成的教学科研相分离的传统模式,实现科研成果与教学成果的相互转换和资源共享,形成青年教师个体发展和组织发展共赢的局面。

(三)完善和健全校院两级治理结构与运行机制,彰显学术功能

在深化改革、依法治国、从严治党的新形势下,各高等学校都在不同程度地探索校内综合改革、依法治校的实施路径,作为国家层面确立的 425 个教育体制改革试点项目中48 个现代大学制度改革试点高校,均把"推进校院管理体制改革"作为现代大学制度建设的关键点和突破口[③],不断丰富和完善现代大学制度建设。当前,我国高校的二级学院(系)是作为高校内部的基层单位存在,它既是人才培养、科学研究、社会服务等学术活动的具体承担者,也是学校决策的具体实施者和执行者,更多的是体现行政管理特性;但是,院系的"单位所有制"实体组织模式存在局限性。"随着地方应用型本科院校的基层学术组织功能的拓展和深化,其局限性越来越突出:一方面,师资流动性和自主性缺乏,仪器设备等资源重复建设率高,资源共享存在制度性障碍;另一方面,教学科研分立方式,阻隔了

① 钟秉林,李志河.试析本科院校学科建设与专业建设[J].中国高等教育,2015(22):19-23.
② 魏小琳.基于敏捷性的本科专业设置机制建设与研究[J].中国大学教学,2013(12):52-54.
③ 许杰.深化校院两级管理:经验与思索[J].国家教育行政学院学报,2016(1):42-47.

科学研究的相互交流和合作,引发学科壁垒高筑,学科交叉发展融合度有限,加深了教学与科研之间的矛盾。"①与高水平大学或者老牌高等学校相比,地方应用型本科高校学术组织特性明显薄弱,特别是师资队伍是地方应用型本科高校的明显短板。为此,要突破二级学院(系)侧重行政管理的局限性,培植基层学术组织特性,保障学科制为基础、学科与专业一体化建设的学术目标的实现,充分发挥学术成员——教师的办学积极性,更好地实现弯道超车的跨越式发展。

经过多年的改革探索与实践,"我国高校的学校领导体制实行党委领导下的校长负责制,院系领导体制实行党政联席会议制度,学术管理实行学术委员会制度,民主管理实行教职工代表大会制度,并与之相应地形成了党委会的政治权力、校长的行政权力、学术委员会的学术权力和教职工代表大会的民主管理权力四种内在权力互动和制约的治理结构,成为具有鲜明的中国特色的大学治理特征"②。不过,在实际工作中,由于"任何类型的大学都是遗传和环境的产物"③,因此各类学校的治理成效也显示出不同程度的差异。笔者通过调研和实地访谈感悟到,地方应用型本科高校内部治理结构运行中出现的问题主要聚焦在二级学院(系)责大权小,学术资源配置权过于集中在校级层面;二级学院(系)学术委员会的制度建设还处于"虚置"状态,学术权力薄弱;青年教师参与民主管理缺乏广泛性。这些突出的问题需要学校在综合改革中进一步地面对、分析和破解,使基层成为不断创新学术、推动大学组织蓬勃发展的重要动力源。

激活基层学术组织的学术活力是青年教师科研发展的最直接的外在动力之一。美国哈佛大学教授戴维·麦克利兰曾经提出了著名的"三种需要理论",认为个体在工作情境中有三种重要的动机或需要:成就需要、权力需要和亲和需要,可以通过满足团体中每个成员的某种权力需要,为他们的工作注入更多动力,提高工作的积极性和创造性。为此,要在党委领导下的校长负责制框架内完善内部治理结构,要进一步发挥我国大学治理制度的中国特色,增强制度自信,坚持制度自觉,因校制宜,根据自身办学层次、办学特色和办学基础,建立和完善不仅适应社会发展要求且更符合学校自身功能拓展和转型发展需要的内部治理结构与运行机制,赋予二级学院(系)更多的办学自主权,真正实现由"校办院"向"院办校"的转变,使每个基层学术共同体成为学校的"动车组";让更多的教授成为学术发展的有效决策和组织者,自愿为基层学术共同体的建设奉献智慧与才华;塑造浓厚的学术组织文化,让更多的青年才俊以学术为志业,与学校事业发展同呼吸共命运,使学术自由、学术自治的大学理想在地方应用型本科院校的青年学者中得以世代续存。

①　黄海群.一般地方本科大学基层学术组织治理机制研究[J].福建师范大学学报(哲学社会科版),2014(1):154-159.

②　李福华.新时代我国大学治理的基本特征、优势特色及推进路径[J].高等教育研究,2018,39(4):1-7.

③　阿什比.科技发达时代的大学教育[M].滕大春,滕大生,译.北京:人民教育出版社,1983:114.

三、发挥制度效能，是激发青年教师科研发展动力的助推器

制度建设没有跟上，就会造成空有理念而无法落实。制度是一系列要求大家共同遵守的规程或行动准则，良好的外部激励制度设计既能给所有参与者提供一个平等竞技的环境，又能保证某种价值趋向在实践或行动中加以落实。笔者就人事分配制度、学术评价制度、培养制度、绩效管理制度四项人力资源管理核心制度探讨激发青年教师科研发展动力的策略。

(一)深化校内人事分配制度改革

1.用足用够现行的利好政策，创新校内编制管理

随着2017年《教育部等五部门关于深化高等教育领域简政放权放管结合优化服务改革的若干意见》的颁布，说明国家政策层面又进一步推进了对高等学校的简政放权，这次的许多条款直接面向全国所有的高等学校授权，具有"一竿子插到底"的特点。[①] 这也将极大地激励地方应用型本科院校的改革热情和动力。学校要对国家最新出台的政策具有敏锐感，在高校人员总量管理的政策框架下，敢于或精于用足用够用好现行用人政策，积极主动地促进提高办学活力和效能。编制作为组织内部职、责、权划分的一种制度安排[②]，人事编制管理是学校深入综合改革的起始点和关键点。科学的编制管理可以合理确定学校的发展规模，优化资源配置，激发教职员工的活力，反之就会极大地束缚人才的引进、师资队伍结构的优化乃至学校整体的发展。地方应用型本科高校从规模发展向内涵建设转变过程中面临教学人员数量不足，生师比过高，高层次人才引进难，应用型教师数量不足影响教学教育质量等状况。要解决这一问题，首先就要创新编制管理制度，发挥编制管理的经济职能，提高人力资源的使用效益。改革的步子可以再迈大一点、力度再强一点，探索一条适合本校发展，提高学校办学效益的路径。改变工作方法，转变思维方式，对编制进行分类管理和调控，采用多种形式的用人制度，比如对应用型人才的引进，可以实行固定编制与流动编制统筹使用的办法，符合引进条件的企业行业高层次人才，使用固定编制；如果不符合引进条件的技术人员，但其在技术、技能方面有优势，实践经验丰富，又是学校急需的，可以借助流动编制的办法引进，发挥好外聘兼职教师的经济效益。一方面，借用兼职教师之才之力可以分担专任青年骨干教师的教学工作量，让专任青年骨干教师有更多的时间和精力进行深度的学术研究；另一方面，又可为吸引高层次人才创造物质条件，从而优化现有的师资队伍结构。

---

① 秦惠民.从渐进放权走向法治——对高教简政放权的趋势解读[J].探索与争鸣,2017(8):42-44.

② 李志峰,高慧,高春华."编制"之困：高校教师的组织身份属性与身份认同[J].高教发展与评估,2013,29(5):82-89,104.

2.实行岗位设置精细化分类管理

"为了加快推动高校师资队伍建设,分类管理已然成为近几年高校人事制度改革的重要趋势。通过分类或分系列,一方面为高校教师提供多通道的职业发展路径,另一方面更有助于高校优化已有师资队伍结构,吸引和集聚更高水准人才。"[①]地方应用型本科高校如何利用有限资源提高办学效益,激活存量人才潜力并发挥其最大效力,达到持续提升学校办学的综合实力,已然成为学校发展的重要核心战略目标。在分类管理的大趋势下,地方应用型本科高校应该把重点工作放在结合自身的办学类型、战略目标、师资队伍的现状等发展特点进行制度设计,探索一条适合自身需要的精细化的分类管理路径。比如,岗位如何合理设置问题,地方应用型本科高校要结合地方性、应用型的发展要求,借鉴其他先行先试的高校经验,在设置教学科研并重岗、教学为主岗和研究为主岗外,增加设置社会服务与技术推广岗等教师岗位,在精细化的分类管理基础上进一步设置教研、教学、研究、社会服务与技术推广四个不同职务系列,进一步引导青年教师根据自身条件、兴趣、发展目标以及学校需求选择学术职业晋升发展通道。根据学校的办学基础,合理设置各岗位职数的比例,大部分职数应该设置为教学为主岗和教学科研并重岗。根据教师学术职业发展在不同时期可能侧重点不同,设置四类岗位可以在一个或若干个聘期结束后进行转换,满足不同的教师职业发展诉求,也能为青年教师的发展从一开始进入学术职业就有更多的选择权,使发展走向理性和成熟。

3.坚持岗位聘任制,完善考核评价机制,形成良性竞争和流动机制

在精细化分类基础上,聘任制是核心和关键,考核是难点。要科学、合理地明确岗位职责、任职条件、聘用期限、考核评价及相应的奖惩制度,既要解决当前地方应用型本科高校高层次人才引进难,现有占比高的青年教师队伍中职称低、高层次人才缺乏的矛盾,又要解决现有教师队伍中有可能达不到聘任条件的对象的安置问题。从学校长远发展考虑,青年教师潜力大,岗位聘用条件向一线青年教师倾斜,主要侧重业绩贡献、学术水平和质量以及发展潜力。在聘任考核过程中要坚持公开、公正、公平,要树立契约精神、尊重合同管理,将聘期考核的结果与教师的薪酬待遇有机联系起来,根据不同的岗位任务适当延长聘期考核期限。在统揽全局的基础上,贯彻保证重点、兼顾一般原则,创新管理机制,采取低职高聘、高职低聘等专业技术职务评聘分开的方法,并设置一些缓冲条件,减少改革的阻力,盘活人才在校内有序流动,形成"职称能高能低、待遇能上能下、多劳多得、优劳优酬"的良性竞争机制,真正激发青年教师的科研发展动力。

4.完善绩效目标管理,推进分配制度改革

随着高校人事分配制度改革的不断深化,以"以绩效为杠杆"的目标管理与教职工薪酬分配紧密地结合在一起。特别是在《国家中长期教育改革和发展规划纲要(2010—2020年)》提出高校应"改进管理模式,引入竞争机制,实行绩效评估,进行动态管理"以来,全国高校纷纷探索绩效管理路径,旨在既能实现学校的战略发展目标,提高学校的核心竞争

---

① 俞蕖,刘波,戴长亮.分类管理趋势下的高校师资队伍发展理念与实施机制探析[J].中国高教研究,2014(4):54-59.

力,又能更好地调动教师的工作积极性,持续提升业绩,提高教师薪酬改善生活质量。科学的高校教师绩效管理是改进与提升教师绩效能力和水平,确保其专业成长的重要方法①。从高校实行绩效管理的实践活动来看,各高校管理形式不一,但存在一个共同的弊端,"就是片面关注绩效考核、绩效评估,部分教师认为绩效管理就是为了发工资,绩效管理其他部分的作用,比如提升人员能力与素质的绩效沟通、绩效辅导过程等没有被充分运作起来,这也是国内大学青年教师发展瓶颈的重要原因"②。事实的确如此,从笔者调研的情况看,地方应用型本科高校无论是管理者还是青年教师都存在这种思维模式,如果不加以改变,绩效管理的正面效应将无法彰显,相反带来的是更多的负面效应。为此,首先,要改变将绩效管理等同于绩效考核的片面认识,全面认识绩效管理是一个动态的评价循环系统,它包括绩效计划制订、绩效辅导沟通、绩效考核评价、绩效结果应用和绩效目标提升等环节,树立教师绩效评价考核不是目的,而是服务于个人职业成长和学校的战略规划,是实现个人发展和学校发展目标的手段和工具。其次,要根据学校转型战略目标设计一整套包括绩效评价的方法、评价标准和操作程序的科学的绩效管理系统。再次,各部门要形成合力,共同健全相关制度保障绩效管理的实施。最后,学校与二级学院(系)、管理者与教师要搭建绩效管理的互动平台,和谐沟通达成共识,既要注重奖励,更要注重改进,使绩效管理真正成为激发青年教师学术活力的长效机制。

(二)构建科学合理的学术评价制度

"学术是大学的本质和灵魂,而科学健全的评价制度对维护大学的灵魂至关重要。"③"学术评价是指根据一定的目的和标准,采用一定的理论和方法,对学术成果、人员、机构和学术媒体展开的价值判断活动。"④"大学学术评价制度是审核大学中学术研究成果和学术研究行为是否符合学术规范,以及衡量和判断学术影响力和学术研究水平的重要工具。它蕴含导向、信息传递、约束和激励等价值,对提高大学学术研究效率和水平具有重要价值。"⑤大学是由文、史、哲、理、工、农、医等多学科组成的学术组织机构,不同学科的研究对象不同,研究特点和标准不同,以不同形式的研究成果呈现,对教师的发展和学术研究要求也千差万别,并通过教学、科研、社会服务等职能综合的发挥而显现其水平的高低。况且,不同类型的大学因办学定位不同,在承担教学、研究、服务三大职能的侧重点和关注度不尽相同。因此,要全面提高一所学校的科学研究、人才培养和社会服务的学术水平,就应该处理好不同类型学术研究之间的关系,根据不同类型学术的性质和特点进行学

① 周景坤,程道品.高校教师绩效管理的优化路径研究[J].广西社会科学,2013(11):186-191.
② 张国兵,胡备.中美高校绩效管理比较及其启示[J].国家教育行政学院学报,2013(12):88-91.
③ 钱甜甜,吴卓平,张巍.回归学术本质,构建合理的大学学术评价体系[J].上海教育评估研究,2014,3(1):10-13.
④ 叶继元.人文社会科学评价体系探讨[J].南京大学学报(哲学.人文科学.社会科学),2010,47(1):97-110,160.
⑤ 蒋洪池,李文燕.大学教师学术评价制度创新:基于学科文化的视角[M].北京:科学出版社,2017:11-14.

术的评价和管理,才能有的放矢地引导青年教师调整科研发展的方向,确定自己的研究内容和目标,激发其科研发展的动力,从而更好地实现学术研究的价值。

1.树立学术为本,坚持多元化,突出应用性和服务性的价值取向

"评价是指评价主体依据一定的标准,基于一定事实判断对评价客体所做的价值判断。"[①]目前,针对地方应用型本科高校的学术评价标准、办法同质化、单一化现象趋于严重的问题,如何克服这些问题?如何实现用自己定的尺子衡量自己,引导学校学术繁荣和教师的学术发展?地方本科高校向应用型转型,意味着培养的人才是以应用型为主,学校办学方向和人才培养目标定位转型的落脚点在于教与学问题上,而教与学的内容、方法都必须通过教师的学术研究活动得以实现。为此,学术研究必须转,那么学术研究又该如何转?有学者研究认为:"地方本科院校转型发展既要明确坚持办学方向和人才培养目标定位的转型,更要关注其学术研究宗旨和实践形态的转型。地方本科院校学术转型的基本内涵,是在坚持现代大学多元学术构架的前提下,注重和突出学术研究的应用性和服务性价值取向与功能特征;其学术转型的理念和目标,体现着当代大学学术内涵与形态的多元、分化、转型的特质,也响应了办学定位和转型发展的实践要求。"[②]因为地方本科高校转型还在进行时,所以笔者认为这个观点可以进一步地指导地方应用型本科高校转型实践更加深入。这样,既可以防止学术评价标准与老牌本科院校的同一化,又可拓展学术评价标准的多元化和特色化。

2.综合学科分类与学术分类特征,制定差异化、多元化的学术评价标准

学术评价标准是学术评价制度的核心部分,建立一套科学合理公正的学术评价标准"可以为学术评价活动提供科学评判的参照,不仅使得学术评价具有一定的针对性,还可以为学者们的学术研究提供指导,引导他们按照学术评价的标准去进行学术研究"[③]。大学学术评价的客体,即被评价的对象,应该是大学教师在从事教学、科研和社会服务等学术活动的过程及获得的结果,这些都以知识的形态表现出来。而学科组织是由知识的不断分化和发展形成的,它是大学组织的基本组成单位,大学教师又是基于学科而存在的。"知识、学科、大学教师三者在动态发展过程中相互影响产生独特的文化——大学学科文化……在同一学科文化圈内的成员共同分享着本学科理论、方法、技术的信念,正是这种学科信念,使得学科文化就像一种黏合剂一样把同类学科成员凝聚在一起而形成群体意识、向心力、认同感、归属感和忠诚感。"[④]不同的知识特点体现出不同的学科文化,世界著名高等教育学专家、英国苏塞克斯大学教授托尼·比彻称之为"学术部落"。"比彻从认识论和社会学角度出发对学科进行分类,其中根据知识论角度把学科划分成硬-纯、软-纯、

①　江新华.学术何以失范:大学学术道德失范的制度分析[M].北京:社会科学文献出版社,2005:91.

②　李金奇.地方本科院校转型发展与大学学术转型[J].高等教育研究,2017,38(6):40-44,97.

③　徐斯雄.民国大学学术评价制度研究[D].重庆:西南大学,2011:160.

④　蒋洪池,李文燕.大学教师学术评价制度创新:基于学科文化视角[M].北京:科学出版社,2017:47-52.

硬-应用和软-应用等学科群。"①我们可以借鉴其学科分类观,结合学校自身实际,将本校的所有学科分别归属到纯科学、人文和纯社会科学、技术学及应用社会科学四大学科群。根据各学科群的学科文化特点及研究特点,从教学、科研、社会服务三个方面设计不同的学术考核评价指标体系,并合理分配三者评价的权重,突出应用性和服务性的价值取向,克服重发现学术,轻综合学术、教学学术、应用学术,实现学术评价标准的差异化和多元化,从而从个体异质性角度推进青年教师科研创新。同行评议说到底是学术评价的一种方式,而评价说到底就是一种价值判断,是客观之于主观需要的满足程度的判断。② 当然,制定评价的指标和标准不应固定不变,要根据学校发展的各阶段的具体情况适时进行调整。

3.学术评价制度的构建过程必须充分体现公正性、民主性、以师为本的原则

学术评价制度的建构过程一般包括评价主体、评价标准、评价方法和评价程序四个方面,比如大学教师学术评价活动涉及多个方面,主要包括教学、科研、社会服务的评价。如此,评价主体就构成了如何体现多元化、学术权力和行政权力的制衡问题;评价标准中就有了如何设置权重,促进教师教学、科研和社会服务协调发展和大学学术研究的全面发展,避免孰重孰轻的现象;评价方法上,就应考虑如何避免重视量化评价轻视同行评议的现象,完善定性评价和定量评价相结合的评价方法;评价程序上,就需重视如何赋予学术评价过程集思广益的民主化特点,重视如何健全和规范教师申诉制度,提高全体教师参与学术评价,人人都有充分话语权。只有在学术评价制度的建构过程中充分体现公正性、民主性、以师为本的原则,才能真正保证学术评价制度的科学性和合理性。

(三)构建系统化、多样化、全覆盖培养制度

如前所述,相比较老牌本科院校,地方应用型本科高校教师资源竞争力弱,现有青年教师数量所占比例大,青年教师队伍无论在学历、职称结构,还是在教学、科研和社会服务能力上都存在较大的差距,单纯靠引进高层次人才的举措,是无法提升学校整体的师资水平,更不用说实现学校的快速、持续、健康发展。从学术型向应用型转型发展中,越往深处越艰难,改革最难的是课程体系,转变最痛苦的是教师。③ 为此,大学管理者在进行制度设计时,主要致力于如何围绕学校转型需要和青年教师学术发展需求相匹配提供平台,并引导青年教师从组织"要我发展"向"我要发展"的跨越。

1.突破教师培养的传统理念,推进教师发展组织化、专业化进程

自2011年以来,在国家多项政策的推动下,全国各高校陆续组建相关机构促进教师发展,有研究者认为高校教师发展已成为国家意识和高校的实际行动。④ 地方应用型本科高校也相继启动教师发展组织化进程,但是,教师发展的专业化和规模化还未形成。由

---

① 蒋洪池.托尼·比彻的学科分类观及其价值探析[J].高等教育研究,2008(5):93-98.

② 李泽彧,等.学术守门人探论:高校学术同行评议与利益冲突[M].北京:科学出版社,2018:43.

③ 牟延林.新建本科院校怎样实现"二次转型"[N].中国教育报,2013-07-19(006).

④ 魏红,赵彬.我国高校教师发展中心的现状分析与未来展望——基于69所高校教师发展中心工作报告文本的研究[J].中国高教研究,2017(7):94-99.

于办学历史短,所处的发展环境不够优越和并不宽裕的办学经费,以及学校领导固有的办学理念等的因素影响,还有相当一部分学校的教师发展工作远没有成为学校发展的重点建设内容,教师发展还局限于师资培训的概念,由此导致出现青年教师对自身成长和专业化发展迫切需求与学校提供的教师发展制度供给不足之间的矛盾就不足为奇了。因此,要激发青年教师科研发展动力,就应该在教师发展制度供给上做足文章,满足青年教师发展的需求,同时也能为学校的长远发展打下坚实的基础。

地方应用型本科高校要顺势而为,树立从管理向服务转变、从培训向发展转变的理念,从教师发展机构的发展目标、发展规划和计划、制度保障机制等方面着手推进教师发展组织化、专业化进程。教师发展中心建设不是从无到有的创造过程,而应是建立在继承、借鉴、改造、创新等一系列过程之上的组织变迁。[①] 对教师发展机构的工作职能的定位、组织机构的设立、工作内容的范畴、活动方式的选择逐步向规范化、制度化发展。成立的教师发展机构,应赋予行政协调职能、人员配备与经费支持,有利于协调各相关部门和院系整合资源,克服教师培训分散在相关职能部门的自由式、被动式运行模式,使之努力成为既可以为教师发展提供充足的资源,满足教师们的多方需求,又可以成为教师之间相互交流的平台,营造良好的学术交流氛围,促进教师之间学习共同体的形成。

2.强化人力资本投资意识,构建分类分层培养资助体系

"大学里急需两种人才:一是大家都在抢的学术大师,二是潜力无限的年轻学者。前者可以出高价购买,后者则只能自己培育——这点全世界都一样。"[②]在地方应用型本科高校中,青年教师占全校教师的比例平均都超过 60％,青年教师的发展关系到学校的生存与发展,尤其是关乎学校的社会声誉和发展后劲,学校理应把青年教师的培养放在学校发展的重要位置上。要根据高校教师人力资本的私有性、能动性、异质性、流动性与价值增值性等特征,强化人力资本投资意识,构建分类分层培养资助体系。基于学校发展的战略目标的实现,以应用型人才培养为中心,分类制定一系列提升青年教师学术能力发展的具体规划,有目的地加以引导,克服重引进、轻培养的现象。比如,在每年的经费预算中单独划拨经费给予保障,加大资助力度的覆盖面,建立科研骨干与教学骨干培养并重的机制;设立青年拔尖人才支持计划、青年英才计划、青年教师攀登计划、育苗项目等,为青年教师提供特定的人才培养计划、青年发展基金、课题研究项目。以青年教师为本,结合组织发展之需,实施贯穿教师职业生涯的系统性和持续性的全程、全方位培训,通过拓宽培养渠道,改进培育模式,更新培训内容,促进青年教师主动发展的意愿,以提高青年教师的学术能力和水平,保证教学教育质量,实现应用型人才培养的目标。

3.搭建纵横融通的教师发展项目链,提高培养效能

我国著名教育家潘懋元先生认为,"高校教师发展的内涵,主要应当包括学术水平的提高,教师职业知识、技能的提高以及师德的提升三个方面"[③]。地方应用型本科高校要

---

①　李小娃.高校教师发展中心建设的制度逻辑与理论内涵[J].中国高教研究,2013(12):69-72.

②　陈平原.高校青年教师的处境及出路——答廉思研究团队问[J].社会科学论坛,2012(6):95-104.

③　潘懋元,罗丹.高校教师发展简论[J].中国大学教学,2007(1):5-8.

充分利用现代网络技术,构建校级—省级—国家级梯次递进和校校—校企合作的纵横交错的教师发展项目链,形成人人有机会参与培养、人人有渠道实现提升的个性化、差异性培养格局。学校要对青年教师的现状进行分析,通过调研了解青年教师的发展需求,根据年龄、职称、学历、工作经历,围绕高校教师发展内涵,以多维学术观理念分类设计开发多样性的发展项目,为青年教师提供个性化的培训活动和实践机会,改变其发展空间较小,成就需求得不到满足的状况,做到精心设计、内容丰富、形式多样。比如,在学校向应用型转型过程中,开发产学研合作项目,充分利用与地方行业、企业的良好合作关系,建立和建设好一批实习、实训基地,有计划地选派青年教师到相应的企业行业去锻炼,鼓励青年教师深入企业行业生产第一线,是培养青年教师"双能型"素质的有效途径。

另外,既要为青年教师提供有机会、有选择的灵活度高的培养制度安排,又有必要在遵循学术研究规律的前提下,对青年教师培养做刚性要求的规定,采用积分制定期考核,并将考核结果与教师的职称评定挂钩,对没有达到培训要求的青年教师实行回炉培训计划。一方面,让青年教师意识到开展职业生涯的各阶段培训的重要性和必要性,是学校、学院(系)对教师的组织保护,是保障青年教师不被淘汰的终身福利;另一方面,发挥制度的激励和约束作用,提高制度效能。

综上所述,激发地方应用型本科高校青年教师的科研动力的外部驱动力之一就是要遵循大学发展的自身运行逻辑,通过整体推进校内综合改革,发挥联动效应,营造浓厚的学术氛围,激发学校和教师的学术活力。"在国与国竞争日益激烈的时代,各国大学间的竞争也日趋激烈。在这样的国际大环境下,大学必须彻底改变缺乏改革敏感性、恋旧、保守的组织状态,因为大学的变与不变、改与不改即便不能决定大学的生死但一定关乎大学的兴衰。"[①]大学的发展与青年教师的发展是一个命运共同体,可谓:青年教师强,则大学强,因为青年教师代表着大学的未来。

第三节　个体层面:增强自主发展意识,发挥主观能动性

一、科学谋划学术职业生涯规划

"自主性是教师全部工作的核心,也是高校教师最基本的特性。教师的专业发展最根本的是教师个人的自主性成长。教师的专业成长需要教师不断地学习提高、不断实践反思。教师主动地掌握自身的专业化发展过程,本身就需要教师对自己的职业生涯有一个

---

①　眭依凡.论大学问题的"悬置"[J].华东师范大学学报(教育科学版),2017,35(6):82-94,155-156.

系统的规划。"①费斯勒认为教师职业生涯是一种具有可循环的、可重生的生涯发展系统，由从事教师职业前的准备阶段、引导与自我调适阶段、建立教学能力阶段、热心与成长阶段、生涯挫折阶段、稳定但停滞阶段、生涯低落阶段、生涯引退阶段这八个主要阶段构成。②青年教师必须经过职业的准备、适应、发展、创造的周期，才能实现从"生手"到"熟手"，从合格教师、骨干教师到专家教师的转变。没有明确方向和目标，青年教师的学术职业动力就无法释放。一份有效的学术职业生涯规划，是青年教师提高自身竞争力的加速器。

首先，厘清岗位责任和定位，明确科研发展方向。"角色认知偏差与角色定位不准是造成角色冲突的重要原因，正确的角色认知是成功进行角色扮演的重要条件。角色的认知和定位是一个动态的过程，是教师角色不断更新、不断整合与完善的过程。"③青年教师正处于整个学术生涯的适应探索期，对于自己工作本质与内涵的理解程度仍然不够深刻，自己在学校的角色和定位还存在一定的模糊性，对学校和周围环境的适应性还处于不断调整中，面对着教学、科研的双重任务和学校的转型发展期出现的各种纠结、压力和困惑，一定要认清现实、立足现实、结合现实，努力学习和深刻领悟作为大学教师的责任与担当。"教书育人是教师的头等大事，传道、授业、解惑是教师的天职。教学好坏是衡量一位教师合格与否的最根本标准，科研是在教师进步过程中的助推剂。"④

其次，青年教师要依据人的能力发展规律长远规划学术研究的侧重点。Ben-Porath有关人力资本周期性变化趋势的研究⑤，Lazear有关劳动者生命周期内倒 U 形边际生产曲线的研究⑥，都证实人的能力发展呈现的是倒 U 形演化历程。国内有学者研究得出"人的生理能力的峰值在 25 岁左右最快到达，然后出现缓慢下降；第二个峰值出现在 35 岁左右，这个时候创造能力达到顶点；最后是综合管理能力在 55 岁左右达到顶点"⑦。研究表明人的能力发展存在规律性变化，不可能无限制地增长。为此，青年教师应有目的地根据人的能力发展规律，规划学术职业生涯各阶段工作任务的重点倾向。在精力最旺盛、创造能力最佳时期，选择教学和科研并重，不断积累教学经验，提升学术能力和水平；在职业生涯的中后期，根据教学与科研经验和能力的积累程度以及自己的兴趣和擅长，学术的研究方向再进行分化，在教学学术研究、发现学术研究、综合学术研究、应用学术研究中有所侧

①　任湘郴，张勇，李湘洲.论我国高校教师的职业生涯规划激励机制[J].现代大学教育，2006(6)：99-104.

②　陈海燕.高校青年教师职业生涯规划研究[J].国家教育行政学院学报，2010(5)：26-31.

③　胡霞.高校青年教师教学——科研角色间冲突研究——以西安某重点 A 大学为例[D].西安：陕西师范大学，2014：77.

④　余大品.青年教师如何健康成长——清华大学杨士强教授访谈录[J].中国大学教学，2016(8)：30-33.

⑤　BEN-PORATH Y.The production of human capital and the life cycle of earnings[J].The journal of political economy，1967(4)：352-365.

⑥　LAZEAR E P.Why is there mandatory retirement[J].Journal of political economy，1979(6)：1261-1284.

⑦　赵君，赵书松.基于能力发展规律的高校青年教师培养机制研究[J].教育科学，2016，32(2)：46-53.

重。有前期的积累和基础,后期的学术研究才更有生命力,不至于职业水平发展中过早地出现"高原现象"。

最后,青年教师要将自身专业发展与学校转型发展有机结合起来进行规划。在当前竞争环境下,高校越来越意识到战略规划工作的重要性和必要性,通过实施有效的学校发展战略管理,使全校师生员工都能明确学校的发展方向、办学目标和个人所能起的作用,优化配置和有效利用各种资源,提高管理水平和办学效益,持续增强核心竞争力。地方应用型本科高校围绕办学目标定位以及转型发展的需要,对学校人才培养质量的提高、学科专业调整与建设、人力资源开发等做出规划和部署,并以项目和平台建设为载体,如设立各种人才培育计划,提供教师发展的培养项目,组建教学、科研团队等引导教师的发展。为此,青年教师的发展规划只有与学校的发展规划紧密有机地结合起来,才能获得更多促进自身专业发展的平台与支持,避免学术职业发展的盲区和误区,使学术职业规划更容易得到实现,不至于脚踩西瓜皮,滑到哪里是哪里,以求最终个体的发展和组织的发展实现双赢。

二、自觉遵循师德规范,提升师德境界

师德的修炼是青年教师科研发展的内在动力源。师德是高校教师素养的内涵之一,包含一般社会道德、学术道德和教师职业道德。[①] 高校教师具有多重角色,作为社会人,必须遵循社会道德规范;作为学者,必须遵守学术道德规范;作为教师,必须遵守教师职业道德规范。师德不仅仅被看成是一种规范、一种约束,更应该是一种修炼的过程。习近平总书记在关于师德建设的讲话中强调"要加强师德师风建设,坚持教书和育人相统一,坚持言传和身教相统一,坚持潜心问道和关注社会相统一,坚持学术自由和学术规范相统一,引导广大教师以德立身、以德立学、以德施教"[②],这就为高校教师师德建设指明了方向,提出了要求和实现的路径。

高校青年教师在师德的自我修养中逐步树立崇高的职业理想,使自己有耐得住寂寞和清贫生活的境界,有爱岗敬业、勤奋钻研、淡泊名利的观念,视学术为实现生命价值和意义的目标,一种应当怀着虔诚心情从事的事业,在科学研究中自觉遵守学术规范和学术道德,坚决抵制学术失范与学术不端行为的发生,正确处理教书与育人、教学与科研、工作与生活等关系。使自己成为以身作则、率先垂范,做言行一致、表里如一的人,实现自身价值。青年教师在高校教师的岗位上不断修为,做到"自爱,即通过自珍、自愿,自主、自为,自制、自律,自知、自信,自由、自我解放来解除困惑,以此实现真知、真信、真行和真情"[③]。在师德的修炼过程中就可以不断增强自己认知世界的能力,理想变得崇高了,人生观、价

---

① 潘懋元.《高校教师师德自律论》序[M]//卫荣凡.高校教师师德自律论.北京:中国社会科学出版社,2008.

② 习近平.在全国高校思想政治工作会议上的讲话[N].人民日报,2016-12-09.

③ 王义遒.以"自爱"来纾缓青年教师的困惑[J].高校教育管理,2016,10(3):16-20.

值观、世界观成熟了,在名利与得失面前可以处理好了,这些同时必然促进自身科研的发展。换言之,这些修养和境界是青年教师科研发展的精神动力支柱。

三、倡导"自我导向学习"模式,助力科研发展

当环境无法改变时试着改变自己。"自我导向学习"(self-directed Learning)是 20 世纪 60 年代在世界教育领域迅速发展的一种新的学习理念,诚如美国学者戈瑞森指出:"在成人教育中,没有任何领域像自我导向学习那样获得了如此广泛的重视并拥有如此众多的支持者。"[①]塔夫首次提出"自我导向学习"这一概念,将自我导向学习作为一种学习方式进行较为全面论述。其后,诺尔斯、朗、戈瑞森、格罗欧、理查德等学者都对自我导向学习的概念进行了不同的论述,对自我导向学习的内涵、目的、策略、模式进行了研究,并形成不同的成人自我导向学习的理论流派。我国有学者归纳了自我导向学习者的特征:"强烈学习动机、热切追求自我实现、主动学习、认真寻找学习资源、能自我控制、能自我评价等。因此,自我教育者能掌握自己的学习,能拟定学习计划,能按学习计划执行和测评之。"[②]还有学者通过分析对比西方各流派的理论得出有关成人自我导向学习理论的基本观点:"学习者是自我导向学习的主体,自我导向学习是学习者不断转化学习的过程,由注重自主转为自主与情境并重,由描述走向解释和应用,研究视域呈现多样化。"[③]另有学者认为"自我导向学习并非纯粹的自我独立或自我隔绝,完全不需要依赖外在资源而随意性发展,恰恰相反,自我导向学习必须借助社会情境中所有可资利用的资源来促进自我的良性成长;自我导向学习的过程,从发展目标的选择到评估发展的进程都是依照个人内在标准进行衡量而非参照外在要求进行,是一个自主选择的动态的、不断发展的过程"[④]。笔者在此无意赘述该理论,期望青年教师借鉴自我导向学习理念,强调成年人学习的主动性、责任感和意志力,构建自我导向发展模式,助力科研发展。

青年教师做出学术职业生涯规划后,需要将长远规划进行分解,通过确立发展目标、自我设计策略、探索性实践、反思性评价等环节和过程构建自我导向发展模式。比如,在进行探索性实践中,主动融入教学团队或科研团队建设,虚心求教。教学团队或科研团队是个学习型组织,有共同的愿景,关注共同目标,有更多交流和学习的机会,分享彼此知识,有比较充足的经费和研究条件等物质基础的支持,可以得到恰当的指导,拓展研究思维;是个锻炼意志力,增强团队协作精神,积累学术资本、社会资本以及足够的实践经验的平台,并不断在实践中提升竞争力和创造力。在提高教学和科研能力上,一方面通过教学目标、教学过程以及教学方式的不断尝试,积累丰富的教学实践经验,从中凝练科研方向和深入科研理论研究,以教学推进研究;另一方面利用研究的科研成果转化为知识形态融

①　董守文,张华,李雁冰.成人学习学[M].东营:石油大学出版社,1994:116-117.
②　魏光丽.成人自我导向学习之探究[J].全球教育展望,2006,35(12):63-65.
③　刘奉越.西方成人自我导向学习理论发展的比较研究[J].现代远距离教育,2014(2):28-33.
④　范洁梅.地方高校教师自我导向发展模式的有效构建[J].江苏高教,2010(4):102-104.

入教学内容,达到反哺教学的效果,提高学生的求知与创新能力。在提高社会服务能力上,紧密结合社会发展和地方经济实际需要,主动参加实地调研、到企业挂职、承接企业委托项目和开发企业案例等,提升自己与企业互动的能力,让自己的研究更加贴近生产服务一线,贴近产业和区域需求,提升研究企业急需解决的科学技术问题的能力,提升产品的技术水平和科技成果转化能力。实践是激发创造力的现实动力,青年教师借鉴自我导向学习模式,通过"实践—反思与调整—再实践—再反思与改进"路径,如此循环永无止境,学术职业知识和能力结构才能得到不断完善。

唯物辩证法认为,内因是事物发展变化的根据,外因是变化的条件,外因通过内因而起作用。青年教师是有着自主发展意识与主观能动性的发展主体,青年教师的科研发展动力需要他律,更需要自律。

结　语

　　本书以转型变革下的高校青年教师科研发展动力为研究对象,在广泛查阅文献资料及分析意义和背景的基础上,以人性假设理论、人力资源管理理论、新制度主义理论等相关理论作为理论依据;从福建省22所公立本科高校中按照隶属关系和地域确定了14所高校作为调研对象,从中选取3000名40岁以下青年专任教师作为调查样本,对不同类型高校的青年教师科研发展现状进行了较为全面的分析与比较;通过质性研究方法对地方应用型本科高校的青年教师生存与发展、学术与生活状况进行多维立体并有一定深度的描述,了解当下高等教育改革背景下青年教师的生存状态,了解作为有血有肉的个体在教育实践中所遭遇到的各种问题与困惑;从政府、高校、青年教师个体三个层面分析探究影响地方应用型本科高校青年教师科研发展存在动力不足的深层因素,进而尝试构建地方应用型本科高校青年教师科研发展动力机制。笔者通过研究得出以下结论:

　　在人性假设理论的视野下,高校教师具有经济人、社会人和学术人的本征。为此,激发高校教师科研发展动力,必须正视教师的各种需要和诉求,应该认识到高校教师群体在价值追求上存在分化,应谋求管理的人性化与制度化之间的平衡。在人力资源管理理论的观照下,高校教师人力资源开发和管理的原则应以制度性激励为核心构建高校人力资源战略管理框架,以促进高校教师人力资本价值提升,达到最大限度地发挥人力资本效能,激活青年教师科研发展的动力。运用新制度主义理论中理性选择制度主义学派、历史制度主义学派和社会学制度主义等不同的制度分析方式,探析地方应用型本科高校转型发展行为和高校教师学术行为策略的选择取向。笔者认为,无论是组织还是个体行为都不可能发生在真空之中,而是镶嵌在具体制度环境内,只有发生在具体制度背景下的组织和个体行为才能完整地被理解,才能准确地判断学术制度是如何促进或者抑制地方应用型本科高校教师的科研发展动力的。

　　国家重点建设高校、省重点建设老牌高校和地方应用型本科高校三种不同类型高校青年教师在对学术职业的选择与规划、科研意识、科研环境、科研动机、科研参与、科研需求、科研定位、科研成果、科研形式、科研评价等科研发展方面存在较大差异。地方应用型本科高校重视青年教师科研发展的程度高于省重点建设高校;学术氛围逐渐形成,高校内部学术协作状况呈现向良好方向发展的趋势;科研成果形式呈现向应用研究转型的趋势等优势。与此同时,不可否认的是,地方应用型本科高校青年教师也存在对学术职业的选择与规划不够,境界不高;科研意识不强,科研参与积极性不高,在科研工作上投入的时间较少;由于开展科研工作的资源不足,科研投入、科研队伍、科研氛围等成为其科研发展受制约的主要因素,科研平台和科研团队级别低,建设还很薄弱,科研带头人缺乏或作用发挥不到位,青年教师整体的科研能力有待进一步提高;从事科研的动机目的性和功利性强;科研定位模糊,科研方向不明确,比较集中在校级课题,参加各类学习培训的机会和次数较少;高水平科研成果少,大都处于重复、低水平研究;科研形式单一;对学术管理制度的满意度不高,学校在教师业绩考核评价制度、薪酬分配与福利制度和教师培养与培训制度等方面的改进还有很大的提升空间;"时间和精力不足"、"科研能力有待加强"、"掌握信息和资料有限"、"缺乏必要指导"和"自感身单力薄"是制约青年教师创新能力主要因素。

在价值多元化的当下,基于每个人经历的不同和认知的差异,青年教师对学术职业的认知与选择存在许多复杂因素,有的青年教师充满理想、豪情满怀,而有的青年教师则侧重于现实主义和实用主义,有的两者皆有。地方应用型本科高校青年教师在学术职业发展中的压力与困惑,主要表现在教学、科研和社会服务很难做到"鱼和熊掌"完美兼顾,难免会顾此失彼;在转型发展中,青年教师教学经验缺乏,教学技能的不足,教学工作量偏重,遭遇到教学改革、科研与社会服务职能转型困惑;承担公共性事务与教学、科研和社会服务工作任务之间非自主性选择所带来的纠结;经济收入和生活压力造成青年教师在生存与发展之间的徘徊等。在学校的人力资源管理核心制度变革中制度的供给与需求存在矛盾:学校招聘自主权的有限性与高层次人才引进的急迫性之间的矛盾;青年教师对自身成长和专业化发展的迫切需求与学校提供的教师发展制度供给不足之间的矛盾;教师职务聘任制度的组织目标实现度与教师认可度之间的矛盾;师资考核评价管理制度的量化与教师创造性发挥之间的矛盾;激励机制的有效性与青年教师的多样性需求之间的矛盾;绩效目标管理的实施与学校综合治理能力之间的矛盾。这些压力、困惑和矛盾交织在一起,成为地方应用型本科高校青年教师科研发展的制约因素,亟须加以解决。

研究表明,政府、高校、青年教师三者之间在学术政策、管理和活动方面存在紧密联系和互为牵制的关系。

在宏观层面,从政府对高校的学术工作管理政策中本科教学工作评估制度、产学研合作政策以及高校教师聘任制度的实施对地方应用型本科高校以及青年教师科研发展动力所产生的显性和隐性影响来看,国家学术政策供给对于地方应用型本科高校的转型发展步伐相对滞后,在实践发展中存在制度、政策的法制化进展缓慢,相关领域的法律法规立、改、废不及时,缺乏统一的设计和整体的安排与推进,相关政策制度不配套、惠及不足,法治思维和方式缺失,监督机制不健全,许多基本理念和操作方法仍没有重大突破,特别是管办评分离不彻底,办学自主发展权受到管控,难以得到学校快速、坚实和有效的回应,以至于地方应用型本科高校转型发展困境重重。在这种情形下,对高校青年教师科研发展的动力方面所产生学术生态环境及政策因素的影响是不可忽视的。

在中观层面,从当前地方应用型本科高校在组织和制度的运行机制方面对教师的学术工作特别是对青年教师科研发展所产生的影响来看,狭隘的学术观念、学术组织结构的趋同化、学术资源配置效率低、行政化学术管理制度、二级学院(系)缺乏自主权等,都不同程度地束缚着教师学术研究的拓展和转型,抑制青年教师科研发展动力。

在微观层面,从地方应用型本科高校青年教师的需求与能力对科研发展动力的影响来看,一方面,青年教师需求的多样性、复杂性和差异性,在现实的境况下,地方应用型本科高校的青年教师群体存在的需求表现形式具有其共性又具有特殊性,主要体现在独立意识强,但人生观、价值观还不稳定,职业适应度不足;在职业发展中的自我实现需求尤为强烈,成就动机高,但创新能力不足;面对工作、经济、生活的激烈的竞争压力,大部分青年教师以学术为志业的定力不足,自我效能感较低。另一方面,青年教师的学术职业知识和能力结构失衡,情绪智力水平不高,导致自身科研发展的动力不足。

为了有效激发地方应用型本科高校青年教师科研发展动力,必须从内部的科研自觉和外部的学术制度、政策环境的支持层面加以构建,形成具有方向感、安全感和希望感的良性驱动机制。

在国家层面,政府需提高高等教育治理能力,强化宏观政策的引导与保障作用,真正落实好高等教育领域的"管办评分离"政策,进一步理顺中央与地方、省级与市级政府对教育管理的权责关系,依法明确政府与高校之间的权责关系。一方面,中央政府及教育主管部门站在国家战略的层面,继续制定相关政策的配套制度和方案,有力指导省级政府依法依规管理高等教育;另一方面,省级政府应充分发挥统筹权,以制度创新推动地方高校转型发展。

在高校层面,学校需实施组织支持和制度激励双驱动,一是定位多维学术观,拓宽青年教师科研发展的方向;二是释放基层学术组织活力,树立激活学术活力的治理理念,推动管理部门的职能转变,构建以学科制为基础、学科与专业一体化建设的运行治理机制,完善和健全校院两级治理结构与运行机制,强化学术功能;三是发挥制度效能。首先,深化校内人事分配制度改革。用足、用够现行的利好政策,创新校内编制管理;实行岗位设置精细化分类管理;坚持岗位聘任制,完善考核评价机制,形成良性竞争和流动机制;完善绩效目标管理,推进分配制度改革。其次,构建科学合理的学术评价制度。树立学术为本,坚持多元化,突出应用性和服务性的价值取向;综合学科分类与学术分类特征,制定差异化、多元化的学术评价标准;学术评价制度的构建过程必须充分体现公正性、民主性、以师为本的原则。最后,构建系统化、多样化、全覆盖培养制度。突破教师培养的传统理念,推进教师发展组织化、专业化进程;强化人力资本投资意识,构建分类分层培养资助体系;搭建纵横融通的教师发展项目链,提高培养效能。

在个体层面,毛泽东说过"人总是要有点精神的",青年教师自身要增强自主发展意识,发挥主观能动性。首先,科学谋划学术职业生涯规划,青年教师要厘清岗位责任和定位,明确科研发展方向;要依据人的能力发展规律长远规划学术研究的侧重点;要将自身专业发展与学校转型发展有机结合起来进行规划。其次,自觉遵循师德规范,提升师德境界。在师德的自我修养中逐步树立崇高的职业理想,不断增强自己认知世界的能力,使自己有耐得住寂寞和清贫生活的境界,有爱岗敬业、勤奋钻研、淡泊名利的观念,这些修养和境界成为青年教师科研发展的精神动力支柱。最后,倡导"自我导向学习"模式,助力科研发展。通过确立发展目标、自我设计策略、探索性实践、反思性评价等环节和过程构建自我导向发展模式;通过"实践—反思与调整—再实践—再反思与改进"路径,在实践中不断激发创造力。

综上所述,转型变革下的高校青年教师科研发展动力研究,需要多学科的理论支撑以及办学实践的检验。在研究内容上,本书对高校青年教师科研发展动力研究是在贯穿"地方应用型本科高校转型变革"与贯穿"青年教师学术转型发展"两条线路交错作用下展开的,将地方应用型本科高校青年教师与其科研发展有机结合起来,凸显影响地方应用型本科高校青年教师科研发展动力因素的复杂性和多样性;在研究视野上,本研究聚焦此类高校青年教师科研发展动力问题,构建宏观—中观—微观的三位一体动力机制,综合发挥政府、高校、青年教师自身三者分别在法规和政策支持、治理结构和运行机制、自主发展和内在驱动力等互为影响的动力源(见"高校青年教师科研发展动力示意图"),克服仅仅把青年教师当作学术创新主体的分析框架的缺陷,进行了较为系统全面的有一定深度和广度的研究、探索。上述两点,是本书的创新之处。但由于笔者能力和学识的局限,也受研究时间和空间的限制,在理论研究和实际应用中,还存在一些尚需进一步研究的地方,比如关于政府治理地方应用型本科高校,促进青年教师发展的政策研究;地方应用型本科高校内部治理结构的优化,激活二级学院学术活力,促进青年教师发展的院校研究;地方应用型本科高校学术评价体系研究;地方应用型本科高校科教融合研究;国内外应用型本科高校青年教师发展比较研究等。"学无止境",学术研究亦无止境,这些将作为笔者继续砥砺前行深入研究的课题。

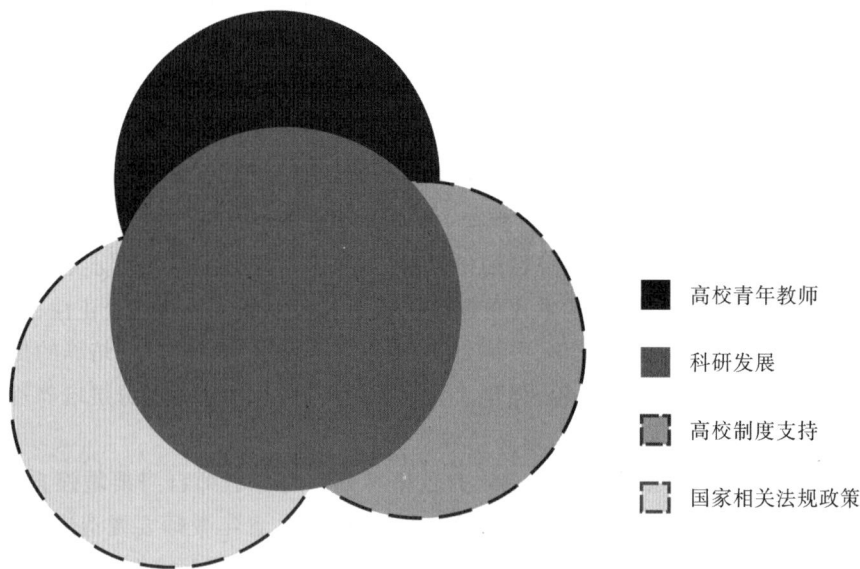

■ 高校青年教师

■ 科研发展

▨ 高校制度支持

▨ 国家相关法规政策

高校青年教师科研发展动力示意图

参考文献

[1]盛正发.新建本科院校科研能力建设[M].长沙:湖南师范大学出版社,2012:39.

[2]亚里士多德.形而上学[M].吴寿彭,译.北京:商务印书馆,1981:5.

[3]欧内斯特·L.博耶.关于美国教育改革的演讲[M].涂艳国,方彤,译.北京:教育科学出版社,2003:72,74-78.

[4]斯密.原富[M].严复,译.北京:商务印书馆,1981:1.

[5]高叔平.蔡元培教育论著选[M].北京:人民教育出版社,1991:329.

[6]别敦荣.中美大学学术管理[M].武汉:华中理工大学出版社,2000:3.

[7]韩延明.大学教育现代化[M].济南:山东教育出版社,1999:15.

[8]刘贵华.大学学术发展研究:基于生态的分析[M].武汉:华中师范大学出版社,2005:86-87.

[9]吴岱明.科学研究方法学[M].长沙:湖南人民出版社,1987:7-8.

[10]《辞海》(词语分册 E 册)[M].上海:上海辞书出版社,1979:458-459.

[11]李森.教学动力论[M].重庆:西南师范大学出版社,1998:5.

[12]张大均.教育心理学[M].北京:人民教育出版社,1999:68.

[13]黄希庭.心理学导论[M].北京:人民教育出版社,1991:193.

[14]莫雷.教育心理学[M].广州:广东高等教育出版社,2002:403.

[15]梁君思.高校青年教师专业发展问题研究[M].南昌:江西人民出版社,2013.

[16]李华.地方高校青年教师专业发展研究[M].成都:西南交通大学出版社,2014.

[17]于畅.高校青年教师教学能力发展研究[M].沈阳:辽宁人民出版社,2016.

[18]邹春花,黄连杰.多元视角下我国高校青年教师发展研究[M].北京:北京理工大学出版社,2017.

[19]李兰巧,肖毅.高校青年教师心理特征实证研究[M].北京:知识产权出版社,2017.

[20]徐彦红.大学青年教师专业发展影响因素研究[M].北京:首都经济贸易大学出版,2018.

[21]姚利民.高校青年教师教学发展论[M].北京:中国社会科学出版社,2019.

[22]张俊超.大学场域的游离部落:大学青年教师发展现状及应对策略[M].北京:中国社会科学出版社,2009.

[23]陈先哲.学术锦标赛制下大学青年教师的制度认同与行动选择[M].广州:广东人民出版社,2017.

[24]廉思.工蜂:大学青年教师生存实录[M].北京:中信出版社,2012.

[25]孟新,顾寅生,等.高等学校青年教师成才向导[M].哈尔滨:哈尔滨工业大学出版社,1991.

[26]郑秉沏,等.大学青年教师必读[M].天津:南开大学出版社,1992.

[27]孙宝元,等.新编高等院校管理[M].哈尔滨:黑龙江人民出版社,2000.

[28]龚绍文.大学青年教师教学入门[M].北京:北京理工大学出版社,2006.

[29]高芸.高等学校青年教师培养的理论与实践[M].武汉:中国地质大学出版社,2008.

[30]任友洲,杨万文,李欢.高等学校新进教师入岗必读[M].武汉市:华中师范大学出版社,2013.

[31]符祥青.科学研究的成功之路[M].海口:海南出版社,1993.

[32]胡建华,等.大学制度改革论[M].南京:南京师范大学出版社,2006.

[33]汪文贤.教师教育概论[M].杭州:浙江大学出版社,2008.

[34]景丽珍.高校教师教学科研成果的影响因素研究[M].北京:中央民族大学出版社,2012.

[35]刘新跃.地方高校哲学社会科学科研管理创新研究[M].合肥:安徽人民出版社,2012.

[36]范怡红.中国与欧洲大学教师发展比较研究:基于多维学术的视角[M].成都:西南交通大学出版社,2013.

[37]全京,安雪飞.应用型大学人力资源与科研管理研究:理论与实践[M].北京:中国质检出版局,中国标准出版社,2013.

[38]刘易斯·科塞.理念人:一项社会学的考察[M].郭方,等译.北京:中央编译出版社,2001.

[39]罗伯特·G.欧文斯.教育组织行为学[M].窦卫霖,等译.上海:华东师范大学出版社,2001:61.

[40]道格拉斯·麦格雷戈.企业的人性面[M].韩卉,译.北京:中国人民大学出版社,2008:33.

[41]孙绵涛.教育组织行为学[M].福州:福建教育出版社.2012:90-92.

[42]埃德加·莫兰.复杂性理论与教育问题[M].陈一壮,译.北京:北京大学出版社,2004:215.

[43]沙因.组织心理学[M].余凯成,译.北京:经济管理出版社,1987:116.

[44]俞文钊.管理的革命:创建学习型组织的理论与方法[M].上海:上海教育出版社,2003:90.

[45]潘懋元,等.新编高等教育学[M].北京:北京师范大学出版社,2009:5,6,135.

[46]约翰·S.布鲁贝克.高等教育哲学[M].王承绪,等译.杭州:浙江教育出版社,2001:2.

[47]马克斯·韦伯.学术与政治[M].钱永祥,等译.桂林:广西师范大学出版社,2004:155,166.

[48]W.I.B.贝弗里奇.科学研究的艺术[M].陈捷,译.北京:科学出版社,1979:146.

[49]道格拉斯·C.诺思.制度、制度变迁与经济绩效[M].杭行,译.上海:格致出版社,2008:3-4.

[50]郑赤建.高校人力资源管理研究[M].长沙:湖南人民出版社,2007:1.

[51]陈昌文.公共部门人力资源开发与管理[M].成都:四川人民出版社,2000:1.

[52]中国科学院.2005科学发展报告[M].北京:科学出版社,2005.

[53]弗雷德·R.戴维.战略管理[M].李克宁,译.6版.北京:经济科学出版社,1998:17.

[54]段从清.企业战略管理[M].北京:人民出版社,2005:1.

[55]克拉克·克尔.高等教育不能回避历史:21世纪的问题[M].王承绪,译.杭州:浙江教育出版社,2001:35.

[56]亚当·斯密.国民财富的性质和原因的研究[M].郭大力,王亚南,译.北京:商务印书馆,1972:28

[57]W.理查德·斯科特.制度与组织:思想观念与物质利益[M].姚伟,王黎芳,译.3版.北京:中国人民大学出版社,2010:3.

[58]青木昌彦.比较制度分析[M].周黎安,译.上海:上海远东出版社,2001:11.

[59]道格拉斯·C.诺思.制度、制度变迁与经济绩效[M].杭行,译.上海:格致出版社,2008:3-4.

[60]沃尔特·W.鲍威尔,保罗·J.迪马吉奥.组织分析的新制度主义[M].姚伟,译.上海:上海人民出版社,2008:366.

[61]艾沃·古德森.教师生活与工作的质性研究[M].蔡碧莲,葛丽莎,等译.北京:教育科学出版社,

2013:5.

[62]陈向明.质的研究方法与社会科学研究[M].北京:教育科学出版社,2000:80,134,142,145.

[63]潘懋元.潘懋元文集(卷一·高等教育学讲座)[M].广州:广东高等教育出版社,2010:78-80.

[64]李泽彧.科学与民主:高等学校内部管理的多视角研究[M].厦门:厦门大学出版社,2010.

[65]李琳琳.成为学者:大学教师学术工作的变革与坚守[M].上海:华东师范大学出版社,2016:35.

[66]唐纳德·肯尼迪.学术责任[M].阎凤桥,等译.北京:新华出版社,2002:41.

[67]詹姆斯·L.吉布森,约翰·M.伊凡塞维奇,小詹姆斯·H.唐纳利.组织学:行为结构和过程[M].王常生,译.北京:电子工业出版社,2002:35-55.

[68]史国栋,袁益民.高等学校审核评估的理论与实践[M].北京:高等教育出版社,2013:3-10.

[69]梁绿琦.高等教育教学评估研究[M].上海:上海交通大学出版社,2015:8-9.

[70]周光礼.公共政策与高等教育:高等教育政治学引论[M].武汉:华中科技大学出版社,2010:63.

[71]潘懋元.应用型人才培养的理论与实践[M].厦门:厦门大学出版社,2011:169.

[72]国家教委教育发展与政策研究中心.发达国家教育改革的动向和趋势(第五集):日本、英国、联邦德国、美国、俄罗斯教育改革文件和报告选编[M].北京:人民教育出版社,1994:23.

[73]周雪光.组织社会学十讲[M].北京:社会科学文献出版社,2003:72.

[74]伯顿·R.克拉克.高等教育系统:学术组织的跨国研究[M].王承绪,等译.杭州:杭州大学出版社,1994:37,87-91.

[75]尤塔·默沙伊恩.大学治理与教师参与决策[M].魏进平,马永良,等译.北京:知识产权出版社,2014:43.

[76]菲利普·G.阿尔特巴赫.变革中的学术职业:比较的视角[M].别敦荣,译.青岛:中国海洋大学出版社,2006:14.

[77]王仙雅.科研压力源对高校教师科研绩效的影响机理研究[M].北京:经济日报出版社,2017:133.

[78]中共中央.中共中央关于全面深化改革若干重大问题的决定[M].北京:人民出版社,2013:44.

[79]阿什比.科技发达时代的大学教育[M].滕大春,滕大生,译.北京:人民教育出版社,1983:114.

[80]蒋洪池,李文燕.大学教师学术评价制度创新:基于学科文化的视角[M].北京:科学出版社,2007:11-14,47-52.

[81]江新华.学术何以失范:大学学术道德失范的制度分析[M].北京:社会科学文献出版社,2005:91.

[82]李泽彧,等.学术守门人探论:高校学术同行评议与利益冲突[M].北京:科学出版社,2018:43.

[83]潘懋元.《高校教师师德自律论》序[M]//卫荣凡.高校教师师德自律论.北京:中国社会科学出版社,2008.

[84]董守文,张华,李雁冰.成人学习学[M].东营:石油大学出版社,1994:116-117.

[85]眭依凡.大学:如何培养创新型人才——兼谈美国著名大学的成功经验[J].中国高教研究,2006(12):3-9.

[86]埃里克·A.哈努谢克.为什么教育质量至关重要[J].少陵,译.国外社会科学文摘,2005(12):18-20.

[87]明轩.《世界高等教育宣言》概要[J].教育发展研究,1999(3):81-82.

[88]周静,乔开文.高校青年教师科研现状分析及应对措施研究[J].研究与发展管理,2008(5):115-118.

[89]张大良.对焦需求聚焦服务变焦应用把新建本科院校办成新型本科院校[J].中国大学教学,2016(11):4-9,16.

[90]李光奇."青年"年龄划分标准管见[J].青年研究,1994(5):7-8.

[91]涂艳国.多元学术观与大学学术发展[J].高等教育研究,2011,32(11):10-14.

[92]李伯重.论学术与学术标准[J].社会科学论坛,2005(3):5-14.

[93]陈劲,宋建元,葛朝阳,等.试论基础研究及其原始性创新[J].科学学研究,2004(3):317-321.

[94]邓京华,彭祖智.从系统论的观点看儿童心理发展的动力——兼谈对"内因动力说"的一点看法[J].湖南师大社会科学学报,1987(5):7-12.

[95]宫麟丰.高校学术研究的动力机制研究[J].辽宁财专学报,2001(5):56-59.

[96]李醒民.科学探索的动机或动力[J].自然辩证法通讯,2008(1):27-34,14,110.

[97]朱伟.高校教师的科研动机变化规律及激发研究[J].科技管理研究,2011(1):153-155.

[98]葛秋良.关于新建本科院校教师科研动力的调查与分析[J].惠州学院学报(社会科学版),2012(1):110-114.

[99]杜玲玲.提高高校青年教师科研能力的几点思考[J].江西教育科研,2006(4):45-46.

[100]耿艾莉,王岩松.论高校青年教师科研能力的培养[J].教育与职业,2012(18):71-73.

[101]易帆.高校青年教师科研能力培养探索[J].教育探索,2013(4):87-88.

[102]刘扬.高校青年教师科研能力提升刍议[J].教育与职业,2014(2):70-71.

[103]杭慧.高校青年教师科研能力培养问题研究[J].中国成人教育,2013(19):111-112.

[104]王文辉.论提升高校青年教师科研能力[J].中国成人教育,2014(2):95-97.

[105]代文彬,纪巍.高校青年教师科研创新能力开发的管理途径探析[J].科技管理研究,2008(3):210-212.

[106]王建国.试论双因素理论在高校青年教师科研能力培养中的应用[J].黑龙江高教研究,2010(9):91-92.

[107]尚斌,王瑞祥.管理哲学视野下高校青年教师的科研评价与激励机制[J].中国成人教育,2010(21):70-72.

[108]郭淑兰,邹开俊.西部高校青年教师科研激励的调查与分析[J].开发研究,2009(2):153-156.

[109]刘明生.高校青年教师科研新论[J].河北师范大学学报(教育科学版),2010(6):19-22.

[110]周静,乔开文.高校青年教师科研现状分析及应对措施研究[J].研究与发展管理,2008(5):115-118.

[111]陈要军,聂鸣,海本禄.高校青年教师研究能力对工作绩效的影响机制研究[J].中国科技论坛,2013(12):109-115.

[112]雷小生,刘淑春.高职院校教师科研素质现状及培养对策分析[J].中国高教研究,2009(5):66-67.

[113]伍玉凤.高职院校青年教师科研素质和能力培养中存在的问题及对策[J].学术论坛,2011(5):210-213.

[114]郑书深,李妍,冯晓勇,等.青年教师科研能力培养模式探索[J].中国高校科技,2011(12):30-31.

[115]闫健,王占武,栾忠权.地方高校青年教师科技创新能力服务区域经济发展的重要性[J].产业与科技论坛,2012(9):116-117.

[116]何光耀,容泽文,宁红英.新建地方本科高校青年教师科研能力培养探析——以钦州学院为例

[J].钦州学院学报,2013(1):50-54.

[117]应卫平,龚胜意,罗朝盛,等.地方高校青年教师创新能力发展现状及对策研究[J].中国大学教学,2015(7):73-76.

[118]代君,张丽芬.基于知识管理理论的高校青年教师创新能力培养的若干思考[J].黑龙江高教研究,2014(6):84-86.

[119]徐滢珺.学术氛围对青年教师科研绩效的影响[J].中国高校科技,2015(12):27-29.

[120]吴琴,吴大中,吴昕芸.高校青年教师科技创新能力提升对策研究[J].科学管理研究,2015(3):100-103.

[121]张蓉,冯展林.制度安排下的高校青年教师创新意愿与能力提升对策研究[J].科学管理研究,2017(6):89-92.

[122]杨冰.提升青年教师科研生命力的长效机制[J].中国高校科技,2018(5):20-21.

[123]张蓓.高校青年教师创新活力影响因素实证分析——基于广东33所高校的调查数据[J].教育发展研究,2014(3):14-21.

[124]周建忠,梁明辉.高校青年教师创新能力的结构与现状——基于东北三省高校青年教师的实证研究[J].黑龙江高教研究,2016(1):49-52.

[125]樊桂清,贾相如.高校科研领域内"马太效应"对青年教师发展影响研究[J].高校教育管理,2013(2):70-74.

[126]乔雪峰.夹缝生存:高校青年教师学术困境与出路[J].现代教育管理,2013(10):92-96.

[127]钱军平.制度夹缝中高校青年教师自我发展规划与突围[J].现代教育管理,2013(10):84-91.

[128]张行生.高校青年教师成长的外部环境支持问题探析[J].黑龙江高教研究,2015(12):100-102.

[129]吴长法,邬旭东.新建本科院校转型发展与青年教师发展研究[J].中国青年研究,2015(6):73-77.

[130]周国华.高校青年教师专业发展的问题与对策研究[J].江苏高教,2015(6):85-87.

[131]李培利.高校青年教师发展的现实困境分析——场域论的视角[J].国家教育行政学院学报,2015(9):60-63.

[132]陆露,于伟.普通高校青年教师科研上的挣扎与突破[J].中国高校科技,2015(12):11-13.

[133]廖志琼.自主发展与组织培养:高校青年教师发展的路径选择[J].江苏高教,2016(2):90-92.

[134]刘鸿,龙云敏.美国研究型大学青年教师发展的制度特征[J].现代大学教育,2016(6):46-51.

[135]黄岚,樊泽恒."非升即走"对教师专业发展的影响和对策[J].江苏高教,2015(6):72-76.

[136]谢永朋.专业发展共同体:高校青年教师专业发展的理想境域[J].江苏高教,2015(6):88-90.

[137]王杨.过三期闯四关,用坚持和专注锻造核心竞争力——浅谈青年教师的自我成长[J].中国大学教学,2016(1):83-86.

[138]刘萍,胡月英.中美高校青年教师发展机制比较研究[J].中国青年研究,2016(1):112-118.

[139]韩萌,张国伟.大学青年教师发展的现实困境与改革路径研究[J].教育科学,2017(2):43-49.

[140]于安龙.夹缝突围:高校青年教师的底层困境与出路[J].西南民族大学学报(人文社会科学版),2017(1):217-221.

[141]高盼望.当代高校青年教师的知识困境与超越[J].国家教育行政学院学报,2017(10):71-75.

[142]刘晖,钟斌.论高校青年教师专业发展动力——基于需求理论的系统分析[J].中国高等教育评论,2016(1):131-139.

[143]张忠华,况文娟.论高校教师专业发展的缺失与对策[J].高校教育管理,2017(1):79-85.

[144]张剑.生态学视阈下的高校青年初任教师专业发展环境研究[J].国家教育行政学院学报,2017(10):65-70.

[145]蒋苗,邓怡.高校青年科技人才发展的需求与困境[J].中国高校科技,2017(10):45-48.

[146]王和强,马婉莹,赵晖.应用型高校青年教师专业发展能力目标论析[J].教育评论,2017(2):105-108.

[147]夏素荣.职业生涯规划——地方高校青年教师专业成长的路径[J].中国成人教育,2017(6):128-131.

[148]田晶.地方高校转型背景下青年教师培养机制探究[J].高教探索,2015(9):125-128.

[149]赵君,赵书松.基于能力发展规律的高校青年教师培养机制研究[J].教育科学,2016(2):46-53.

[150]王时龙,曹华军.基于学科团队培养青年创新人才[J].中国高等教育,2016(10):46-47.

[151]朱宁波,曹茂甲.我国高校青年教师培养政策的文本分析[J].教育科学,2017(4):62-68.

[152]刘锐剑,叶龙.推行师徒指导制度助力高校青年教师职业成长[J].中国大学教学,2017(12):79-82.

[153]倪海东.高校青年教师成才动力及激励机制构建[J].国家教育行政学院学报,2014(5):10-13.

[154]王红瑞.自我实现导向下高校青年教师激励机制的构建[J].高教探索,2015(11):120-123.

[155]杨丽.高校青年教师激励的"六不"现象与改进建议[J].教育评论,2015(7):81-84.

[156]郑忻.组织公平理论视域下高校青年教师激励思路与举措探析[J].当代教育科学,2016(5):25-28.

[157]赵翔宇,张洁.期望理论视角下高校青年教师激励管理研究[J].教育评论,2017(10):125-128.

[158]徐晨飞,卢鸣明.青年教师科研众筹模式设计及保障机制探究[J].中国高校科技,2017(7):23-26.

[159]张安富,靳敏.高校青年教师队伍建设的系统思考[J].中国大学教学,2015(3):67-71,39.

[160]胡中俊.高校"青椒"的成长困境和出路[J].当代青年研究,2015(6):54-58.

[161]邹军,袁兴国.教学研究型大学青年教师发展的困境与突破——基于岗位设置的视角[J].江苏高教,2015(5):84-86.

[162]李陈锋,林新奇.我国哲学社会科学青年教师队伍建设——以战略人力资源管理为视角[J].社会科学家,2016(2):116-120.

[163]蒋苗,邓怡.高校青年科技人才发展的需求与困境[J].中国高校科技,2017(10):45-48.

[164]孙绪敏.高校青年人才绩效评价的困境与突破[J].黑龙江高教研究,2017(3):101-104.

[165]周海涛,胡万山.大学青年教师队伍建设的难题与对策[J].国家教育行政学院学报,2018(5):32-37,51.

[166]廖小平,高峰.两种科研与对大学教师科研的合理期望[J].自然辩证法研究,2009(11):84-88.

[167]王飞,王运来."一次消化者"与"二次消化者"——大学教师科研与教学逻辑关系撷谈[J].中国大学教学,2016(5):15-18.

[168]席与亨,张丹,司徒唯尔.大学教师科研业绩评价体系研究综述[J].科技管理研究,2011(10):71-76.

[169]安敏,曾旸,于晓斐.中国高校教师科研业绩评价研究综述[J].科技管理研究,2011(24):83-86.

[170]郭涛,林盛,刘金培.高校教师科研绩效评价:一种多准则决策分析模型[J].统计与决策,2012(9):66-69.

[171]顾全.美国匹兹堡大学教师科研报酬体系研究[J].外国教育研究,2015(12):27-36.

[172]蒋凤丽.高校教师科研绩效评价指标框架研究[J].中国成人教育,2016(5):59-61.

[173]刘睿,郭云贵,张丽华.学术氛围、科研投入对高校教师科研绩效的影响[J].现代管理科学,2016(10):97-99.

[174]刘宇文,张鑫鑫.从外部激励走向内部激励:高校教师科研创新的动力转型研究[J].湖南师范大学教育科学学报,2009(1):16-20.

[175]吴艳萍.基于需求层次理论的科研激励管理研究[J].科技管理研究,2010(21):103-105.

[176]朱茜,施晓峰.论对高校科研教师的非物质激励的思考[J].科技管理研究,2010(4):185-186.

[177]蒲勇健,李攀艺.高校教师科研激励机制:终身教职制度的经济学分析[J].科技进步与对策,2006(4):151-153.

[178]曹爱华.大学教师科研激励制度的前提假设探析[J].高教探索,2007(4):24-26.

[179]黄艳霞.利益相关者视角下美国高校教师科研产出评估方法选择[J].中国高教研究,2015(11):76-80.

[180]黄艳霞.美国高校教师科研产出差异与评估困境[J].高教探索,2017(1):51-56.

[181]杨希.一流大学建设与高校教师科研产出[J].复旦教育论坛,2017(1):70-75.

[182]袁玉芝.高校教师科研产出性别差异及其原因探析——基于某研究型大学教育学教师的经验分析[J].高教探索,2017(3):5-12.

[183]李璐.组织气氛对高校教师科研生产力的影响——基于中国28所公立高校的调查[J].教育学术月刊,2017(8):41-49.

[184]许宏,赵静波.高校教师科研伦理意识和科研伦理行为状况调查分析[J].科技管理研究,2013(9):99-103.

[185]郑海武,周秀芝.高校教师科研诚信档案建设的问题和策略[J].兰台世界,2014(11):81-82.

[186]李雪燕.基于诚信背景下高校教师科研问题研究[J].中央财经大学学报,2014(S1):103-108.

[187]付淑琼.美国大学教师科研诚信系统及其对我国的启示[J].高等教育研究,2015,36(1):92-97.

[188]卫芳菊.提升高校教师科研能力刍议[J].山西师大学报(社会科学版),2011(3):150-152.

[189]雷小生,刘淑春.高职院校教师科研素质现状及培养对策分析[J].中国高教研究,2009(5):66-67.

[190]白景永.基于职业成长的高校教师科研能力评价体系设计[J].继续教育研究,2011(7):38-41.

[191]李兰春,王双成,王婧.高校教师科研能力评估的贝叶斯网络聚类方法[J].科技管理研究,2011(12):114-116.

[192]陈平.高校教师科研能力评价指标体系研究[J].科技管理研究,2009(12):187-188.

[193]吴小妹.高校教师科研能力评价模型构建研究[J].科技管理研究,2010(22):72-74,62.

[194]肖薇薇.大学教师科研创新能力的培养路径[J].中国高校科技,2016(9):27-30.

[195]汪美侠.地方高校教师科研能力"区域互培"机制研究[J].中国成人教育,2016(10):126-128.

[196]谢玉华,毛斑斑,张新燕.高校教师科研动机实证研究[J].高教探索,2014(4):156-159,176.

[197]刘志成,孙佳.高校教师的科研压力及其缓解措施[J].湖南农业大学学报(社会科学版),2009(4):67-70.

[198]梁振东,张艳辉.高校教师科研倦怠的特征及原因探析[J].沈阳大学学报,2011(6):101-104.

[199]徐灵,魏彤春,侯光辉.科研压力下的高校教师学术不端行为:组织支持的调节效应[J].科技管理研究,2013(7):86-91.

[200]王仙雅,林盛,陈立芸.挑战—阻碍性科研压力源对科研绩效的作用机理——科研焦虑与成就动机的中介作用[J].科学学与科学技术管理,2014(3):23-30.

[201]张珣,徐彪,彭纪生,等.高校教师科研压力对科研绩效的作用机理研究[J].科学学研究,2014(4):549-558.

[202]张奇勇,闫志英,卢家楣.高校教师科研倦怠感问卷的编制与信效度检验[J].心理学探新,2015(1):84-89.

[203]袁声莉,李亚林,陈金波.制约地方高校教师科研发展的影响因素分析——从人力资本等理论视角[J].教育与经济,2010(4):51-55.

[204]程芳."三维"匹配的高校教师科研生涯管理研究:基于管理类期刊数据的实证[J].科技管理研究,2012(16):106-109.

[205]王春雷.高校教师科研合作影响因素研究:以广西为例[J].科技进步与对策,2012(21):145-149.

[206]于敏捷.基于 IVprobit 模型的信任与高校教师科研合作关系研究[J].科技管理研究,2013(17):84-87.

[207]叶永玲.大学教师科研合作的博弈及合作动力分析[J].高教探索,2013(3):43-47.

[208]梁文艳,刘金娟,王玮玮.研究型大学教师科研合作与科研生产力——以北京师范大学教育学部为例[J].教师教育研究,2015(4):31-39.

[209]宋强.国际视野下高校文科教师科研动力及引导机制[J].东北师大学报(哲学社会科学版),2015(5):216-220.

[210]范国睿.走进人文社会科学研究[J].学位与研究生教育,2011(11):45-51.

[211]王凯.教师应该了解教育中的"人性假设"[J].上海教育科研,2007(5):38-39.

[212]岳伟.教师的利益与教师的道德[J].教育评论,.2002(6):36-38.

[213]康翠萍.学术自由视野下的大学发展[J].教育研究,2007(9):55-58,70.

[214]刘鸿.学术活动的反思与大学制度的重建[J].高等教育研究,2004(4):57-60.

[215]刘海峰.大学教师的生存方式[J].教育研究,2006(12):29-33.

[216]李霞.关怀生命:大学制度的基本价值诉求[J].高等教育研究,2011(6):6-10.

[217]严进,邓靖松.析人力资源管理概念发展的逻辑[J].软科学,2003(1):71-73,81.

[218]李佑颐,赵曙明,刘洪.人力资源管理研究述评[J].南京大学学报(哲学·人文科学·社会科学),2001(4):128-139.

[219]李宝元.现代组织人力资源管理要义探析[J].北京师范大学学报(社会科学版),2003(3):72-77.

[220]柳卸林.如何解读中国竞争力的世界排名[J].科学学与科学技术管理,2003(10):17-22.

[221]韩民,高书国.跨越门槛:进入人力资源强国行——2015 年人力资源强国竞争力评价报告[J].国家教育行政学院学报,2016(3):3-8.

[222]孙诚,冯之浚.自主创新与人力资源开发[J].科学学研究,2006(3):460-465.

[223]刘献君.论高校战略管理[J].高等教育研究,2006(2):1-7.

[224]汪平,彭省临.高校人事管理应转入战略性管理新阶段[J].现代大学教育,2002(4):79-81.

[225]李碧虹.论大学教师人力资本的特征[J].现代大学教育,2006(1):18-21.

[226]李文群.论中国高校教师人力资本产权制度的构建[J].清华大学教育研究,2007(5):105-110.

[227]吴康宁.社会学视野中的教育[J].教育研究与实验,2006(4):1-5.

[228]朱德米.新制度主义政治学的兴起[J].复旦学报(社会科学版),2001(3):107-113.

[229]曹胜.制度与行为关系:理论差异与交流整合——新制度主义诸流派的比较研究[J].中共天津市委党校学报,2009(4):57-61.

[230]彼得·豪尔,罗斯玛丽·泰勒.政治科学与三个新制度主义[J].何俊智,译.经济社会体制比较,2003(5):20-29.

[231]凯瑟琳·西伦,斯温·斯坦默.比较政治学中的历史制度主义[M]//何俊志,任军锋,朱德米编译.新制度主义政治学译文精选.天津:天津人民出版社,2007:143.

[232]何俊志.新制度主义政治学的流派划分与分析走向[J].国外社会科学,2004(2):8-15.

[233]周光礼.大学变革与转型:新的思路与新的分析[J].教育学术月刊,2013(4):74-80.

[234]周光礼.大学治理模式变迁的制度逻辑——基于多伦多大学的个案研究[J].高等工程教育研究,2008(3):55-61.

[235]邓文琳,刘鸿.大学学术氛围及影响因素理论探析[J].黑龙江教育(高教研究与评估),2008(22):18-20.

[236]王仙雅,林盛,陈立芸.科研压力对科研绩效的影响机制研究[J].科学学研究,2013,30(10):1564-1571,1563.

[237]阎光才.教育研究中量化与质性方法之争的当下语境分析[J].教育研究,2006(2):47-53.

[238]康纳利,克莱丁宁.叙事探究[J].丁钢,译.全球教育展望,2003,32(4):6-10.

[239]张希希.教育叙事研究是什么[J].教育研究,2006(2):54-59.

[240]王彦,王枬.教育叙事——从文学世界到教育世界[J].全球教育展望,2005,34(4):34-39.

[241]丁钢.教育研究的叙事转向[J].现代大学教育,2008(1):10-16,111.

[242]邱瑜.教育研究方法的新取向——教育叙事研究[J].中小学管理,2003(9):11-13.

[243]阎光才.学术聘任制度及其政策风险[J].高等教育研究,2016,37(5):21-29.

[244]刘海峰,白玉,刘彦军.我国应用技术大学建设与科研工作的转型[J].中国高教研究,2015(7):69-74.

[245]林杰.高校教师对教职的职业信心及组织忠诚——基于全国普通高校的抽样调查[J].清华大学教育研究,2009,30(2):90-98.

[246]李泽彧,陈杰斌.论高校教师专业技术职务聘任条件——基于地方本科院校制度文本分析[J].国家教育行政学院学报,2015(9):64-69.

[247]王红.建立院校评估制度,提高本科教学质量[J].中国高等教育,2012(17):49-51.

[248]肖兴安,陈敏.我国本科教学评估政策的历史演变[J].国家教育行政学院学报,2009(2):71-77.

[249]陈玉琨.我国高等学校本科教学评估:问题与改革[J].复旦教育论坛,2008(2):5-7,29.

[250]刘振天.我国新一轮高校本科教学评估总体设计与制度创新[J].高等教育研究,2012,33(3):23-28.

[251]邹海燕.从分类评估到审核评估:院校评估改革的探索之路[J].高等教育研究,2017,38(8):29-33.

[252]陈东冬,李志宏.新建本科学校教学工作合格评估方案的新特点[J].中国高等教育,2012(Z2):35-37.

[253]杨钋,井美莹,蔡瑜琢,等.中国地方本科院校转型的国际经验比较与启示[J].国家教育行政学院学报,2015(2):83-90.

[254]刘学忠.地方应用型大学协同育人体制机制新探[J].国家教育行政学院学报,2017(9):67-72.

[255]高华云.我国产学研合作的制度需求和供给分析[J].科技进步与对策,2012(22):118-122.

[256]李恒.产学研结合创新中的知识产权归属制度研究[J].中国科技论坛,2010(4):53-59.

[257]周光礼.高校内部治理创新的政策框架[J].探索与争鸣,2017(8):47-50.

[258]王继平.合理调整我国教师政策价值取向初探[J].教师教育研究,2005(6):3-9.

[259]王昕红.20世纪80年代后我国大学教师发展政策研究[J].教师教育研究,2007(1):41-44,26.

[260]潘懋元.什么是应用型本科[J].高教探索,2010(1):10-11.

[261]刘振天.新建本科院校人才培养面临的主要矛盾及解决之策[J].学术交流,2012(8):194-198.

[262]管培俊.关于新时期高校人事制度改革的思考[J].教育研究,2014(12):72-80.

[263]陈先哲."第三世界"的学术生存策略:地方大学青年教师的个案研究[J].教育学术期刊,2014(11):86-92.

[264]李金奇.地方本科院校转型发展与大学学术转型[J].高等教育研究,2017,38(6):40-44,97.

[265]钟秉林,王新凤.我国地方普通本科院校转型发展实践路径探析[J].高等教育研究,2016,37(10):19-24.

[266]宣勇.高校内部治理变革的逻辑起点[J].探索与争鸣,2017(8):44-47.

[267]柳友荣.学科建设:新建本科院校持续发展的瓶颈[J].北京教育(高教版),2008(4):9-10.

[268]张安富,靳敏.高校青年教师队伍建设的系统思考[J].中国大学教学,2015(3):68-71,39.

[269]周海涛.推进高校综合改革的难点和对策[J].探索与争鸣,2017(8):50-53.

[270]陈洪捷.学术创新与大学的科层制管理[J].北京大学教育评论,2012,10(3):2-7,187.

[271]张耀铭.学术评价存在的问题、成因及其治理[J].清华大学学报(哲学社会科学版),2015,30(6):73-88,190-191.

[272]孙绪敏.高校青年人才绩效评价的困境与突破[J].黑龙江高教研究,2017(3):101-104.

[273]黄岚,樊泽恒."非升即走"对教师专业发展的影响和对策[J].江苏高教,2015(6):72-76.

[274]陈翼,唐宁玉.新生代员工工作价值观:后现代主义的视角[J].上海管理科学,2014,36(1):66-71.

[275]佟丽君,张守臣.高校青年教师成就动机研究[J].心理科学,2008(4):861-865.

[276]秦琴.高校教师工作压力与社会支持——以武汉高校为例[J].高等教育研究,2014,35(4):35-42.

[277]胡中俊.高校"青椒"的成长困境和出路[J].当代青年研究,2015(6):54-58.

[278]董立平.地方高校转型发展与建设应用技术大学[J].教育研究,2014,35(8):67-74.

[279]周海涛,刘永林.地方高校人事自主权亟待落到实处[J].高等教育研究,2018,39(1):24-28.

[280]刘振天.地方本科院校转型发展与高等教育认识论及方法论诉求[J].中国高教研究,2014(6):11-17.

[281]王寰安.我国高等教育体制改革为何成效不足[J].高等教育研究,2011,32(4):30-36.

[282]别敦荣.论高校内涵发展[J].中国高教研究,2016(5):28-33.

[283]郭建如.地方本科高校转型发展中的核心问题探析[J].黄河科技大学,2017,19(1):1-11.

[284]潘金林,龚放.博耶的学术生态观与高等学校的学术定位[J].中国大学教学,2009(4):92-95.

[285]周川.从洪堡到博耶:高校科研观的转变[J].教育研究,2005(6):26-30,61.

[286]汤智,李小年.大学基层学术组织运行机制:国外模式及其借鉴[J].教育研究,2015,36(6):136-144.

[287]黄海群.一般地方本科大学基层学术组织治理机制研究[J].福建师范大学学报(哲学社会科学版),2014(1):154-159.

[288]王战军,肖红缨.大数据背景下的院系治理现代化[J].高等教育研究,2016,37(3):21-27,38.

[289]施晓光.一流大学治理:"双一流"建设所必需[J].作品与争鸣,2017(8):39-42.

[290]周光礼.从管理到治理:大学章程再定位[J].湖南师范大学教育科学学报,2014,13(2):71-77.

[291]别敦荣.论我国大学章程的属性[J].高等教育研究,2014,35(2):19-26.

[292]宣勇,凌健."学科"考辨[J].高等教育研究,2006(4):18-23.

[293]钟秉林,李志河.试析本科院校学科建设与专业建设[J].中国高等教育,2015(22):19-23.

[294]魏小琳.基于敏捷性的本科专业设置机制建设与研究[J].中国大学教学,2013(12):52-54.

[295]许杰.深化校院两级管理:经验与思索[J].国家教育行政学院学报,2016(1):42-47.

[296]李福华.新时代我国大学治理的基本特征、优势特色及推进路径[J].高等教育研究,2018,39(4):1-7.

[297]秦惠民.从渐进放权走向法治——对高教简政放权的趋势解读[J].探索与争鸣,2017(8):42-44.

[298]李志峰,高慧,高春华."编制"之困:高校教师的组织身份属性与身份认同[J].高教发展与评估,2013,29(5):82-89,104.

[299]俞蕖,刘波,戴长亮.分类管理趋势下的高校师资队伍发展理念与实施机制探析[J].中国高教研究,2014(4):54-59.

[300]周景坤,程道品.高校教师绩效管理的优化路径研究[J].广西社会科学,2013(11):186-191.

[301]张国兵,胡备.中美高校绩效管理比较及其启示[J].国家教育行政学院学报,2013(12):88-91.

[302]钱甜甜,吴卓平,张巍.回归学术本质,构建合理的大学学术评价体系[J].上海教育评估研究,2014,3(1):10-13.

[303]叶继元.人文社会科学评价体系探讨[J].南京大学学报(哲学·人文科学·社会科学),2010,47(1):97-110,160.

[304]魏红,赵彬.我国高校教师发展中心的现状分析与未来展望——基于69所高校教师发展中心工作报告文本的研究[J].中国高教研究,2017(7):94-99.

[305]李小娃.高校教师发展中心建设的制度逻辑与理论内涵[J].中国高教研究,2013(12):69-72.

[306]陈平原.高校青年教师的处境及出路——答廉思研究团队问[J].社会科学论坛,2012(6):95-104.

[307]潘懋元,罗丹.高校教师发展简论[J].中国大学教学,2007(1):5-8.

[308]眭依凡.论大学问题的"悬置"[J].华东师范大学学报(教育科学版),2017,35(6):82-94,155-156.

[309]任湘郴,张勇,李湘洲.论我国高校教师的职业生涯规划激励机制[J].现代大学教育,2006(6):99-104.

[310]陈海燕.高校青年教师职业生涯规划研究[J].国家教育行政学院学报,2010(5):26-31.

[311]余大品.青年教师如何健康成长——清华大学杨士强教授访谈录[J].中国大学教学,2016(8):30-33.

[312]赵君,赵书松.基于能力发展规律的高校青年教师培养机制研究[J].教育科学,2016,32(2):46-53.

[313]王义遒.以"自爱"来纾缓青年教师的困惑[J].高校教育管理,2016,10(3):16-20.

[314]魏光丽.成人自我导向学习之探究[J].全球教育展望,2006,35(12):63-65.

[315]刘奉越.西方成人自我导向学习理论发展的比较研究[J].现代远距离教育,2014(2):28-33.

[316]范洁梅.地方高校教师自我导向发展模式的有效构建[J].江苏高教,2010(4):102-104.

[317]蒋洪池.托尼·比彻的学科分类观及其价值探析[J].高等教育研究,2008(5):93-98.

[318]裴长安.西北欠发达地区地方高校青年教师科研激励问题研究——以甘肃省为例[D].兰州:西北师范大学,2007.

[319]高赟.西部教学研究型大学青年教师科研激励机制研究——以西北师范大学为例[D].兰州:兰州大学,2007.

[320]张清.青年教师科研基金项目综合评价研究[D].保定:华北电力大学,2010.

[321]谭泽.高校青年教师学术发展的影响因素分析——基于四川师范大学的案例研究[D].成都:四川师范大学,2012.

[322]宋宏福.地方新建本科院校青年教师专业成长研究——以湖南科技学院为例[D].长沙:湖南师范大学,2006.

[323]肖小聪.江西省新建本科院校青年教师队伍建设研究[D].南昌:南昌大学,2008.

[324]郭春珍.新建本科院校青年教师的发展研究——以龙岩学院为例[D].南昌:南昌大学,2007.

[325]邹敏.西部新建高师院校青年教师专业发展研究——以乐山师范学院为例[D].重庆:西南大学,2008.

[326]路华清.我国地方新建本科院校青年教师培养模式研究[D].武汉:华中师范大学,2008.

[327]李硕.江西新建本科院校青年教师自主发展研究——以A学院为例[D].南昌:南昌大学,2010.

[328]刘涛.陕西一般高校青年教师队伍现状及建设路径探析[D].西安:西北大学,2012.

[329]吕春座.高校青年教师专业发展问题研究[D].厦门:厦门大学,2008.

[330]姚智超.高校青年教师专业成长模式研究[D].桂林:广西师范大学,2008.

[331]张俊超.大学场域的游离部落——研究型大学青年教师发展现状及应对策略[D].武汉:华中科技大学,2008.

[332]李宜江.青年教师学术与生活的历史境遇——以安徽省S大学为中心的考察[D].上海:华东师范大学,2013.

[333]吴庆华.地方高校青年教师发展研究[D].武汉:华中科技大学,2013.

[334]刘美云.独立学院青年教师发展理论模型及策略研究[D].武汉:武汉理工大学,2014.

[335]孙敬霞.工科类地方本科高校教师发展研究[D].武汉:华中科技大学,2016.

[336]赵惠君."校园内的公共服务":高校教师岗前培训改革与发展研究[D].长沙:湖南师范大学,2011.

[337]董薇.高校青年教师的职业生涯持续学习:测量、特征及相关研究——以重庆市10所普通本科院校为例[D].重庆:西南大学,2016.

[338]徐彦红.大学青年教师专业发展影响因素研究[D].北京:首都经济贸易大学,2017.

[339]赖铮.高校教师的人性化管理:生命关爱和价值发挥[D].厦门:厦门大学,2007.

[340]程孝良.高校青年教师学术价值观培育研究[D].成都:西南交通大学,2017.

[341]倪海东.高校青年教师成才动力研究[D].北京:中央财经大学,2015.

[342]苏力.我国高校教师科研业绩评价有效性的研究[D].苏州:苏州大学,2004.

[343]胡俊.高校教师科研业绩考核研究[D].广州:暨南大学,2006.

[344]庞鹤峰.我国高校教师绩效评价指标体系研究[D].南京:南京理工大学,2006.

[345]冉明会.重庆市某高校教师科研现状调查与科研绩效考核体系对比研究[D].重庆:重庆医科大学,2008.

[346]李海燕.大学教师科研评价目的研究[D].长沙:中南大学,2009.

[347]梁爽.高校组织气氛对教师科研绩效的影响研究[D].大连:大连理工大学,2008.

[348]张宏琴.研究型大学教师科研业绩评价体系研究[D].哈尔滨:哈尔滨工程大学,2010.

[349]梁敏乐.我国研究型大学教师科研成果评价方法研究[D].兰州:兰州大学,2011.

[350]王东山.高校教师科研绩效影响因素研究[D].北京:北京林业大学,2012.

[351]刘采璐.湖南大学教师科研绩效考核研究[D].长沙:湖南大学,2012.

[352]陈忆佩.高校教师科研绩效考核体系研究——以上海第二工业大学为例[D].上海:华东政法大学,2014.

[353]丁磊.数据挖掘技术在高校教师科研管理中的应用研究[D].大连:大连海事大学,2016.

[354]杨丽英.高校教师科研信息管理系统的设计与实现[D].长春:吉林大学,2016.

[355]于智国.高校教师科研信息管理系统设计与实现[D].北京:北京工业大学,2016.

[356]丁雯.高校教师科研项目申请行为影响因素研究——以清华为例[D].北京:清华大学,2014.

[357]聂慧慧.高校教师科研成果管理系统的设计与实现[D].长春:吉林大学,2013.

[358]季晓磊.基于人性假设的高校教师科研激励机制研究[D].青岛:青岛大学,2013.

[359]武传艳.高校教师的科研动机及激发方式研究[D].苏州:苏州大学,2009.

[360]许宏.医学高校教师科研行为和心理的调查研究[D].广州:南方医科大学,2009.

[361]张峰.社会资本与教师科研发展——华中科技大学个案研究[D].武汉:华中科技大学,2005.

[362]徐成东.基于结构方程模型的高校教师科研绩效压力与科研诚信影响机制研究[D].杭州:浙江大学,2010.

[363]冯骏.心理契约视角下民办高校教师科研动机及激励策略研究——以上海市民办高校为例[D].上海:上海师范大学,2015.

[364]王思惠.高校教师科研遵从及引导策略研究[D].沈阳:东北大学,2016.

[365]胡夏婕.地方高校教师科研工作满意度研究——以S大学为例[D].临汾:山西师范大学,2017.

[366]张建刚.基于粗糙集与支持向量机的高校教师科研能力评价模型的研究[D].重庆:重庆理工大学,2014.

[367]李驰腾.河北省高校教师科研合作背景下知识共享影响因素研究[D].保定:河北大学,2016.

[368]王志刚.论发展地方高校科学研究[D].武汉:华中科技大学,2004.

[369]曹如军.应用型本科教师评价研究[D].厦门:厦门大学,2010.

[370]刘燕.知识产权制度对高校教师科研行为的影响[D].长春:东北师范大学,2016.

[371]王丽丽.高校教师科研绩效量化评价研究[D].哈尔滨:哈尔滨师范大学,2017.

[372]张桂平.科研考核压力对高校教师非伦理行为的影响机制研究[D].武汉:华中科技大学,2012.

[373]王仙雅.挑战—阻碍性科研压力源对高校教师科研绩效的影响机制研究[D].天津:天津大学,2014.

[374]张泽麟.高等学校战略管理研究[D].长沙:湖南大学,2003.

[375]芦艳.制度与行为的双向互动:新制度主义政治学的基本命题与论证逻辑[D].长春:吉林大学,2012:10.

[376]李宜江.青年教师学术与生活的历史境遇——以安徽省S大学为中心的考察[D].上海:华东师范大学,2013.

241

[377]缪容楠.大学教师任用制度研究[D].南京:南京师范大学,2007:6.

[378]徐斯雄.民国大学学术评价制度研究[D].重庆:西南大学,2011:160.

[379]胡霞.高校青年教师教学——科研角色间冲突研究——以西安某重点A大学为例[D].西安:陕西师范大学,2014:77.

[380]王伟华.中国高校青年教师生存状况揭秘[EB/OL].(2015-07-19)[2020-10-10].http://blog.sciencenet.cn/blog.php,2015-07-19.

[381]刘博智,杜玮.王立峰代表:给予高校青年教师更多学术和生活支持[EB/OL].(2018-03-16)[2021-05-15].http://www.jyb.cn/list_gdjy/.

[382]360百科"科学研究"词条[EB/OL].[2020-11-02].http://baike.so.com/doc/5978478-6191439.html.

[383]教育部司局函件.2017年度教育部人文社会科学研究一般项目申报常见问题释疑[EB/OL].(2017-02-07)[2020-11-10].https://max.book118.com/html/2017/0207/89080955.shtm.

[384]刘俊贵,朱明.科研经费怎么管才能没问题[N].光明日报,2016-04-26(13).

[385]2015—2016年QS世界大学排名200强[EB/OL].(2015-09-15)[2021-04-10].http://edu.people.com.cn/2015/0915/cl053-27583247.html.

[386]顾海良.不应片面追求大学老师"博士化"[EB/OL].(2007-12-18)[2020-06-05].http://news.hexun.com/2007-12-18/102350032.html.

[387]高校教师薪酬调查课题组.透视高校教师收入分配现状[N].中国教育报,2014-06-09(13).

[388]教育部关于普通高等学校本科教学评估工作的意见(教高〔2011〕9号).

[389]地方本科院校转型发展研究报告2013年[EB/OL].[2021-06-10].http://wenku.so.com/d/6145b320870014b3d623.

[390]教育部部长袁贵仁答记者问[EB/OL].(2016-03-11)[2021-06-15].http://www.financialnews.com.cn/zt/2016/h/tebao/201603.

[391]周振鹤.学问的关键是"求真"不管有无用处[EB/OL].(2013-07-12)[2021-06-20].https://cul.qq.com/a/20130712/006577.htm.

[392]韩映雄.以制度创新推动地方高校转型发展[N].中国教育报,2015-12-14(009).

[393]陈锋.产教融合:深化与演化的路径[EB/OL].(2018-07-02)[2021-07-10].http://www.csdp.edu.cn/article/4123.html.

[394]教育部:坚持以本为本、推进四个回归、加快建设高水平本科教育[EB/OL].(2018-06-21)[2021-07-15].http://m.sohu.com/a/237063825_267106.

[395]牟延林.新建本科院校怎样实现"二次转型"[N].中国教育报,2013-07-19(06).

[396]习近平.在全国高校思想政治工作会议上的讲话[N].人民日报,2016-12-09.

[397]MOHR H.Structure & significance of science[M].NewYork:Springe-Verlay,1977.

[398]BALDWIN R G.The seasons of faculty life:promoting vitality pre-and post-tenure[Z].2007年6月12日在华中科技大学教科院的演讲。

[399]http://www.gse.harvard.edu/newscholars/newscholars/design.html.

[400]SCOTT L J.Productivity and academic position in the scientific[J].American sociological review,1978,43(6):889-908.

[401]GREGORUTTI G. A mixed-method study[J].Sex roles,2005,53(9/10):727-738.

[402]KEAR C L.Faculty research productivity:institutional and personal determinants of faculty

publications[J].The review of black political economy,2007,34(1-2):53-85.

[403]CAPLOW T,MCGEE R J.The academic marketplace[M].New York:Basic Books,1958.reprint,Brunswick,N.J.:Transaction Publishers,1999.

[404]WILKE P K,GMELCH W H,LOVRICH N P.Stress and productivity:evidence of the inverted U function[J].Public productivity review,1985,9(4):342-356.

[405]THORSEN E J.Stress in academe:what bothers professors[J].Higher education,1996,31(4):471-489.

[406]WATTS J,Robertson W N.Burnout in university teaching staff:a systematic literature review [J].Educational research,2011,53(1):33-50.

[407]WOOLSTON C. Graduate survey:a love-hurt relationship[J].Nature,2017,550(25):549-552.

[408]BOYER E L.Scholarship reconsidered:priorities of the professoriate[DB].New York:Library of Congress Cataloging-in-Publication Data,1997.

[409]CLARK B R.The academic life:small worlds,different worlds[M].Princeton:Princeton University Press,1987.

[410]BLACKBURN R T.LAWRENCE J H.Faculty at work:motivation,expectation,satisfaction [M].Baltimore and London:The Johns Hopkins University Press,1995.

[411]ALTBACH P G.The international acadamic: portraits of fourteen countries [M].Princeton,N. J.:Carnegie Foundation for the Advancement of Teaching,1996.

[412]GORARD S,TAYLOR C.Combining methods in educational and social research[M].London:Open University Press,2004.

[413]JOHNSON R B,ONWUEGBUZIE A J.Mixed methods research:a research paradigm whose time has come[J].Educational researcher,2004,33(7):14-26.

[414]WALSH S.A mixed methods case study of early childhood professionals' perception and motivations of choosing self-directed learning[D].California:University of La Verne,2014.

[415]DRUCKER P F.The practice of management[M].New York:Harper & Brothers,1954.

[416]BAKKE E W.The human resource function[M].New York:Harcourt Brace,1958.

[417]DYER L. Studying human resource strategy: an approach and an agenda [J]. Industrial relations,1984(23):6-10.

[418]MARCH J G,OLSEN J P.The new institutionalism:organizational factors in political life[J].American political science review,1984,78:734-749.

[419]PETERS B G.Institutional theory in political science[M].London and New York:Wellington House,1999.

[420]HALL P A,TAYLOR R C R.Political science and the three new institutionalisms[J].Political studies,1996,XIIV:936-957.

[421]ASPINWALL M D,SCHNEIDER G.Same menu,separate tables:the institutionalist turn in political science and the study of European integration[J].European journal of political research,2000:1-36.

[422]CRAWFORD S E S,OSTROM E.A grammar of institutions[J].American political science review,1995,89(3):582-599.

[423]GOODIN R.The theory of institutional design[M].Cambridge:Cambridge University Press,

1996:19-20.

[424]TOLBERT P S,ZUCKER L G.The institutionalism of institutional theory[M]//CLEGG S, HARDY C.Handbook of organization studies,thousand oaks[M].CA:Sage,1996.

[425]LONG R G,et al.The"qualitative" versus"quantitative"research debate:a question of metaphorical assumptions? [J]International journal of value-based management,2000,13.

[426]DENZIN N K,LINCOLN Y S.Handbook of qualitative research[M].London:Sage Publication Inc,1944.

[427]ALLEN M.The goals of universities:the society for research into education[M].London:Open University Press,1988:7.

[428]BIRNBAUM R.How colleges works[M].New York:Jossey-Bass Inc. Publishers,1988:12.

[429]MENGES R J.Faculty in new jobs[M].San Francisco:Jossey-Bass,1999.

[430]BOYER E L. Scholarship reconsidered: priorities of the professoriate [M]. New Jersey: Princeton University Press,1990.

[431]CIARROCHI J V,CHAN A Y C,CAPUTI P.A critical evaluation of the emotional intelligence construct[J].Personality and individual differences,2000,28(3):539-561.

[432]JORDAN P J,ASHKANASY N M,HARTEL C E J.Emotional intelligence as a moderator of emotional and behavioral reactions to job insecurity[J].Academy of management review,2002,27(3): 361-371.

[433]BARNEY J.Firm resources and sustained competitive advantage[J].Journal of management, 1991,17(1):99-120.

[434]FOX M F.SUSHANTA M.Social-organizational characteristics of work and publication productivity among academic scientists in doctoral-granting departments[J].The journal of higher education, 2007,78(5):542-571.

[435]BEN-PORATH Y.The production of human capital and the life cycle of earnings[J].The journal of political economy,1967(4):352-365.

[436]LAZEAR E P.Why is there mandatory retirement[J].Journal of political economy,1979(6): 1261-1284.

后　记

　　本书基于我的博士论文修改而成。由衷感谢我尊敬的导师李泽彧教授,我在学业上取得点点滴滴的进步都离不开李老师的谆谆教诲和悉心指导。在学术上碰到困惑时,是李老师循循善诱、不厌其烦地指点迷津,鼓励我"聚沙成塔,集腋成裘""天道酬勤,功夫不负有心人",永攀高峰。我几乎所有发表的以及尚未发表的论文或论著,只要我提出来请导师指导,李老师都会在百忙之中逐字逐句地认真推敲、反复修改。博士论文则更是从选题、构思、调研到分析、写作、定稿等全过程给予认真严谨的指导,激励我"办法总比困难多,只要思想不滑坡",保持韧劲、勇于开拓。能师从李老师是我的莫大荣幸,李老师在为人、为学、为师的言传身教将会一直成为我继续奋斗的精神财富。

　　感谢厦门大学教育研究院的所有老师,终生难忘老师们精彩纷呈、各具风格的学术盛宴,老师们严谨务实、高水平的治学精神让我在高等教育领域的学习、研究以及未来必将持续的研究工作受益匪浅。

　　感谢我的同门师兄弟姐妹们,感谢我的同窗同学,有缘结识一群友爱的同学,相互照应、相互鼓励,共同进步!在资料的搜集和整理、调查问卷和访谈提纲的顺利开展等方面得到你们的大力支持和帮助,至今历历在目、心中温暖。

　　感谢参与本书问卷调查和实地访谈的专家、学者和同事,感谢你们的无私奉献!是你们积极热心的参与和付出,确保了文稿实证部分的顺利完成。

　　感谢我的家人,感谢我的单位领导,是你们的鼓励、理解、呵护、包容和支持,使我能够克服在职求学的种种困难,坚持不懈地完成学业、超越自我。

　　此外,本书是2021年龙岩学院博士科研启动项目"地方应用型本科高校青年教师学术发展动力研究"(编号 LB2021001)的阶段性成果。本书在出版过程中,得到了厦门大学出版社的大力支持和帮助,在此一并表示诚挚的谢意!

2021 年 10 月于龙岩学院厚德楼